제3판

영유아 건강교육

INFANT AND CHILD HEALTH EDUCATION

영유아 건강교육

제3판

홍길회 · 정미자

동문사

머리말

요즈음 우리 사회는 개인의 삶의 웰빙(well-being)에 관심이 많다. 영유아기는 인간의 발달에 있어 결정적 시기로 신체적·정신적 건강에 있어 중요한 기초를 형성하는 시기이다. 한 개인의 건강은 가족, 사회, 국가, 나아가 인류의 건강과 안녕과 상호관련되어 있으며, 영유아기의 건강은 성인들의 건강한 삶과 직결된다는 점에서 그 중요성이 강조될 필요가 있다. 더불어 유아교육법과 영유아보육법 등 유아교육 관련법의 제·개정으로 영·유아들이 유아교육기관에 머무는 시간이 증가하고 있고, 이에 따라 이들의 건강과 안전을 책임지는 교사들의 역할이 더욱 중요시되고 있는 실정이다.

따라서 영유아 시기의 건강교육은 일생을 통해 건강한 인간으로 성장하여 행복하고 즐겁게 삶을 살아가는 토대를 마련하는 데 주요한 역할을 하게 될 것이다.

그러므로 유치원과 어린이집 교사들을 비롯하여 유아교육기관 종사자들은 물론 나아가 주변 환경이나 사회의 구성원들은 책임감을 갖고 우리의 미래세대 주역들이 세계보건기구(WHO)의 건강에 대한 정의처럼 신체적(physical), 정신적(mental), 사회적(social)으로 완전히 양호한 상태(well-being)로 살아갈 수 있도록 도와주어야 할 것이다.

이 책은 이러한 목표를 실천하기 위해 3부 10장으로 나누어 건강의 세 가지 측면의 정의를 충실하게 따르고자 하였다. 1부에서는 건강의 개념 및 건강교육의 필요성과 교육과정에서의 건강교육 내용과 방법을 다루었으며, 2부에서는 신체적 건강과 관련된 영역, 즉 영양과 위생, 급식관리, 질병과 응급처치 등에 관한 내용을 살펴보았다. 3부에서는 건강의 나머지 두 영역인 정신적·사회적 건강을 함께 강조하였으며, 특히 사회적 안전을 건강과 연계시켜 최근 사회문제가 되고 있는 성안전과 어린이학대 등에 대해서도 살펴보았다.

머리말

이 책은 유아교육학, 보육학, 아동학 및 복지 분야 전공자들을 염두에 두고 집필하였으며, 현장에서도 활용되는 건강교육의 지침서가 되려는 희망으로 최근 시행되고 있는 누리과정과 표준보육과정에 따라 집필하였다.

제2판에서는 건강교육 교수학습방법 및 사례를 첨가하였고, 편식과 비만지도 및 영유아급식위생관리 등을 보강하였으며, 영유아의 질병관리 내용을 보다 강화하였다. 특히 세계보건기구(WHO)가 2019년 5월말에 '게임이용장애'를 정신건강 질환으로 인정하여 새로운 질병코드로 등재를 결정한 추세에 맞추어 스마트폰 가이드라인을 제시하는 등 미디어 안전 부분을 강조하였다. 제3판에서는 유아 교육과정의 변화에 따라 영유아 건강교육에 관련된 표준보육과정과 개정 누리과정의 내용을 새로이 추가하였다.

영유아들을 위한 건강교육이 올바른 방향으로 실행되어 우리의 미래세대를 이끌어 갈 아이들이 사회적으로 안전하게 보호받으며, 신체적·정신적으로 건강한 인격체로 성장하길 바라는 소망을 담아보며, 출간을 결정해주신 동문사 사장님과 염천 더위에 수고하신 관계자 여러분께 감사의 마음을 전한다.

2022. 2.
저자 일동

CONTENTS

차례

PART 02 영유아의 신체적 건강과 교육

CONTENTS

PART 03 영유아의 정신·사회적 건강과 교육

01 PART

영유아 건강교육의 이해

CHAPTER 01 영유아 건강교육의 필요성

CHAPTER 02 영유아 건강교육과 교육과정

CHAPTER 03 영유아기의 발달과 건강

Chapter 01

영유아 건강교육의 필요성

세계보건기구(WHO)는 영유아의 건강에 대해 "건강하다는 것은 영유아의 성장 발육이 저해되지 않고 순조롭게 진행되는 상태로서 단순히 질병에 감염되지 않았거나 허약하지 않다는 것만을 의미하는 것이 아니라 신체적·정신적·사회적으로 문제가 없는 상태"라고 정의했다. 그러므로 건강하다는 것은 인간 성장발달의 3가지 요인인 신체적·정신적·사회적인 모든 요인이 건강하다는 것으로, 이 중에서 한 가지 요인이라도 건강하지 않으면 건강하지 않다는 것을 의미한다고 할 수 있다.

인간의 성장과 발달에 있어 기본적인 틀은 태아기부터 12세까지 거의 완전하게 결정되므로 영유아기의 건강은 매우 중요하다. 이 시기 영유아들은 신체적·심리적·인지적 측면에서 일생 중 가장 현저한 변화를 경험하게 된다. 또한 영유아는 생리적인 취약성을 가지고 있어 감염성 질환에 대한 높은 감수성, 영양 부족에 대한 민감성, 신체조절 능력과 판단력 부족으로 인한 높은 사고의 위험성을 갖고 있다. 따라서 영유아들의 건강관리에 있어서 영유아의 생리적·발달적 특성은 물론 바람직한 환경 구성에 대한 필요성 인식과 폭넓은 지식이 요구된다.

최근 우리 사회에서 증가되고 있는 여성의 취업률이나 가족 구조의 변화는 유치원의 일과 운영 시간이나 종일반 운영에 대한 요구를 증가시키는 등 점차 많은 수의 유아들이 하루 시간의 대부분을 유아교육기관에서 보내게 되었다. 이에 따라 과거에는 생활 속에서 자연스럽게 배우거나 가정에서 부모를 통해 충분히 지도될 수 있다고 생각했던 내용까지 유아교육기관에서 다루어야 할 필요가 생겼다. 즉, 유아교육기관에서의 규칙적인 생활, 청결, 위생, 적절한 휴식, 올바른 식습관과 태도, 나아가 기초적인 영양 지식에 대한 내용이 요구된다. 그뿐만 아니라 최근 우리 사회에서 문제의 심각성을 인식함에 따라 점차 관심이 증가하고 있는 유아의 신체적·심리적·성적 학대와 유기, 각종 상해의 가능성이나 위험을 인식하고 예방해야 한다. 또한 사고가 발생했을 때 이에 적절히 대처할 수 있는 능력을 기르기 위한 안전교육의 내용도 강조해야 한다.

01 영유아 건강의 개념

건강이란 일반적으로 질병이 없고, 아프다는 것을 자각하지 않는 경우를 의미하는 것이었으나, 이제는 이러한 질병 위주의 신체적 측면의 건강 개념만이 아니라 정신적·사회적 건강의 개념까지 포괄하는 더욱 예방적이고 적극적인 의미로 이해되고 있다. 예방적 차원에서 건강을 유지하기 위해서는 질병이 발생한 후 그에 대한 치료 방안을 찾기보다는 개인이 자신의 건강과 관련된 여러 가지 요소를 스스로 통제하며, 이를 위해 필요한 지식이나 기술, 태도 등을 학습하고 실천해야 한다. 미국 유아교육협회(NAEYC : National Association for the Education of Young Children)에서도 건강한 생활습관을 형성하기 위해서는 영유아기에 개인의 건강과 관련된 경험과 학습을 함으로써 건강에 관한 기본적인 정보를 이해하고, 이를 실천할 수 있는 능력을 기르는 것이 중요하다고 밝히고 있다.

영유아기의 신체적 건강과 발달은 인간 성장발달의 기초를 형성하고, 이후 발달의 방향을 제시해준다는 점에서 영유아기 건강교육의 의의는 크다. 영유아의 건강은 신체적인 성숙이나 성장뿐만 아니라 신체 기본운동 능력, 적절한 영양 섭취와 조절, 휴식, 청결 및 위생, 규칙적인 생활습관이 형성되고 정신건강이 유지되며, 안전에 대한 올바른 인식과 대처 능력을 형성함으로써 비로소 가능하다. 세계보건기구(WHO)에서 "건강이란 신체적(physical)·정신적(mental) ·사회적(social)으로 완전히 양호한 상태(well-being)"라고 정의하고 있다. 최근에는 건강을 유지하기 위해 신체적·정신적·사회적 상태뿐만 아니라 성에 대한 이해, 약품의 올바른 사용과 관리, 마약 취급, 건강에 대한 지식 등 도덕적·지적인 요소까지 생각하게 되었다. 따라서 건강이란 질병이 없고 허약하지 않은 상태가 기본 요건이지만, 삶을 즐겁게 영위해나가는 데 필요한 신체적·정신적·사회적인 균형을 유지한 상태라고 할 수 있다. 건강의 개념을 구체적으로 살펴보면 다음과 같다.

1) 신체적 건강

신체적으로 질병이 없고 신체기능이 정상이며, 영양상태와 체력이 양호한 상태를 말한다. 신체기능을 유지하는 것으로 호흡, 소화, 순환 등이 유지되며 신체발달 및 운동 능력이 유지되는 것을 말한다. 신체적 건강은 정신적·사회적 건강을 이루기 위한 기본 조건이라고 볼 수 있다. 즉, 건강한 육체에 건강한 정신이 깃든다고 할 수 있다.

2) 정신적 건강

정신적 건강은 정신적 질환이 없는 상태만이 아니라 정서적으로 평안한 상태를 의미한다. 그리하여 자신의 잠재 능력을 발휘하고 행복감을 느끼며 원만한 생활을 할 수 있는 상태를 말한다. 정신적으로 건강하다고 해서 부정적인 정서를 느끼지 않는다는 것이 아니라, 분노, 우울, 스트레스 같은 부정적 정서들을 사회적으로 용인될 수 있는 방식으로 표출하거나 다룰 수 있다는 것을 뜻한다. 따라서 정신적으로 건강하면 주어진 환경에 잘 적응하고, 타인과의 관계도 원만히 유지하며, 문제에 직면했을 때 스스로의 능력을 발휘하여 해결해나갈 수 있게 된다.

3) 사회적 건강

사회적 건강은 타인과의 관계를 맺을 수 있는 능력과 기술이 있는 것으로, 사회적으로 건강한 사람은 타인과 함께할 때 배려하고 자신을 사회의 한 구성원으로서 중요하게 여길 줄도 안다. 타인과 대화하고 협력함으로써 대인관계를 유지하는 기술을 발달시킨다. 하지만 그렇지 않을 경우 사회적 활동과 조직에 적응하지 못하게 되며, 자기 자신은 물론 주변 사람들에게까지 부정적인 영향을 끼칠 수 있다. 또한 개인주의적 성향이 강한 현대사회에서 사회적 건강은 더욱 중요한 건강 영역이라고 볼 수 있다.

이렇게 3가지 영역에 있어서 골고루 건강하기 위해서는 영유아기의 기초가 중요 하다. 영유아기의 성장과 발달이 전 생애 전반에 영향을 미치듯이 건강의 기초도 영향을 미친다. 따라서 유아교육기관, 국가는 영유아가 신체적·정신적·사회적으로 양호한 상태를 유지할 수 있도록 노력해야 한다(이순형 외, 2009).

02 영유아 건강교육의 중요성

영유아기는 신체발달이 매우 급격하게 이루어지며, 이 시기의 발달은 평생의 건강에 중요한 영향을 미치게 된다는 점에서 시기적으로 중요하다. 그러나 영유아는 면역계 발달이 불완전하고 자신의 건강문제를 확인하고 능동적으로 대처하는 능력이 결여되어 있기 때문에 질병과 각종 사고의 위험에 노출되기 쉽다.

따라서 양육자는 영유아가 신체적·정신적으로 건강한 생활을 영위하여 최적의 성장과 발달을 이룰 수 있도록 영유아의 건강상태를 주기적으로 점검함으로써 질병을 예방하고, 실내·외 환경을 위생적으로 관리하며, 건강지도를 통해 올바른 건강생활 태도와 습관을 지니도록 도와주어야 한다. 영유아의 건강에 대한 지도는 일상생활을 통해 건강한 습관을 보여주고 이를 따라하도록 함으로써 효과적으로 지도할 수 있다.

영유아기의 발달은 기초성, 적기성, 누적성, 불가역성이라는 특성을 갖고 있다. 영유아기의 건강교육에 있어서도 이러한 특성이 적용된다(이순형 외, 2009).

1) 기초성

영유아기는 평생 건강의 기초가 형성되는 시기이다. 또한 영유아기는 자조기술(self-help skill)의 발달로 올바른 생활습관을 형성하는 시기이며, 이 시기에 형성된 생활습관은 성인이 된 이후에도 지속되므로 영유아를 대상으로 실시되는 올바른 건강생활습관 지도는 매우 중요하다. 특히 영유아기 건강생활에 관련된 습관 형성의 경우 이에 대한 책임은 일차적으로 주 양육자인 부모와 가족에게 있으며, 최근 유아교육기관에 다니는 영유아가 증가하고 있는 실정을 고려한다면 유아교사 역시 영유아의 건강생활습관 형성에 직접적인 모델이 된다.

유아교육기관 이용에 대한 요구가 증가하고 영유아가 유아교육기관에서 지내는 시간이 증가함에 따라 영유아의 건강과 관련하여 보육시설에서 담당해야 할 책임이 과거에 비해 상대적으로 증가했다.

2) 적기성

영유아기는 신체적·정서적·사회적 건강발달을 위한 결정적인 시기라고 볼 수 있다. 그렇기 때문에 이 시기에 많은 경험들을 제공해야 한다. 또한 다양한 발달영역에 따라 결정적 시기가 존재하기 때문에 영유아 건강에 대한 조기 진단과 예방에 도움이 되도록 건강교육을 하는 것이 필요하다.

3) 누적성

영유아기에 결핍된 것은 성장과정 동안 누적적으로 영향을 끼쳐 심각한 상황이 될 수도 있으므로 건강발달의 중요한 시기이다. 한 예로 어머니와의 애착관계에 결핍이 있을 경우 성장 후 사회적 관계에 영향을 끼칠 수 있다는 다수의 연구결과가 있다. 이러한 영유아기의 누적적 특성은 건강 영역에서도 마찬가지이다.

예를 들어, 편식 같은 식습관은 평생에 걸쳐 성장이나 질병에 영향을 미칠 수 있다. 그러므로 영유아기에 올바른 건강습관을 형성시키기 위해 건강교육이 중요하다.

4) 불가역성

영유아기에 발달의 최적기를 지나게 되면 이를 교정하기가 어렵기 때문에 영유아 건강교육이 중요하다. 시력발달의 경우 뇌발달과 함께 이루어지는데, 6세 이전에 시력 이상을 발견하여 치료하면 정상 시력을 회복할 수 있지만, 이 시기를 놓치게 되면 회복하기가 어렵다. 그러므로 건강교육의 최적기를 지나칠 경우 교정이 불가한 불가역적 상황이 된다. 따라서 건강교육은 생의 초기 건강에 대한 정보를 제공하고, 올바른 건강습관 형성을 위해 중요한 수단이다.

영유아 건강교육의 궁극적 목적은 영유아의 건강을 증진시키는 데 필요한 지식, 태도, 행동의 발달을 통해 영유아의 삶의 질을 유지·향상시키는 것이다. 이는 영유아에게 자신의 건강에 영향을 미치는 요인이 무엇인지를 인식하고, 이에 대해 긍정적인 의사결정을 내리며, 자신의 건강을 스스로 책임질 수 있어야 함을 의미한다.

따라서 양육자는 물론 영유아교육기관 교사도 올바른 건강 관련 습관을 실천하고, 건강교육에 대한 다양한 교수방법을 연구·개발할 필요가 있다. 영유아의 건강교육은 비형식적인 교수방법과 형식적인 교수방법으로 구분하여 교육할 수 있으며, 유아교육기관에서는 건강서비스의 제공이 수반되어야 한다.

03 영유아 건강에 영향을 미치는 요인

영유아의 건강에 영향을 미치는 요인은 매우 다양하나 유전적 요인과 환경적 요인 등에 대해 알아둠으로써 영유아의 건강을 유지하고 향상시키기 위해 노력해야 한다. 즉, 부모로부터 받은 여러 가지 유전적인 요인을 통해 건강에 영향을 미칠 수 있는 요인을 사전에 예방하는 것이 매우 중요하다. 아울러 위생적인 환경과 생활습관, 정서적인 안정, 정기적인 건강진단 및 질병의 조기 발견과 치료, 치아의 건강관리, 적절한 운동, 영양, 수면과 휴식 등의 환경적인 요인에 의해서도 유전적인 요인에 의해 이미 형성된 건강의 기초가 변화될 수 있다.

그러므로 유아교육기관에서의 실내 공간의 위생과 청결, 위생적인 생활습관 지도는 영유아들의 건강 유지에 영향을 미치는 중요한 요인이 된다. 영유아교육기관에서는 영유아들에게 청결하며 위생적인 환경을 마련해주고 유아교육 프로그램에서 영유아의 기본적인 충족뿐 아니라 이를 통해 위생적인 생활과 습관, 식습관까지 형성시켜 주는 기회를 통해 영유아들의 건강을 관리해주어야 한다. 다음에서 영유아 건강에 미치는 8가지 요인, 즉 유전, 환경, 영양, 건강습관, 정서안정, 운동, 예방보호, 안전으로 나누어 살펴보았다.

1) 유전

여러 가지 유전 인자들은 영유아 건강의 기초를 형성하는 데 있어 매우 중요한 특성을 결정짓는 역할을 한다. 한 인간의 염색체(chromosomes)는 남자의 정자로부터 받은 23개의 염색체와 여자의 난자로부터 받은 23개의 염색체가 결합하여 46개로 이루어진다. 이 중 23번째 쌍인 성염색체(sex chromosomes)가 결합하여 수정되는 순간 남아와 여아가 결정된다.

염색체 결합과정에서 46개가 넘거나 부족하게 되면 태아는 건강한 신체를 가지지 못하게 된다.

터너증후군(turners syndrome)은 45개 염색체를 지닌 경우에 발생되는 장애로,

대부분 정신지체 현상을 보인다. 다운증후군(Downs syndrome)은 47개 염색체인 경우에 나타나는 장애로 짧은 손가락과 가는 머리카락, 커다란 혀, 특이한 눈 모양 등 외관상 정상아동과 구별되는 특징을 가진다.

아버지와 어머니 모두가 유전적 결함이 있는 열성인자를 지녔을 경우 이것이 자녀에게 장애로 나타날 확률은 25% 정도이며, 부모 간에 근친인 아동의 경우 그 가능성이 훨씬 더 높게 나타난다. 이러한 장애 증상으로는 피부, 머리카락, 눈동자에 정상적인 색소가 부족하여 희뿌연 색의 머리카락이나 흐린 눈동자를 지니는 피부색소 결핍증(albinoism) 등이 있다.

우성인자에 결함이 있는 유전인자를 받은 경우에는 인자가 유전된 모든 사람에게서 장애가 나타난다. 부모 중 한 쪽이 이러한 결함을 지닌 경우에 자녀가 장애를 가질 확률은 50%이며, 양쪽 모두가 결함을 가진 경우에는 정상적인 자녀가 나올 확률이 25%에 불과하다. 우성인자에 나타나는 장애로는 손가락이나 발가락이 정상인보다 한 마디 정도 짧은 손가락 인자(brachydactyly)와 머리와 몸이 정상 크기더라도 팔다리가 매우 짧은 신체 특징을 지니는 성장장애(maturation achondroplasia)가 있다.

2) 환경

(1) 물리적 환경

어머니의 임신 중에 정기적인 건강진단을 하고, 적합한 영양을 섭취하며, 담배, 술, 마약 등을 사용하지 않고 바람직한 건강생활을 영위할 때 태아는 좋은 물리적 환경을 경험할 수 있다.

가정이 안정된 환경은 그렇지 못한 환경에서보다 질병이나 사고 등에 대한 위험에 덜 직면하게 되며, 안전하지 못한 환경에서 사는 영유아들은 성폭력이나 사고 등에 노출되기 쉽다.

유아교육기관에서의 좋은 보육과 교육환경은 건강문제를 진단하고 건강, 안전, 영양을 제공할 수 있다. 또한 유아교사들은 건강, 안전, 영양을 교육과정에 통합하여 대개 유아교육현장에서 종사하고 있는 사회성, 언어, 인지적 측면들과 같은 정도의 가치를 두고 강조해야 할 것이다.

(2) 사회정서환경

정서적으로 안정된 부모-자녀관계는 영유아의 건강에 중요한 요인이 된다. 건강하고 기능적인 가족 가운데서 자란 영유아들은 좋은 정신건강을 유지하고 환경에 잘 적응할 수 있는 반면, 영유아를 위험한 상황에 노출시키고 애착 형성에 실패한 가족은 사회정서 문제를 많이 유발할 수 있다. 유아교육기관에서의 수준 높은 보호와 교육은 영유아들을 행복하게 하고, 교사는 영유아 간의 긴밀한 관계를 유지하며 민감하고 세밀한 관찰을 할 수 있다.

(3) 경제적 환경

영유아들의 경제적 환경은 가정이나 부모의 직업뿐만 아니라 이웃, 지역사회, 국가의 경제적 상태에 영향을 받는다. 빈곤층일 경우 좋은 의료서비스가 부족하고, 좋지 않은 영양, 부모의 관심이 제한된 환경은 영유아의 행복에 악영향을 미칠 수 있다. 또한 저체중아 출산, 납중독, 천식, 예방접종의 미비, 철분 부족에 의한 빈혈증 등이 발생할 가능성이 높기 때문이다. 경제적 요인은 예방적인 치료, 최고의 성장, 건강, 발달, 위험으로부터의 보호 측면에서 영유아들의 잠재성을 심각하게 침해할 수 있다.

유아교육기관에서 교사는 좋은 영양, 질병에 대한 예방, 안전한 환경을 제공함으로써 영유아들에게 경제적 환경에 의한 부정적인 영향을 개선할 수 있다.

(4) 문화적 환경

문화적 환경은 가족, 이웃, 지역사회의 신념과 실제 행동을 포함한다. 그러므로 교사들은 양육에 대한 가족의 문화적 가치를 지원해야 한다. 문화적 특성이 경제적 어려움과 결합하여 어린이의 건강에 해를 미치는 중요한 요인이 되기 때문이다.

3) 영양

영유아기에는 신체발달이 활발히 일어나는 시기이므로 필요한 영양소 및 에너지가 성인에 비해 월등히 높다. 필요한 영양이 공급되지 않으면 발달이 저해되고 영양장애로 인해 면역성이 저하될 수 있어 성인이 되어서도 영향을 끼칠 수 있다. 그러므로 양육자는 영유아에게 필요한 영양소들이 충분히 공급되도록 음식을 골고루 공급해야 한다. 따라서 부모와 교사는 영유아들의 인체에 필요한 영양소인 탄수화물, 단백질, 지방, 무기질, 비타민, 수분이 충분히 들어 있는 음식을 골고루 공급하여 일생 동안 건강을 유지하고 정상적으로 성장발달하도록 도와주어야 한다. 최근에는 우리나라 전통 식사문화에 대한 관심이 높아지면서 오방색을 의미하는 흰색, 검은색, 녹색, 붉은색, 노란색 음식이 골고루 잘 갖추어진 식단과 영양이 풍부한 제철음식을 많이 이용할 것을 권한다.

4) 건강습관

올바른 건강습관을 기르는 것은 건강 유지에 필수적이다. 영유아기부터 몸을 깨끗이 유지하고 대소변 훈련 및 수면습관, 식습관을 올바르게 형성하여 성장하면서도 그 습관을 유지하고 향상시킬 수 있어야 한다. 영유아기는 면역체계가 완벽하지 않기 때문에 청결을 유지하는 습관이 매우 중요하다. "세 살 버릇 여든까지 간다"는 말은 건강 습관에도 적용되듯이, 아주 어린 시기부터 건전한 건강습관을 몸에 익힌 영유아는 성인이 되어서도 같은 습관을 계속 유지하고 향상시킬 수 있다.

5) 정서적 안정

정서적으로 불안하거나 스트레스를 받게 되면 여러 가지 신체질환이나 정신질환에 걸릴 위험이 있다. 영유아는 신체적 욕구뿐 아니라 정서적 욕구도 충족되어야 정서적으로 안정되고 긍정적인 사고를 형성하여 타인과의 관계도 원만히 형성할 수 있다. 그러므로 양육자는 영유아가 신뢰성을 갖고 자율성을 기르며 정신건강을 유지할 수 있도록 노력해야 한다. 영유아는 자신의 신체적 욕구뿐만 아니라 정서적인 욕구에 적절히 보살핌을 받고 자신의 가치를 인정받게 되면 정서적으로 안정되고, 긍정적인 자아개념을 형성하여 다른 사람과의 관계도 원만히 형성할 수 있다. 따라서 부모나 교사는 영유아들의 정서적 안정을 위협하는 조건들을 일상생활 환경에서 제거해주어야 하며, 특히 영유아가 자신은 물론 다른 사람이나 사회에 대한 신뢰감을 형성하고 자율성을 기르며, 주도적으로 일을 계획하고 실천함으로써 자아존중감을 갖고 정신건강을 유지할 수 있도록 도와주어야 한다.

6) 운동

대부분의 영유아들은 활동적으로 놀기를 좋아하기 때문에 놀이를 통해 자연스럽게 운동을 할 수 있다. 부모와 교사는 유아가 즐겁게 활동할 수 있는 환경을 제공하면 된다. 미국 스포츠 및 체육교육학회(The National Association of Sports and Physical Education, 2002)에서 제시한 영유아기의 운동 활동 지침에 따르면 2~3세의 유아는 조직적 운동 활동에 매일 30분 이상, 4~5세 유아는 매일 60분 이상 참여토록 권장하고 있으며, 자유놀이 형태의 운동 활동에는 매일 60분 이상 참여토록 권장하고 있다. 영유아기부터 적당한 운동을 통해 체력을 향상시키는 동시에 신체적 기능을 활발하게 하고, 면역력을 증진시키며, 비만으로 인한 합병증들을 예방할 수 있다.

영유아기의 신체 활동은 기본적인 감각운동 기능과 신체조절 능력을 기르게 하고, 건강한 생활습관을 가지게 하며, 안전생활에 필요한 기초지식과 방법을 익히게 한다. 그러므로 부모나 교사는 실내외에서의 놀이가 즐겁고 안전하며, 건강 및 신체발달에 도움이 될 수 있도록 적절한 환경을 조성해주는 것이 필요하며, 자신에게 알맞은 운동을 매일 규칙적으로 하는 것이 건강생활을 위해 매우 중요하다.

7) 예방적 보호

영유아가 건강을 유지하기 위해서는 질병이나 사고가 발생한 후에 대처하는 것보다 일어나지 않도록 사전에 예방하는 것이 중요하다. 또한 어쩔 수 없이 발생했을 경우에는 대처할 수 있는 방법이 있어야 한다. 따라서 영유아를 보호하는 양육자와 교사는 질병과 사고의 위험을 미리 숙지하여 예방할 수 있어야 한다.

또한 적절한 시기에 예방접종과 건강검진을 시행하는 것도 필요하다. 우리나라의 경우 유아교육기관에서 1년에 1회 건강진단을 실시하도록 하고 있으며, 3세 이상 유아의 경우 1년에 2회, 0~2세의 경우 1년에 4회 정도 실시하고 있다. 부모나 교사가 적절한 시기에 필요한 예방접종을 하는 것도 영유아의 예방적 보호에 필수적인 과정이라 할 수 있다.

8) 안전

안전은 영유아의 건강과 생명에 직접적인 영향을 미치므로 매우 중요하다. 또한 영유아들은 신체적 기능이 완전하지 않기 때문에 위험에 대한 판단과 대처 능력이 부족하다. 하지만 호기심이 강하여 충동적인 행동을 할 수 있기 때문에 사고발생 위험이 높으므로 양육자는 안전한 환경 구축에 특별히 주의를 기울여야 한다. 또한 영유아가 체계적인 교육을 통해 안전을 지키는 능력을 배양할 수 있도록 해야 한다. 따라서 부모와 교사는 안전한 환경을 마련해주고 안전사고 지침을 마련하여 숙지해둠으로써 영유아를 보호하는 데 특별한 주의를 기울여야 한다. 영유아기의 사고를 예방하기 위해서는 사고 유형에 다라 그 원인을 살펴보고, 그에 대한 예방책을 세워야 한다. 영유아기에 접하기 쉬운 사고에는 가정에서의 사고, 유아교육기관에서의 사고, 야외활동에서의 사고, 교통사고 등이 있다 이러한 사고는 행동, 복장, 심신상태, 자연환경, 생활주변의 여건 등이 복합적으로 작용하여 일어나게 된다. 최근에는 안전에 대한 체험 활동 중심으로 교육 프로그램을 실천하도록 하고 있다.

Chapter 02

영유아 건강교육과 교육과정

01 표준보육과정 건강교육

• 표준보육과정의 성격

어린이집 표준보육과정(이하, '표준보육과정'이라 함)은 0~5세 영유아를 위한 국가수준의 보육과정이며 0~1세 보육과정, 2세 보육과정, 3~5세 보육과정(누리과정)으로 구성한다.

- 국가 수준의 공통성과 지역, 기관 및 개인 수준의 다양성을 동시에 추구한다.
- 영유아의 전인적 발달과 행복을 추구한다.
- 영유아 중심과 놀이 중심을 추구한다.
- 영유아의 자율성과 창의성 신장을 추구한다.
- 영유아, 교사, 원장, 부모 및 지역사회가 함께 실현해 가는 것을 추구한다.

1) 표준보육과정의 구성 방향

(1) 추구하는 인간상

표준보육과정이 추구하는 인간상은 다음과 같다.

① 건강한 사람

② 자주적인 사람
③ 창의적인 사람
④ 감성이 풍부한 사람
⑤ 더불어 사는 사람

(2) 목적과 목표

표준보육과정의 목적은 영유아가 놀이를 통해 심신의 건강과 조화로운 발달을 이루고, 바른 인성과 민주 시민의 기초를 형성하는 데에 있다.

이를 실현하기 위한 목표는 다음과 같다.

① 0~2세 보육과정 목표

- 자신의 소중함을 알고, 건강하고 안전한 환경에서 즐겁게 생활한다.
- 자신의 일을 스스로 하고자 한다.
- 호기심을 가지고 탐색하며 상상력을 기른다.
- 일상에서 아름다움에 관심을 가지고 감성을 기른다.
- 사람과 자연을 존중하고 소통하는 데 관심을 가진다.

② 3~5세 보육과정 목표

- 자신의 소중함을 알고, 건강하고 안전한 생활 습관을 기른다.
- 자신의 일을 스스로 해결하는 기초능력을 기른다.
- 호기심과 탐구심을 가지고 상상력과 창의력을 기른다.
- 일상에서 아름다움을 느끼고 문화적 감수성을 기른다.
- 사람과 자연을 존중하고 배려하며 소통하는 태도를 기른다.

(3) 구성의 중점

표준보육과정 구성의 중점은 다음과 같다.

① 영유아는 개별적인 특성을 지닌 고유한 존재임을 전제로 구성한다.
② 0~5세 모든 영유아에게 적용할 수 있도록 구성한다.
③ 추구하는 인간상 구현을 위한 지식, 기능, 태도 및 가치를 반영하여 구성한다.
④ 표준보육과정은 다음의 영역을 중심으로 구성한다.
- 0~1세 보육과정과 2세 보육과정은 기본생활, 신체운동, 의사소통, 사회관계, 예술경험, 자연탐구의 6개 영역을 중심으로 구성한다.
- 3~5세 누리과정은 신체운동·건강, 의사소통, 사회관계, 예술경험, 자연탐구의 5개 영역을 중심으로 구성한다.

⑤ 0~5세 영유아가 경험해야 할 내용으로 구성한다.
⑥ 초등학교 교육과정과의 연계성을 고려하여 구성한다.

2) 표준보육과정의 운영

(1) 편성·운영

다음의 사항에 따라 표준보육과정을 편성·운영한다.

① 어린이집의 운영 시간에 맞추어 편성한다.
② 표준보육과정을 바탕으로 각 기관의 실정에 적합한 계획을 수립하여 운영한다.
③ 하루 일과에서 바깥 놀이를 포함하여 영유아의 놀이가 충분히 이루어지도록 편성하여 운영한다.
④ 성, 신체적 특성, 장애, 종교, 가족 및 문화적 배경 등에 따른 차별이 없도록 편성하여 운영한다.
⑤ 영유아의 발달과 장애 정도에 따라 조정하여 운영한다.
⑥ 가정과 지역사회와의 협력과 참여에 기반하여 운영한다.
⑦ 교사 연수를 통해 표준보육과정의 운영을 개선할 수 있도록 한다.

(2) 교수 · 학습

교사는 다음 사항에 따라 영유아를 지원한다.

① 영유아의 의사 표현을 존중하고 민감하게 반응한다.
② 영유아가 흥미와 관심에 따라, 놀이에 자유롭게 참여하고 즐기도록 한다.
③ 영유아가 놀이를 통해 배우도록 한다.
④ 영유아가 다양한 놀이와 활동을 경험할 수 있도록 실내와 환경을 구성한다.
⑤ 영유아와 영유아, 영유아와 교사, 영유아와 환경 사이에 능동적인 상호작용이 이루어지도록 한다.
⑥ 각 영역의 내용이 통합적으로 영유아의 경험과 연계되도록 한다.
⑦ 개별 영유아의 요구에 따라, 휴식과 일상 생활이 원활히 이루어지도록 한다.
⑧ 영유아의 연령, 발달, 장애, 배경 등을 고려하여 개별 특성에 적합한 방식으로 배우도록 한다.

(3) 평가

평가는 다음 사항에 중점을 두고 실시한다.

① 표준보육과정 운영의 질을 진단하고 개선하기 위해, 평가를 계획하고 실시한다.
② 영유아의 특성 및 변화 정도와 표준보육과정의 운영을 평가한다.
③ 평가의 목적에 따라 적합한 방법을 사용하여 평가한다.
④ 평가의 결과는 영유아에 대한 이해와 표준보육과정 운영 개선을 위한 자료로 활용할 수 있다.

3) 0~1세 영역별 목표 및 내용

(1) 기본생활

① 목표

- 건강하고 안전한 일상생활을 경험한다.
  - 건강한 일상생활을 경험한다.
  - 안전한 일상생활을 경험한다.

② 내용

내용범주	내용
건강하게 생활하기	• 도움을 받아 몸을 깨끗이 한다. • 음식을 즐겁게 먹는다. • 하루 일과를 편안하게 경험한다. • 배변 의사를 표현한다.
안전하게 생활하기	• 안전한 상황에서 놀이하고 생활한다. • 안전한 상황에서 교통수단을 이용해 본다. • 위험하다는 말에 주의한다.

(2) 신체운동

① 목표

- 감각으로 탐색하고 신체활동을 즐긴다.
  - 감각 탐색을 즐긴다.
  - 신체활동을 즐겁게 경험한다.

② 내용

내용범주	내용
감각과 신체 인식하기	• 감각적 자극에 반응한다. • 감각으로 주변을 탐색한다. • 신체를 탐색한다.

내용범주	내용
신체활동 즐기기	• 대소근육을 조절한다. • 기본 운동을 시도한다. • 실내외 신체활동을 즐긴다.

4) 2세 영역별 목표 및 내용

(1) 기본생활

① 목표

- 건강하고 안전한 생활습관의 기초를 형성한다.
  - 건강한 생활습관의 기초를 형성한다.
  - 안전한 생활습관의 기초를 형성한다.

② 내용

내용범주	내용
건강하게 생활하기	• 자신의 몸을 깨끗이 해 본다. • 음식에 관심을 가지고 즐겁게 먹는다. • 하루 일과를 즐겁게 경험한다. • 건강한 배변 습관을 갖는다.
안전하게 생활하기	• 일상에서 안전하게 놀이하고 생활한다. • 교통수단을 안전하게 이용해 본다. • 위험한 상황에 대처하는 방법을 경험한다.

(2) 신체운동

① 목표

- 감각을 활용하고, 신체활동을 즐긴다.
  - 감각을 활용하고, 신체를 인식한다.
  - 신체활동을 즐긴다.

② 내용

내용범주	내용
감각과 신체 인식하기	• 감각 능력을 활용한다. • 신체를 인식하고 움직인다.
신체활동 즐기기	• 대소근육을 조절한다. • 기본 운동을 즐긴다. • 실내외 신체활동을 즐긴다.

5) 3~5세 영역별 목표 및 내용

(1) 신체운동 · 건강

① 목표

- 실내외에서 신체활동을 즐기고, 건강하고 안전한 생활을 한다.
  - 신체활동에 즐겁게 참여한다.
  - 건강한 생활습관을 기른다.
  - 안전한 생활습관을 기른다.

② 내용

내용범주	내용
신체활동 즐기기	• 신체를 인식하고 움직인다. • 신체 움직임을 조절한다. • 기초적인 이동운동, 제자리 운동, 도구를 이용한 운동을 한다. • 실내외 신체활동에 자발적으로 참여한다.
건강하게 생활하기	• 자신의 몸과 주변을 깨끗이 한다. • 몸에 좋은 음식에 관심을 가지고 바른 태도로 즐겁게 먹는다. • 하루 일과에서 적당한 휴식을 취한다. • 질병을 예방하는 방법을 알고 실천한다.
안전하게 생활하기	• 일상에서 안전하게 놀이하고 생활한다. • TV, 컴퓨터, 스마트폰 등을 바르게 사용한다. • 교통안전 규칙을 지킨다. • 안전사고, 화재, 재난, 학대, 유괴 등에 대처하는 방법을 경험한다.

02 누리과정과 건강교육

- 누리과정은 3~5세 유아를 위한 국가 수준의 공통 교육과정이다.
  - 국가 수준의 공통성과 지역, 기관 및 개인 수준의 다양성을 동시에 추구한다.
  - 유아의 전인적 발달과 행복을 추구한다.
  - 유아 중심과 놀이 중심을 추구한다.
  - 유아의 자율성과 창의성 신장을 추구한다.
  - 유아, 교사, 원장(감), 학부모 및 지역사회가 함께 실현해가는 것을 추구한다.

1) 누리과정의 구성방향

(1) 추구하는 인간상

누리과정이 추구하는 인간상은 다음과 같다.

① 건강한 사람
② 자주적인 사람
③ 창의적인 사람
④ 감성이 풍부한 사람
⑤ 더불어 사는 사람

(2) 목적과 목표

누리과정의 목적은 유아가 놀이를 통해 심신의 건강과 조화로운 발달을 이루고 바른 인성과 민주 시민의 기초를 형성하는 데에 있다.

이를 실현하기 위한 목표는 다음과 같다.

① 자신의 소중함을 알고, 건강하고 안전한 생활 습관을 기른다.
② 자신의 일을 스스로 해결하는 기초능력을 기른다.
③ 호기심과 탐구심을 가지고 상상력과 창의력을 기른다.
④ 일상에서 아름다움을 느끼고 문화적 감수성을 기른다.
⑤ 사람과 자연을 존중하고 배려하며 소통하는 태도를 기른다.

(3) 구성의 중점

누리과정 구성의 중점은 다음과 같다.

① 3~5세 모든 유아에게 적용할 수 있도록 구성한다.
② 추구하는 인간상 구현을 위한 지식, 기능, 태도 및 가치를 반영하여 구성한다.
③ 신체운동·건강, 의사소통, 사회관계, 예술경험, 자연탐구의 5개 영역을 중심으로 구성한다.
④ 3~5세 유아가 경험해야 할 내용으로 구성한다.
⑤ 0~2세 보육과정 및 초등학교 교육과정과의 연계성을 고려하여 구성한다.

2) 누리과정의 운영

(1) 편성 · 운영

다음의 사항에 따라 누리과정을 편성·운영한다.

① 1일 4~5시간을 기준으로 편성한다.
② 일과 운영에 따라 확장하여 편성할 수 있다.

③ 누리과정을 바탕으로 각 기관의 실정에 적합한 계획을 수립하여 운영한다.

④ 하루 일과에서 바깥 놀이를 포함하여 유아의 놀이가 충분히 이루어지도록 편성하여 운영한다.

⑤ 성, 신체적 특성, 장애, 종교, 가족 및 문화적 배경 등으로 인한 차별이 없도록 편성하여 운영한다.

⑥ 유아의 발달과 장애 정도에 따라 조정하여 운영한다.

⑦ 가정과 지역사회와의 협력과 참여에 기반하여 운영한다.

⑧ 교사 연수를 통해 누리과정의 운영이 개선되도록 한다.

(2) 교수 · 학습

교사는 다음 사항에 따라 유아를 지원한다.

① 유아가 흥미와 관심에 따라 놀이에 자유롭게 참여하고 즐기도록 한다.

② 유아가 놀이를 통해 배우도록 한다.

③ 유아가 다양한 놀이와 활동을 경험할 수 있도록 실내외 환경을 구성한다.

④ 유아와 유아, 유아와 교사, 유아와 환경 간에 능동적인 상호작용이 이루어지도록 한다.

⑤ 5개 영역의 내용이 통합적으로 유아의 경험과 연계되도록 한다.

⑥ 개별 유아의 요구에 따라 휴식과 일상생활이 원활히 이루어지도록 한다.

⑦ 유아의 연령, 발달, 장애, 배경 등을 고려하여 개별 특성에 적합한 방식으로 배우도록 한다.

(3) 평가

평가는 다음 사항에 중점을 두고 실시한다.

① 누리과정 운영의 질을 진단하고 개선하기 위해 평가를 계획하고 실시한다.
② 유아의 특성 및 변화 정도와 누리과정의 운영을 평가한다.
③ 평가의 목적에 따라 적합한 방법을 사용하여 평가한다.
④ 평가의 결과는 유아에 대한 이해와 누리과정 운영 개선을 위한 자료로 활용할 수 있다.

3) 영역별 목표 및 내용

(1) 신체운동 · 건강

"조금 힘들 것 같지만, 나도 할 수 있어요."

유아는 몸을 움직여 놀이하는 것을 좋아하며, 자신의 몸을 건강하고 안전하게 지키고자 하는 힘을 가지고 있다. 신체운동·건강 영역은 유아가 자신의 몸에 관심을 가지고 신체활동에 즐겁게 참여하며, 건강하고 안전한 생활을 해 나가는 다양한 경험과 관련된 내용이다. 교사는 유아가 몸을 충분히 움직이는 경험을 통해 신체활동의 즐거움을 느끼고 기초 체력을 키우도록 돕는다. 교사는 유아가 일상에서 건강하고 안전한 생활을 실천할 수 있도록 지원할 수 있다.

① 목표

- 실내외에서 신체활동을 즐기고, 건강하고 안전한 생활을 한다.
  - 신체활동에 즐겁게 참여한다.
  - 건강한 생활습관을 기른다.
  - 안전한 생활습관을 기른다.

② 내용

내용범주	내용
신체활동 즐기기	• 신체를 인식하고 움직인다. • 신체 움직임을 조절한다. • 기초적인 이동운동, 제자리 운동, 도구를 이용한 운동을 한다. • 실내외 신체활동에 자발적으로 참여한다.
건강하게 생활하기	• 자신의 몸과 주변을 깨끗이 한다. • 몸에 좋은 음식에 관심을 가지고 바른 태도로 즐겁게 먹는다. • 하루 일과에서 적당한 휴식을 취한다. • 질병을 예방하는 방법을 알고 실천한다.
안전하게 생활하기	• 일상에서 안전하게 놀이하고 생활한다. • TV, 컴퓨터, 스마트폰 등을 바르게 사용한다. • 교통안전 규칙을 지킨다. • 안전사고, 화재, 재난, 학대, 유괴 등에 대처하는 방법을 경험한다.

4) 목표 및 내용범주 이해하기

신체운동·건강 영역의 목표 및 내용범주는 유아가 다양한 신체활동에 즐겁게 참여하고, 청결과 위생, 즐거운 식사, 적당한 휴식을 통해 건강한 생활습관을 기르며, 일상에서 안전하게 생활하는 방법을 배우고 실천하는 내용으로 구성하였다.

- 유아가 자유롭게 신체를 움직이며 놀이하는 즐거운 경험을 강조하고자 기존 누리과정의 '신체 인식하기', '신체 조절과 기본 운동하기', '신체활동에 참여하기' 등의 내용범주를 통합하여 '신체활동 즐기기'로 제시하였다.
- '건강하게 생활하기'에 바른 태도로 즐겁게 음식을 먹는 내용을 새롭게 포함하였으며, 기존 누리과정의 배변이나 낮잠 등 유아의 일상생활과 관련된 내용은 '교수·학습'의 '바'항을 통해 하루 일과 전체에서 지원할 수 있게 하였다.
- 유아안전교육을 강조하고자 관련 법령 및 지침에 제시된 내용을 최대한

반영하여 개정하였다.

Plus Tip

'신체활동 즐기기'
유아가 스스로 신체를 움직이는 동안 자연스럽게 자신의 신체를 인식하고 조절하며, 실내외에서 다양한 신체활동에 자발적으로 참여하면서 신체활동을 즐기는 내용이다.

'건강하게 생활하기'
유아가 스스로 몸과 주변을 깨끗이 하고, 즐겁게 식사하며, 자신의 신체 리듬에 맞게 휴식을 취하고, 질병을 예방하는 다양한 방법을 실천하는 내용이다.

'안전하게 생활하기'
유아가 안전하게 놀이하고 생활하며, 자주 접하는 TV, 컴퓨터, 스마트폰을 바르게 사용하고, 안전하게 다닐 수 있도록 교통안전 규칙을 지키며, 안전사고, 화재, 재난, 학대, 유괴 등의 위험한 일이 발생하였을 때 도움을 요청하거나 대처할 수 있는 방법을 경험하는 내용이다.

내용범주 1 신체활동 즐기기

〈목표〉 신체활동에 즐겁게 참여한다.

〈내용〉
- 신체를 인식하고 움직인다.
- 신체 움직임을 조절한다.
- 기초적인 이동운동, 제자리 운동, 도구를 이용한 운동을 한다.
- 실내외 신체활동에 자발적으로 참여한다.

내용이해	유아 경험의 실제
신체를 인식하고 움직인다. 유아가 자신의 신체에 관심을 가지며 신체 각 부분의 특성을 알고 다양하게 움직이는 내용이다.	• 물놀이를 하기 전, 교사와 유아들이 함께 체조를 한다. 목을 오른쪽 왼쪽으로 번갈아 가며 돌리고, 어깨를 으쓱거리고, 허리에 손을 얹고 허리를 돌리고, 무릎을 구부렸다가 펴고, 손목과 발목을 돌린다.
신체 움직임을 조절한다. 유아가 몸을 움직이며 균형을 잡고, 몸이나 도구의 움직임을 다양하게 조절하는 내용이다. 또한 눈과 손을 협응하며 소근육 움직임을 조절하는 내용이다.	• 유아들은 얼음땡 놀이를 하면서, 술래가 천천히 걸으면 천천히 걷고, 술래가 빠른 걸음으로 걸으면 빠른 걸음으로 달아난다. 그리고 술래에게 잡힐 듯하면 몸의 방향을 재빨리 바꿔 달아나기도 하고, "얼음!"하고 외치며 급히 멈춰 서서 즐겁게 웃는다.
기초적인 이동운동, 제자리 운동, 도구를 이용한 운동을 한다. 유아가 한 곳에서 다른 곳으로 몸을 움직이는 걷기·달리기·뛰어넘기 등의 이동운동, 구부리기·뻗기·돌기 등의 제자리 운동, 공·줄·후프 등의 도구를 이용한 운동을 하는 내용이다.	• 유아들이 후프 돌리기를 한다. 한 유아가 안정된 자세로 후프를 오랫동안 돌린다. 옆에서 지켜보던 다른 유아가 "나도 잘 돌려. 이것 봐."하며 후프를 허리에 놓고 손으로 힘껏 돌린다. 후프가 돌아가는 동안 유아의 허리도 빠르게 움직인다.
실내외 신체활동에 자발적으로 참여한다. 유아가 하루 일과에서 실내외의 다양한 신체활동에 자발적으로 즐겁게 참여하는 내용이다.	• 유아가 바깥 놀이터에서 친구들이 있는 쪽을 향해 "나랑 달리기 할 사람?"하고 큰 소리로 외친다. 이 소리를 듣고 같이 하고 싶은 유아들이 "나도", "나도 같이 하자."라고 말하며 달려와 달리기를 제안한 유아의 엄지손가락을 잡고 모여 선다.

내용범주 2 건강하게 생활하기

〈목표〉 건강한 생활습관을 기른다.

〈내용〉
- 자신의 몸과 주변을 깨끗이 한다.
- 몸에 좋은 음식에 관심을 가지고 바른 태도로 즐겁게 먹는다.
- 하루 일과에서 적당한 휴식을 취한다.
- 질병을 예방하는 방법을 알고 실천한다.

<table>
<tr><th>내용이해</th><th>유아 경험의 실제</th></tr>
<tr><td>자신의 몸과 주변을 깨끗이 한다.
유아가 손을 씻고 이를 닦는 등 몸을 깨끗이 하는 적절한 방법을 알고 실천하며, 자기 주변을 깨끗하게 정리정돈하는 내용이다.</td><td rowspan="4">• 시금치무침 요리 활동 중에, 교사는 유아가 데 데친 시금치를 맛보고 싶다고 하여 맛보게 한다. 유아들이 “맛있어?”, “맛없지?”, “난 시금치 안 좋아해. 안 먹을래.”라고 말하며 인상을 찌푸린다. 교사가 “시금치에 양념 옷을 입혀 맛있게 변신시켜 줄까?”하고 말한 후, 유아들에게 직접 깨소금, 참기름 등의 여러 양념을 넣고 손으로 무쳐 보게 한다. 유아들은 “우와! 좋은 냄새 난다.”, “맛있겠다!”, “저도 주세요.”라고 말한다.
• 유아들은 바깥 놀이터에서 신나게 놀이한 후 교실로 돌아오자마자, “선생님, 정말 더워요. 에어컨 틀어 주세요.”라고 다급한 목소리로 요청한다. 교사는 “그래. 선풍기도 켜 놓을게. 그런데 땀을 많이 흘렸으니 얼굴이랑 팔을 씻는 것은 어떨까?”하며 에어컨과 선풍기를 켠다. 유아들은 얼굴과 팔, 손을 씻고 들어와 “이젠 좀 쉬자!”라고 말하며 교실 바닥에 앉기도, 눕기도 한다.
• 유아: 선생님, 나 감기에 걸렸어요.
교사: 어떡하니, 많이 아파?
유아: 네. 열도 났어요. 그래서 엄마가 따뜻한 물을 넣어 주셨어요.
교사: 그렇구나. 따뜻한 물이 감기에 좋지. 오늘은 따뜻한 물을 자주 마셔 봐. 감기가 금방 나을 거야.</td></tr>
<tr><td>몸에 좋은 음식에 관심을 가지고 바른 태도로 즐겁게 먹는다.
유아가 몸을 건강하게 하는 음식에 관심을 가지고, 음식을 소중히 여기며, 제자리에 앉아서 골고루 즐겁게 먹는 내용이다.</td></tr>
<tr><td>하루 일과에서 적당한 휴식을 취한다.
유아가 피곤하거나, 몸이 아프거나, 몸을 많이 움직여서 쉬고 싶을 때, 적절한 휴식을 취하는 내용이다.</td></tr>
<tr><td>질병을 예방하는 방법을 알고 실천한다.
유아가 질병의 위험으로부터 건강을 유지할 수 있는 다양한 생활 방식(몸을 청결히 하기, 날씨와 상황에 알맞은 옷 입기, 찬 음식 적당히 먹기, 정해진 시간에 자고 일어나기, 따뜻한 물 마시기 등)을 경험하는 내용이다.</td></tr>
</table>

내용범주 3 안전하게 생활하기

〈목표〉 안전한 생활습관을 기른다.

〈내용〉
- 일상에서 안전하게 놀이하고 생활한다.
- TV, 컴퓨터, 스마트폰 등을 바르게 사용한다.
- 교통안전 규칙을 지킨다.
- 안전사고, 화재, 재난, 학대, 유괴 등에 대처하는 방법을 경험한다.

내용이해	유아 경험의 실제
일상에서 안전하게 놀이하고 생활한다. 유아가 일상에서 위험한 장소, 상황, 도구 등을 알고, 안전한 놀이 방법과 놀이 규칙을 지키며 놀이하고 생활하는 내용이다.	• 한 유아가 미끄럼틀을 내려오려고 한다. 다른 유아가 미끄럼틀 아래서 바라보다가 올라가려고 한다. 이때, 미끄럼틀을 타고 내려오던 유아가 "야, 비켜, 다쳐!"하고 큰 소리로 외친다. 이 모습을 지켜본 교사는 유아들에게 다가와 안전하게 미끄럼틀을 타기 위한 약속을 정하자고 제안한다.
TV, 컴퓨터, 스마트폰 등을 바르게 사용한다. 유아가 일상에서 자주 접하는 TV, 컴퓨터, 스마트폰 등을 필요한 상황에서 적절하게 사용하며, 바른 자세로 이용하는 내용이다.	• 유아가 색종이를 반으로 접어 한 면에는 모니터를 그리고, 다른 한 면에는 컴퓨터 자판 모양처럼 그린다. 다른 유아들에게 "나는 지금 컴퓨터로 공룡에 대해서 찾아보고 있어."하며 색종이 자판을 두드린다. 그리고 옆에 있던 친구에게 "같이 찾아볼래?"라고 말한다.
교통안전 규칙을 지킨다. 유아가 안전한 보행 및 도로 횡단, 교통기관의 안전한 이용 등 교통안전 규칙을 알고 실천하는 내용이다.	• 3세 유아가 종이 벽돌을 이어 길을 만들고, 그 위에 교통 표지판과 자동차를 일렬로 놓는다. 만들어진 길을 바라보다 갑자기 팔이 움직이는 사람 모형 2개를 가져와 팔 한쪽을 반복적으로 들어올리고 내리며 "조심, 조심 지나가요. 자동차들은 우리가 건너면 지나가세요."라고 흥얼거린다.
안전사고, 화재, 재난, 학대, 유괴 등에 대처하는 방법을 경험한다. 유아가 안전사고, 화재, 재난, 학대, 유괴 등의 위험에 처한 상황을 알고, 주변에 도움을 요청하는 방법을 배우며, 평소 훈련에 따라 대피하는 연습을 하는 등의 안전교육과 관련된 내용이다.	• 화재경보기 소리와 함께 지진 대피 방송이 들리자, 유아들은 재빨리 책상 아래와 벽 쪽으로 대피한다. 지진이 잠시 멈췄다는 안내 방송 후 유아들은 교사의 안내에 따라 침착하면서도 신속하게 바깥으로 대피한다.

5) 신체운동 · 건강 영역의 통합적 이해

"나 잘하죠?"

바깥 놀이터에서 4세 반과 5세 반 유아들이 함께 놀이하고 있다. 유아들은 모래를 파 커다란 구덩이를 만들었다. 4세 은제는 모래 구덩이를 뛰어넘다가 모래 구덩이 속에 빠진다.

은제 (모래 구덩이를 바라보며) 아, 이거 어려운데....

은제는 한쪽 다리를 크게 들어올려 모래 구덩이에서 위로 올라온다. 그러다 옆에서 소꿉놀이를 하던 수하의 얼굴에 모래가 튄다.

은제 (수하의 표정을 살피며) 수하야, 미안해.

4세 수하는 얼굴을 찡그리더니 말없이 얼굴에 묻은 모래를 털어 낸다.

옆에 있던 5세 지원이가 말한다.

지원 음....나는 이거 할 수 있을 것 같은데...하얏!

지원이는 모래 구덩이를 가볍게 뛰어넘는다. 지원이는 모래 구덩이의 가장 긴 거리를 뛰어넘고, 반대편에서 또 다시 뛰어넘기를 반복한다. 지원이는 모래 구덩이 뛰어넘기를 성공할 때마다 웃는다.

지원이를 지켜보던 은제가 모래 구덩이를 뛰어넘기를 다시 시도한다. 은제는 모래 구덩이 가장자리 끝을 뛰어넘었지만, 두발로 서서 착지하지 못하고 넘어졌고, 두 손으로 바닥을 짚고 곧바로 일어난다. 그리고 손바닥과 무릎에 묻은 모래를 툭툭 털어낸다.

지원이와 은제의 모습을 보고 있던 4세 수하가 소꿉놀이를 멈추고 벌떡 일어난다. 그리고 금세 모래 구덩이를 풀쩍 뛰어 넘는다. 그리고 활짝 웃으며 말한다.

수하 "나 잘하죠?"

6) 5개 영역의 통합적 이해

신체운동 · 건강

- 신체활동 즐기기
  - 신체를 인식하고 움직인다. 유아는 모래 구덩이에서 올라올 때 다리를 넓게 벌려야 한다는 것을 앎. 유아는 넘어졌을 때 손바닥과 무릎에 묻은 모래를 툭툭 털어 냄.
  - 신체 움직임을 조절한다. 모래 구덩이를 뛰어넘을 때 자신의 팔과 다리, 허리 등의 움직임을 조절함.
  - 기초적인 이동운동, 제자리 운동, 도구를 이용한 운동을 한다. 유아들은 한 곳에서 다른 곳으로 점프하며 몸이 움직이는 방향과 공간에 대해 느끼며, 힘과 빠르기를 다르게 하여 몸을 이동함
  - 실내외 신체활동에 자발적으로 참여한다. 유아들은 스스로 모래 구덩이를 뛰어넘으며 신체활동에 즐겁게 참여함.
- 안전하게 생활하기
  - 일상에서 안전하게 놀이하고 생활한다. 유아들은 모래 구덩이의 크기와 너비를 살펴보고, 자신이 잘 뛰어넘는 방법에 대해 생각하며 놀이함. 모래가 튀어서 친구의 얼굴에 묻거나 눈에 들어가면 위험할 수 있다는 것을 알고 행동을 조심함.

의사소통

- 듣기와 말하기
  - 말이나 이야기를 관심 있게 듣는다. 유아는 소꿉놀이를 하면서 친구들을 관심 있게 지켜봄.
  - 자신의 경험, 느낌, 생각을 말한다. 유아는 교사에게 자신의 경험과 느낌, 생각을 말함.

사회관계

- 나를 알고 존중하기
  - 나를 알고 소중히 여긴다. 유아는 모래 구덩이 뛰어넘기를 성공하며 성취감과 만족감을 느낌. 유아는 모래 구덩이를 훌쩍 뛰어넘을 수 있는 자신의 능력을 알고, "나 잘하죠?"라고 말하며 자신을 가치 있는 존재로 느낌.
- 더불어 생활하기
  - 서로 다른 감정, 생각, 행동을 존중한다. 유아는 활짝 웃으며 모래 구덩이를 훌쩍 뛰어 넘은 기쁨을 표현함. 이와 달리 실패한 유아는 성공한 유아가 부럽고 한편으로 속상하지만 모래 구덩이 뛰어넘기를 다시 도전함. 유아는 친구의 얼굴에 모래가 튀었을 때, 친구의 찡그린 얼굴 표정을 보고 친구의 감정을 알아차렸고, 미안한 마음을 적절한 말로 상황에 맞게 표현함. 유아는 말없이 얼굴에 묻은 모래를 털어 내면서 친구의 실수를 이해 해줌.

자연탐구

- 생활 속에서 탐구하기
  - 일상에서 길이, 무게 등의 속성을 비교한다. 유아들은 자신이 뛰어넘을 수 있는 모래 구덩이의 너비를 비교한 뒤 자신이 잘 뛰어넘을 수 있는 거리를 선택함.

03 건강교육 교수학습방법

1) 영유아 건강교육 접근법

(1) 주제에 따른 통합적 접근법

통합적 접근방법이란 영유아들에게 건강에 관련된 지식이나 기술, 태도를 가르칠 때 언어, 수, 과학, 미술 활동 등 분리된 교과로 가르치는 것이 아니라 영유아들이 항상 경험하는 일상생활의 다양한 상황을 학습경험으로 활용하는 것이다.

영유아들이 교과를 통해 분리된 내용을 배우기보다는 일상생활의 구체적 상황을 통해 필요한 지식, 기술, 태도 등을 통합적으로 학습한다는 연구 결과를 근거로 한 것이다.

주제를 선정하여 통합적인 방법으로 건강교육을 실시한다는 것은 '여름 위생'이나 '우리 몸' 등과 같이 건강교육에 관한 주제로 일정한 기간 동안 학습하는 것이다. 이때 유아는 정해진 주제에 관해 이야기 나누기, 흥미 영역에서의 실내 자유선택 활동, 조형 활동, 화장실 가기, 동화 듣기, 게임, 실험하기, 견학 등의 활동을 통해 건강교육의 내용을 통합적으로 학습한다.

건강교육과 관련된 주제를 선정하고 통합적인 접근방법으로 학습할 때 영유아는 단순히 교사가 가르쳐주는 건강 관련 지식이나 정보를 수동적으로 받아들이는 것보다 실제 상황에서 건강한 생활을 유지하는 데 필요한 지식이나 기술을 익히고 적용하며 태도를 기를 수 있게 된다.

(2) 역할놀이를 통한 건강교육

역할놀이는 영유아가 관심이나 흥미 있는 주제를 중심으로 가상적인 상황에서 역할을 맡아 놀이하는 것이다. 역할놀이를 통한 교육은 가르치고자 하는 정보나 기술, 태도를 반복적으로 학습할 수 있으며, 적절한 보도자료를 활용한다면 가상적 상황에서 보다 극적이고 현실감 있는 경험을 할 수 있다.

영유아기는 역할놀이가 가장 활발하게 일어나는 시기임을 고려할 때 병원놀이, 가게놀이, 소방서놀이, 119구조대, 교통놀이 등을 통해 건강의 중요성과 건강을 유지하기 위해 필요한 일을 이해하고 실천하게 한다. 이때 교사는 영유아에게 필요한 건강교육의 주제를 선정하여 이를 역할놀이로 확장할 수 있도록 적절한 동기를 부여하고 자료를 제공해주는 등 다양한 도움을 주어야 한다. 예를 들어, 병원놀이에서도 치과의사와 환자의 역할을 맡은 영유아는 충치의 다양한 원인을 이해하고, 충치로 인한 피해가 무엇이며, 충치를 예방하기 위해 주의해야 할 음식이나 행동도 알 수 있다. 이와 같이 역할놀이를 통해 유아는 자연스러운 상황에서 건강에 관한 정보를 얻을 수 있으며, 건강 유지에 필요한 기술과 태도를 익힐 수 있다.

(3) 상황에 근거한 건강교육

상황에 근거한 건강교육이란 유아교육기관에서 정기적인 신체검사를 실시하거나 주변 사회에서 식중독사고가 발생했을 때나 유치원에서 사고가 났을 때 또는 간식이나 점심시간 등과 같은 실제 상황을 이용하여 건강교육을 실시하는 것이다.

간식 및 점심시간을 이용하여 영유아의 영양교육이나 올바른 식습관태도를 형성할 수 있다. 간식 및 점심 급식시간은 영유아가 음식을 실제로 맛보고 나누어 먹음으로써 영양교육을 위해 매우 효과적으로 활용될 수 있다.

음식에 대한 선호는 선천적인 성향뿐만 아니라 새로운 음식에 대한 경험의 횟수와 내용에 의해 결정되므로 간식이나 점심시간에 다양한 음식을 먹어보는 경험은 매우 중요하다. 또한 이런 시간을 활용하여 음식물의 필요성이나 몸에 필요한 음식과 영양의 관계, 음식물을 통한 영양섭취와 건강 유지, 음식을 다루는 태도 등에 대해 이해하고 올바른 식습관과 태도를 형성할 수 있다.

(4) 현장학습을 통한 건강교육

현장학습이란 유아교육기관 밖의 장소를 방문하여 영유아가 직접 감각을 통한 실제 경험을 할 수 있게 함으로써 학습의 효과를 높이기 위한 방법이다.

질병에 대해 이야기하는 경우 가까운 병원이나 보건소 등에 견학하여 사람들이 병원에 오는 이유가 무엇이며, 병원에는 어떤 사람들이 일하고 있는지, 질병에 걸리지 않기 위해 우리가 해야 할 일은 무엇인지 등을 직접 이해하는 것이 좋다. 또한 식품의 가공에 대해서도 목장이나 우유공장에 직접 견학하여 목장에서는 우유를 어떻게 얻으며, 이러한 우유가 공장에서 어떻게 살균되고 가공되는지 직접 볼 수 있다.

영유아의 현장학습을 효과적으로 진행하기 위해서는 사전에 현장학습을 나갈 장소와 일정 및 그 과정에 대한 교사의 치밀한 계획이 선행되어야 하며, 현장학습을 다녀온 후 현장에서의 경험을 확장시켜보는 다양한 활동을 전개함으로써 현장에서 경험한 내용을 학습주제와 통합시킬 수 있어야 할 것이다.

(5) 부모를 통한 건강교육

영유아는 주로 부모를 통해 건강 또는 안전에 대한 습관이나 신념을 형성한다. 또한 영유아가 가정에서 배우게 되는 건강이나 안전에 관한 습관이나 태도는 대부분 우연한 기회를 통해 학습하게 된다. 따라서 부모는 건강이나 안전을 유지하기 위해 필요한 정보나 태도를 풍부히 알고 있으며 생활 속에서 이를 실천할 수 있어야 한다.

유아교육기관에서는 가정통신문이나 부모회, 관찰 등의 기회를 통해 부모에게 건강에 관한 정보를 제공할 수 있으며, 부모가 직접 영유아의 활동에 참여할 수 있는 기회를 주는 것도 좋다. 예를 들면, 건강에 관한 프로젝트에 부모들이 직접 참여할 수 있으며 현장학습이나 정기 신체검사 등을 실시할 때 부모가 보조 역할을 수행할 수 있다. 특히 119구조대나 병원, 녹색어머니회 등에서 일하는 부모가 있는 경우 부모들이 직접 교실에서 자신들이 하고 있는 일을 이야기 해준다면 교사가 이야기 해주는 것보다 더욱 효과적일 것이다.

2) 유아교사의 교수학습 전략

(1) 인정하기

인정하기는 영유아에게 관심을 보여 주고, 영유아가 활동을 계속할 수 있도록 긍정적인 격려를 하는 것이다. 지나치거나 모자라지 않도록 적절한 수준으로 인정해 주는 것이 중요하며, 또한 사실에 근거하여 긍정적이고 명확하게 인정하고 격려하는 것이 중요하다.

(2) 모델 보이기

교실에서의 바람직한 행동을 제시하기 위해 교사가 직접 행동으로 보여 주는 방법으로, 함축적인 형태와 명시적 형태로 나눌 수 있다.

명시적 모델 보이기는 영유아의 활동에서 꼭 필요한 정보를 제공하거나 조언해 주는 것으로 함축적 형태보다 다소 지시적이다. 함축적 형태는 교사가 영유아에게 기대하는 행동을 지시하지 않고 직접 실천해 보임으로써 모델 행동을 보이는 것을 의미한다. 예를 들어, 일상생활습관 훈련에서 간식 먹기 전에 손 씻기 등의 과정을 보여 줄 수 있다.

(3) 촉진하기

촉진하기는 영유아가 준비되었을 때 다음 단계로 진행할 수 있도록 일시적인 도움을 제공하는 것이다. 예를 들어, 영유아가 균형 감각을 획득하여 걸으려고 할 때 잠시 잡아 주거나 실수를 두려워하지 말고 활동을 해 보도록 격려하는 것이다.

(4) 지원하기

지원하기는 촉진하기와 유사하나 지속적으로 도움을 제공하는 것을 의미하며 교사의 참여 정도에서 차이가 있다.

촉진하기는 교사가 도움을 주는 상황에서 영유아 스스로 활동을 전개해 나가는 것으로 행동의 시작과 끝을 영유아가 주도하는 반면에, 지원하기는 영유아가 교사와 함께 시작과 끝을 결정하는 상황을 말한다.

예를 들어, 자전거 뒤를 붙잡아 줄 때 촉진하기에서는 영유아가 교사에게 자전거를 붙잡아 주고 놓을 때를 결정하여 말하고, 지원하기에서는 영유아와 교사가 함께 의논하여 결정한다.

(5) 비계 설정하기(지지하기)

비계 설정하기란 Vygotsky의 이론에 기초한 것으로 지지하기를 의미한다. 영유아의 현재 발달 수준에 기초하여 교사가 기대하는 수준으로 도달할 수 있도록 도움을 주고 도전해 볼 수 있는 기회를 제공해 주는 것을 말한다.

영유아가 자신의 잠재적 가능성을 발휘하여야 학습 목표를 달성할 수 있는 경우에 비계 설정을 하는 것은 필수적이다. 교사는 관찰을 통해 영유아가 현재 어느 단계에 있는지 파악하여, 새로운 능력 수준이나 이해 수준으로 발전할 수 있도록 상호작용해 준다.

(6) 함께 구성하기

함께 구성하기는 비계 설정하기보다 좀 더 지시적인 교수 유형으로서, 영유아와 함께 활동을 하거나 과업을 함께 해결해 가는 것을 의미한다. 이 상황에서는 교사와 영유아가 모두 학습자이면서 동시에 교사가 된다. 예를 들어, 교실에서 영유아와 교사가 함께 소꿉놀이를 하거나 프로젝트 활동을 함께 수행하는 것을 말한다.

(7) 시범 보이기

시범 보이기는 함께 구성하기보다 좀 더 지시적인 교수 유형이다. 적극적인 참여자는 교사이고, 영유아는 시범의 결과를 관찰하는 것이다. 활동이 확실히 잘못된 방향으로 진행되고 있거나 안전하지 않다고 판단될 경우 의도적으로 사용하기에 적합한 교수 전략이다.

(8) 지시하기

지시하기는 교사가 영유아들에게 반드시 어떤 특정한 방법으로 활동하기를 원할 경우 행동의 방향을 구체적으로 제시할 때 사용하는 방법이다. 이때 교사는 가능한 한 시행착오 없이 학습이 이루어지도록 정확하게 지시해야 한다.

교사의 교수 전략에 관한 최근 연구들에서는 다양한 교수 전략들을 단일 차원의 연속체로 보는 관점을 비판하고 복합적 차원에서 새롭게 이해하자는 제안을 하고 있다. 따라서 교수학습 전략 또한 각 상황에 따라 적절하게 통합해서 활용해야 할 것이다.

인용: 한성희·홍길회(2019). 교과교재 연구 및 지도법

04 영유아 건강교육 활동사례

■ 활동사례 : 1

활동명	깨끗한 몸이 좋아요		
주제	건강과 안전	영역	만 5세/이야기나누기
활동목표	• 건강한 생활을 위해 내 몸을 깨끗이 해야 함을 안다. • 몸을 깨끗이 하는 데 필요한 것을 찾아본다.		
표준보육과정	• 기본생활 > 건강한 생활 > 몸과 주변 환경을 깨끗이 하기 • 의사소통 > 말하기 > 자신의 느낌, 생각, 경험 말하기		
활동개요	① 배가 아픈 아이 그림을 제시하며 주의집중을 한다. ② 지저분한 아이 그림자료를 보며 이야기 나눈다. ③ 몸을 깨끗이 하는데 필요한 목욕용품 실물을 보며 인형을 가지고 씻는 모습을 보여준다. ④ 유아들이 직접 인형을 가지고 몸을 깨끗이 해 주는 물건을 선택하여 사용해 보도록 한다. ⑤ 인형을 햇빛이 잘 드는 곳에 말린 후 인형의 달라진 모습을 보며 몸을 깨끗이 하는 일의 중요성과 필요성에 대해 이야기 나눈다.		
활동자료	  손이 더러운 어린이 / 배 아픈 친구		
활동방법			
도입	① 배가 아픈 아이 그림을 제시하며 주의집중을 한다. - "아이고 배야, 아이고 배야, 왜 이렇게 배가 아프지?" - 지금 이 친구는 왜 이렇게 아플까? 무슨 일이 있었을까? - 만약 계속 씻지 않는다면 어떻게 될까? ② 지저분한 아이 그림자료를 보며 이야기 나눈다. - 이 친구는 모습이 어떤 것 같니? - 몸이 더러우면 어떤 일이 일어날까? - 이렇게 더러울 때 어떻게 해야 할까?		

전개와 마무리	③ 몸을 깨끗이 하는 데 필요한 목욕용품 실물을 보며 인형을 가지고 씻는 모습을 보여준다. - 몸을 씻을 때 필요한 것에는 무엇이 있을까? - 몸이 깨끗해지면 어떤 점이 좋을까? ④ 유아들이 직접 인형을 가지고 몸을 깨끗이 해 주는 물건을 선택하여 사용해 보도록 한다. - 누가 인형의 머리를 깨끗이 해 줄까? - 어떤 물건이 필요할까? ⑤ 인형을 햇빛이 잘 드는 곳에 말린 후 인형의 달라진 모습을 보며 몸을 깨끗이 하는 일의 중요성과 필요성에 대해 이야기 나눈다. - 인형이 깨끗해지니까 어떤 점이 달라진 것 같니?
확장 및 연계활동	① 몸을 깨끗이 하는 도구를 이용하여 내 몸을 씻을 때 필요한 적절한 도구를 찾아보는 게임 활동을 한다. ② 손을 깨끗이 씻고 로션을 발랐을 때의 느낌이 어떤지, 친구의 손에 로션을 발라주고 어떤 향이 나는지 알았을 때 어떤 느낌이 드는지 활동해 본다.

출처: 키드키즈.

■ 활동사례: 2

활동명	목욕탕에 가요		
주제	건강과 안전	영역	만 5세/역할
활동목표	• 내 몸을 깨끗이 하는 습관을 기른다. • 역할을 나눌 때 친구와 의논하여 결정한다. • 목욕을 하는 다양한 방법을 알아본다.		
표준보육과정	• 기본생활 > 건강한 생활 > 몸과 주변 환경을 깨끗이 하기 • 사회관계 > 사회적 관계 > 또래와 사이좋게 지내기		
활동개요	① 목욕을 해 본 경험에 대해 이야기 나눈다. ② 목욕하는 방법에 대해 이야기 나눈다. ③ 놀이에 필요한 재료에 대해 이야기 나눈다. ④ 목욕탕놀이를 한다. ⑤ 활동에 대해 평가한다.		
활동자료	 목욕 가운, 샴푸, 때수건, 여러 통(세숫대야, 목욕통, 대야 등), 돈, 열쇠 등		

활동방법
① 목욕을 해 본 경험에 대해 이야기 나눈다. - 목욕을 해 본 적이 있니? - 목욕할 때 무엇이 필요하니? - 목욕을 하고 나면 기분이 어떠니? ② 목욕하는 방법에 대해 이야기 나눈다. - 목욕을 어떻게 하니? - 너희들은 목욕을 할 때 어떤 순서로 씻니? - 머리를 감을 때 무엇이 필요하니? - 머리는 어떻게 감아야 할까? - 몸을 씻을 때 무엇이 필요하니? - 등을 씻을 때 어떻게 하니? ③ 놀이에 필요한 재료에 대해 이야기 나눈다. - 목욕탕 놀이를 하기 위해 필요한 것은 무엇일까? - 목욕탕에 들어가려면 무엇이 필요할까? - 돈과 열쇠는 어떻게 만들 수 있을까? - 목욕탕은 무엇으로 만들 수 있을까? - 목욕 용품은 무엇으로 할까? - 목욕탕의 이름은 어떻게 정할까? ④ 목욕탕놀이를 한다. - 목욕놀이를 하기 위해서는 어떤 사람들이 필요할까? - 주인은 무엇을 할까?/ 어떤 말을 자주 쓸까? - 손님은 무엇을 할까?/ 어떤 말을 자주 쓸까? - 주인과 손님 외 어떤 사람이 필요할까? ⑤ 활동에 대해 평가한다. - 놀이를 하면서 어떤 점이 가장 재미있었니? - 놀이를 하면서 어떤 점이 가장 어려웠니? - 목욕탕놀이를 위해 더 필요한 것은 무엇이니? - 목욕탕놀이를 다시 한다면 어떤 점을 고치고 싶니?

출처: 키드키즈.

■ 활동사례: 3

활동명	[요리] 미숫가루 쉐이크		
주제	건강과 안전	영역	만 5세/과학
활동목표	• 요리 재료와 방법을 알아본다. • 미숫가루 쉐이크를 만들어본다. • 건강을 위한 음식에 관심을 가진다.		
표준보육과정	• 자연탐구 > 과학적 탐구하기 > 간단한 도구와 기계 활용하기 • 자연탐구 > 탐구하는 태도 기르기 > 탐구과정 즐기기		

<table>
<tr><td>활동개요</td><td>① 믹서기에 우유와 얼음을 넣는다.
② 미숫가루를 넣는다.
③ 설탕과 꿀을 적당히 넣는다.
④ 믹서기에 재료들을 모두 섞는다.
⑤ 컵에 담아 맛있게 먹는다.</td></tr>
<tr><td>활동자료</td><td>

컵, 수저, 냉동실, 미숫가루, 우유, 설탕, 꿀, 얼음 얼리는 그릇, 믹서기</td></tr>
<tr><td colspan="2">활동방법</td></tr>
<tr><td>도입</td><td>① 미숫가루에 대해 이야기 나눈다.
- 미숫가루를 타서 먹어 본 적이 있니?
- 어떤 맛이 났었니?
- 미숫가루는 무엇을 넣어서 만들었을까?</td></tr>
<tr><td>전개와
마무리</td><td>② 요리를 하기 위해 필요한 도구와 재료에 대해 알아보고 탐색한다.
- 이것의 이름은 무엇일까?
- 이것은 왜 필요할까?
- 미숫가루의 색깔이 어떤 것 같니?
- 믹서기는 무엇을 할 때 필요하니?
③ 미숫가루 쉐이크를 만드는 방법에 대해 알아본다.</td></tr>
</table>

[요리방법]
재료: 우유, 미숫가루, 얼음, 설탕과 꿀
도구: 믹서기, 컵
1) 믹서기에 우유와 얼음을 넣는다.
2) 미숫가루를 넣는다.
3) 설탕과 꿀을 적당히 넣는다.
4) 믹서기에 재료들을 모두 섞는다.
5) 컵에 담아 맛있게 먹는다.

④ 직접 미숫가루 쉐이크를 만든다.
⑤ 다 만들어진 미숫가루 쉐이크를 마셔보고 서로 이야기 나눈다.
- 미숫가루 쉐이크의 맛은 어떤가요?
⑥ 미숫가루 쉐이크를 만들고 난 후 느낀점에 대해 이야기 나눈다.
- 미숫가루 쉐이크를 만들었을 때 어떤 점이 힘들었나요?
- 요리를 하면서 어떤 점이 재밌었나요?
- 믹서기에 갈릴 때 어떤 모습이었나요?
- 정리는 잘 했나요?

출처: 키드키즈.

■ 활동사례 : 4

<table>
<tr><td>활동명</td><td colspan="3">제자리에서 맛있게 밥을 먹어요</td></tr>
<tr><td>주제</td><td>식사예절</td><td>영역</td><td>만 3~5세</td></tr>
<tr><td>활동목표</td><td colspan="3">• 밥을 먹을 때 제자리에 앉아서 밥을 먹는다.</td></tr>
<tr><td>준비물</td><td colspan="3">① 햇님 장갑, 식사예절 동화
② 판넬, 식사예절 ○, × 상황</td></tr>
<tr><td>활동자료</td><td colspan="3">

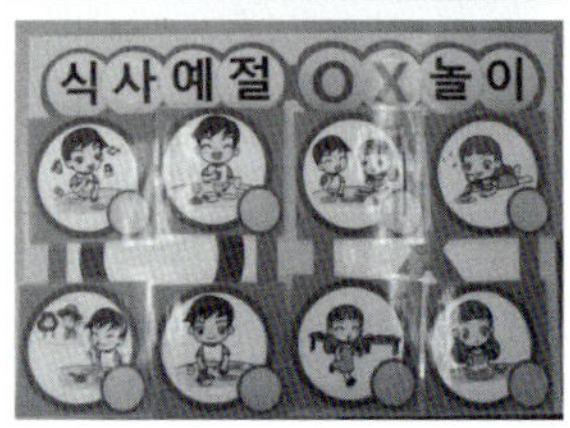

</td></tr>
</table>

활동방법	
도입	① 인사노래 ② 햇님의 등장 - 꾸꾸 가족의 식사시간에 일어나는 일에 대하여 궁금증을 유발시킨다.
전개와 마무리	③ 꾸꾸와 야야의 동화-냠냠냠, 맛있게 먹어요 읽어주기 제목: 냠냠냠, 제자리에 앉아서 맛있게 밥 먹기 내용: 식사시간에 장난감을 가지고 돌아다니면서 밥을 먹는 꾸꾸에게 밥을 제자리에 앉아서 먹어야 한다고 가르쳐주는 이야기 ④ 맛있게 밥먹기 노래를 들려주기 우리 모두 밥을 먹어요 꼭꼭 씹어 냠냠냠냠 제자리에 앉아서 숟가락 젓가락으로 맛있게 꼭꼭 씹어 냠냠 (잘 먹었습니다) ⑤ 밥 먹을 때의 예절 말해보기 - 자리에 앉아서 먹어요 - 음식을 골고루, 꼭꼭 씹어 먹어야 해요 ⑥ 밥 먹을 때 올바른 행동에 대한 ○, × 게임하기 - 식탁 위에 밥이 차려져 있는데 뛰어다니고 있는 어린이(×) - 엎드려서 먹고 있는 어린이(×) - 음식 먹기 전에 손을 씻고 있는 어린이(○) - 맛있는 밥을 먹게 해주는 농부아저씨와 부모님을 생각하면서 감사하는 마음을 갖는 어린이(○) - 음식을 남기는 어린이(×) - 모든 음식을 골고루 먹는 어린이(○) ⑦ 바른 자세로 꼭꼭 씹어 먹기 약속하기

출처: 하남시 어린이급식관리지원센터.

■ 활동사례 : 5

활동명	채소야 놀자		
주제	편식 교육	영역	만 4~5세
활동목표	• 채소에 대하여 친근감을 갖는다. • 채소를 골고루 먹는다.		
준비물	① 색종이, 코팅한 바구니 ② 노래 CD, 가사판, 도장		

활동자료	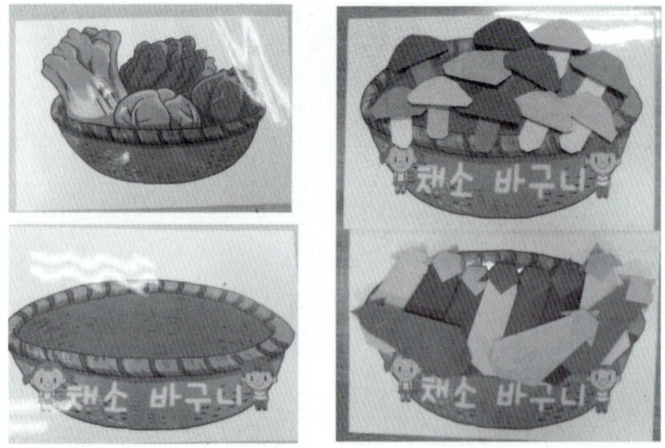
활동방법	
도입	① 인사 및 영양사 선생님 소개 ② 채소에 대해서 이야기 나누기 - 친구들은 채소를 좋아하나요? - 어떤 채소를 좋아하나요? - 어떤 채소를 싫어하나요? ③ 채소를 먹어야 하는 이유에 대해서 이야기 나눈다. - 얼굴이 예뻐져요. - 감기에 잘 걸리지 않아요.
전개와 마무리	④ 채소 종이접기 - 두 팀으로 나누어 색종이로 채소를 만들어본다. (만 4세 : 버섯, 만 5세 : 가지) - 종이 채소에 이름을 적어 채소 바구니에 붙여본다. <ㅇㅇ반 친구들 채소 바구니> ⑤ 채소가 되어보자 - '잉잉잉' 노래에 맞추어 율동을 통해 채소를 흉내낸다. 1절 고추 밭에 고추는 뾰족한 고추 / 빨간 고추 초록 고추 모두 뾰족해 댕글 댕글 사과가 놀러왔다가 / 아야 아야 따가워서 잉잉잉 2절 오이밭에 오이는 날씬한 오이 / 이리봐도 저리봐도 날씬한데 둥글둥글 호박이 놀러왔다가 / 나는 언제 예뻐지나 잉잉잉 ⑥ 채소 친구들 좋아해주기, 싫어하는 채소도 한 입씩 먹어보기 약속 ♪ 새끼손가락 고리걸고 꼭꼭 약속해

출처: 하남시 어린이급식관리지원센터.

03 Chapter 영유아기의 발달과 건강

발달이란 생명의 시작부터 죽음에 이르기까지 일어나는 체계적인 연속성 및 변화를 의미한다. 발달에는 신체, 운동기능, 지능, 언어, 정서 등 모든 특성이 포함되며 체계적으로 일정한 순서와 패턴에 의해 진행된다.

예를 들어, 일반적으로 영유아의 운동발달을 보면 머리가 몸보다 먼저 발달하며, 팔을 움직이고 점차 손목, 손가락 순서로 발달한다. 하지만 발달은 모두에게 공통으로 나타나는 특성이 있지만 개인차가 있을 수 있으며, 성장발달의 최적기가 있어서 이 시기 동안의 발달은 매우 중요하다.

남성의 정자와 여성의 난자가 결합되는 것이 수정인데, 수정이 되는 순간부터 한 개체의 생명이 시작된다. 수정 후부터 약 280일 동안 태아는 어머니의 체내에서 자라게 된다. 이 기간 동안 태아의 여러 신체기관이 형성되고, 기능이 시작되며, 기관의 크기와 무게가 급속히 증가한다(송명자, 2004).

01 태아기의 발달 특성

1) 수정

한 생명체의 시작은 정자와 난자가 만나 수정이 되면서 비롯된다. 정자와 수정이 이루어진 수정란은 모체의 자궁 속에서 9개월간 놀라운 과정을 따라 성장하여 하나의 생명체로 태어나게 된다. 수정은 남성의 생식기에서 생산되는 정자와 여성의 생식기에서 생산되는 난자가 만나 하나의 세포, 즉 수정란을 만드는 과정이다. 이 과정을 자세히 살펴보면 다음과 같다(유효순·최경숙, 2011).

여성의 생식기는 2개의 난소와 2개의 나팔관 및 자궁으로 구성되어 있다. 난소는 미성숙한 난자를 저장하는 곳으로, 여성은 양쪽의 난소에 약 40만 개의 미성숙한 난자를 가지고 태어난다. 그러나 여성이 사춘기에 이르기 전까지 난자는 성숙되지 않는다.

여성이 사춘기가 되어 월경을 하게 되면 호르몬이 난자의 성숙을 자극해 성숙된 난자가 나팔관을 통해 자궁으로 이동하는 기간은 약 3~7일이다. 그러나 난소를 떠나 약 24시간이 지난 난자는 수정이 이루어지지 않는다. 따라서 난자가 난소를 떠난지 24시간 이내에 정자를 만나야 수정이 이루어지며 하나의 생명체를 만들 수 있게 된다.

성적 성숙이 이루어진 남성은 하루에 수백만 개의 정자를 생산한다. 난자를 만나기 위해 정자는 여성의 질에 들어가 자궁을 지나 나팔관까지 긴 여행을 하게 되는데, 여성의 질 속에 들어간 수백만 개의 정자 중에서 나팔관에 들어가는 것은 500개 이하라고 한다. 이 중에서 하나의 정자만 난자와 수정을 하게 되며, 일단 하나의 정자와 난자가 합해지면 난자의 표면이 변화되어 다른 정자가 들어오는 것을 막는다. 이 과정이 바로 하나의 생명체를 탄생시키는 가장 보편적인 과정이다.

2) 태내발달

(1) 태내발달 단계

정자와 난자의 수정이 이루어지면서 모체는 임신이 되며, 임신기간은 평균 266일, 즉 38주이다. 사람에 따라 다소 차이가 있으나, 대부분의 아기(70%)는 수정 후 34~40주 사이에 태어난다.

수정란이 모체의 자궁 속에서 성장하는 기간을 태내발달 기간이라 하며, 태내발달 기간은 발아기, 배아기, 태아기의 3단계로 나뉜다.

① 발아기(germinal stage : 수정부터 2주 사이)

발아기는 수정란이 자궁벽에 착상할 때까지, 즉 수정 후 2주까지를 말한다. 수정란은 수정이 이루어진 직후부터 세포분열을 하기 시작한다. 하나의 세포인 수정란이 둘로, 둘에서 넷으로, 넷에서 여덟으로 분열한다.

세포분열은 매우 신속히 이루어져 수정 후 3일째에는 32개의 세포로, 그 다음 날에는 64개의 세포로 분열된다. 이렇게 세포분열을 하면서 수정란은 나팔관을 지나 3, 4일 후에 자궁에 도착하며, 수정된 후 7~14일 사이에 자궁벽에 착상하게 된다.

이렇게 세포분열을 하면서 착상하는 동안 세포 수가 증가할 뿐 아니라 세포의 기능도 세분화된다. 예를 들어, 일부의 세포는 수정란의 보호막이 되고 일부는 태반과 탯줄을 이룬다.

② 배아기(embryonic stage : 2주에서 8주 사이)

수정 후 2주경이 되면 수정란은 자궁벽에 확실하게 착상되며, 이때부터 수정란을 '배아'라고 부른다.

배아기는 수정란의 착상으로부터 6주까지, 즉 수정 후 2주부터 8주까지이다. 이 기간에 배아는 주요 신체기관과 조직을 발달시킨다.

배아기 동안에 태아는 호흡기, 소화기, 신경계 등 신체기관이 빠른 속도로 발달하기 때문에 이때 태내 환경의 영향을 가장 많이 받는다. 언청이, 기형아, 맹아, 농아 등 모든 출생결함은 임신기간 중 결정적 시기라 할 수 있는 첫 3개월 동안에 일어나며, 이때 자연유산이 가장 많이 일어난다.

③ 태아기(fetal stage : 9주부터 출생까지)

수정 후 8주경부터 배아가 배세포를 만들기 시작하면서 한 생명체의 구조분화가 끝난다. 이때부터 생명체를 '태아'라고 부르며, 수정 후 9주부터 출생까지를 '태아기'라고 한다.

이제부터 태아는 작은 구조, 예를 들면 손가락, 손톱, 눈꺼풀 등을 발달시키기 시작한다. 태아는 새로 만들어진 눈꺼풀을 닫고 눈이 기본적으로 완성되기까지는 눈을 뜨지 않는다. 눈뿐 아니라 다른 신체구조도 이 기간 동안 성인과 비슷해진다. 신체 비율도 성인에 더욱 가까워진다.

임신 9주부터 뼈세포가 나타나기 시작하면서 배아(embryo)는 태아(fetal)가 된다. 12주부터는 시각발달, 청각발달, 두뇌발달, 감정발달이 급격히 이루어진다.

3) 태내환경

(1) 임신부의 영양

태내발달 중에서 가장 중요한 요인 중 하나는 적절한 영양 공급이다. 태아는 모든 영양을 모체로부터 받아들이므로 임신부의 영양상태는 태아에게 직접적 영향을 준다. 임신부의 영양상태가 좋으면 임신 중 어려움이 적고, 출산문제도 적으며, 일반적으로 건강한 아기를 낳는다.

태아에게 필요한 영양분 중에서 가장 큰 비중을 차지하는 것은 칼로리와 단백질이다. 그러나 임신을 하면 엽산, 철분, 칼슘 등이 필요하며 아연과 같은 미량 원소들은 비록 양이 아주 적더라도 태아가 정상적인 발달을 하는 데 필수불가결한 영양소이다.

임신부가 영양을 적절하게 섭취하지 않으면 태아 역시 영양실조 상태에 놓이게 된다. 따라서 저체중아, 허약아의 출산 가능성이 높고 때로는 조산, 사산 또는 선천 기형아가 태어날 가능성도 높다.

(2) 임신부의 연령

임신부의 연령은 아기의 후속발달만이 아니라 임신부 자신에게 지대한 영향을 준다. 30세 이상의 여성이 임신을 하면 더 젊은 여성이 임신한 경우에 비해 많은 출산 문제를 가진다. 예를 들어, 조산아 출산 가능성이 더 높아지고, 저체중아를 낳을 가능성도 더 높아진다. 그뿐만 아니라 고령의 임신부가 다운증후군 아기를 낳을 확률은 0.1%, 40세 이상의 여성이 낳을 확률은 1%, 50 세 이상 여성의 경우는 25%에 달한다.

임신 중 위험은 고연령의 임신부에게만 있는 것이 아니다. 일반적으로 임신의 최적 연령은 20대로 알려져 있다. 이보다 어린 10대의 여성은 미숙아를 낳을 가능성이 많고, 사산아 출산율은 20대 임신부보다 2배나 된다. 10대 임신부가 아기를 낳을 수 있을 만큼 신체 성숙이 충분히 이루어지지 않았기 때문이기도 하며, 아직 임신에 대한 바른 지식이 없어 영양을 고루 섭취하지 않기 때문이기도 하다.

(3) 임신부의 질병

임신부의 질병은 아기에게 치명적인 결과를 가져오기도 한다. 예를 들어, 임신 초기 11주 이전에 임신부가 홍역에 걸리면 아기는 시각장애나 청각장애를 가지게 되며, 심장이상 또는 뇌손상을 입을 수 있다. 홍역(풍진)의 영향은 임신 3개월까지가 가장 치명적이며, 이후에는 영향이 적다.

홍역 외에 태아에게 영향을 주는 질병은 수두이다. 수두는 출산 결함을 초래하며, 유행성 이하선염은 유산 가능성을 높인다. 당뇨병 또한 태아발달에 영향을 준다. 임신부가 당뇨병에 걸렸을 경우 유산이나 사산을 초래할 가능성이 높고, 태아난 아기가 신체 이상이나 신경학적 결함을 보일 확률이 정상적인 임신부의 3배나 된다.

(4) 임신부의 약물복용

거의 모든 약이 복용 시기, 복용량, 빈도, 약의 특성에 따라 태아에게 영향을 미친다고 보아도 과언이 아니다. 질병을 치료하거나 고통을 제거하기 위해 복용한 약이 태아에게 영향을 줄 수 있는데, 아스피린이 그 한 예이다. 두통 때문에 의사가 임신부에게 처방한 아스피린은 태아에게 피를 흘리게 할 수도 있다.

때로는 의사가 임신부에게 처방한 약이 태아에게 심각한 영향을 준 경우도 있다. 1950년대와 1960년대에 입덧으로 고통을 받는 임신부에게 흔히 처방하던 탈리도마이드라는 약이다.

임신 초기에 이 약을 복용한 여성은 손과 다리의 발달이 거의 이루어지지 않은 기형아를 출산했다. 현재 약 8,000명에 달하는 탈리도마이드증후군 성인들이 있다. 또 다른 약물로는 인공 호르몬제인 DES(diethylstilbestrol)를 들 수 있다. 이 약은 1970년대 유산을 방지하기 위해 흔히 처방되던 약으로, 후에 DES를 복용한 임신부의 자녀 중 딸은 자궁암에 걸릴 확률이 높고 임신 중 어려움을 더 겪으며, 출산의 어려움을 겪는 것으로 밝혀졌다.

(5) 임신부의 음주와 흡연

임신부가 가끔 술을 마시거나 담배를 피우는 것이 태아에게 영향을 주지 않을 것이라고 생각하는 것은 잘못이다. 최근의 연구결과를 보면, 소량의 알코올과 니코틴도 태아의 발달을 저해할 수 있다.

임신부의 음주는 태아에게 심각한 결과를 가져온다. 7세 아동을 대상으로 한 연구결과를 보면 임신부가 하루 두 차례 음주를 한 경우 자녀의 지능이 낮게 나타나고 있다. 더구나 알코올의 영향은 매우 지속적이어서 14세가 된 아동의 공간과 시각 추리력 검사결과를 보면, 임신 중에 어머니가 음주를 많이 했을수록 자녀의 공간과 시각 추리력의 정확도가 저조하게 나타났다. 알코올 중독 여성의 자녀는 더 위 험하다. 이 여성들의 자녀는 약 750명 중 1명꼴로 태아알코올증후군(fetal alcohol syndrome)을 보인다.

태아알코올증후군 아동은 지능이 평균 이하이거나 지적장애를 보이며, 성장지체 또는 얼굴기형 등의 증상을 나타낸다. 알코올이 가져오는 위험성 때문에 오늘날에는 의사들이 임신한 여성들에게 술 또는 알코올 성분이 들어 있는 음료수를 마시지 않도록 권장하고 있다.

(6) 임신부의 정서적 상태

임신부의 정서적 안정이 태아발달에 영향을 줄 수 있다. 이것은 생리학적으로도 설명할 수 있다. 임신부의 심한 공포나 불안은 자율신경계를 자극해 아드레날린의 분비를 촉진하고, 이 호르몬은 태반을 통해 태아의 순환계에 전달되며, 아드레날린 증가는 태아의 활동을 촉진시켜 태아발달에 영향을 준다(이옥형, 1997).

여성이 임신 전후로 심각한 불안을 장기간 겪으면 정상적인 여성보다 임신과 출산의 어려움을 더 많이 가진다. 예를 들어, 자연유산이 더 많고, 출산 시 어려움도 더 많으며, 조산아 출산, 순환계장애가 있는 아기의 출산, 신체적 기형아동의 출산 확률이 더 높다. 또 이 여성들의 신생아는 과활동적이며, 수면과 수유에 어려움이 잦고, 배설장애도 있다.

(7) 방사선과 환경오염

임신 중 영향을 줄 수 있는 환경적 요인으로 방사선의 영향도 빼놓을 수 없다. 임신 중에 방사선에 노출될 가능성으로는 암치료나 건강진단의 과정 또는 직업상의 경우 등을 들 수 있다. 방사선의 영향은 충분히 알려져 있지는 않으나, 태아가 죽거나 기형아, 뇌상해 아기, 특정 종류의 암에 걸릴 가능성이 높은 아기의 출산 가능성이 높다. 난자가 수정되어 자궁에 착상하게 되는 기간인 임신 2주 이내에 방사능에 노출되었을 경우에는 수정란이 죽게 된다. 기형아가 나올 가능성은 수정 후 2~6주 사이이다. 6주 이후에도 방사선에 노출되면, 수정란의 사망이나 기형아 출산 같이 심각하지는 않지만 뇌와 신계조직의 결함을 초래한다. 이외에 수은이나 납 등의 중금속에 오염된 음식물의 섭취는 저체중아와 기형아의 출산 및 신경계장애 등을 초래한다.

4) 전통태교

전통적인 태교에서는 교육적인 성격을 가지고 있는데, 그중 이른 시기의 교육일수록 효과적이며, 교육적 중요성도 커진다는 조기교육적 측면을 강조하고 있다. 옛 문헌에 나타난 내용을 보면 태교가 태아의 올바른 품성을 가질 수 있도록 강조한 부분이 많은데, 이 점을 살펴보기로 한다.

(1) 내훈

조선시대의 태교 내용은 중국에서 전래된 것이다. 중국의 단편적인 태교 기록이 조선에 들어오면서 그 내용이 보다 구체적이고 체계적으로 발전하였다. 조선의 태교 내용에 대해 살펴보면 다음과 같다. 성종의 어머니인 소혜왕후가 지은 『내훈』에는 태교에 대해 간략하게 다루고 있다.

옛 부인이 임신하면 잠잘 때 옆으로 눕지 않고, 앉을 때 가장자리에 앉지 아니하고, 한 발을 기울여 서지 아니하고, 사특한 맛의 음식을 먹지 아니하고, 바르지 않게 벤 것을 먹지 않았으며, 자리가 바르지 않으면 앉지 아니하고, 눈으로는 사악한 모습을 보지 않고, 귀로는 음란한 소리를 듣지 아니하며, 밤에는 소경으로 하여금 시전을 외우게 하고 바른 일을 말하게 했다.

소혜왕후(1437~1504)는 조선 세조의 장남 덕종의 비로, 성종의 어머니이다. 당시의 부녀자들이 쉽게 읽을 수 있는 교양서적이 없음을 안타깝게 여겨 중국의 『열녀전』, 『소학』, 『여교』, 『명감』 4권의 책에서 부녀자들의 훈육에 요긴한 대목을 뽑아서 『내훈』을 만들었다.

(2) 태교신기

1801년, 사주당 완산 이 씨가 아기를 가진 여성들을 가르치기 위해 한문으로 글을 짓고 아들인 유희가 음의와 언해를 붙여 낸 책으로 아버지의 태교를 강조한 지침서이다.

지아비의 성을 받아서 그 성을 아버지에 돌려보내니 그 열 달 동안은 감히 그 몸을 함부로 못하나니 예가 아니거든 보지 말며, 예가 아니거든 듣지 말며, 예가 아니거든 입으로 말하지 말며, 예가 아니거든 움직이지 말며, 예가 아니거든 생각하지 말아서 마음과 지각과 온몸으로 모두 순하게 바르게 하여 그로써 그 자식을 기른 것이 어미의 도리이니.....

(3) 동의보감

허준의 『동의보감』은 질병이 발생한 후에 치료만을 다루는 것이 아니라 예방의학적 관점에서 병이 발생하기 전에 미리 예방하는 것을 중요하게 다루고 있다.

자녀를 얻기 위해서는 임신 이전에 부부가 건강하고 안정될 때 수태 가능성이 높고, 건강한 자식을 출산할 수 있으며, 임신부의 정서는 태아의 건강에 영향을 미친다. 임신부가 지혜롭고 큰 인물의 아기를 낳기 원하면 부모의 기혈이 건강해야 한다. 수태 중에 임신부가 화를 내면 태아의 피가 병들고, 두려워하면 정신이 멍들고, 근심하면 기운이 멍들고, 크게 놀라면 태아에게 간질이 생긴다.

(4) 열녀전

한나라 유향이 지은 『열녀전』에서는 모체가 느끼는 바가 태아에게 전달되는 점, 임신부가 외계사물에 대한 감응을 신중히 하여 태아에게 도덕적 감화와 영향을 미치므로 신성을 갖추도록 해야 한다는 점을 강조했다.

자식을 잉태했을 때에는 반드시 그 느끼는 바를 신중히 해야 한다. 선에 감하면 선해지고 악에 감하면 악하게 되는 것이다. 사람이 나면서 만물을 닮는 것은 모두 그 어미가 사물에 감응한 까닭이므로 형체와 소리가 그것을 닮는다.

눈으로는 사악한 색을 보지 말고, 귀로는 음탕한 소리를 듣지 말고, 밤으로는 좋은 음악을 듣고 시를 읊으며, 바른 일에 대해 말해야 한다. 이렇게 하면 아이의 생김새가 단정하게 되고, 재주와 덕성이 반드시 남보다 뛰어날 것이다.

『열녀전』은 중국 한나라 학자 유향이 여성 106명의 행적을 기록한 책이다. 『열녀전』에는 주나라를 건국한 문왕의 어머니가 한 태교 내용을 비롯해 태교방법이 상세하게 기록되어 있다. 조선시대문헌에 기록된 태교 관련 내용의 대부분은 중국 『열녀전』에 근거한 것으로, 『열녀전』은 조선사회에서 가장 영향력을 발휘한 태교 책이다.
출처: 국립중앙도서관 소장의 필사본과 1918년 태화서관에서 간행한 『렬녀전』

(5) 규합총서

『규합총서』는 서유본의 부인 빙허각 이 씨가 1809년에 조선시대 부녀자들을 위해 지은 생활지침서이며, 여성생활백가서라고 할 수 있다. 내용은 주사의 봉임칙, 산가락, 청낭결, 술수략 등으로 구분하여 요리, 음식, 염색, 세탁, 밭

갈기, 가축 기르는 법, 제충, 태교, 구급방 등 일상생활에 부녀자들이 꼭 알아야 할 생활의 슬기를 상세하고 분명하게 서술해놓았다. 또한 인용서를 각 사항에 표기했고, 자신의 의견을 부가했으며, 실행결과를 적어두어 읽는 이가 실행할 수 있게 했다.

내칙에 이르기를 옛날 아낙네가 아기를 가지면, 결코 거꾸로 자지 않으며, 결코 모퉁이로 앉지를 않으며, 비스듬히 서지 않으며, 벤 것이 바르지 않으면 먹지 않으며, 자리가 바르지 않으면 앉지 않으며, 눈에 사사로운 빛을 보지 않으며, 귀에 음란한 소리를 듣지 않으며, 입에 그른 말을 내지 않으며, 밤이면 소경을 시켜 시를 외우게 하여 듣고, 바른 일을 말했다.

'규합총서'의 빙허각 이 씨는 임신부의 정서가 아이의 신체적·정신적 건강과 직결된다고 설명하고 있다. 고령 임신부와 나이 어린 임신부들이 경솔하게 행동하면 태가 흔들리기 쉬우니 유산이나 조산이 되지 않도록 유의할 것을 가르치고 있다.

5) 현대태교

(1) 음악태교

음악을 통해 산모에게는 임신에서 오는 불안함을 안정시키고, 태아에게는 음악을 듣고 반응하면서 다양한 경험과 정서를 가지게 하는 감성교육의 효과를 갖게 한다. 특히 음악태교를 한 아이와 하지 않은 아이를 비교하면 감수성과 집중력에서 차이가 난다는 것이 음악태교가 필요한 중요한 이유 중의 하나이다. 저음부터 고음까지 다양한 음색이 갖춰진 클래식음악이 태교음악의 대표로 떠오르는 이유는 자연의 소리에 가깝기 때문이다.

음악을 들으면 알파파가 주도하는 환경으로 바뀌는데, 특히 클래식음악을 들을 때 효과가 나타난다. 그렇다고 산모가 가요를 좋아하거나 팝송을 좋아하는데 억지로 클래식음악만 고집할 필요는 없다. 음악을 들으며 즐거울 수 있고 정서적으로 안정된다면 그것이 태교음악이 된다.

임신 8개월이면 태아의 청각 기능이 완벽하게 완성되어 다양한 외부 소리에 더욱 민감하게 반응하기 때문에 뇌세포가 급속히 증가해 기억력이 좋아지는 시기이므로 음악 외에 다양한 소리를 들려주는 것이 좋고 물 흐르는 소리, 지저귀는 새 소리, 바람 소리 등 자연의 소리는 임산부와 태아 모두에게 정서적 안정을 준다.

표 3-1 태교음악

구분	종류
임신 초기	• 모차르트의 피아노 협주곡 제 21번 2악장 '안단데' • 모차르트의 피아노 소나타 제 14번, 호른 협주곡 제 3번 • 하이든의 심포니 사계 • 헨델의 2대의 바이올린과 피아노를 위한 소나타 • 슈만의 교향곡 제 2번 어린이 전경 중 '미지의 나라' • 포레의 피아노 4중주곡 제 1번 • 바흐의 관현악 모음곡 제 3번, 바이올린 협주곡 제 1번 A단조 • 비발디의 사계 중 '겨울' • 김순애의 그대 있음에 • 그리그의 페르귄트 모음곡 중 '아침'
임신 중기	• 모차르트의 자장가 K.350 • 림스키코르사코프의 살탄 황제 이야기 중 '왕벌의 비행' • 스타라빈스키의 봄의 제전
임신 후기	• 드보르자크의 유모레스크 • 슈베르트의 피아노 5중주곡 제 114번 송어 • 하이든의 현악 4중주곡 제 17번 세레나데 • 쇼팽의 첼로 소나타 제 3악장 • 차이코프스키의 호두까기의 인형 중 '꽃의 왈츠' • 크리이슬러의 사랑의 기쁨 • 생상스의 동물의 사육제 중 '백조' • 요한슈트라우스 2세의 아름답고 푸른 도나우 • 비발디의 만돌린과 현과 오르간을 위한 협주곡, 플루트 협주곡 홍방울새 • 헨델의 라르고 • 캐럴키드의 꿈속에서 • 헨델의 수상음악 중 '아리아'

출처: 홍순정 외(2013). 전 생애 인성교육.

(2) 태담태교

뱃속에 있는 자신의 태아와 대화를 나누는 것으로, 태아의 뇌세포를 자극해 건강한 태아를 만드는 데 도움을 준다. 태동이 시작되는 임신 5개월 정도면 태아는 청각과 오감이 발달해 태아가 외부의 소리나 행동에 반응을 하기도 하고, 엄마의 감정 변화에 따라 단단하게 뭉치거나 조용해지는 등의 반응을 나타낸다. 따라서 태동이 시작되면 산모는 말과 행동에 조심하며 태교를 해야 한다.

(3) 독서태교

자기 전에는 아기에게 동화책을 읽어주거나 동시를 들려주면서 아기에게 엄마, 아빠의 목소리를 기억할 수 있도록 하고, 엄마도 편안한 마음으로 안정을 취할 수 있도록 돕는 것이 좋다. 독서태교는 평소 쓰는 단조로운 언어보다 다양한 표현과 예쁜 그림으로 여러 가지 태담이 가능하기 때문에 권장하는 태교법이다.

(4) 웃음태교

엄마의 감정에 태아가 반응하는 시기인 임신 7개월째 엄마의 행복은 태아에게도 긍정적인 영향을 끼친다. 특히 웃음은 스트레스를 줄여주고 엔도르핀 호르몬을 분비시켜 엄마의 건강에 좋을 뿐만 아니라 태아의 머릿속에 산소 공급을 원활하게 하는 역할을 해주어 두뇌발달을 돕고, 기억력과 집중력도 높아지는 효과가 있다고 한다.

엄마가 행복해야 태아도 행복하다는 사실을 잊지 말고 엄마가 많이 웃을수록 아이와의 유대감도 깊어지기 때문에 크고 힘차게 배를 쓰다듬으면서 웃어야 효과적이다.

(5) 음식태교

처음 작은 수정란으로 시작되었던 단 1개의 세포가 왕성한 세포분열을 거듭해 신체의 각 기관을 형성해나가 뼈를 구성해 골격을 이루며, 신체 내부의 장기를 만들고 두뇌와 피부, 근육 등을 만들기 위해서는 많은 영양분을 원한다. 따라서 태아가 필요한 영양을 얻기 위해서는 산모가 태아에게 필요한 영양을 음식으로부터 충분히 섭취해야 한다. 또한 두뇌를 형성하는 데 절대적으로 필요한 단백질은 태아기와 유아기에 매우 중요하다.

끼니를 걸러 배가 고픈 상태로 오래 있다 보면 태아의 정서에 좋지 않고, 엄마가 굶으면 태아 또한 끼니를 거르게 되기 때문에 임신 중기부터 양질의 단백질과 칼슘을 섭취해 각별히 신경 써야 한다.

(6) 명상태교

명상의 효과는 심리적 안정 외에 뇌의 활성화를 들 수 있다. 즉, 선(善)을 통해 뇌의 산소공급이 원활해지므로 뇌의 주파수가 알파파로 맞추어진다. 또한 숨을 쉬면 산소가 폐에서 심장으로, 심장에서 혈액으로 옮겨져 아주 작은 말초신경까지 공급된다. 명상을 하여 마음도 편안하게 갖고 태아의 건강도 다스리게 되는 것이다.

태교 명상은 편안한 분위기에서 온몸을 이완시키고 복잡한 생각들을 내려놓고 자신의 몸 상태에 맞추어 하루 20~30분 정도 호흡에 집중하며 나아간다. 자아에 대한 집착을 버리고 인격과 덕망이 있는 부모를 양성하여 심성이 밝은 태아가 태어날 수 있게 하는 것이 궁극적인 목적이다.

(7) 산책태교

배가 점점 불러짐에 따라 몸과 마음이 지치고 힘들어지게 되는데, 기분이 우울하고 힘든 날에는 맑은 공기를 마시며 산책을 해보는 게 좋다.

태아와 함께 이야기를 하며 걷거나 벤치에 앉아 명상을 즐기다 보면 기분전환이 되고, 평소 휴식을 취할 때 편하게 앉아서 복식호흡을 하면 태아에게 산소가 충분히 전달되어 뇌발달에도 큰 도움이 된다.

(8) 차 생활 태교

다도를 통한 태교는 마음은 군자와 같고 사악함이 없는 성미를 따름으로써 올바른 태교가 달성된다. 태중의 태아에게 정신적인 안정을 요하는 임신부들에게는 차 생활을 통해 다예를 몸에 익히며, 차의 성품과 같은 덕을 심는 것과 사악함이 없는 인성을 가르치므로 태아가 안정을 얻도록 하는 것이다.

오랜 역사를 통해 선인들이 차를 즐기고 여성, 특히 임신부에게 차 생활을 강조한 이유는 바른 몸가짐을 익히는 과정에서 많은 예절을 터득할 수 있으며, 정신수양을 겸할 수 있다. 바른 차 생활을 행하는 가운데 바른 인성교육과 예절교육이 되어 임신부에게는 태교와 함께 이루어지는 것이다.

02 영아기의 발달 특성

인간의 발달에서 영아기(infancy)는 생후 4주 이후부터 1년까지를 말하고, 그 이후부터 취학 전까지를 유아기로 본다. 영아기는 성장과 발달이 급속히 이루어지고, 유아기에는 영아기에 비해 발육 속도가 느려지는 반면에 신체적 활동은 활발하고 여러 가지 운동 기능의 조절 능력과 언어 기능이 발달한다.

영유아기의 성장발달은 신체적(체중, 키, 두위)인 성장도 중요하지만, 감각기관의 발달과 함께 각 신체부위의 운동발달에 초점이 두어진다. 그러다가 걷기 시작하면 부모가 자신에 대해 무엇을 기대하고 있는지 어렴풋이 헤아리기 시작하고, 부모가 기대하는 바대로 행동해보려는 성향이 나타나며, 희로애락의 정서로 분화발달하기 시작한다. 인간관계의 기초가 되는 기본 신뢰감 형성을 위해 엄마는 아기가 보내는 신호를 잘 알아차리고 적절한 반응을 해주어야 한다.

1) 신체발달

생후 3~4개월이면 출생 시 체중의 2배가 되고, 첫돌에는 약 3배가 된다. 신장은 출생 후 1년 동안에는 약 25cm가 자라고, 다음 1년간은 약 8cm 정도씩 자라며, 그 다음부터는 점점 더 작은 수치로 증가한다. 머리둘레는 첫돌까지 약 11cm가 커지고, 그다음부터 성장속도가 느려진다. 일반적으로 출생 시에는 머리둘레가 가슴둘레보다 크다가 첫돌 이후에는 가슴둘레가 더 커지는 것이 보통이다.

출생 시 전체 체중은 성인의 5%에 불과하나, 뇌의 무게는 약 25%가 된다. 뇌 발육의 약 50%는 출생 후 1년 이내에 이루어지며, 약 6세가 되면 성인의 90% 정도에 달하게 된다. 출생 직후 하나의 뇌세포에 2,500개의 시냅스가 연결되어 있으나 생후 6개월이 되면 1만 8,000개가 될 정도로 연결 작업이 빠르게 진행되며, 가장 많이 연결될 때는 만 2세 정도이고, 그 후 11세까지 그대로 유지된다.

시각은 생후 3~5개월이 되면 색깔을 인식할 수 있고, 낯선 사람을 구별할 수 있으며, 6개월 정도에는 같은 물체에 두 눈의 초점을 맞출 수 있다. 청각은 3개월 정도에 소리의 방향을 알고 엄마의 음성을 구별하며, 5~6개월이면 말소리를 구별할 수 있게 된다. 미각, 후각, 촉각 등도 처음에는 둔하지만 점차 그 식별력이 예민해지고 분화된다.

2) 운동발달

(1) 영아기 운동발달의 특성

영아기에는 인지적·정서적 발달보다 운동발달이 현저하게 증가하며, 이러한 운동발달 특징 중의 하나는 두미 방향의 발달이고, 다른 하나는 중심주위 방향의 발달인데, 이를 구체적으로 살펴보면 다음과 같다.

① 운동 능력은 머리에서 가까운 부분부터 발달한다. 즉, 눈, 머리, 손의 운동 능력이 먼저 발달하고, 다음에 다리의 운동 능력이 발달한다.

② 운동 능력은 몸통 중심부위에서 말초부위로 발달해간다. 즉, 팔과 다리를 움직이는 능력이 발달한 후에 손가락과 발가락의 운동 능력이 발달한다.
③ 큰 근육의 운동 능력이 발달한 후에 작은 근육의 운동 능력이 발달한다.
④ 양방향의 운동 능력이 발달한 후에 한 방향의 운동 능력이 발달한다. 그래서 유아기 초기에는 양손을 사용하다가 어느 한 손을 주로 사용하게 된다.
⑤ 수평운동 능력이 먼저 발달한 다음에 수직운동 능력이 발달한다.

(2) 영아기의 정상적 운동발달 과정

- 1개월: 턱을 들 수 있다.
- 2개월: 엎드려서 가슴을 들 수 있다.
- 3개월: 목을 가눌 수 있다.
- 5개월: 무릎에 앉을 수 있고, 뒤집기를 할 수 있다.
- 6개월: 매달려 늘어진 사물을 잡을 수 있다.
- 7개월: 혼자 앉을 수 있다.
- 8개월: 도움을 받아 설 수 있다.
- 9~10개월: 걸을 수 있다.

혼자 독립적으로 걸을 수 있게 되는 시기는 약 13개월부터인데, 이것은 다소 이르기도 하고 늦어지기도 한다. 18개월쯤 되면 뒤로 몇 발자국 걷기도 하고, 난간을 잡고 계단을 오를 수 있게 되며, 24개월이 되면 난간이 없는 계단도 혼자 오를 수 있게 된다.

3) 언어발달

영아기 초기의 의사소통은 언어를 사용하지 않고서 시작하나, 영아기가 끝나고 2세쯤이면 언어 능력이 급속히 발달하여 150~200개 정도의 어휘를 갖게 된다. 언어를 습득하고 사용하기 전에도 아기는 울음, 얼굴표정, 몸짓 등으로 어머니와 의사소통을 한다.

아기가 처음 내는 소리는 울음으로, 울음은 가장 강력한 의사전달의 방법이다. 왜 우는지 구분되지 않는 울음에서 울음의 이유를 알 수 있는 것으로 바뀐다. 즉, 배가 고파 우는 소리는 몸이 아파서 우는 것과 다르고, 기저귀가 젖어 불편해서 우는 것도 그 울음소리의 강도나 음조가 다르다.

돌을 전후해서 영아는 한 단어의 말을 하기 시작하는데, 주로 엄마, 아빠, 맘마, 멍멍 등 가족의 명칭이나 음식, 동물의 이름을 말한다. 이때 한 단어는 한 문장의 역할을 한다. 생후 18~20개월이 되면 두 단어를 조합한 말을 할 수 있으며, 2세경에는 초보적인 문장을 사용한다.

4) 정서발달

생후 얼마 되지 않은 영아는 '배냇미소'라고 하여 외부세계와는 관계없이 미소를 짓는다. 생후 2~3개월이 되면 어머니의 모습이나 장난감을 보고 사회적 미소가 나타난다. 기쁜 정서적 표현을 언제 구별할 수 있는지를 밝히기 위해 실시한 습관화 실험에서 생후 2개월 된 영아도 행복한 표정과 무표정을 구별했다.

공포의 표정을 구별하는 것은 생후 5개월이 되어야 가능하다. 공포감정을 유발하는 자극물이 영아기에는 비교적 적기 때문이기도 한데, 낯가림이 시작되면서 애착 관계가 형성된 사람과의 격리와 낯선 사람과의 만남은 공포감정을 유발한다.

분노의 감정도 공포와 마찬가지로 생후 5개월 정도의 영아기에 구별했다. 영아는 배고플 때와 아플 때의 분노감정이 가장 크다. 불안은 애착행동 및 낯가림과 관련이 있는데, 어머니와의 격리불안이 불안의 주된 원인이다. 영아는 여러 가지 운동 기능을 발달시키면서부터 학습한 능력을 나타내려고 주변에 있는 것들에 관심을 표시한다. 4, 5개월부터 호기심을 나타내기 시작하며, 6, 7개월이 지나면 물건을 잡아당겨 흔들면서 좋아하고, 2세가 되면 남자나 여자의 모습이나 음성에 흥미를 가진다.

5) 인지발달

영아기 아이들은 감각기관을 통해 주변 환경의 정보를 지각하고, 선택적으로 획득한 정보를 조직하며, 환경적 자극에 반응하는 도식을 형성함으로써 인지발달을 이룬다. 지각발달의 경우, 외부 자극에 대한 반응과정에서 자극을 인지하는 작용으로 외부 자극을 인지하기 위해서는 이를 수용할 수 있는 감각기관의 발달이 우선되어야 한다.

피아제는 영아의 인지를 감각운동지능이라 제안하여 6단계로 나누어 살펴보았다.

- **1단계 – 반사기**(출생~1개월): 신생아는 반사적으로 행동하고 반사체계를 발전시킨다.
- **2단계 – 1차 순환반응기**(1~4개월): 영아가 우연히 흥미로운 결과를 이끄는 어떤 행동을 했을 때 순환반응이 나타난다.
- **3단계 – 2차 순환반응기**(4~8개월): 환경 내에 있는 사물들이 이 순환반응에 관련되기 시작된다. 예를 들어, 침대에 누워 손을 흔들다가 우연히 공중에 매달린 딸랑이 장난감을 건드리면 자신이 일으킨 환경 내의 변화가 흥미로워 계속해서 손으로 장난감을 치는 것이 이 시기에 흔히 볼 수 있는 대표적인 행동이다.
- **4단계 – 2차 순환반응 조정기**(8~12개월): 피아제는 이 단계를 지능이 처음으로 작용하는 시기로 보았다. 이 시기에는 의도적인 목적을 가지고 행동한다.
- **5단계 – 3차 순환반응기**(12~18개월): 이 단계에서도 사건들은 반복되어 일어나지만, 영아는 그 상황에서 새로운 것을 능동적으로 찾으려 한다. 즉, 행동의 결과를 살피기 위해 의도적으로 자신의 행동을 다양하게 변화시킬 수 있다.
- **6단계 – 정신적 연합기**(18~24개월): 이 단계는 감각운동기의 끝이며, 표상이 형성됨으로써 이전 단계까지 불가능했던 지연모방이 가능해진다.

지연모방이란 영아가 목격한 사태를 그 자리에서 모방하는 것이 아니라 일정한 시간이 지난 후 자발적으로 재연하는 모방을 뜻한다. 영아기에 획득한 중요한 개념 중의 하나가 대상영속성 개념이다. 이는 하나의 사물이 자신과 주변 세계에 대한 논리적 사고가 가능해야만 획득될 수 있는 것으로, 대상이 눈에 보이지 않아도 존재한다는 것을 아는 것은 보이지 않는 대상에 대해 생각할 수 있다는 것을 의미한다.

6) 사회·정서발달

출생 후 1년 사이에 식별되거나 형성되는 두 가지 중요한 발달적 특성인 기질과 애착은 생의 초기에 형성되지만, 인간의 전 생애발달에 결정적인 영향을 미치는 정의적 특성이다.

(1) 기질

기질(temperament)이란 성장과 정서적 반응의 강도, 특히 정서반응의 질적인 면에서 지속적인 개인차를 말한다. 개개인의 특정 기질, 예를 들어 편안함, 외향성, 수줍음 등은 타고 난다고 믿는데, 신생아도 성인과 마찬가지로 각각 서로 다르다. 따라서 한 유아의 특성을 다른 유아들에게 일반화한다는 것은 매우 어려우며, 유아를 표집하여 얻은 자료라고 하더라도 일반화하기 어렵다.

유아의 기질에 관한 연구들을 보면 대략 편안한 유아(40%), 까다로운 유아(10%), 느린 유아(15%), 독특한 유아(35%)로 나눌 수 있다. 편안한 유아는 행복해하며 새로운 상황에 쉽게 적응하나, 까다로운 유아는 환경변화에 심하게 저항하며 잘 적응하지 못한다. 느린 유아는 반응이 느리며, 반응의 강도가 낮고, 종종 부정적이다. 독특한 유아는 대부분 다양한 정서적 반응을 보인다.

(2) 애착

애착(attachment)이란 한 개인이 자신의 삶에서 다른 특정한 사람에게 갖는 강한 정서적 유대를 말한다. 인간의 애착, 즉 영아와 어머니의 애착에 관해 최초로 연구한 사람은 보울비(Bowlby, 1907~1990)이다. 그는 주 보호자와 영아의 정서적 유대 형성은 생존을 높여 주기 때문에 진화되어온 것이라고 보았다.

보울비는 부모와 영아의 초기 상호작용은 정상적 발달에 결정적이라고 주장한다. 초기의 애착 형성은 이후의 대인관계에 결정적인 영향을 미친다. 영아기에 안정된 애착을 형성하지 못하면 신뢰감과 자신감을 발달시킬 수 없다. 생후 7~8개월경부터 엄마에 대한 영아의 애착은 매우 강해져 엄마가 자신을 떠나면 두려움을 보인다. 이를 '격리불안'이라 한다. 낯선 상황에서 영아의 행동 반응을 측정하는 것은 매우 인위적이라는 비평이 없지 않으나 여러 연구결과를 보면 대부분의 영아는 엄마와 안정애착을 보였다. 이들은 엄마가 낯선 상황에서 안 보이면 매우 불안해하나, 엄마가 다시 보이면 쉽게 안정감을 되찾았다. 약 20%에 달하는 회피애착 영아는 엄마와 격리되었을 때 불안을 나타내지 않으며, 재결합이 되어도 쉽게 위안을 얻지 못했다. 약 10%의 저항애착 영아는 엄마와 있을 때도 매달리며, 엄마와 격리되면 화를 내나 엄마가 돌아오면 반기는 것과 저항의 복합적 감정을 나타냈다. 나머지 5%의 혼돈애착 영아는 혼란과 화를 내거나 슬퍼하는 이율배반적인 행동을 보였다.

연구자들에 의하면 안정애착을 형성한 영아의 엄마는 애정적이며, 아기의 욕구에 민감하게 반응하고, 영아는 타인을 신뢰하는 성인으로 성장한다. 이와 같이 엄마의 안정된 관계는 정서·인지발달을 순조롭게 하고 사회성 발달을 돕는다.

03 유아기의 발달 특성

1) 신체발달

만 2세부터 6세까지의 유아기의 신체발달은 크게 두 가지 면에서 중요한 의의를 갖는다.

① 이 시기의 신체발달은 여러 발달 영역의 기초가 된다는 점이다. 즉, 신체발달은 유아의 외형과 기능적 발육뿐만 아니라 지능과 언어발달, 정서발달 그리고 사회성 및 성격발달의 근원이 된다.

② 신체발달이 특히 정신발달에 영향을 준다는 점이다. 신체의 어느 한 부분에 결함을 지닌 유아는 사회생활을 하는 데 있어 물리적 환경이나 타인으로부터 오는 반응에 심리적이고 정신적인 부담감을 안게 되어 열등감을 지닌다.

유아기의 신체발달은 유전적인 요인, 환경적인 요인, 균형 있는 영양 공급의 3가지 요인이 골고루 갖추어져 있을 때 촉진된다고 할 수 있다. 유아기의 신체발달은 개인에 따라 현저한 차이를 나타내는데, 그 주요 요인은 먼저 유전적 요인에 기인하는 것으로 체격이나 용모, 모발 등의 외형적인 것에서부터 내분비의 기능적인 것에 이르기까지 유전자에 의해 결정된다. 또한 유아의 신체발달은 유아의 주변 환경으로부터 많은 영향을 받는다.

즉, 유아를 둘러싼 환경조건과 시설이 신체발달과 건강을 촉진시키는 데 중요하다. 따라서 유아의 올바른 성장을 위해서는 신체발달을 저해하는 요인들을 제거해야 함은 물론 보다 나은 생활환경을 마련해주어야 한다.

2) 인지발달

유아의 인지발달은 지각, 기억, 유아가 가지는 개념의 발달로 나누어 살펴볼 수 있다. 먼저 지각은 자극에 대한 반응과정에 있어 자극을 인지하는 작용인데, 일반적으로 외계의 사물, 성질, 상태, 운동관계 등을 직접적으로 파악하는 정신적인 작용, 즉 대상의 성질을 인지하는 심적 과정이다. 유아기의 지각발달은 처음에는 부분적인 특징에 따라 사물을 단순하게 파악하기 시작하나, 연령이 증가할수록 자극의 각 부분을 연결하여 전체적으로 지각할 수 있게 된다.

유아기의 기억은 연령이 높아짐에 따라 기억력이 증가되고, 흔적은 점차 확대 분화하여 그 지속기간이 길어진다. 유아기의 기억발달 특징을 요약하면 유아는 전체적인 기억을 한다. 3세경의 유아는 노래나 이야기를 처음부터 끝까지 외우고 기억한다. 그러나 외웠던 것을 중간부터 기억하지 못하며, 부분적으로 차출하여 기억하지도 못한다. 또한 유아의 기억은 감정이나 욕구와 관련된다. 유아들이 가지는 개념은 유아가 속해 있는 문화와 과거 경험에 의존하는데, 그 이유는 문화나 과거 경험이 유아가 가지고 있는 개념의 양상과 형태를 결정하기 때문이다. 유아의 개념은 처음에는 거의 모호하고 미분화되어 있으나, 차츰 명료해지고 분화되어간다.

이 시기는 피아제의 인지발달단계 중 전조작기로, 유아는 상징적으로 사고하며 언어를 사용하게 된다. 그러나 이들의 사고는 매우 직관적이다. 즉, 이들은 논리나 추론을 거의 사용하지 못한다. 전조작기 유아는 또한 매우 자아중심적이어서 다른 사람의 입장이나 견해를 이해하기 어렵다.

3) 정서발달

유아의 정서는 전체적으로 쾌정서보다는 불쾌의 정서가 더 빨리 나타난다. 유아기 정서의 특징으로 다음의 5가지를 들 수 있다(Hurlock, 1956).

① 유아의 정서는 경과기간이 짧다. 유아의 정서는 보통 2~3분 나타났다가 갑자기 멈추는데, 이러한 현상은 유아가 성인과는 달리 그들의 정서를 외적 행동에 남김없이 표시하기 때문이다.

② 유아의 정서는 강렬하다. 유아의 정서는 아주 강렬하게 폭발하듯이 표현되는 것이 특징이다.

③ 유아의 정서는 변하기 쉽다. 유아의 정서는 돌발적이고, 극단적으로 변해간다.

④ 유아의 정서는 자주 나타난다. 유아는 성장하면서 여러 가지 상황이나 경우에 적응하는 능력이 발달하므로 성인보다 정서를 표현하는 횟수가 많다.

⑤ 유아의 정서적 반응의 유형은 대체로 비슷하다. 그러나 학습과 환경의 영향으로 점차 개별화되기 시작한다.

다른 발달 영역과 마찬가지로 정서발달은 개인에 따라 다소 차이가 있다. 어떤 유아는 정서반응이 빨리 나타나는가 하면, 또 어떤 유아는 늦게 나타난다. 이와 같이 정서의 분화상태나 정도, 반응 대상 등은 개인마다 다르다.

4) 사회성 발달

유아기에는 자신을 한 개인으로 점차 인식하면서 자신에 대해 긍정적 또는 부정적 개념을 형성하기 시작하는데, 유아는 자신을 몸을 가지고 있는 하나의 독립체로서 인식하게 되고 자신의 몸을 스스로 조절한다는 사실을 알게 된다. 그리고 자신의 몸에서 일어나는 변화와 다른 사람과의 비교를 통해 자신의 몸에 관심을 가짐으로써 신체적 자기의식을 갖게 된다. 유아기에는 신체 성장과 근육운동으로 스스로 자기의 몸을 자유로이 통제할 수 있어 자기의 일을 스스로 잘할 수 있다는 생각을 갖게 되는데, 이로써 자율감이 발달한다.

또한 이 시기에는 개인이 자기 자신에게 부여하는 가치와 그들이 행하는 일의 성공을 예견하는 자존감이 발달하는데, 이는 부모의 양육 태도에 따라 차이를 보인다. 유아는 부모나 주위 사람들에 대한 동일시 과정을 통해 그들이 가지고 있는 가치태도 및 행동기준을 내면화하게 되는데, 이것은 유아가 속한 사회나 문화집단의 규칙과 기준을 학습하는 사회화과정이 된다.

중요한 요인 가운데 또 한 가지는 또래 간의 사회적 행동이다. 유아들은 대체로 3~5세가 되면 또래들과 서로 아주 가까이 지내면서 노는 것을 볼 수 있다. 유아가 다른 유아와 뜻을 맞추어 잘 지내면 우정이 싹트게 된다. 그러나 그 기간이 길지 못하고 한쪽이 일방적으로 좋게 생각하는 경우가 많다. 사회적 교류로서 사회적 행동을 익혀가는 가운데 유아들은 만족과 욕구불만의 두 가지 경험을 하게 된다. 이 두 가지 사회적 행동을 경험하면서 결국은 모순된 사회적 반응을 나타낸다.

유아들의 싸움은 대개 협력해서 노는 능력이 부족한 데서 많이 일어난다. 이 시기의 싸움은 소유물에 대한 갈등에서 주로 기인하며, 가장 친한 친구와 많이 싸우는 경향이 있다. 또 유아는 자신이 타인보다 열등하거나 남들에 비해 자신의 대우가 좋지 않다거나 불공평한 대우를 받고 있다는 생각이 들면 일단 열등의식을 형성하게 되고, 열등의식이 형성되면 유아는 어떠한 방식으로든지 자신의 약점을 나타내지 않기 위해 보완하려는 보완적 행동을 하게 된다.

5) 도덕성 발달

피아제는 유아의 도덕성 발달을 크게 두 단계로 나누어 설명했다. 첫 단계는 옳고 그름에 대한 판단을 완전히 권위자의 결정에 의존하는 타율적 단계이고, 두 번째 단계는 도덕적으로 보다 성숙한 단계로서 자율적 단계라고 불렀다. 자율적 단계에서 개체는 외부의 법칙이나 다른 사람의 의견에 지배받지 않고 개인이 창출해내는 도덕성에 지배된다. 자율적 단계에 이르면 인간은 규칙에 무조건 복종하기보다는 실제로 자신이 규칙을 구성하고 상호 합의나 상황, 의도 등을 고려하여 규칙을 받아들인다.

유아기의 도덕성 발달에 영향을 주는 요인은 가정환경과 놀이친구, 대중매체 등이 있다. 일반적으로 유아는 가족과의 접촉을 통해 많은 행동을 습득한다. 즉, 유아는 부모나 형제의 행동을 관찰 모방하는 것이다. 가족의 행동은 모범의 의미를 지니며 본보기가 된다.

유아가 바람직한 행동을 했을 때 적극적인 보상을 주며, 바람직하지 못한 행동을 했을 때 처벌을 함으로써 사회적으로 인정된 행동규범을 습득하게 하고, 옳고 그름을 분명하게 판단하는 도덕적 인식 능력을 점차적으로 내면화시켜야 한다.

유아가 걷기 시작하면서부터는 또래친구들과 어울려 놀기 시작한다. 이때 유아의 도덕적 기준과 행동은 친구들의 영향을 받게 된다. 유아는 친구들의 좋은 행동이든 나쁜 행동이든 간에 아무런 이유 없이 호기심이나 충동에 이끌려 행동을 취하는 경우가 흔히 있다. 또한 유아기에는 그림책이나 TV를 통해 쉽게 행동을 모방한다. 특히 유아는 공격적이고 모험적인 장면을 보면 즉시 자극을 받아 자신도 그대로 해 보려는 경향이 있으므로 부모의 관심이 필요하다.

04 영유아기의 건강관리

영유아기는 평생에 걸쳐 가장 빠른 성장과 발달을 보이는 기간으로, 이 시기의 질환이나 사고는 일생 동안 영향을 미치기 때문에 사고 예방을 위한 교육과 조기진단이 중요하다. 또한, 이 시기에 형성된 식습관, 생활습관은 평생 굳어지기 쉬우므로 잘못 형성된 식습관은 추후의 소아·청소년 비만뿐만 아니라 대사증후군 및 성인 비만 등과도 연관되어 있다.

실제로 현대인들의 건강 문제 중에서 가장 화두가 되는 것이 비만이다. 비만은 고혈압, 당뇨, 심혈관계 질환 등 각종 성인병을 야기하는 원인이기 때문에 과체중이나 비만을 사전에 줄일 수 있는 영유아 및 어린이의 건전한 식생활습관에 대한 관심이 점차 높아지고 있다.

전국 소아청소년 신체발육 표준치 측정사업을 시행한 결과 우리나라에서도 소아·청소년의 과체중과 비만이 급증하고 있음을 알 수 있다. 특히 남아의 청소년기 체질량지수의 95백분위수의 값이 1998년에 25~26kg/m^2이던 것이, 2005년 측정에서는 30kg/m^2로 급증하여 소아·청소년의 비만 증가 억제가 매우 시급하다는 것을 확인했다.

미국소아과학회 및 미국심장학회에서 발표한 지침에서도 소아청소년에서는 영양 상담의 효과가 유효하기 때문에 일반 소아를 대상으로 영양교육을 실시하는 것이 바람직하다고 보고하고 있다.

또한 영유아 건강관리를 위해 영유아의 특징인 발달을 고려해야 한다. 생활습관 개선과 질병 예방에 중점을 두어 연령별로 예측 가능한 건강교육을 실시해야 한다.

영유아 건강관리를 통해 조기발견과 조기치료에 의해 질병 부담과 장애 발생을 최소화시키며, 시기별로 예측 가능한 영양 이상(저체중, 과체중), 안전사고 및 구강 질환에 관한 교육과 생활습관 개선을 할 수 있게 된다.

1) 영유아의 건강 평가

우리나라의 국가 보건의료정책 방향이 이미 질병 치료 중심에서 질병 예방 중심으로 바뀌었고, 국가에서도 이러한 목표를 위한 국민건강증진사업을 이미 실시하고 있다.

'생애전환기 전 국민 일제 건강진단사업'이 이것의 한 예로, 현행 검진의 제한적 개념을 확장하여 포괄적인 예방 서비스 개념으로 전환하고자 했다. 나아가 잘못된 생활습관이 대부분의 발병요인인 난치성 만성질환에서 볼 수 있듯이 나이가 어릴수록 좋은 생활습관을 형성할 수 있는 예방교육의 필요성이 증가하나, 생활습관 개선 교육부분이 미흡하다는 점과 성인에게 없는 영유아에서의 특징인 발달을 고려하지 않은 점이 기존 영유아 건강검진의 문제점이다.

영유아 건강검진사업은 그 특성상 성인의 일반적인 검진 체계와 큰 차이점이 있다.

① 영유아는 출생 후 지속적이고 뚜렷한 신체적·정신적인 성장과 발달이 이루어지므로 시기별, 주기적 검진항목이 개발되어야 한다. 미국소아과학회에서는 영유아에서 성장과 더불어 발달에 대해도 추적·감시할 것을 권고했는데, 한 번의 선별검사만으로는 발달지연을 정확히 찾아내기 어렵기 때문에 상위기관으로 의뢰하기 전에 여러 번 주기적으로(multiple time points) 실시해 볼 것을 권유했다.

② 대상이 영유아이므로 실제적인 검진과 상담에 보호자의 역할이 매우 중요하다. 즉, 보호자를 대상으로 한 영양, 안전, 구강 상담 외에도 각 연령에 맞는 시기적절한 항목의 교육이 매우 중요하다.

(1) 영유아 건강검진

영유아 및 어린이 시기에는 자세한 문진과 진찰만으로도 흔한 문제들을 미리 막고 주요 질환의 조기 진단이 가능함에도 기존의 검진 체계는 검사 위주였으며, 성인과는 다른 영유아의 특징인 성장과 발달을 충분히 고려하지 못했고, 생활습관 형성기에 중요한 예방적 상담과 교육을 포함하고 있지 못하다는 단점을 가지고 있었다.

영유아 및 어린이는 일생 중 가장 빠른 성장과 발달을 하며, 이 시기의 질환이나 사고는 오랜 기간 영향을 미치기 때문에 예방과 조기진단이 중요하다.

또한 이 시기에 형성된 생활습관은 평생 굳어지기 쉬워서 만성 성인질환 예방을 위한 어릴 적부터의 건강한 생활습관 교육이 중요하다.

이러한 시기적 특성으로 인해 기존의 검사 위주의 검진만으로는 건강증진의 목적을 달성하기 어렵다. '영유아 건강검진'사업은 질병 치료 중심에서 질병 예방을 강조하는 방향으로 확대되는 국가보건복지정책의 일환이다.

우리나라의 경우 2007년부터 만 6세 미만의 영유아는 모두 다섯 차례에 걸쳐 무료로 건강검진을 받을 수 있게 되었으며, 2012년 4월 1일부터 7차례에 걸쳐 검진하고 있다.

검진 주기, 검진 대상자, 건강검진 항목은 다음과 같다.

검진 주기의 경우는 4개월, 9개월, 18개월, 30개월, 42개월, 54개월, 66개월이다.

총 검진 횟수 7회와 구강검진 3회로 구성되어 있으며, 각 시기별 검진은 가급적 예방접종 시기와 일치하도록 구성했고, 수검자의 단회 방문으로 끝나도록 편의성을 갖추었다. 검진의 적절성을 위해 각 방문 시기는 수검이 가능한 유효기간을 가지고 있다.

수검자가 접촉하기에 가장 수월한 1차 의료기관이 중심이 되는 검진체계로 준비되었으며, 처음 시행되는 사업인 것을 고려하여 수검자와 검진자 양측의 수월성이 최대한 고려되었다.

건강검진 항목은 성장이상, 발달이상, 비만, 안전사고, 영아급사증후군, 청각이상, 시각이상, 굴절이상, 치아우식증 등이 주요 목표 질환이다(**표 3-2** 참조).

표 3-2 영유아의 검진 시기

구분	주기	검진 내용		
1차	4개월	건강검진	생후 4-6개월	문진 및 진찰, 신체계측, 건강교육
2차	9개월	건강검진	생후 9~12개월	문진 및 진찰, 신체계측, 발달선별검사 및 상담, 건강교육
3차	18개월	건강검진	생후 18~24개월	문진 및 진찰, 신체계측, 발달선별검사 및 상담, 건강교육
		구강검진	생후 18개월~29개월	구강검진 및 진찰, 구강보건교육
4차	30개월	건강검진	생후 30개월~36개월	문진 및 진찰, 신체계측, 발달선별검사 및 상담, 건강교육
5차	42개월	건강검진	생후 42개월~48개월	문진 및 진찰, 신체계측, 발달선별검사 및 상담, 건강교육
		구강검진	생후 42개월~53개월	구강검진 및 진찰, 구강보건교육
6차	54개월	건강검진	생후 54개월~60개월	문진 및 진찰, 신체계측, 발달선별검사 및 상담, 건강교육
		구강검진	생후 54개월~65개월	구강검진 및 진찰, 구강보건교육
7차	66개월	건강검진	생후 66개월~71개월	문진 및 진찰, 신체계측, 발달선별검사 및 상담, 건강교육

출처: 국민건강보험공단.

영유아 건강검진 프로그램의 의의는 다음과 같다.

영유아 성장발달의 중요한 시기에 필수 진찰 프로그램을 도입하여 영유아에서 중요한 건강문제를 우선적인 목표 질환으로 선정했으며, 1세 미만의 경우 4, 9개월의 2회 검진을 통해 간단한 육안 진찰로 가능한 이상 소견을 발견하고, 9, 18, 30개월 및 5세에는 발달평가도구(K-ASQ 또는 DENVER II)를 도입했다는 점이다.

영유아의 검진은 질환의 조기발견 외에 성장발달 사항에 대한 정기적인 진찰이 중요하므로 매회 검진 시기마다 공통적인 검진 항목을 적용(신체계측, 필수 문진 사항 등)했으며, 1회 검진 후 의심 소견 발견 시 다음 검진에서 재확인을 가능하게 하여 출생 후 만 6세까지 성장발달의 연속적인 추적이 가능하도록 구성했다.

영유아 건강검진은 전체 영유아 및 소아를 대상으로 시행되는 사업으로서 건강 증진에 초점이 맞추어져 있다. 따라서 해당 연령에서 흔한 감염성 질환이나 빈도가 낮은 특정 질환 검색에는 적절하지 못할 수 있다. 검진기관에서는 이 검진사업의 한계를 파악하고, 문진과 진찰 결과에서 이상이 의심되거나 특정 질환의 검색을 원하는 수진자의 경우에는 이러한 한계를 주지시키고, 필요한 절차를 알려줄 필요가 있다.

(2) 신생아 검사

신생아기는 출생 후 4주까지를 말하며, 독립된 호흡을 하고 체온조절과 젖을 빠는 일 등을 자신이 행하게 되므로 신생아기는 호흡, 영양섭취, 온도, 배설작용에 대한 적용 등을 해야 하는 시기이다. 출생 시 건강한 신생아의 평균 체중은 약 3.4kg, 평균 신장은 50~52cm 정도이다. 출생 후 3~5일 동안 신생아의 체중이 출생 시의 10% 정도가 줄어드는 것을 '생리적 체중 감소'라 하는데, 피부나 폐로부터의 수분 증발, 태변이나 소변의 배설, 신체 지방의 소비 등에서 오는 필연적인 현상으로, 모든 것이 순조롭게 진행될 경우 2주 내에 다시 회복되어 체중이 계속 증가하게 된다. 출생 시 체중이 2.5kg 이하가 되면 '미숙아' 또는 '저체중아'라고 하며, 건강상 여러 가지 위험이 있다.

출생 시 아기의 크기에 영향을 주는 요소로는 임신기간, 얼마나 많은 자녀를 어느 정도 간격으로 가졌는지 여부와 산모의 나이, 키, 체중, 건강과 영양 그리고 인종과 성별 등도 영향을 미칠 수 있다. 일반적으로 첫 아기는 이후에 탄생한 아이들보다 다소 가볍다. 그러나 그것을 보충할 정도로 빠르게 성장하며, 보통 남아가 여아보다 더 크고 근육이 발달되어 있다. 일반적으로 출생 시에는 머리둘레가 가슴둘레보다 크며, 첫돌 이후부터 가슴둘레가 더 커지는 것이 보통이다.

신생아는 출생시 몇초 동안은 호흡을 하지 않다가 갑자기 들이마신 공기를 내뿜는 반사호흡으로 신생아는 첫 울음을 울고, 점액과 양수를 배출한다. 대부분의 건강한 신생아는 출생 후 20초가 지나기 전에 울음이나 기침 등의 형태로 스스로 호흡하게 된다. 그리고 신생아의 호흡은 불규칙적이고 약하며, 횡격막의 운동을 주로 하는 복식호흡을 한다. 또한 신생아는 성인들에게는 뇌손상이나 사망을 몰고 올 수도 있는 산소부족의 상태도 참을 수 있는 적응력을 보이는데, 이것은 필요한 것보다 더 많은 뉴런을 갖고 태어나기 때문이다. 맥박은 규칙적이지만 생후 2일 동안은 변화가 심하며, 아기의 활동에 따라 90~170회를 정상으로 본다.

신생아는 출생 직후에 최초의 배뇨를 하고, 출생 후 24시간 내에 약 30~40g을 배설하는데, 수분이 적고 요산염이 많아 황적색을 띤다. 생후 1~2주 정도까지는 1일 100~200g 정도의 소변이 15~25회에 걸쳐 배출된다. 건강한 신생아는 출생 후 2일 이내에 냄새가 없고 암녹색의 끈적거리는 태변을 배출한다. 신생아는 산모가 산후 1~2일간 분비하는 초유를 먹음으로써 태변의 분비가 촉진된다.

물체가 보이기 시작하는 것은 2개월 가까이 되어야 가능하고, 1개월 전후에서는 명암을 구분할 정도이다. 출생 때 귀는 분비물, 혈액, 양수 등의 액체로 꽉 차 있어 잘 듣지 못하나 1~2일 후에는 소리에 대한 반응이 있으며, 2~3개월 후에는 소리가 나는 쪽으로 얼굴을 돌리게 된다. 신생아의 미각은 감각 중에서 가장 잘 발달되어 있어서 생후 첫날부터 젖의 냄새나 맛을 안다. 신생아의 후각은 발달되지 않았지만, 암모니아나 질산 등 강한 자극에 대해서는 반응한다.

또한 신생아는 주로 촉각을 통해 주위 환경을 감지하는데, 특히 온도에 대한 감각이 발달되어 있어서 분유나 목욕물의 온도에 민감하게 반응하며, 아픔을 느끼는 감각은 비교적 둔한 편이어서 생후 1주일쯤 되어야 알 수 있으며, 아픔을 느끼는 부위를 아는 것은 6개월 이후이고, 완전히 느끼는 것은 1년 후이다.

출생 직후 신생아의 체온은 양수가 마르면서 일시적으로 낮아졌다가 12시간쯤 지나면 37 전후로 회복되는데, 미숙아인 경우는 체온의 저하도 심하고 회복도 잘 이루어지지 않는다. 신생아의 체온은 개인차가 있으나 36.5~37.5℃ 정도이며, 땀샘의 발달이 미흡하여 체온조절이 되지 않는다.

신생아에게 자주 나타나는 증상과 일반적인 반응들로 다음과 같은 것들이 있다.

① **일과성 열 또는 갈열**: 생후 2~3일에 갑자기 발열하는 것으로, 이때 수분을 공급하면 곧 열이 내린다.

② **몽고반점**: 대다수 한국인 아이들의 엉덩이, 허리 등에 나타나는 크기가 고르지 않은 푸른 반점으로, 4~5세경부터 없어지기 시작하여 13세경에는 완전히 없어진다.

③ **신생아 황달**: 생후 3~4일경에 얼굴이 누런빛이 나타나서 점차 가슴과 손

발까지 번지는 경우가 있으나, 7~10일 무렵에는 없어진다. 이러한 신생아 황달은 특별히 치료할 필요는 없으나, 황달이 심한 경우나 생후 24시간 이내에 나타난 경우는 주의할 필요가 있다.

④ **흡입 반사**(sucking reflex): 혀, 입술, 볼 등에 닿는 것은 무엇이든지 입과 입술을 움직여 빨려고 하는 반사인데, 생후 2~3개월이 되면 없어진다.

⑤ **파악 반사**(grasping reflex): 손바닥에 자극을 주면 꼭 쥐는 반사로, 생후 4개월쯤에 없어진다.

⑥ **모로 반사**(Moro reflex): 큰 소리에 놀랐을 때나 몸에 접촉물이 닿았을 때 팔, 다리를 쭉 폈다 오므리며 머리를 굽히는 반사로 생후 3개월 정도에서 없어지는데, 중추신경계의 발달에 이상이 있는 아이는 생후 1년경에도 이 반사를 보인다.

⑦ **바빈스키 반사**(Babinski reflex): 신생아의 발바닥을 간질이면 발가락을 부채 모양으로 발등 쪽으로 펴는 반사로, 생후 4~6개월에 없어지지만 만일 소실이 늦어지면 신경발달이 더디지 않은지 의심해볼 필요가 있다.

(3) 질병감별법

질병은 생태계를 구성하는 여러 가지 요소의 상호관계에 의해 발생한다. 이 요소들 중에는 질병의 주체가 가지고 있는 유전적 소인, 개인의 저항력, 개인의 기본생활습관 등이 있고 여기에 못지않게 환경 요인이 질병 발생에 중요한 영향을 미친다. 이에 따라 질병을 예방하기 위해서는 질병의 주체인 영유아의 면역을 증강시키고, 집단생활의 장소에서 쉽게 전파될 수 있는 감염병을 관리하고, 생활환경을 청결하게 유지하고, 건강생활에 필요한 유아의 기본생활습관을 기르도록 지도해야 한다.

특히 유아교육기관의 교사는 체계적인 방법으로 개개 유아의 건강상태를 매일 파악할 수 있어야 한다. 이를 위해서는 교사가 의도적으로 매일 유아의 건강상태를 간단하게 관찰하는 것이 기본이다. 유아의 등원 시 또는 활동 중에 교사가 살펴봐야 할 유아의 관찰 내용은 다음과 같다.

① **표정**: 밝은 얼굴인지 어두운 얼굴인지를 관찰
② **머리**: 반복되는 두통, 머리를 한쪽으로 기울이는 것
③ **눈**: 다래끼나 딱딱한 껍질이 벗겨지는 눈꺼풀, 충혈된 눈, 눈물 어린 눈, 눈을 문지르는 것, 심하게 눈을 깜박거리는 것, 눈꺼풀의 경련
④ **귀**: 질문을 듣지 못하는 것, 귀의 통증, 귀의 분비물, 듣기 위해 머리를 돌리는 것
⑤ **코와 목**: 만성적인 코의 분비물, 빈번한 코피, 빈번한 편도선염 또는 인후염, 지속적으로 입으로 숨을 쉬는 것
⑥ **안색**: 광택이 없거나 생기가 없고 표정이 부족하고 부기가 있는 것, 평상시보다 안색이 붉거나 뺨이 붉은 경우
⑦ **피부와 두피**: 발진이나 뾰루지, 두피나 살갗을 습관적으로 긁는 것, 지나치게 붉은 살갗
⑧ **이와 입**: 청결상태, 크게 나타나는 충치, 얼룩진 이, 호흡 시의 악취, 잇몸 궤양
⑨ **심장**: 지나친 숨 가쁨, 쉽게 피곤해하는 것, 창백한 입술, 지나치게 창백한 얼굴
⑩ **자세와 근육조직**: 걸음걸이의 이상, 어떠한 형태의 기형
⑪ **전체 상태**: 쉽게 피곤해하는 것, 안색이 좋지 않은 것, 피곤이 가시지 않는 것, 구역질 또는 토하는 것, 어지러운 것
⑫ **식사상태**: 섭취량, 식사 시 분위기
⑬ **활동 수준**: 위축된 것, 지나치게 반항적이며 지배적인 것, 통제력 상실, 지속적인 울음 심한 재채기 또는 기침

(4) 예방접종

영유아가 병원균에 대한 면역을 가지고 있으면 질병을 예방할 수 있거나 발병 정도를 줄일 수 있다. 우리 몸의 면역은 대개 자연적으로 발생되나, 의도적으로 면역을 가지도록 해야 하는 경우도 있다. 신생아들은 모체에서 탯줄을

통해 어머니로부터 면역체를 받아 태어난다. 그리고 모유수유를 통해 어머니가 가진 면역체를 지속적으로 받아 면역 능력을 가지게 된다. 그러나 어머니에게서 받은 면역 능력은 일시적인 것이므로 영유아기를 지나면서 점차 사라지게 되고, 그 이후에는 스스로의 면역 능력을 키워나가야 한다.

특정 질병에 대해 우리 몸이 면역을 가지도록 하는 방법이 예방접종이다. 예방접종은 출생 후 15개월 이내에 마치는 기본접종과 해당되는 감염병에 대한 면역성을 유지시키기 위해 실시되는 추가접종이 있는데, 그 시기를 놓치지 말고 실시할 수 있도록 부모, 의사, 교사의 협조가 있어야 한다.

예방접종의 1차적인 책임은 물론 부모에게 있으나, 유아교육기관에서 생활하는 시간이 긴 영유아들을 위해 단체 접종을 할 수 있으므로 교사도 예방접종에 관심을 가져야 한다. 반드시 유아교육기관에서 단체접종을 하지 않는 경우라도 전염병이 유행하게 되면 교사는 부모들에게 가정통신문을 통해 필요한 예방접종이나 예방접종 시의 주의사항 등을 환기시켜주어야 한다.

① 예방접종 교육

예방접종을 위해서도 교육이 필요하다. 주사를 맞는 것은 누구나 싫어하는 일이다. 그러나 예방접종은 꼭 필요하다는 것을 영유아들이 이해하도록 도와줌으로써 영유아들로 하여금 주사 맞는 것을 조금 더 쉽게 받아들이고 예방접종에 협력하도록 유도할 수 있다.

- 3~4세의 유아들에게는 아프면 울어도 좋으나 꼭 필요한 것이므로 용감하게 맞자고 이야기한다.
- 5~6세의 유아들에게는 왜 주사를 맞아야 하는지(예방주사를 맞아야 건강하게 지낼 수 있다)를 알려준다.

주사를 맞는 순간에 벽에 걸려 있는 그림을 보게 한다든지 숫자를 세도록 하여 유아들의 주의를 다른 곳으로 돌린다. 재미있는 이야기를 해주는 것도 좋다. 주사를 다 맞고 난 후 칭찬해주고, 주사 맞은 후 특별히 유아들이 좋아하는 일을 계획하여 하게 해줌으로써 다음 예방접종을 받아들이기 쉽게 도와준다.

② 예방접종의 필요성

예방접종의 보급으로 전염병 발생률은 물론 영유아 사망률이 현저히 감소되었다. 예방접종은 몸속에 극히 일부의 항원(세균이나 바이러스)을 넣어 이에 대한 항체(면역체)를 영아 스스로 만들어내게 함으로써 무서운 전염병으로부터 영아를 보호하는 효과적인 방법이다. 극히 일부의 부작용이 있긴 하나 공중보건에서 차지하는 효과로 볼 때 영아기 때 반드시 실시되어야 할 것으로 여겨지고 있다. 예방접종은 특별한 금기사항이 없는 한 모든 영유아에게 적용되는 정기 예방접종과 대통령이나 보건복지부장관이 필요하다고 인정하는 시기에 실시하는 임시 예방접종으로 분류할 수 있다.

③ 예방접종 전후의 주의사항

영유아의 육아수첩을 참고하여 예방접종 해당 어린이, 접종일자 등을 미리 달력이나 보육일지에 메모해둔다. 접종일은 토요일은 피하고 가능한 한 오전에 접종하는 것이 좋은데, 그 이유는 접종 후 이상이 있을 경우 바로 진찰을 받아야 하기 때문이다. 접종 전날에 목욕시키고, 당일 아침에는 열이 있는지 꼭 확인한다. 만일 감기 기운이 있다면 의사와 반드시 상의해야 한다.

병원 방문 시 육아수첩은 꼭 챙기고, 기저귀와 얇은 모포도 가져간다. 다른 사람이 아이를 데려갈 때는 영아의 건강상태와 이번에 접종할 것이 무엇이며, 몇 차 접종인지 자세하게 적어 같이 보낸다. 접종 당일, 영아의 컨디션이 좋지 않다면 접종을 미룬다. 예방접종 종류와 다음 접종 날짜를 육아수첩에 기록해 놓는다. 접종 부위를 5분 이상 많이 문질러준다. 잘 문질러주지 않으면 효과를 볼 수 없을 뿐만 아니라 주사 부위에 멍울이 생길 수도 있다. 부작용이 일어날 수 있으므로 접종한 뒤 병원에 30분 정도 있으면서 영아의 상태를 살펴본다. 집으로 돌아온 뒤, 푹신한 담요 위에 엎어 재워서는 안 되는데, 이는 영아가 호흡곤란을 일으킬 수도 있기 때문이다. 접종 당일과 다음 날은 활동량을 줄이고, 하루 정도는 목욕시키지 않는다. 접종 부위에 더러운 것이 묻지 않도록 조심하고, 만일 더러워지면 물로 닦아내도 무방하다. 그리고 주사 맞은 자리가 붓는 것은 흔한 증상인데, 심하지 않으면 걱정하지 않아도 된다. 접종한 부위가 많이 붓거나, 영아가 많이 아파할 때는 찬물 찜질을 해주고, 그래도 심하면 의사와 상담한다. 접종한 뒤 며칠 동안은 영아의 상태를 자세히 살펴야 한다. 접종 후 이틀 이내에 고열이 나고 계속해서 울거나, 3일 이내에 경련을 일으킨다면 즉시 병원으로 가야 한다.

〈의사와 상담해야 할 경우〉

- 접종 전에 열이 높거나 구토 증상이 있을 때
- 접종한 뒤 발열, 발진이나 경련을 일으킨 적이 있을 때
- 미숙아로 태어나 발육상태가 나쁜 경우
- 약을 사용해서 발진이 생겼을 경우
- 달걀이나 닭고기에 알레르기가 있는 경우

〈접종을 피해야 할 경우〉

- 접종 당일 체온이 37.5℃ 이상인 경우는 접종하지 않는다.
- 급성 열질환, 심장병이나 간질환, 신장질환이 있거나 백혈병, 림프종 등의 악성 종양과 면역결핍성 질환을 앓고 있는 경우도 접종하지 않는다.
- 홍역이나 볼거리, 수두에 감염되어 앓았다면 적어도 한 달이 지난 뒤에 예방접종을 해야 하며, 스테로이드 복용, 방사선치료 등의 면역억제치료를 받고 있을 때도 접종을 미뤄야 한다.
- 최근 3개월 이내에 감마글로불린 또는 혈청주사를 맞았거나, 수혈을 받은 적이 있을 때도 접종하지 않는다.
- DTP, 소아마비 등 생백신은 백신접종 자체만으로도 병에 걸릴 수 있으므로 면역기능이 약한 영아는 접종을 피한다.
- 그 외 의사와 상담 후 부적당하다고 판단한 경우는 예방접종을 피한다.

④ 정기 예방 접종

건강한 영아라면 출생 시부터 예방접종이 가능하다. 정기 예방접종은 접종표에 나와 있는 대한 소아과학회에서 추천한 예방접종표에 따라 실시한다.

표 3-3 표준예방접종 일정표(소아용)

	대상 전염병	백신종류 및 방법	0개월	1개월	2개월	4개월	6개월	12개월	15개월	18개월	24개월	36개월	만 4세	만 6세	만 11세	만 12세
국가예방접종	결핵 ①	BCG(피내용)	1회													
	B형간염 ②	HepB	1차	2차		3차										
	디프테리아 파상풍 백일해	DTaP ③			1차	2차	3차		추4차				추5차			
		Td/Tdap ④													추6차	
	폴리오 ⑤	IPV			1차	2차	3차						추5차			
	b형헤모필루스 인플루엔자 ⑥	PRP-T/HbOC			1차	2차	3차	추4차								
	폐렴구균	PCV(단백결합) ⑦			1차	2차	3차	추4차								
		PPSV(다당질) ⑧									고위험군에 한하여 접종					
	홍역 ⑨ 유행성이하선염 풍진	MMR						1차					2차			
	수두	Var						1회						추4차		추5차
	일본뇌염	JE(사백신) ⑩						1~3차								
		JE(상백신) ⑪						1~2차								
	인플루엔자	Flu(사백신) ⑫					매년 접종									
		Flu(상백신) ⑬									매년 접종					
	장티푸스 ⑭	주사용									고위험군에 한하여 접종					
기타예방접종	결핵 ①	BCG(경피용)	1회													
	로타바이러스	RV1(로타릭스)			1차	2차										
		RV5(로타텍)			1차	2차	3차									
	A형간염 ⑮	HepA						1~2차								
	인유두종 바이러스	HPV2(가다실)/ HPV4(서바릭스)													1~3차	

출처: 질병관리본부. 예방접종도우미.

02 PART

영유아의 신체적 건강과 교육

CHAPTER 04 영유아의 영양교육

CHAPTER 05 영유아 질병관리

CHAPTER 06 영유아의 응급처치

Chapter 04

영유아의 영양교육

영유아는 일정 기간 동안 꾸준히 성장하고 발달한다. 그리고 꾸준한 성장과 함께 활동량이 급격히 증가하고, 신체조절 능력이 점차 향상될 뿐만 아니라 뇌발달이 거의 완성되는 시기이므로 영양섭취에 유의해야 한다.

또한 불완전한 신체기능으로 인해 소화흡수기능이 미숙하므로 섭취해야 할 영양소의 절대량은 성인에 비해 적은 반면, 단위체중당 필요량은 성인에 비해 훨씬 높다. 또한 인지적 능력의 발달과 함께 사회성이 발달하게 되므로 식습관도 형성되기 시작한다. 이 시기에 생겨난 식습관은 일생 동안 식품에 대한 기호도나 영양 및 건강상태에 영향을 주기 때문에 올바른 식습관이 형성될 수 있도록 바른 식사지도가 반드시 뒤따라야 한다. 따라서 균형 잡힌 영양섭취 계획을 세워서 어릴 때부터 스스로 건강한 신체를 유지하고 증진시킬 수 있도록 영양 및 건강에 대한 교육이 이루어져야 하겠다.

영유아를 대상으로 한 영양 및 건강교육의 내용으로는 식품에 들어 있는 영양소의 종류 및 건강과 관련된 기능, 영아 및 유아기의 영양적 특징, 영유아의 영양과 건강을 위한 요리 활동 등을 들 수 있다.

01 영양소의 종류와 기능

영양소란 영양의 근본이 되는 물질을 뜻한다. 영양소는 크게 열량영양소, 구성영양소, 조절영양소로 구분되며 구조, 성질, 기능에 따라 탄수화물, 단백질,

지방, 비타민, 무기질, 물로 나뉜다. 열량영양소는 체내에서 필요한 에너지를 내는 영양소로 탄수화물, 단백질, 지방이 속한다. 구성영양소는 몸을 구성하는 영양소로 단백질, 무기질, 물이 포함된다. 조절영양소는 체내 생리기능을 조절하는 영양소로서 단백질, 무기질, 비타민 등이 포함된다.

1) 당질(탄수화물)

당질은 생명현상의 유지와 활동을 위한 가장 기본적인 에너지원이다. 필수 영양소로서의 체구성성분이며, 음식에 감미를 제공하고, 섬유소를 공급한다. 당질이 음식을 통해 섭취되면 정상 상태에서 약 98%가 흡수·이용되어 소화율이 높다. 1g당 4kal의 열량이 발생한다.

당질은 단당류, 이당류, 다당류로 구분된다.

(1) 단당류

구조가 가장 단순한 단당류는 주 에너지원으로 쓰인다. 단당류는 대부분 간에서 글리코겐으로 전환되어 저장된다. 글리코겐은 혈당량이 부족할 때 포도당으로 분해되어 에너지원으로 사용된다. 이렇게 만들어진 에너지는 체온을 유지하고 각 장기를 기능하게 한다. 단당류와 과당은 꿀, 과일에 포함되어 있으며, 천연당류 중에서 가장 단맛이 높다.

(2) 이당류

이당류는 단당류 2분자가 결합되어 이당류를 만들고, 모든 이당류에는 포도당이 한 개 이상 들어간다. 이당류의 종류에는 자당, 맥아당, 유당이 있다.

(3) 다당류

다당류는 포도당이 10개 이상 연결되어 있는 것을 말한다. 다당류의 종류에는 전분, 글리코겐, 식이섬유질이 있다. 식이섬유질은 인체 내에서 소화되지 않으나 장을 자극하여 연동운동을 돕고, 장내의 유해물질을 흡착하여 배설시키는 기능을 한다. 따라서 매일 섭취할 것을 권장한다. 쌀, 밀 등의 곡류나 감자, 고구마 등에 포함되어 있다.

당질의 섭취가 부족하면 단백질을 에너지원으로 사용하게 되므로 신체를 구성하고 있는 단백질을 절약하기 위해 꼭 필요한 영양소이다. 또한 당질은 차이는 있지만 단맛을 내므로 식품의 조리와 풍미에 영향을 준다. 당질의 급원식품으로는 곡류, 감자류가 있으며, 섭취 과잉 시 당뇨병, 비만 등의 원인이 된다. 반대로 섭취 부족 시 산독증(케토시스)에 걸릴 수 있다. 산독증은 체내에서 지질이 분해될 때 비효율적 대사경로를 통해 지질대사의 중간산물인 케톤체가 증가하는 현상이다. 즉, 당질 섭취가 부족하고 단백질과 지질만으로 구성된 식사를 지속하면 지질이 불완전하게 분해되어 강력한 산성을 띤 케톤체를 형성하게 된다. 주된 증상은 입과 소변에서 아세톤 냄새가 나거나 식욕 저하, 갈증, 뇌손상 등을 들 수 있다. 특히 임신부나 영유아가 산독증에 걸리면 두뇌발달에 치명적인 영향을 끼칠 수 있다.

당질은 영유아에게 있어 에너지를 얻기 위한 필수영양소이다. 밥, 국수, 빵 등은 전분을 많이 포함하고 있어 좋은 에너지원인 동시에 비타민 B군 및 섬유소도 포함하고 있다. 하지만 설탕, 초콜릿, 사탕 같은 단순당질을 포함한 식품들은 과량 섭취 시 충치, 당뇨, 비만의 원인이 되므로 주의해야 한다.

표 4-1 당질의 분류

<table>
<tr><th colspan="3">종류</th><th>급원식품</th></tr>
<tr><td rowspan="5">단순당질</td><td rowspan="2">단당류</td><td>포도당</td><td>• 과일 특히 포도, 과즙, 꿀</td></tr>
<tr><td>과당</td><td>• 과일</td></tr>
<tr><td rowspan="3">이당류</td><td>서당</td><td>• 설탕, 메이플 시럽</td></tr>
<tr><td>유당</td><td>• 유즙</td></tr>
<tr><td>맥아당</td><td>• 엿기름을 이용한 제조식품, 식혜</td></tr>
<tr><td rowspan="2">복합당질</td><td colspan="2">전분</td><td>• 곡류(쌀, 보리, 옥수수, 밀)
• 감자류(감자, 고구마, 토란)
• 콩류(콩, 팥)</td></tr>
<tr><td colspan="2">글리코겐</td><td>• 동물의 간과 근육, 굴 등의 어패류</td></tr>
</table>

<table>
<tr><td rowspan="2">식이
섬유소</td><td>불용성</td><td>셀룰로즈,
헤미셀룰즈
리그닌</td><td>• 밀, 현미, 보리
• 곡류, 채소
• 채소</td></tr>
<tr><td>가용성
(수용성)</td><td>펙틴, 검</td><td>• 과일(감귤, 사과)
• 콩류, 귀리, 보리</td></tr>
</table>

출처: 정미라 외(2012). 영유아를 위한 건강 및 영양교육.

2) 단백질

근육과 골격 등 신체를 구성하는 주요 요소로, 신체조직의 성장, 발달, 유지 보수에 필요한 영양소이다. 또한 건강과 생명현상의 유지에 필요한 각종 효소나 호르몬 및 면역체의 구성성분으로서 중요한 역할을 담당하고 있다.

단백질의 구성단위는 아미노산으로, 체내에서 합성되지 않거나 합성되더라도 그 양이 불충분하므로 반드시 식품으로 섭취해야 하는 필수 아미노산과 체내에서 합성 가능한 비필수 아미노산으로 구분할 수 있다. 아미노산의 종류 중 성인에게는 비필수 아미노산이지만 영유아에게는 필수 아미노산인 경우가 있으므로 유의한다.

영양학적으로 완전 단백질이라고 분류하는 경우는 대부분 동물성 단백질, 즉 우유, 달걀, 생선, 육류 등에 포함된 단백질을 말한다. 단백질도 당질과 마찬가지로 1g당 4kal의 열량을 낸다. 그러므로 당질이나 지질이 부족할 시 단백질을 이용해 에너지를 공급할 수도 있다. 그러나 단백질은 에너지로 사용되기보다는 단백질만이 할 수 있는 체조직 구성, 효소, 호르몬, 항체 합성을 위해 우선적으로 사용되는 것이 좋다. 특히 영유아에게 단백질은 중요하다. 일반적으로 1일 총 열량 섭취의 10% 정도를 단백질로 공급하는 것이 좋다. 1~3세 영유아의 경우 총 단백질의 2/3 정도를 동물성 단백질로 섭취해야 하며, 4세 이후에는 1/2~1/3 정도를 동물성 단백질로 섭취하는 것이 좋다.

단백질이 부족하면 발육이 저해되고, 피부탄력과 근육강도가 낮아지며, 쉽게 피로해진다. 또한 질병에 대한 면역력이 낮아지고, 상처치유가 잘 되지 않는다. 단백질과 전반적인 열량섭취가 함께 부족할 경우 영양부족증에 걸린다.

표 4-2 단백질 평균 필요량과 권장 섭취량

성별	연령(세)	체중(kg)	평균 필요량		권장섭취량	
			(g/kg)	(g)	(g/kg)	(g)
남·여	1~2	12.2	0.96	12	1.2	15
	3~5	16.3	0.88	15	1.1	20

3) 지방

지방은 열량원으로 다른 영양소에 비해 느리게 연소되고, 당질이 소비된 후에 사용된다. 지방은 1g당 9kal의 열량을 내는 우수한 저장 에너지다.

중요한 생체 성분인 지방은 뇌, 신경조직, 간에서 생리적 기능을 돕는다. 리놀렌산, 아라키돈산 등은 생명유지와 성장, 정상적인 신체 기능에 필수적인 필수지방산이다. 생선기름에 많이 함유된 오메가3 지방산(eicosapentaenoic acid: EPA, docosahexaenoic acid: DHA)은 두뇌조직의 구성 성분이다.

축적된 피하지방은 저장 에너지원으로 이용되며, 체온을 유지해준다. 장기 주변에 축적된 지방은 외부의 충격으로부터 장기를 보호하는 역할도 한다. 또한 지방은 지용성 비타민의 체내 이용률을 높인다.

필수지방산의 섭취가 제한되면 발육이 저해되고, 피부질환이 일어나며, 인지기능, 학습 능력, 시각 기능 등에 장애가 발생할 수 있다. 또한 지방섭취가 부족하면 당질의 섭취가 상대적으로 증가하므로 식사량이 늘어나 위에 부담을 주며, 지용성 비타민의 섭취 및 흡수를 저해한다. 반면 지방이 과잉 섭취되면 고지혈증, 심장 및 혈관계 질환의 발생 가능성을 높이며 당뇨, 비만이 생길 수 있다. 지방의 비율이 높은 식사는 대장암과 유방암의 발병과도 관련이 있다.

표 4-3 식품 중에 함유된 주요 지방산

분류	함유지방산	특징
동물성 유지	포화지방산	• 상온에서 고체 • 동물성 지방에 주로 함유 • 신체 내에서 합성
	단일불포화 지방산	• 신체 내에서 합성
식물성 기름 생선 기름	다중불포화 지방산	• 상온에서 액체 • 주로 식물성 기름에 많음 • 신체 내에서 합성되지 않거나 합성되더라도 충분치 않음

4) 비타민

비타민은 극히 소량이지만 체내에서 영양물질 대사에 관여하고, 신체의 기능을 조절하는 등 생명현상을 유지하기 위해 절대적으로 필요한 영양소이다. 비타민은 체내에서 합성되지 않으므로 음식을 통해 공급되어야 한다.

비타민은 크게 지용성 비타민, 수용성 비타민으로 구분되며 주요 기능은 생체 내 화학반응을 촉진하는 효소들의 기능을 조절하며, 정상적인 시각 유지 및 세포의 성숙과 분화에 관여하며, 항산화제 역할을 통해 노화와 암 방지 역할 등이 있다.

수용성 비타민으로는 비타민 C와 B군(비타민 B1, B2, B6, B12, 엽산, 나이아신)이 있고, 지용성 비타민으로는 비타민 A, D, E, K가 있다. 수용성 비타민은 과잉 섭취해도 소변으로 배출되나, 지용성 비타민은 축적되어 과잉증으로 연결된다. 비타민이 결핍되면 발열이나 세균성 감염이 일어나기 쉽고, 발병 후 다량의 비타민이 소모되므로 더욱 많이 섭취해야 빨리 회복되며, 성장에 문제가 생기지 않는다. **표 4-4**에 비타민의 기능, 결핍증, 과잉증, 함유식품이 제시되어 있다.

표 4-4 비타민의 기능, 결핍증, 과잉증 및 함유식품

종류		기능	결핍증	과잉증	함유식품
수용성	비타민C (asxorbic acid)	• 세균에 대한 저항력 증가 • 철 흡수 촉진 • 색소 침착 방지 • 세포 간 접합작용	• 괴혈병, 빈혈, 혈관 약화 • 주근깨·기미 형성 • 골격·치아발육 저해		• 신선한 채소·과일: 양배추, 토마토, 딸기, 감귤류
	비타민B1 (thiamin)	• 탄수화물 대사에 관여	• 식욕 감퇴, 소화장애 • 각기병, 근육통 • 피로감, 무기력 • 신경장애, 불안·초조		• 콩 • 곡류의 배아 • 돼지고기, 쇠고기 • 내장(간)
	비타민B2 (riboflavin)	• 탄수화물·지방·단백질 대사에 관여	• 구순염·구각염 • 안질환(충혈,백내장) • 성장 지연 • 피부염 • 상처 악화		• 우유·유제품 • 달걀, 닭고기 • 육류·생선류 • 녹황색 채소 • 콩, 땅콩
	비타민B6 (pyridoxine)	• 아미노산 대사에 관여	• 빈혈 • 피부염 • 말초 신경염·경련		• 생선류 • 돼지고기, 닭고기 • 곡류의 배아, 밀 • 간, 계란, 우유
	비타민B12 (cobalamine)	• 단백질 합성에 관여 • 핵산과 적혈구 형성	• 악성 빈혈 • 설염 • 정신기능장애		• 어패류 • 우유, 유제품 • 육류, 간, 달걀
	엽산 (folic acid)	• 핵산 대사에 관여 • 세포 증식·재생 • 아미노산 대사에 관여 • 조혈작용	• 조산·사산·저체중아 출산 • 빈혈 • 설사 • 입·혀의 염증		• 간 • 육류 • 녹색채소 • 아스파라거스
	나이아신 (niacin)	• 탄수화물·지방·단백질(에너지) 대사에 관여	• 우울증 • 피부염(펠라그라 등) • 식욕부진, 변비·설사·구토 • 피로, 불면, 기억상실		• 간 • 육류 • 곡류 • 땅콩
지용성	비타민A	• 상피세포 보호 • 성장·발육 촉진 • 명암 조절	• 안질, 야맹증, 안구건조증·각막연화증 • 저항력 약화 • 치아 형성부진	• 식욕부진 • 두통 • 발열 • 발진	• 유지방, 버터 • 간, 콩팥 • 적황색/녹황색 채소 • 정어리, 연어 • 달걀, 난황

비타민D	• 칼슘, 인의 흡수, 이용 촉진 • 치아·골격 침착작용 도움	• 구루병 • 골격 성장 부진	• 식욕 감퇴 • 체중 감소 • 두통 • 구토	• 생선간유 • 정어리,청어,연어 • 달걀, 난황, 버터 • 말린 버섯
비타민E	• 항산화작용 • 노화방지 • 생식기능 활성 • 세포 호흡작용	• 불임증, 유산 • 적혈구의 용혈:빈혈 • 근육 위축 • 피부 반점		• 식물성 기름 • 녹색 채소 • 밀 배아
비타민K	• 혈액 응고작용	• 지혈 지연		• 녹색 채소(시금치, 근대, 양배추 등) • 과일, 곡류, 우유

5) 무기질

무기질이 인체에서 차지하는 비율은 4% 정도이지만, 정상적인 기능을 위해서는 필수적이다. 다량 무기질과 미량 무기질로 구분하는데, 다량 무기질에는 칼슘, 인, 칼륨, 황, 나트륨, 염소, 마그네슘이 속하며 미량 무기질에는 철, 아연, 망간, 구리, 요오드 등이 있다.

무기질의 기능은 우선 체내에서 이온 형태로 존재하여 체액의 pH를 조절하며, 체내대사의 적합한 삼투압 유지를 조절하고, 신체를 구성하고, 당질, 단백질, 지질이 체내에서 대사하는 과정을 조절하는 효소의 구성성분 또는 보조인자로 작용한다. 표 4-5에 무기질의 기능, 결핍증, 과잉증, 함유식품이 제시되어 있다.

표 4-5 무기질의 기능, 결핍증, 과잉증 및 함유식품

종류	기능	결핍증	과잉증	함유식품
칼슘 (Ca)	• 골격·치아 형성 • 혈액응고, 근육수축, 이완 • 심장의 규칙적 박동 • 효소의 활성화 • 신경 자극 전달 • 세포막의 투과성 조절	• 뼈조직 구성·성장 위축 • 골다공증, 골연화증 • 구루병 • 골절 • 동맥경화 • 순환기계 질환	• 근육 수축 • 골·신장·연조직의 지나친 석화	• 우유와 유제품 • 뼈째 먹는 생선류 • 녹색 채소 • 견과류 • 해조류 • 콩

인 (P)	• 영양소의 흡수·운송 • 에너지 대사 • 골격·치아 형성 • 산·염기 균형 조절	• 근육 약화 • 무력증 • 식욕 감소	• 칼슘 흡수 저해	• 우유·유제품 • 육류, 난황 • 곡류, 콩 • 견과류
나트륨 (Na)	• 세포 외액 구성 • 산·염기 균형 조절 • 삼투압 유지 • 세포막에서의 물질 수송	• 근육 경련 • 현기증 • 구토	• 부종 • 고혈압 • 위암	• 찌개·국·김치·젓갈 등 • 소금이 함유된 식품
마그네슘 (Mg)	• 골격, 치아형성 • 신경 자극 전달 • 효소반응의 촉매	• 떨림증 • 근육수축 • 신경의 불안정		• 녹색 채소, 콩 • 견과류 • 도정하지 않은 곡류
칼륨 (K)	• 에너지 대사 • 세포 외액 구성 • 산·염기 균형 조절 • 혈압 유지, 심장 보호	• 근육 약화, 구토 • 급한 심장박동 • 불면증 • 무력감		• 녹색채소, 콩 • 과일 • 육류
염소 (Cl)	• 삼투압 조절 • 산·염기 균형 조절 • 근육의 흥분성 유지	• 설사 • 구토		• 소금 • 소금이 함유된 식품
철분 (Fe)	• 혈색소를 구성 • 산소 운반, 탄산가스 제거	• 저항력 감소 • 빈혈, 창백한 피부 • 무력감, 식욕 부진 • 집중력, 학습능력 감소	• 심장질환 • 간 손상 • 구토 • 혈액성 설사	• 육류 • 생선류 • 계란
아연 (Zn)	• 면역기능 수행 • 단백질 대사	• 성장 지연, 우울증 • 식욕 감퇴, 미각 변화 • 성적 성숙 지연 • 기형아 출산 • 면역기능 저하	• 위염 • 구토	• 조개류(굴) • 우유 • 간 • 달걀 • 가금류
요오드 (I)	• 갑상선호르몬 합성 • 기초대사율 조절 • 성장, 생식, 세포대사	• 유산, 사산, 기형아 출산 • 갑상선비대증		• 해조류 • 해산물
셀레늄 (Se)	• 항산화제 • 세포막 유지	• 성장 지연 • 근육 통증	• 탈모증 • 손톱 약화 • 복통, 설사, 구토	• 육류, 내장 • 곡류 • 우유, 유제품
불소 (F)	• 충치 예방 • 조직 강화	• 충치	• 치아 불소 침착증 • 신장 기능 이상 • 근육·신경 기능 손상 • 관절염	• 뼈째 먹는 생선 • 육류의 뼈 • 차

6) 물

물은 인체의 구성요소로, 체중의 약 50~70%를 차지하고 있다. 물은 흡수된 영양소와 효소 등을 필요한 조직으로 운반하고 노폐물을 배설하는 수송기능을 하며, 체온을 조절하는 역할을 하므로 생명 유지에 필요한 요소이다. 땀을 많이 흘리는 계절이나 심한 활동을 할 경우 갈증을 쉽게 느끼므로 항상 물을 먹을 수 있게 배려해 주어야 한다.

표 4-6 한국 영유아의 수분의 충분섭취량

연령별		충분섭취량(ml)
영아	0~5개월	700
	6~11개월	800
유아	1~2세	1,100
	3~5세	1,400
	6세 남자	1,700
	6세 여자	1,800

02 영유아를 위한 영양 권장량

영유아들을 위한 영양 권장량은 발달 단계에 따라 달라진다. **표 4-3**에 단위 체중당 에너지 권장량과 하루 에너지 권장량이 제시되어 있다.

표 4-7 연령별 체중, 신장 및 에너지 권장량

연령	체중(Kg)	신장(cm)	에너지 권장량(kcal/일)
0~5개월	6.2	60.3	550
6~11개월	8.9	72.2	700
1~2세	12.5	86.4	1,000
3~5세	17.4	105.4	1,400

출처: 한국영양학회(2015). 한국인영양섭취권장기준.

1) 탄수화물

영아기에는 30~60%의 열량을 탄수화물에서 공급받아야 한다. 모유에 포함된 열량의 37%, 조제유에 포함된 열량의 40~50% 정도가 탄수화물에 해당한다. 유아들은 복합다당류가 포함된 다양한 전곡, 콩류, 과일이나 채소를 통해 탄수화물을 섭취해야 한다.

유아들이 좋아하는 쿠키, 캔디, 탄산음료와 같이 단당류가 많이 첨가된 식품은 영양밀도가 낮고 치아 건강을 해치기 때문에 제한해야 한다. 영유아기 동안의 적절한 영양 공급은 정상적인 성장발달을 가져오며, 학습 능력 및 신체 활동 능력도 향상시키고, 성인기에 많은 비만, 심장질환, 암 이외의 다른 퇴행성 질환의 발병도 미리 예방할 수 있으므로 이 시기의 좋은 식습관 형성은 중요하다.

2) 단백질

영유아는 매일 일정량의 단백질을 섭취해야 한다. 유아에게 있어 단백질은 조직의 유지, 체구성의 변화 그리고 새로운 조직의 합성을 위해 필요한 가장 중요한 영양소라고 할 수 있다. 1~2세 영아의 단백질 권장량은 1일 15g, 3~5세 아이는 1일 20g이며, 6세의 경우 25g이다. 1~2세에는 동물성 단백질이 총 섭취 단백질의 65~80%, 3세 이후에는 50~65% 정도 되는 것이 좋다.

3) 지방

모유에 포함된 지방은 영아가 소모하는 에너지의 40~50%를 공급한다. 1세까지는 총열량 섭취량의 30~50%를 지방으로 섭취할 것이 권장된다. 2세 이하의 영아는 신체조직과 두뇌의 성장과 발달을 위해 많은 양의 지방을 필요로 하므로 이 시기에는 지방을 제한하지 않는 것이 좋다. 생우유를 먹는 단계에서도 저지방우유가 아닌 일반우유를 주어야 한다.

식사량이 적은 유아기에는 농축된 에너지 섭취원으로서의 지방 섭취가 중요하다. 유아기에는 총 열량의 20%인 1일 25~40g 정도를 지방에서 얻도록 권장한다. 2세 이후에는 30~40%를 식이지방으로 섭취해야 한다. 신경조직의 발달이 왕성하게 이루어지는 시기이므로 식물성 지방이나 등 푸른 생선에 함유된 지방을 풍부하게 섭취하는 것이 좋다. 동물성 지방에는 포화지방산과 콜레스테롤이 다량 함유되어 있으므로 지나친 섭취는 삼가도록 한다.

4) 비타민

모유 영양아는 인공 영양아에 비해 비타민 B1의 섭취량이 적으므로 보충이 필요하다. 우유에 대한 알레르기 반응 때문에 우유 섭취가 제한되는 유아는 비타민 B2와 비타민 D를 보충해주어야 한다. 비타민 B2는 열량영양소 대사에 활용되므로 성장기에 결핍되기 쉽다. 비타민 B6는 단백질 합성에 쓰여 단백질 섭취량이 증가할수록 요구량이 많아진다. 성장기에 조직의 적절한 성장과 발달을 위해서는 충분한 양의 비타민 C의 섭취가 요구된다. 유아기의 비타민 C 권장량은 1~2세와 3~5세 모두 40mg이다.

5) 무기질

모유를 섭취하는 영아에 비해 인공 영양아는 칼슘 흡수량이 낮으므로 더 많은 섭취량이 요구된다. 유아들의 골격과 치아발달을 위해서는 칼슘이 충분히 공급되어야 한다. 칼슘의 흡수율은 모유 영양아는 60%, 아동기는 40%로 성인의 30%보다 높다. 우리나라 유아의 칼슘 섭취량은 2세까지는 권장량을 넘고, 3세부터는 부족하다. 따라서 칼슘의 주공급원인 우유와 유제품 섭취를 적극 권장해야 한다.

영아의 체내에 축적된 철분은 급성장기 이후부터는 줄어든다. 철분의 필요량은 체격과 성장 속도에 비례하므로 성장기에 철분이 결핍되지 않도록 주의해야 한다. 생후 4~6개월부터 급성장함에 따라 철분이 결핍되기 쉬우므로 보충이 권장된다. 모유 영양아에게는 철분이 강화된 곡류를 첨가해주고, 인공 영양아에게는 철분 강화 조제분유를 준다.

쇠고기 등 동물성식품에 함유된 철분은 식물성식품에 함유된 것보다 흡수율이 높다. 비타민 C가 함유된 식품을 함께 섭취하면 철분의 흡수율이 증가한다. 따라서 과일, 채소, 주스와 함께 섭취하면 좋다. 유아기의 철분 권장량은 1~2세 6mg, 3~5세는 7mg이다.

인은 거의 모든 식품에 골고루 들어 있으므로 유아가 정상적인 식사를 한다면 결핍되지 않는다. 가공식품과 탄산음료에도 인이 들어 있어 칼슘에 비해 과잉 섭취가 우려되므로 주의가 요구된다. 인의 권장량은 1~2세와 3~5세 모두 500mg이다.

아연은 정상적인 단백질 합성과 성장에 필수적이다. 아연의 권장량은 1~2세는 3mg, 3~5세는 4mg이다.

6) 수분

영유아의 체중, 신체의 표면적, 음식섭취량, 기온, 습도, 활동량, 고열 여부, 구토 또는 설사 여부에 따라 수분 요구량이 다르다. 영아기에는 모유와 조제유를 통해 수분 공급이 충분하고, 고형식에도 기본적인 수분이 포함되어 있다.

그러나 이유기를 지난 성장기 유아는 많은 양의 물을 마셔야 한다. 연령이 어릴수록 많은 수분이 요구된다. 초등학생은 하루에 몸무게 1kg당 약 80ml의 수분이 필요하지만, 영유아는 약 150ml의 수분을 필요로 한다.

03 영아를 위한 식품

1) 모유

모유는 생후 4~6개월 동안 영아가 필요로 하는 모든 영양소를 함유하고 있으며, 영아의 소화기능에 가장 적합한 식품이다. 또한 엄마 젖은 청결하여 모체 유방에 특별한 질환이 없는 이상 세균감염의 위험이 없기 때문에 어린이의 소화기에 감염성 질환을 일으키지 않는다. 나아가 모유에는 감염을 막아주는 항감염인자인 백혈구, 항체, 비피더스 인자 및 락토페린 등이 함유되어 있어 소화기 계통이나 호흡기 질환을 막아주는 면역 성분이 풍부하다.

모유 영양법이란 영아에게 최상의 자연음식인 모유로 어린이를 양육하는 방법이다. 이에 비해 우유를 기초로 한 인공 조제유로 영아를 양육하는 것을 '인공영양', 일정 기간 모유수유가 불가능할 경우 모유와 조제유를 섞어 먹이면서 어린이를 양육하는 것을 '혼합 영양'이라 한다.

(1) 모유 영양의 장점

① 미숙한 소화, 대사, 배설 능력에 알맞게 영양소가 구성되어 있다.
② 면역성분을 함유하고 있어 병에 대한 저항력을 키워준다.
③ 정서적인 안정감과 모자 간의 깊은 유대감을 형성하는 데 도움이 된다.
④ 세균에 감염될 염려가 없고 항상 신선하다.
⑤ 우유보다 알레르기가 발생할 경우가 드물다.
⑥ 자궁수축 및 젖 분비를 자극하여 체중조절을 해주며, 유방암 감소 및 배란 억제에 효과적이다.
⑦ 조제유와 소독 및 수유 기구를 구매하지 않아 경제적이고 시간적인 낭비를 줄일 수 있다.

Plus Tip **모유 먹은 아이가 더 똑똑하다**

캐나다와 벨로루시 연구팀은 1996년 6월부터 1997년 12월에 태어난 벨로루시의 신생아 14,000명을 2개 그룹으로 나눈 뒤, 6개월 동안 한 그룹은 집중적으로 모유수유를 권했고 다른 그룹은 별다른 요구를 하지 않았다. 이에 따라 권유를 받은 그룹의 아이들은 다른 아이들보다 모유수유율이 더 높았다.

연구팀이 6년 6개월이 지난 뒤 지능지수를 측정한 결과, 모유수유를 권한 그룹의 점수가 다른 그룹에 비해 5% 정도 높았고, 학습 능력도 더 뛰어난 것으로 나타났다. IQ검사는 소아과 전문의에 의한 검사와 학교교사에 의한 읽기, 쓰기, 산수 등에 대한 평가로 이루어졌으며, 양쪽 결과 모두 모유수유 그룹의 점수가 높았다.

연구에 참여한 캐나다 맥길 대학의 마이클 크레이머 교수는 "모유수유 시간을 자주 가질수록 아이들과 더 가깝게 교감하는 정신적 측면도 지능발달에 작용했을 것"이라고 분석했다.

출처: 조선일보, 2008년 5월 7일자 발췌; 이순형 외(2013).

(2) 모유의 성분

모유의 성분은 모두 같지 않다. 초유는 재태 기간에 따라 다르고, 성숙유는 매일, 매시간 또는 수유에 따라 아기의 성장에 맞도록 성분이 다르다.

① 초유

초유는 임신 7개월부터 유방에서 생산되기 시작한다. 출산 며칠 후에 나오는 진하고 끈끈하며 투명한 황색을 띠는 액체로, 아기의 건강에 많은 장점을 갖고 있다. 그 이유는 다음과 같다.

- 초유는 성숙유에 비해 단백질과 비타민 A가 더 많이 함유되어 있다.
- 초유는 아기의 태변이 배설되도록 돕고, 결과적으로 황달을 예방하는 데 도움을 준다.
- 초유에는 면역글로불린(대부분 IgA)이 있어 면역력을 높여 감염성 질환으로부터 예방하고 보호하며, 많은 세균이나 바이러스에 대항하는 첫 번째 면역체가 될 수 있다.

② 이행유

이행유란 초유에서 성숙유로 이행하는 과정에서 분비되는 모유로, 방출되는 시기는 분만 후 1~2주 사이이며, 분비량이 1일 1L에 달하고 초유와는 달리 성분에 많은 변화가 오게 된다. 초유에 비해 면역글로불린, 단백질과 지용성 비타민의 농도는 낮고, 유당, 지방 그리고 수용성 비타민의 농도가 높은 특징을 갖고 있다.

③ 성숙유

이행유의 분비 기간을 지나 성분의 변화가 거의 일정해지는 시기로 접어드는데 이를 '성숙유'라 한다. 성분이 일정해진다고 하더라도 시간이 지남에 따라 영양소의 농도는 약간 감소하므로 이 기간부터는 이유식으로 영양을 보충해주어야 한다. 성숙유의 성분은 시간, 수유시간, 아기의 필요성 또는 어머니가 감염된 질병에 따라 달라질 수 있다.

표 4-8 모유와 우유의 성분 비교

성분	모유	우유
열량	비슷	비슷
수분	충분	불충분
단백질	• 질적 우수한 아미노산으로 구성 • 소화 우수 • 시스테인 • 타우린 충분 (뇌성장 필요성분)	• 모유에 비하여 구성아미노산이 다소 열등함 • 필요 이상 과량의 카제인 형태로 소화가 곤란하고 시스테인과 타우린 부족
지방	불포화지방산 형태로 충분히 함유	포화지방산(성인병 관련) 충분
유당	충분	부족
무기질, 비타민	흡수 용이, 칼슘, 인산, 철 적당량	흡수 곤란, 철, 비타민 부족
항감염 물질	항체, 백혈구, 락토페인, 라이소자임, 비피더스 함유	별로 없음
세균오염	없음	가능함

Plus Tip 모유를 짜서 보관하면서 먹일 때 주의할 점

① 손을 깨끗이 소독한다.
② 뚜껑이 있는 소독된 용기를 준비한다.
③ 영아보육시설의 담당자에게 보관 수유를 부탁할 때는 반드시 용기의 겉에 아기의 이름과 날짜를 적어둔다.
④ 되도록 먼저 짜둔 젖부터 먹인다.
⑤ 새로 짠 젖에 먼저 짜둔 젖을 섞지 않는다.
⑥ 남은 젖을 또 먹이지 않는다.

출처 : 정미라 외(2012).

2) 인공영양

전지분유를 모유의 성분에 가깝도록 유당, 단백질, 지방, 무기질, 비타민 등을 첨가하여 만든 것이 조제분유이다. 우유는 모유보다 유당이 적기 때문에 조제분유에서는 유당을 첨가시켰고 칼슘, 인, 나트륨, 염소 등 무기질 함량을 줄여 신장의 부담을 감소시켰다.

조제분유는 지시대로 농도를 맞추어 공급하는 것이 바람직한데, 조제분유를 묽게 탈 경우 조제유의 희석 배수가 커져서 영아의 혈액 나트륨 농도가 저하된다. 이로 인해 영아가 수분 중독에 걸려 불안이나 혼수상태에 빠질 수도 있다. 한편 정상 농도보다 진한 조제유는 열량과 단백질의 농도가 높아서 신장의 배설 기능에 부담을 준다. 또한 혈액의 나트륨 농도가 높아져 탈수 현상이 생기고 비만 가능성이 높아진다.

다음은 조제분유 수유 시 발생할 수 있는 문제점들을 살펴보도록 하겠다.

(1) 과식

젖병 수유 시 영아가 원할 때 원하는 양만큼 먹이면 지나친 비만이 되지는 않는다. 비만이 되는 것은 과량 섭취하거나, 분유 외에 단 음료를 너무 많이 먹거나, 설명서와 다르게 조제유를 준비했기 때문이다.

설명서에 표시된 것보다 분유를 한 스푼 추가한다면 표준 농도로 제공할 때보다 더 많은 열량을 제공하게 된다. 영아가 배가 고파서가 아니라 갈증이 나서 젖병을 찾을 수도 있다는 것을 기억하여 지난번 수유 시간과 수유량을 점검해본 다음 수유 간격이 지나치게 짧으면 영아에게 보리차 등을 준다. 젖병 수유를 하는 영아가 특히 날씨가 덥거나 열이 나서 땀을 많이 흘리면 끓여서 식힌 물을 마시게 하여 부족한 수분을 보충한다.

(2) 양육자의 의도대로 수유량을 통제함

양육자는 수유 시마다 영아가 같은 양을 먹기를 기대한다. 어른과 마찬가지로 영아들도 어떤 날은 더 많이 먹기도 하므로 그럴 때는 영아가 평소 먹는 양보다 좀 더 먹도록 해준다. 다 먹을 때까지 계속 빨도록 재촉하지 말고 그만 먹고 싶을 때까지 빨도록 한다.

(3) 너무 엄격히 규격화함

영아의 소화 능력으로 수유량을 소화시키는 데는 3시간 정도 걸린다. 그러나 영아마다 식욕은 다르며, 모든 영아가 항상 충분한 양의 젖을 먹는 것은 아니다. 양이 부족한 영아는 더 일찍 배고파지는데, 이때 너무 엄격하게 다음 수유 시간에 맞춘다면 결국 충분한 양을 먹지 못하는 결과가 된다. 만약 이런 상황이 계속된다면 영아의 체중 증가가 더디고, 화를 잘 내며 안달하는 성격이 될 수도 있다.

(4) 젖병의 젖꼭지 구멍이 너무 작을 수도 있음

배고픈 영아는 우유가 아무리 적게 나와도 우유를 먹기 위해 끊임없이 힘차게 빨아댄다. 그러나 50ml 정도 섭취하거나 배고픔이 어느 정도 사라지고 나면, 수유에 대한 동기화가 점차 약해져 수유를 포기한 채 잠들어버리게 되고, 2~3시간 후에 다시 잠이 깨어 먹으려고 하지만 충분히 먹지 못하게 된다.

이런 현상이 반복되면 체중도 많이 늘지 않게 된다. 그러므로 젖병을 거꾸로 들었을 때, 구멍으로 우유 방울이 떨어지는 속도를 확인해야 한다.

수유 시작 후 5분 만에 적어도 절반은 먹을 수 있어야 한다. 수유 도중 잠들면 충분한 양을 먹지 못하므로 영아가 젖을 빨 동안에 계속 깨어 있게 하기 위해 영아에게 얼굴을 보여 주고 음성을 들려준다.

이러한 노력에도 불구하고 잠들 수 있는데 영아가 잠이 들었을 경우 질식의 위험이 있고, 편안한 수면에 방해되므로 잠든 영아의 입안으로 억지로 우유를 넣어주지 않는 것이 좋다.

3) 수유장애

영아기 동안에 수유는 가장 중요한 영양 공급방법이지만, 한편으로는 많은 어려움을 가진 영역이다. 먹이는 기술이 부족해서 어려움이 초래되는 경우가 가장 많다. 먹은 젖을 뱉어내는 것은 정상적으로 있을 수 있으나 부모나 교사들은 이것을 문제로 인식할 수 있다. 수유장애는 무시할 수 있는 정도에서 치명적인 정도까지 다양하다.

(1) 산통

산통은 대개 영아가 다리를 배에 붙여 오그리고 자지러지게 우는 발작적 복통 또는 경련을 의미한다. 까다로운 기질을 가진 영아에게 흔히 나타난다. 고통스럽긴 하지만 잘 먹고 체중도 늘며, 잘 자라는 경향이 있다.

산통은 너무 급하게 먹이거나 과식, 공기를 많이 삼키거나, 눕는 자세와 트림 기술의 부적절, 부모, 교사와 영아 간의 정신적 긴장 등으로 인해 초래될 수 있다. 우유 민감증의 증상일 수도 있으며, 부모의 흡연도 관련이 있다.

영아가 산통 증상을 보인다면 이러한 원인들에 대해 먼저 조사해보아야 한다.

산통 자체는 가벼운 문제일 수 있으나 영아가 발작적으로 울 때 교사나 부모는 매우 당황하게 된다. 교사나 부모의 불안이 영아에게 영향을 미치면 영아는 불안감이 가중되어 더욱 심하게 우는 악순환이 계속될 수 있다. 흔히 첫 아기를 키우는 부모들을 당황하게 하는 원인이 되므로 교사들도 이 점을 인식하고 있어야 한다.

영아에게 산통이 발생되면 교사는 일단 수유를 중단하고 영아가 편안함을 느끼도록 영아의 몸을 좌측으로 기울어지도록 감싸 안아준다.

(2) 역류 또는 뱉어내기

수유 후에 소량의 젖이 되넘어오는 것은 흔히 있는 일로, 여러 장애를 동반한 구토와 혼동해서는 안 된다. 역류는 소화되지 않은 음식이 위에서부터 되넘어오는 것이며, 보통 트림과 함께 나타난다. 뱉어내기는 수유 후 즉시 입에서 삼키지 않은 젖을 흘리는 것을 말한다. 역류나 뱉어내기는 흔히 있는 일이므로 흡수성이 강한 턱받이를 사용하고 영아의 청결에 유의한다.

(3) 우유 민감증

우유 민감증, 일명 우유 알레르기는 우유 단백질에 대해 전체적 또는 부분적인 위장 반응을 나타내는 질환이다. 식품 알레르기의 가장 흔한 형태로서 보통 생후 2개월 이내에 나타난다. 모유만 먹었던 영아의 경우 처음으로 우유를 먹을 때 나타나며, 태아기 때 어머니가 섭취한 우유 단백질에 의해 나타나기도 한다.

대부분 2세 정도가 되면 적응하게 된다. 민감증을 나타내는 동안에 우유 대신 두유를 줄 수 있다. 그러나 두유에도 문제가 있다면 가수 분해된 단백질이 포함된 상품을 사용할 수 있다. 1세까지 치료식으로 양육하다가 1세 이후부터 우유를 소량씩 먹이면서 적응시켜나간다. 자세한 사항은 전문의사의 처방에 의한다.

교사는 영아의 상태를 관찰하여 우유 민감증의 증상을 조기에 발견할 수 있어야 한다. 우유 민감증이 있는 영아는 설사와 구토가 잦고 복통이나 산통으로 인해 자주 보채고 운다. 비염으로 코가 막혀 똑바로 눕는 것을 싫어하고, 심하면 기관지염이나 천식 증세가 나타나기도 한다. 기타 증상으로는 피부에 습진이 자주 발생할 수 있고, 만성적인 위장관의 혈액손실에 따른 빈혈 때문에 안색이 창백하다.

4) 이유식

(1) 이유의 정의

이유(weanling)는 영아의 식생활을 정상 식사 상태로 이끌어가는 것을 의미하며, 수유를 일시에 끝낸다는 뜻이 아니라 액체 음식인 유즙만으로 식사를 하던 것에서 점차 반고형식(semi-solid food)을 주고 서서히 그 양과 음식의 종류를 증가한다는 의미이다.

(2) 이유의 필요성

영아의 소화 기능과 섭식운동이 발달하고, 정서적·지적 발달의 자극제로서 작용하며, 마지막으로 올바른 식습관을 형성하기 위해서이다. 3~4개월이 지나면 모유만으로는 정상적인 발달과 성장이 어렵고, 조제분유만으로도 3개월이 지나면 영아의 성장에 필요한 여러 가지 영양소가 부족하게 된다.

특히 무기질 중 철분의 경우 모체로부터 받아 체내에 저장하고 태어났다가 6개월 정도가 되면 고갈된다. 또한 모유나 우유에도 철 함량이 극히 적으므로 이유식을 하지 않을 경우 철 결핍성 빈혈이 생기게 된다.

6개월 된 영아는 본능적으로 딱딱한 음식에 대한 생리적·심리적 욕구가 나타나는데, 이를 충족시키기 위해 고형식을 제공하는 것이 필요하다.

고형식을 씹으면 치근이 자극되어 유치 발생에 좋은 영향을 주기도 한다. 또한 이유식을 통해 다양한 음식을 접하면서 성장기의 편식을 예방하고 올바른 식습관 형성에 도움을 줄 수 있다.

① 이유의 시기별 진행방법

영아의 신체적 운동 능력과 섭식운동의 발달 정도를 고려하여 형태와 공급방법을 결정하고, 순차적으로 진행하며, 영아의 건강상태 및 이유식 섭취 정도에 따라 융통성 있게 적용하도록 한다.

- 이유 초기(4~6개월) : 이유 도입기

  젖이 아닌 다른 맛을 경험하고 음식을 먹기 위한 연습을 하는 단계로, 영양의 주제가 되는 것은 아직 유즙이며, 이유식은 하루 1회를 원칙으로 하고, 조미는 싱겁게 한다.

- 이유 중기(6~8개월) : 반고형식기

  이가 나오기 시작하며 씹는 운동이 발달하여 반고형식을 먹을 수 있게 되는 시기로, 점차 수유의 횟수를 줄이고, 이유식의 횟수와 양을 늘려 하루에 2~3회 이유식을 제공하도록 한다. 곡분이나 채소, 과일, 생선 등의 식품을 묽은 죽처럼 만들어 제공하되 알레르기를 잘 일으키는 붉은살 생선, 돼지고기, 메밀, 고등어 등은 삼간다.

- 이유 후기(9~10개월) : 고형식기

소화기능이 많이 성숙되는 시기로, 식품을 다양하게 선택할 수 있으며, 점차 성인의 식사를 이용할 수 있는 것들이 많아지며, 유아의 손을 쓰는 조절 능력이 발달한다.

- 이유 완료기(1세 전후)

소화효소도 거의 성숙되고 뒤어금니를 제외한 모든 젖니가 나오는 시기로, 성인식과 비슷한 식사가 가능하다. 아침, 점심, 저녁의 3회 식사 형태를 취하며 사용할 수 있는 식품도 성인과 거의 비슷하다. 알레르기를 일으킬 수 있는 돼지고기나 토마토, 붉은살 생선 등을 서서히 섭취하기 시작할 수 있다.

표 4-9 영아의 섭식운동 발달과 이유식의 형태

연령	섭식운동	식품의 형태
0~3개월	• 반사작용: 젖냄새가 나는 쪽으로 고개를 돌린다. • 젖꼭지가 입에 닿으면 혀를 내밀며, 힘차게 빤다. • 유형 음식을 삼킨다.	• 모유 • 인공유
4~5개월	• 반사작용이 없어진다. • 손을 펴고 양손으로 물건을 잡는다.	• 이유 시작 • 젖병을 이용한 이유식을 제공하거나 숟가락 사용 시도
6개월	• 앞니가 나기 시작하고 씹는 운동을 한다. • 혀 앞의 음식을 뒤로 보내 삼킨다. • 물건을 집는 능력이 향상된다.	• 숟가락으로 먹는 것이 가능 • 미음류: 곡류, 야채, 과일즙
7개월	• 턱을 이용해 음식을 부순다. • 입안의 음식을 돌려가며 씹는다.	• 죽류: 걸죽하게 만든 곡류, 야채
8~10개월	• 어금니가 나기 시작하고 씹는 운동과 혀운동이 정교해진다. • 삼키는 운동이 성숙해진다. • 병을 잡을 수 있고 엄지와 검지를 이용하여 물건을 집을 수 있다.	• 컵으로 먹을 수 있다. • 과자류를 먹을 수 있다. • 부드러운 고형식

10~12개월	• 깨물거나 씹는 능력이 향상된다. • 혼자서 먹는다. • 도움 없이 컵을 집는다.	• 숟가락과 컵으로 스스로 먹게 된다. • 고형식
1~2세	• 뒤어금니를 제외하고 모든 젖니가 나온다. • 책장을 넘기고 낙서를 할 정도로 손동작이 정교해진다.	• 젖병 사용은 단계적으로 중단한다.

출처: 김일옥 외(2009). 아동건강교육.

표 4-10 이유식을 먹일 때의 원칙

- 일반적 원칙
  - 이유식은 집에서 만들어 먹인다.
  - 이유식은 만 4~6개월부터 시작한다.
  - 신선한 재료를 위생적으로 조리한다.
  - 새로운 음식은 2~3일 간격으로 한 번에 하나씩 첨가한다.
  - 모유나 조제유는 이유식과 함께 돌까지 먹인다.
  - 이유식은 앉혀서 숟가락으로 떠먹인다.
  - 이유식은 간을 하지 않고 조리한다.
  - 과일주스는 만 6개월 전에 주지 않는다.
  - 만 7개월 이전에 덩어리 음식 섭취를 시작한다.
  - 만 8개월부터 손으로 먹는 연습을 시작한다.
- 알레르기가 있는 영아를 위한 원칙
  - 만 6개월 이후에 이유식을 시작한다.
  - 새로운 음식은 1주일에 하나씩만 첨가한다.
  - 주의할 음식을 잘 지킨다.
- 모유 먹는 영아를 위한 원칙
  - 만 6개월부터 이유식을 시작한다.
  - 6개월부터 고기 등 철분이 많은 음식을 잘 먹인다.
  - 모유에 지나치게 의존해 이유식을 안 먹으면 소아과 의사와 상담한다.

출처: 이순형 외(2013).

04 유아를 위한 식품

유아기(3~5세)에도 섭취량이 다를 뿐 기본적인 구성과 원칙은 같다. 3~5세 유아의 일권장량은 1,400kal이다(한국영양학회, 2001). 유아들에게 각 군의 식품이 골고루 포함되는 식사를 제공하되, 양을 너무 많이 주지 말고 모자랄 때 더 요구하는 습관을 형성하도록 해준다. 빵, 밥, 국수 등은 탄수화물과 비타민 B의 주요 공급원이다.

우유, 요구르트, 치즈 등의 유제품은 단백질 외에도 칼슘과 비타민 D를 공급한다. 쇠고기, 닭고기 등의 육류와 생선도 단백질 식품으로서 유아들이 규칙적으로 섭취해야 한다. 육류는 단백질 외에도 철분과 아연 등의 무기질을 공급하는데, 철분은 유아기의 두뇌발달에 필수적인 영양소다. 굴, 조개, 참치, 새우, 콩, 두부, 시금치, 통밀 등의 식품도 철분을 공급해준다. 채소와 과일은 비타민의 좋은 공급원이고, 식이섬유도 제공해준다.

표 4-11 유아들을 위한 식품과 섭취량

식품군	영양소	식품의 예	1일 최소 섭취 횟수	에너지 권장량	
				1~3세	3~5세
곡류	탄수화물 비타민 B군 철분	밥 국수 빵	4	밥(국수) 반 공기 빵 반쪽	밥(국수) 반 공기 빵 한쪽
육류 어류 콩류	단백질	쇠고기, 돼지고기, 닭고기, 생선, 간, 달걀, 강낭콩, 완두콩	2	육류 30g, 가금류·생선류·콩류 반 컵	육류 40g, 가금류·생선류·콩류 반 컵
지방	지방	버터, 올리브유, 식용유, 마요네즈, 소시지		칼로리가 높으므로 소량만 먹게 함	
우유 및 유제품	칼슘 단백질	우유, 요구르트, 치즈	3 (500~700 ml)	우유 180~200ml 요구르트 3/4컵 저지방/무지방 우유는 2세 이후에 줌	
채소류 과일류	비타민A	당근, 고구마, 녹색 채소	4	1/8~1/4 컵	
	비타민C	딸기, 오렌지, 자몽, 브로콜리, 주스		1/2 컵 또는 작은 한 조각	
	기타 비타민 무기질	감자, 옥수수, 완두콩, 강낭콩, 양배추, 토마토, 사과, 바나나, 포도, 복숭아		1/4 컵 또는 반 조각	
물	물	식품 내 함유, 음료	4	60~120ml	

출처 : Kenderick, kaufmann, & Messenger(1991).

1) 유아기 영양의 특징

유아기는 신체적 성장과 뇌의 발달에 의한 인지력이 급속히 발달되면서 음식에 대한 감각과 식습관이 형성되는 시기이다. 이 시기의 충분한 영양 공급은 일생 동안의 성장과 발달에 영향을 미치며, 음식에 대한 태도와 견해도 유아의 전 생애에 걸쳐 영향을 미치게 된다. 좋은 영양 및 식습관을 위한 영양교육은 유아의 건강과 성장, 인성 및 사회적 발달에 필수 요소이다.

유아는 출생 이후 다양한 음식을 먹게 되며, 각기 다른 음식들을 먹는 감각적 경험을 통해 음식 간의 차이를 구별하게 되고, 먹고 싶은 음식을 선택하게 된다. 대부분의 유아교육기관은 유아에게 간식을 제공하며, 프로그램이 오후까지 연장될 경우 점심을 제공하게 된다. 교사는 영양과 관련된 다양한 활동을 제공하여 유아가 영양에 관한 지식을 얻을 수 있게 도와줄 수 있다.

2) 유아 영양교육의 기본 원칙

유아기 때는 하루 세 끼 식사 중 아침식사는, 매우 중요하므로 아침에 일찍 일어나도록 하여, 아침식사는 거르지 않도록 해야 한다. 아이가 많이 먹을 것을 기대하여 처음부터 적당한 양보다 많은 양을 주면, 식욕부진을 불러일으킬 수 있으므로 적당한 양만 주도록 한다.

일반적으로 유아기 때 부족한 영양소로는 칼슘, 철분, 나이아신, 비타민 B2라고 한다 따라서 가정에서는 이러한 영양소가 많이 포함된 음식을 아이가 섭취할 수 있도록 해야 하고, 반면에 단백질, 인, 비타민 B 등의 평균 섭취율은 거의 모든 연령에서 초과된 상태로 나타나 이러한 영양소가 포함된 음식은 조절해주는 것이 바람직하다.

유아를 위한 영양교육 시 고려해야 할 기본 원칙을 살펴보면 구체적으로 다음과 같다.

① 식사 행동을 바람직한 식습관으로 고정시키려면 반복적으로 일찍 시작해야 한다.

영양교육은 이유기부터 실시되어야 한다. 이유는 영아의 식사 형태인 액상 상태의 유즙을 빨아먹는 방법에서 유동식을 핥아 삼키는 과정을 거쳐 성인의 식사와 같은 내용과 형태로 옮겨가는 과정이다.

유아의 습관은 한두 번의 교육과 훈련으로 이루어지지 않으므로 유아기부터 자신의 행동이 익숙해지고 습관으로 고정되도록 하기 위해서는 일상생활 속에서 반복적으로 제공할 필요가 있다.

② 신체적·지적 발달에 적합한 내용을 교육한다.

유아의 발달에는 발달적 순서가 있으므로 유아의 신체 기능과 이해력을 기준으로 연령과 능력에 맞게 지도해야 한다.

③ 교육 내용은 일관성이 있어야 한다.

교사는 항상 일치된 말과 행동을 보이며, 교육 내용은 반복적인 활동으로 제시되어야 하고, 가정과의 연계교육에 있어서도 일치되어야 한다. 교육을 보다 효과적으로 하기 위해서는 가정과 유아교육기관이 긴밀하게 협조하여, 일관성 있는 실천을 위한 부모 참여 및 교육이 이루어져야 한다. 부모와 교사는 유아가 그들의 행동이나 생각에 대해 옳고 그름을 판단할 수 있도록 도와야 한다.

④ 일상적인 생활에서 구체적인 본보기를 보이도록 한다.

유아는 주변의 영향을 받게 되며, 성인의 행동을 보고 학습하게 된다. 가장 먼저 가정에서 어머니와 아버지, 형제, 자매의 행동을 따라 하기 시작하여, 놀이집단과 교육기관에서는 또래와 교사의 행동에 영향을 받으므로, 주변 사람들이 모범을 보여 줌으로써 유아 스스로 자연스럽게 모방하면서 배우게 한다.

예절과 식생활습관도 오랜 기간에 걸쳐 반복적으로 이루어져야 하므로, 애정과 끈기를 가지고, 주변의 또래와 성인들과 함께 긍정적인 자세로 임한다면 보다 효과적인 영양교육이 이루어질 수 있다.

3) 유아기 영양교육의 내용

유아 영양교육의 내용은 영양교육의 목적, 즉 영양에 대한 지식을 습득하고 이를 식생활에 올바르게 적용, 실천하여 건전한 식습관과 건강을 유지하는 데 필요한 기초지식 교육과 행동 동기유발 교육이 포함되어야 한다. 다음의 내용은 유아 영양 교육에 포함될 내용 및 개념 그리고 유아들이 보유하고 있는 영양지식을 연구 결과들에 비추어본 것이다.

(1) 식품과 음식에 대한 지식을 갖도록 한다.

유아에게 전달할 수 있는 식품과 음식에 대한 지식의 구체적인 내용은 다음과 같다.

① 식품과 음식에 대한 이해도를 높이기 위한 내용

식품의 종류와 이름, 같은 재료의 식품도 서로 다른 음식으로 만들어질 수 있다는 점, 여러 가지 가공 식품, 식품이 처리되어 가공되는 공정 등에 대해 다룰 수 있다.

② 식품의 기능과 음식에 대한 여러 가지 역할

유아들은 영양교육을 통해 식품군, 식품 변형, 음식의 기원, 에너지 균형의 4가지 영역에 대한 지식을 획득한다. 유아는 극화놀이를 하면서, 크고 튼튼하게 자라도록 도와주는 음식을 인형에게 먹이는 시늉을 하여 영양가 높은 음식에 대해 알고 있음을 보여 줄 수 있다.

양육자는 식품의 기능과 음식물의 여러 가지 역할을 알도록 해야 하는데, 유아는 성장할수록 음식이 어떻게 그들의 성장과정에 영향을 미치는지 알고 싶어 한다. 따라서 식품의 기능과 역할, 영양소에 관한 정보를 정확히 알아보고, 유아의 능력에 맞추어 적절히 제시해야 한다.

(2) 식품과 신체발달 및 건강과의 관계에 대해 알도록 한다.

영양교육을 통해 유아에게 식품과 신체발달 및 건강과의 관계에 대해 알도록 하기 위해서는 다음 내용을 숙지한다.

① 식품과 신체의 관계에 대한 이해
② 식품 섭취와 건강과의 관련성
③ 음식물 섭취 행동과 보건위생과의 관련성 등

영양교육은 신체에 대한 학습도 포함해야 하는데, 유아들은 자신의 신체적 발달과 기술에 관심을 갖게 된다. 유아는 성장하고 있는 자신의 몸에 대한 관심과 건강 유지에 대한 수용적인 태도를 가지고 있으므로 영양교육에 기초하여 다양한 음식을 경험하게 되면서 중요한 영양 원칙을 익히고 그 내용을 생활에서 활용할 수 있다.

(3) 바람직한 식습관과 식사예절을 형성하도록 한다.

유아는 대개 출생 후 18개월 이후부터 스스로 밥을 먹을 수 있게 되나 아직 불완전하며, 3~4세경이 되면 비로소 혼자서 식사를 할 수 있게 된다. 이때도 완전한 식사방법에 익숙하지 않은 상태이므로 먹는 습관에 대한 지도가 필요하다. 이때 부모나 교사는 음식에 대한 지나친 강요나 걱정, 간섭을 하거나 유아의 실수나 잘못을 지적하지 않는 것이 좋다.

유아기에는 발육과 운동량에 사용되는 영양소 필요량이 증가되는 시기이나 신체의 소화, 흡수 능력의 발달이 미숙하므로 끼니별 음식 공급량의 조절과 간식 제공, 식품 선택과 음식 조리방법에 세심한 배려가 요구된다. 이 시기는 식사 행동을 스스로 터득할 수도 있으나, 주변의 지도에 의해 배워나가는 식생활의 자립기로 간주되며, 바른 식습관의 정립이 신체의 성장 발육 측면만이 아니라 성인 건강의 기초가 되는 개인의 식습관 확립 차원에서도 매우 중요하다.

4) 교사와 부모의 역할

유아의 식생활은 주변 보호자에 의해 관리가 이루어지게 되므로 유치원의 교사와 부모를 대상으로 한 어린이 식생활 지도교육이 필요한 시기이다. 양육자는 유아의 미각, 건강과 경제적 측면을 고려하여 간식과 점심시간이 즐거운 경험이 되도록 해야 한다. 유아기의 건강과 식습관 유형은 성인기까지도 계속적인 영향을 미치므로 부모, 교사, 의사, 치과의사 그리고 영양사 등 전문가의 협조에 바탕을 둔 적절한 경험을 유아에게 제공해야 한다. 교사와 부모는 유아의 바람직한 영양을 위해 다음과 같은 점을 고려해야 한다.

① 실제 상황에 적절한 영양 환경을 조성한다.
② 성장과 발달에 필요한 영양가 있는 음식과 저지방 음식을 제공한다.
③ 영양가 없는 음식을 제한한다.
④ '바람직한' 영양교육의 실제 예를 제시하여 실시한다.
⑤ 영양과 관련된 새로운 경험들을 제공하여 유아의 세계를 확대시켜야 한다.

5) 유아의 영양 문제

(1) 소아비만

활동을 함으로써 소비되는 열량이 섭취한 열량보다 적어 과도한 지방이 체내에 축적되어 발생한다. 원인은 유전적, 환경적, 대사적 요인이 복합적으로 작용한다. 소아비만은 최근 식습관의 변화로 인해 우리나라에서도 급격히 증가하고 있다.

비만한 유아 또는 비만의 문제 소지가 있는 식습관을 가질 유아를 위해 교사는 부모와 협력하여 바람직한 식습관을 갖도록 지속적으로 지도해야 한다.

따라서 최근에는 영유아기에 비만을 예방하기 위해서 식습관, 부모-자녀관계, 생활습관의 영역에 걸쳐 다양한 관리방법이 제시되고 있다(대한영양사협회, 2006; 한국보건산업진흥원, 2004). 그 내용을 종합해 보면 다음과 같다.

- 영유아 건강검진을 주기적으로 한다.
- 모유수유를 한다.
- 이유식을 너무 일찍 시작하지 않는다.
- 비만의 가능성이 있다면 저지방 우유나 무지방 우유를 준다.
- 냉장고에 주스, 청량음료, 초코 우유가 아닌 흰 우유와 물을 넣어둔다.
- 신선한 과일과 채소를 충분히 섭취하도록 한다.
- 신체적 활동을 장려한다.
- TV시청을 최소화한다.
- 정해진 식사시간에 작은 그릇에 적은 양을 담아 식사하도록 한다.
- 가족이 함께 식사한다.
- 세 끼의 식사와 두 번 정도의 간식을 계획해 준다.
- 지루해져서 간식을 찾지 않도록 즐겁고 새로운 활동을 제공한다.
- 아이의 울음이 시장함에 의한 것인지 아닌지에 주의를 기울인다.
- 음식을 가지고 아이와 협상이나 힘겨루기를 하지 않는다.
- 충분한 애정과 관심을 가지고 아이를 대한다.
- 음식에 의지하여 스트레스나 정서적 문제를 해결하고 있지는 않은지 관찰한다.
- 과체중일 경우 지나친 스트레스를 주며 다이어트를 강요하지 않는다.
- 생일이나 특별한 날을 특별한 음식으로 기념하기보다는 다른 활동을 한다.
- 건강한 식습관을 부모와 교사가 모범적으로 보여준다.
- 학교 입학 전에 달고 기름진 음식을 선호하지 않는 입맛을 길러준다.

(2) 영양 불량

① 영양소가 결핍된 유아는 초조해 하고, 공격적이고, 불유쾌하거나 또는 우울하고 의기소침한 경향이 있다. 유아의 영양 불량은 영양소마다 여러 형태로 나타난다. 전 세계적으로 오백만 명 이상의 어린이가 비타민 A의

결핍으로 실명하거나 성장의 지연과 함께 감염성 질환에 쉽게 걸리는 빈도가 높다고 보고하고 있다. 아연 결핍 또한 성장을 지연시킨다. 일반적으로 영양 불량의 원인은 섭취 부족에서 기인되고, 섭취 부족의 원인은 빈곤에서 초래된다.

② 철분 결핍은 다른 어떤 영양문제보다 신체에 광범위하게 영향을 미친다. 철분은 혈액에 산소를 공급하고 세포 내에 산소를 운반하여 에너지가 생성되도록 하며, 신경전달물질의 구성체로도 일부 쓰인다. 이러한 기능 때문에 철분 결핍 시 집중력을 조절하는 기능이 저하된다. 결과적으로 철분 결핍은 에너지 부족만이 아니라 감적 집중가능시간, 학습능력에 영향을 준다.

(3) 나트륨

한국인들의 나트륨 섭취량은 세계보건기구(WHO) 권고량의 2.5배에 이르는 것으로 알려져 있다. 김치, 찌개류, 조림 반찬류 등 우리가 즐겨 먹는 일상식에 포함된 나트륨이 과다하기도 하며, 각종 패스트푸드와 과자류에도 지나치게 많은 나트륨이 포함되어 있다. 나트륨 섭취는 칼슘의 흡수를 방해하여 성장기 영유아의 성장을 저해할 수 있으며, 이후 고혈압 등의 성인병을 일으킬 가능성이 있다. 특히 아동에게 제공되는 치즈, 과자 등의 간식류에 포함된 나트륨 함량이 불필요하게 높을 수 있으므로, 식품에 포함된 나트륨 함량을 반드시 확인하고 되도록 저염식품을 식사와 간식으로 제공하도록 해야 한다.

(4) 음식물 알레르기

음식물 알레르기란 음식물이 항원으로 작용하여 신체가 이에 대응하여 과민반응을 일으키는 증상으로, 비염, 설사, 구토, 두드러기, 피부염, 과민증 등 다양한 증상을 나타낸다. 음식물 알레르기는 식품섭취 후 2시간 이내에 일어날 수도 있지만, 상당한 시간이 경과한 후에 나타나기도 한다. 유아에게 알레르기를 일으키는 식품은 달걀, 콩, 우유 등이며, 그밖에도 메밀, 땅콩, 고등어, 토마토, 복숭아 등이 있다. 이런 음식은 유아에게 훌륭한 영양 공급원이 되므로 무조건 제한하기보다는 항상 주의 깊게 관찰하면서 유아의 특성에 따라 먹이도록 한다. 음식물 알레르기를 예방하려면 알레르기를 일으키는 항원으로 진단된 특정한 식품을 먹지 않아야 한다. 개인에 따라 다르며 알레르기의 원인이 되는 항원성이 강한 식품이라도 건강 상태가 좋을 때는 증상이 나타나지 않다가 피로할 때면 증상이 나타나기도 한다. 따라서 늘 건강상태를 유지하고 신선한 재료를 선택하여 충분히 조리한 후 섭취하도록 한다.

(5) 충치

충치란 침의 단백질, 박리세포와 함께 박테리아가 뭉쳐져서 만들어진 변형 박테리아가 치아에 붙어 있는 당류를 분해하여 생기는 것으로, 이때 생성되는 젖산이 치아의 상아질을 부식시킴으로써 발생한다. 충치의 주요 원인은 잠자기 전에 음식물을 먹거나 우유병을 물고 잠드는 습관, 이유식을 늦게 시작한 경우 등이다. 음식물이 입 안에 있는 채로 잠이 들면 미생물 번식을 돕는 영양분이 계속 남아 있고 침의 분비는 줄어들어 치아가 썩기 쉽다.

유아는 충치가 발생하면 치아로 음식을 자르거나 씹는 데 어려움을 느끼게 되고 씹기 힘든 음식물을 싫어하게 되어 편식의 원인이 될 수 있다. 충치로 인하여 발음장애와 얼굴의 근육운동에 이상을 초래할 수도 있다. 또한 젖니의 충치는 영구치에도 영향을 미쳐 영구치도 금방 썩게 만들뿐만 아니라, 영구치가 나오는 시기나 순서에도 이상을 일으켜 제자리를 잡지 못해 부정교합을 유발하거나 불완전한 모양을 초래할 수도 있다. 충치의 원인균은 당분을 좋아하므로 당분을 적게 먹고 음식을 섭취한 뒤에는 반드시 양치를 하여 세균이 번식하기 쉬운 환경을 없애는 것이 충치 예방의 지금길이다. 그리고 치아를 건강하게 해주는 영양소인 무기질, 비타민, 단백질 등을 충분히 섭취하는 것이 좋다.

05 영유아의 식생활지도

영아기는 정신 및 신체의 발달이 활발히 이루어져 일생 동안 건강하게 살아가기 위한 식습관의 기초가 마련되는 시기이다. 영아는 아직 음식에 대한 선호도가 발달되지 않았고, 음식에 대한 적응력도 부족하다. 편식도 심하고 식욕도 고르지 않아 불규칙한 식습관을 갖기 쉽다.

따라서 어릴 때부터 건강한 몸으로 성장하도록 하고, 정서·심리적인 안정을 주면서 올바른 식습관과 식사예절을 몸에 익히도록 지도해야 할 것이다.

1) 영유아의 식습관 발달 단계와 그에 따른 행동 특성

(1) 6개월

6개월경에는 하루 3~4회의 우유를 먹는데, 한 번에 8~10분 정도 소요되며 차차 속도가 빨라지게 된다. 이외에도 반유동식이나 단단한 음식을 조금씩 먹게 된다. 숟가락이 보이면 입 모양을 바꾸고 입술로 숟가락을 덮는다. 또 어른의 손을 쥐기도 하여 음식을 자주 엎지르게 된다.

(2) 9개월

9개월경에는 하루 세 차례의 이유식과 낮잠 뒤에 두 차례의 우유를 주는 것이 일반적이다. 우유를 빠는 힘이 세지고 쭉쭉 들이키기 때문에 먹는 속도도 빨라져서 3~4분밖에 걸리지 않는다. 고형식도 잘 씹어 먹고 숟가락을 내밀면 입을 벌리고 아랫입술을 끌어당겨 음식을 받아들인다. 그릇에 입을 대고 물 같은 것을 마시게 하면 계속해서 한두 모금 마시지만 그릇을 떼면 입 밖으로 흘리는데, 흘린 음식을 손가락으로 집어먹기도 한다.

(3) 11개월

식사가 순조롭게 진행되지 못할 때가 생기는데, 그것은 식사를 하는 동안 가만히 앉아 있지 못하고 이리저리 몸을 움직여 장난감을 갖고 놀기 때문이다. 우유 먹는 횟수는 영아에 따라 다르지만 하루에 한 차례가 적당하다. 컵에 손을 대고 안에 담겨 있는 것을 마시기 위해 머리를 젖히기 시작한다. 하지만 제대로 마시지 못해 흘리는 일이 잦아지는데, 이때 야단을 쳐서는 안 된다. 영아는 실패의 체험을 통해 기술이 진보하기 때문이다. 좋아하는 음식과 싫어하는 음식을 가리는 것이 더욱 분명해지는 것도 이 무렵이다.

(4) 1년~1년 6개월

우유병을 이용하는 횟수가 줄어들고, 컵을 입에 대고 마신다. 하지만 우유병으로 마시고 싶어 하는 영아도 있으므로 어린이집에서는 낮잠 자기 전후에 개별적으로 사용을 허용하기도 한다. 그릇에 담겨 있는 음식을 보면 숟가락을 사용하려 하는데, 음식물 속에 숟가락을 넣지만 떠 올리는 동작은 어렵다. 그래서 손으로 집어 입속에 넣곤 한다. 물이나 국 등은 서툴지만 혼자서 양손에 쥐고 마실 수 있게 된다. 이때의 두드러진 특징은 서툰 상태에서도 도움을 받으려 하지 않고 처음부터 끝까지 혼자서 먹으려 한다는 것이다.

(5) 1년 6개월~1년 9개월

먹는 방법이 능숙해지는데, 턱과 혀를 사용해서 음식을 잘게 씹을 수 있다. 또 얼굴을 움직여 입속의 음식을 먹기 쉽게 조절하여 삼킬 수 없는 것은 입에서 뱉을 수도 있다. 즉, 혼자서 식사하는 기능의 발달을 확인할 수 있다. 이 시기는 식사시간이 길어지기도 하는데, 그것은 식사 중의 변화에 민감하여 이동이 잦기 때문이다.

(6) 1년 9개월~2년

식욕이 왕성해지면서 먹고 마시는 것을 적극적으로 탐하기 시작하며, 음식에 대해 좋고 싫음을 분명히 밝히게 된다. 또 맛이나 혀의 감촉뿐 아니라 눈에 보이는 음식의 형태에 대해 좋고 싫음도 나타나게 된다. 식탁 앞에서의 조건이 까다로워지는 것도 이때인데, 항상 사용하는 숟가락이나 컵 등을 요구하는 일이 생긴다. 식사 중 음식이나 도구를 사용하여 놀고 장난하는 일도 많이 생기지만, 그대로 혼자 먹도록 유도하는 것이 다음 단계로 촉진하는 결과가 된다.

2) 식습관지도내용

(1) 음식 먹기 전

① 식사 전에는 반드시 손을 씻는다.

영아들은 식사를 하기 전에 손을 닦아 주거나 씻겨주고, 스스로 손씻기가 가능한 유아들은 손을 씻도록 지도하여 항상 손을 깨끗하게 유지하게 한다.

② 식사하는 자리를 바르게 정리하고 깨끗이 한다.

식사를 하는 자리가 깨끗해야 하고 식탁과 의자가 정돈되어야 함을 알고, 스스로 정돈하도록 지도한다. 부모나 교사가 식탁을 깨끗이 하고, 의자를 정돈하는 모습을 보여줌으로써 유아도 스스로 하도록 지도한다.

③ 식사 준비와 상차림을 돕는다.

순번을 미리 정하여 식사를 하는 시간에 식판 및 수저를 놓는 등의 식사 준비를 돕게 한다. 이를 통해 식사를 준비하는 사람들에 대한 고마움을 알게 하고 식사 준비를 돕는 습관을 익히게 된다.

④ 식사를 할 때에는 올바른 자세로 앉는다.

식사를 하기 전에 식탁과 의자를 바르게 정리하고, 올바른 자세로 의자에 앉아서 식사를 할 준비를 하게 한다.

⑤ 식사를 준비해 준 사람들에게 감사하는 마음을 표현한다.

식사 전에 부모나 교사가 “감사히 먹겠습니다”라고 식사에 대한 감사 인사를 한다. 이를 통해 유아들이 감사인사에 익숙하게 된다. 모두 함께 “감사히 먹겠습니다”라고 인사를 하게 되면 음식에 대한 소중함과 고마움을 항상 잊지 않게 된다.

(2) 음식 먹을 때

① 식사의 시작에는 웃어른이 먼저 식사를 시작하고 식사한다.

유아들에게 웃어른이 먼저 식사를 시작한 후 수저를 들고 식사하는 것이 예절임을 인지하도록 지도한다.

② 식사 도중에는 바른 자세로 음식을 먹는다.

식사 중 기대거나 엎드리는 등의 자세는 예절에 어긋난 행동임을 지도한다. 영아의 경우에는 본인 스스로 먹는 능력을 키워 주는 것이 중요하며, 부모나 교사가 바른 자세로 먹는 시범을 보여 주도록 한다.

③ 그릇과 수저를 올바르게 사용한다.

수저와 식기를 올바르게 사용하도록 지도한다. 국그릇, 밥그릇을 손으로 들고 식사하지 않으며, 젓가락과 숟가락을 동시에 들고 식사하지 않도록 지도한다. 젓가락 사용이 가능한 때에는 포크보다는 젓가락 사용을 권장한다.

④ 음식을 천천히 씹어 먹게 하고, 식사 중에 소리를 내지 않도록 한다.

음식을 대충대충 먹는 듯한 행동을 하지 않도록 하며, 천천히 씹어 먹어야 소화가 잘 된다는 점을 지도한다. 마시거나 씹는 등 음식을 먹을 때 소리를 내지 않도록 지도한다.

⑤ 음식물을 흘리지 않고 먹는다.

영유아들의 수준을 생각해서 강하게 지도하지는 않으나 흘리지 않고 식사를 하는 습관을 갖도록 한다. 흘린 음식물은 스스로 주워서 치우게 한다. 영아들의 경우 스스로 먹기 시작하면 절반 이상을 흘리면서 식사를 하나, 이는 자연스러운 성장과정의 하나이다. 음식물이 더러우면 건강에 해롭다는 것을 인지시켜 주어 바닥에 흘린 음식물을 주워 먹지 않도록 한다.

⑥ 밥과 반찬을 균형 있게 먹고 편식하지 않도록 한다.

밥과 반찬을 균형 있게 먹는 것이 건강에 도움이 된다는 것을 알려주고, 밥을 반찬에 비해 많이 먹지 않도록 한다. 유아들이 평소에 좋아하지 않던 음식을 먹었을 때 칭찬해 주고, 정해진 식사시간이 끝나면 그만 먹게 하여 편식하는 습관을 천천히 고치도록 지도한다.

⑦ 입가에 묻은 음식물은 휴지로 깨끗하게 닦도록 한다.

영아의 경우 턱에 턱받이를 하거나 식사 후에 입가 주변에 묻은 음식을 닦도록 도와주도록 한다. 유아들의 경우에 휴지 또는 수건을 개별적으로 준비하여 식사 중에 입가에 묻은 음식물을 깨끗하게 닦는 습관을 들이도록 한다.

⑧ 식사시간에 돌아다니지 않도록 한다.

식사시간에는 돌아다니지 않고, 제자리에서 식사를 마치도록 지도한다. 돌아다니는 행동은 다른 사람의 식사에 방해가 될 수 있으며, 공기 중에는 많은 균들이 떠다니면서 음식물 위에 떨어지게 되므로 식사시간에는 조용히 자리에 앉아 식사를 하도록 한다. 실내 공기 중에 부유 세균 수는 영유아들의 이동이 심한 경우가 정숙하게 자리에 앉아 있는 경우보다 약 10배가량 증가하는 것으로 나타난 바 있다.

⑨ 음식물을 입 안에 넣은 채로 소리를 내거나 말을 하지 않도록 한다.

식사시간은 즐거운 분위기에서 진행이 되어야 하지만, 음식물을 입 안에 넣은 채 말을 하는 것은 올바른 행동이 아님을 알도록 지도한다.

⑩ 적당한 시간 내에서 즐겁게 대화를 나누면서 먹는다.

유아들의 개별적인 식사 속도를 고려해야겠지만 너무 느리거나 빠르게 식사를 하는 습관은 고치도록 지도한다. 즐거운 분위기에서 음식을 먹을 수 있게 음악을 들려주거나, 부모나 교사 또는 다른 유아들과 즐겁게 이야기를 나누며 편안하게 식사를 할 수 있도록 분위기를 만들어 준다.

(3) 음식 먹은 후

① 입가 주변에 묻은 음식물은 휴지나 수건 등으로 닦는다.

식사 중의 청결함도 중요하지만 식사 후의 청결함은 더욱 중요하다. 준비한 휴지나 수건으로 식사 후에 입가 주변에 묻은 음식물을 스스로 깨끗이 닦는 습관을 들이게 한다.

② 식사 후에도 감사하는 마음을 표현하도록 한다.

음식을 다 먹은 후에는 식사를 준비한 분들에게 "감사히 먹었습니다"라고 인사하도록 지도한다. 영아의 경우에 교사가 대신 인사를 하면서 감사 인사에 익숙해지도록 아이들을 지도한다.

③ 식탁과 주변의 자리를 깨끗이 치운다.

흘린 음식을 주워서 쓰레기통에 버리는 등 자신이 식사한 자리를 깨끗이 하는 습관을 들인다. 시범을 먼저 보여주고 잘하는 어린이는 칭찬을 함으로써 자연스럽게 지도한다.

④ 자신이 사용한 식기는 정해진 장소에 놓도록 한다.

자기가 먹은 식기는 스스로 정해진 장소에 놓는 습관을 기르도록 한다. 학기 초에는 교사가 함께 식기를 정해진 장소에 놓음으로써 스스로 치우는 일에 익숙해지도록 한다.

⑤ 식사 후에는 반드시 이를 닦는다.

식사 후에 이를 닦는 것을 규칙으로 정해 두고 이를 닦는 습관을 들이도록 한다. 간식을 먹은 후에도 입안을 물로 헹구어서 깨끗하게 유지하도록 지도한다.

3) 부모영양교육

영유아의 전인적 성장발달을 위해서는 유아교육기관과 가정의 긴밀한 협조가 필요하다. 교육활동에서는 유아교육기관과 가정의 효율적인 연계성이 이루어지지 않는다면 영유아교육의 효율성을 높일 수 없다. 특히 영유아의 영양교육은 가정과 유아교육기관 간의 일관성 있는 지도가 이루어지지 않을 경우 오히려 영유아의 식생활에 혼란을 야기할 수 있다. 따라서 영양교육을 위한 가정과 유아교육기관의 긴밀한 유대관계가 요구된다.

가정과의 협력을 위하여 유아교육기간에서 실시할 수 있는 영양교육은 가정통신문이나 게시판, 소책자 등을 통한 정보교환, 부모교육, 부모상담과 부모자원봉사 등이 있다.

(1) 정보교환

① 부모용 기초설문조사

영유아에 대한 이해를 도모하기 위해 학기 초 생활기록표나 입학원서의 한 부분에 영유아와 관련된 자세한 항목의 설문을 마련하여 부모가 작성하도록 한다. 영유아의 영양교육을 위한 기초설문지의 내용으로는 영유아의 현재 건강상태, 아침식사의 규칙성 여부, 식단과 양, 음식의 선호도 및 알레르기 반응 등이 포함될 수 있다.

표 4-12 유치원 영양교육 기초조사설문지

설문지

유아 이름 :

본 설문지는 종일반 유아 개개인에 대한 이해를 돕고자 마련하였습니다.
답변하신 자료는 종일반 교육 및 운영에 참고하게 되므로 자세히 적어주시기 바랍니다.

1. 현재 유아의 건강상태는 어떠합니까?
   ① 튼튼하다. ② 양호한 편이다. ③ 약하다. ④ 매우 약하다.

2. 매일 아침식사는 규칙적으로 합니까?
   ① 매일 아침 규칙적으로 먹는다. ② 일주일에 4~5일 먹는다.
   ③ 일주일에 2~3일 먹는다. ④ 일주일에 1~2일 먹는다.

3. 만약 아침식사를 규칙적으로 하지 못한다면 그 이유는 무엇이라고 생각하십니까?
   ① 부모가 바빠서 식사 준비를 해주지 못하고 출근한다.
   ② 유아의 기상시간이 늦다.
   ③ 유아가 먹으려 하지 않는다.
   ④ 기타 ( )

4. 아침식사는 주로 무엇으로 합니까?
   ① 밥과 반찬 ② 빵과 우유 ③ 거의 먹지 않는다. ④ 기타 ( )

5. 아침식사의 양은 어느 정도입니까?
   ① 잘 먹는다. ② 보통이다. ③잘 먹지 않는다. ④거의 먹지 않는다.

6. 아침식사 시간은?
   대략 부터 까지. 소요시간 분

7. 혼자서 밥을 먹을 수 있습니까?
   ① 밥 먹는 것을 거의 도와주어야 한다. ②조금만 도와주면 혼자서 먹는다.
   ③ 도움이 없어도 혼자서 잘 먹는다.

8. 음식에 대한 선호도는 어떠합니까?
   ① 무엇이든지 다 잘 먹는다.
   ② 좋아하고 싫어하는 음식의 구분이 뚜렷하여 좋아하는 것만 먹으려 한다.
   ③ 보통이다.

9. 특히 싫어하는 음식이 있다면 적어 주십시오
   ( ) 이유( )

10. 음식에 대한 알레르기 반응을 나타내는 것이 있다면 기입하여 주십시오.
   ① 음식 ( )

② 알레르기 반응 형태 (   )

11. 유아가 집에서 우유를 마십니까?
 ① 매일 마신다.
 ② 매일 마시지는 않지만 자주 마시는 편이다.
 ③ 잘 마시지 않는다. 이유는? (   )

출처: 신동주 외(2005). 영유아의 영양.

② 가정통신문

가정통신문은 부모와의 일차적인 의사소통의 방법으로, 부모를 위해 작성되어 각 가정에 전해진다. 이 통신문은 유아교육기관의 교육에 대한 부모 참여의 중요성을 지속적으로 일깨워 주며, 유아교육기관과 가정에서 일관성 있게 영양교육과 식습관 지도를 할 수 있게 하는 유용한 매체이다.

③ 부모용 소책자

영유아가 바람직한 식생활 습관을 형성하는 데 도움이 되도록 유아교육기관에서는 부모용 소책자를 활용할 수 있다. 이 소책자는 시간과 공간의 제약을 받지 않고 유용하게 사용할 수 있는 것으로, 부모에게 꼭 필요한 주요정보를 간결하게 정리한다. 내용은 영양지식적인 면에서부터 가정에서 이루어져야 할 식습관에 이르기까지 영양교육의 주제별로 구성할 수 있다. 소책자는 교사와 부모 간의 긴밀한 관계와 협력의 필요성을 깨닫게 하며, 교사의 전문성을 알리는 좋은 방법이 된다.

④ 게시판

유아교육기관에서 게시판은 등·하원 시 바쁘게 움직이는 부모들에게 중요한 정보를 전달할 수 있는 방법이다. 게시판은 부모의 눈에 쉽게 띄는 곳에 설치하고 내용을 잘 알아볼 수 있도록 구성한다. 유아교육기관이 행하고 있는 영양교육의 목적, 교육방법과 내용 및 가정과의 협조사항 등을 게시하여 영양교육에 대한 부모들의 이해를 도모한다.

⑤ 도서 안내 및 대출

도서 안내 및 대출은 부모의 바람직한 역할 및 자질습득을 위한 정보를 제공하는 방법으로서, 부모에게 유용한 교양도서 및 교육용 책자를 구비해 두고 대출을 한다. 부모들이 영유아기 영양의 중요성을 인식하는 데 도움을 줄 수 있도록 영유아의 성장과 발달에 대한 도서 및 영양교육에 대한 도서를 구비하도록 한다.

⑥ 전화 및 인터넷

전화는 유아교육기관을 방문할 시간이 없는 부모들에게 매우 효과적인 방법이다. 교사가 부모에게 알려야 할 내용이나 상담할 사항이 있지만 만나기가 어려울 때 전화를 사용할 수 있다. 인터넷은 부모와의 효율적인 정보교환을 위해 최근 들어 가장 급격하게 증가하는 방법으로 유아교육기관에서 운영하는 홈페이지의 게시판을 통하여 부모와 교사가 수시로 정보를 올려 의견을 교환할 수 있고, 개인 이메일을 활용하여 정보를 교환할 수도 있다. 영유아의 영양교육을 위한 유용한 사이트를 소개하여 부모가 영양교육에 대한 이해를 돕고 재미를 느끼게 할 수도 있다.

(2) 부모교육

① 부모 오리엔테이션

주로 학기 초에 이루어지는 부모 오리엔테이션에서는 교직원에 대한 소개와 함께 유아교육기관 시설에 대한 소개와 하루일과 안내 등이 이루어진다. 이때 영유아의 하루일과, 간식 및 점심식단, 건강·영양·안전지도 등에 대해 소개하면서, 유아교육기관에서 이루어지는 영양교육에 대한 부모의 이해와 협력을 촉구할 수 있다.

② 부모 강연회

부모에게 필요한 지식이나 정보를 알려주기 위해 그 분야의 전문가나 관련 인사를 초빙하여 부모강연회를 개최한다. 정해진 주제에 대해 부모가 강연을 듣는 형식으로 진행한다. 부모 강연회는 영유아의 발달에 대한 이론뿐만 아니라 영유아의 성장·발달에 필요한 영양과 식품 및 다양한 음식 조리 등에 대한 내용으로 이루어질 수 있다.

③ 토론회, 좌담회, 독서회

자녀교육이나 생활 전반에 걸친 여러 문제를 주제로 선정하여 부모들이 의견과 경험을 서로 토론하는 가운데 자신의 문제를 스스로 해결해 나가는 경험을 할 수 있게 한다. 영유아의 영양교육에 있어서 유아의 식행동에 대한 여러 문제의 해결과 바람직한 지도에 대한 내용이 주제로 선정될 수 있다.

(3) 부모상담

① 개인면담

교사와 부모가 일대일로 대면하여 유아에 대한 의견을 교환함으로써 바람직한 유아지도방안을 모색하는 활동이다. 개별면담은 유아교육기관의 연간 계획에 따라 정해진 시기에 실시하는 공식적 면담과, 등원이나 하원 시 부모와 자연스럽게 대화하는 비공식적 면담이 있다.

② 집단면담

집단면담에서는 기관운영이나 특별활동 등 다양한 주제에 대한 부모의 의견이나 요구를 듣고 이를 수렴할 수 있다. 집단면담은 함께 모인 부모 간에 자녀양육에 대한 공감대를 형성할 뿐만 아니라 상호정보를 얻고 의견을 교환하는 좋은 기회도 될 수 있다.

(4) 부모자원봉사

부모자원봉사는 특별활동봉사, 부모의 직장방문, 교육자료의 제작 및 보조교사로서의 부모 활용 등 다양한 방법이 있다. 특별활동봉사는 부모가 가진 특별자원을 활용하여 교육적인 도움을 받는 활동으로써, 요리사나 제빵사 등의 자격을 가진 부모들의 협력을 얻을 수 있다. 교육자료 제작은 유아교육기관에서 필요로 하는 자료를 부모가 직접 참여하여 함께 만들어 보는 프로그램이며, 보조교사로서의 부모 활용은 유아교육기관에서의 교육활동에 부모가 교사를 보조하고 지원하는 역할을 담당하는 것을 말한다.

06 유아교육기관에서의 급식지도

유아기는 신체와 정신의 발달이 왕성한 시기이며, 앞으로의 바람직한 체위와 체격, 건강한 체질과 올바른 식생활습관이 형성되는 기초 단계이므로 양적·질적으로 충분한 식사를 균형 있게 하는 것이 중요하다(김영심 외, 2010).

1) 급식의 의의

① 영유아의 성장과 발달에 적합한 영양 공급이나 개선의 효과를 기대할 수 있다.
② 식습관의 형성과 개선을 유도할 수 있다.
③ 또래 간의 위화감을 없앨 수 있다.
④ 경제적인 측면에서 급식의 단가를 낮출 수 있다.
⑤ 통합교육으로서의 효과를 기대할 수 있다.

2) 급식의 기본계획

유치원에서의 급식은 많은 대상에게 일정한 영양을 공급한다는 점에서는 일반 집단급식과 동일하나, 단순한 영양 공급에만 그치지 않고 식사를 매체로 한 올바른 음식에 대한 기호 형성과 바르게 음식을 먹고 식품을 선택하게 하는 식생활교육에 목적이 있다는 점을 중시할 필요가 있다. 식사 구성은 유아의 영양 필요량을 충족시킬 수 있도록 다양한 식품배합을 통해 영양적으로 적합하도록 구성한다.

(1) 점심 급식 식단을 작성할 때 가장 먼저 유아의 1일 영양 필요량을 산정한다

유아의 하루 영양 필요량 중에서 2회 간식으로 공급되는 열량을 제외하고 계산된 열량 중에 최소한 1/3은 점심을 통해 공급되어야 한다. 식단 계획 시 충분한 양의 열량, 단백질, 칼슘 공급이 가능하도록 식품 구성과 양을 정한다.

(2) 신체발육에 필요한 칼슘과 단백질이 충분히 함유된 식단을 구성한다

성장기에는 신체 발육에 필요한 칼슘과 양질의 단백질을 식사를 통해 충분히 공급받을 수 있도록 식단을 구성한다. 일반적으로 식단 구성 시에 단백질과 열량 중심으로 식단을 구성하게 되나 발육기의 어린이 식사는 칼슘 공급이 충분하도록 유의하며, 철분 공급도 고려하여 식품을 선택하고 식단을 구성한다.

(3) 음식을 적절히 변화시킬 수 있는 주기식단(Cycle Menu)으로 구성한다

유아는 어른에 비해 단순한 맛을 좋아하기는 하지만, 같은 음식이 반복되면 쉽게 싫증을 내므로 이를 고려하여 매일 다른 식단을 구성하는 것이 바람직하다.

(4) 조리는 유아가 소화하기 쉬운 방법으로, 자극성이 강한 조미료의 사용은 삼가한다

유아는 성인에 비해 소화흡수기능이 미숙하여 소화장애를 일으키기 쉬우므로 어린이에게 적합한 조리법의 음식을 선정할 필요가 있다. 향신료의 사용은 되도록 적게 하고 화학조미료의 사용을 제한한다. 조리하는 어른의 입맛에 맞추지 않도록 유의한다는 점이 중요하다.

(5) 유아의 기호를 고려한 식단으로 구성한다

음식이 제공되었을 때 음식의 질감이나 형태, 맛에 있어서 각기 다양한 감각적 만족이 있어야 한다. 식품의 재료를 다양하게 선택함과 동시에 선택되는 재료의 색상은 다른 음식과의 조화를 고려하면서 되도록 색감, 질감, 형태, 맛에 있어서 다양하게 구성하도록 한다. 조리방법 면에서도 다양한 질감을 느낄 수 있도록 배려한다.

(6) 급식량과 제공 시간을 정하여 규칙적으로 적정량 배식하도록 계획한다

필요한 영양소량이 많은 데 비해 소화력은 한정되어 있으므로 음식을 오전,

오후 간식과 점심 등의 횟수로 나누어 필요한 영양소량을 공급할 수 있도록 구성한다. 정규 식사 이외에 수회의 간식을 제공하도록 한다. 이때 간식시간과 정규 식사시간의 간격 조절을 통해 정규 식사의 섭취에 지장을 주지 않도록 한다.

(7) 간식은 세 끼의 식사에서 부족할 수 있는 영양소를 보충할 수 있게 구성한다

간식으로 당분이 지나치게 많은 것이나 자극적인 식품은 피하고 단백질과 비타민, 무기질을 함께 공급할 수 있는 것을 선택해야 한다. 또한 활동량이 많은 오후 시간에 제공되는 간식은 수분을 충분히 공급해줄 수 있도록 구성한다.

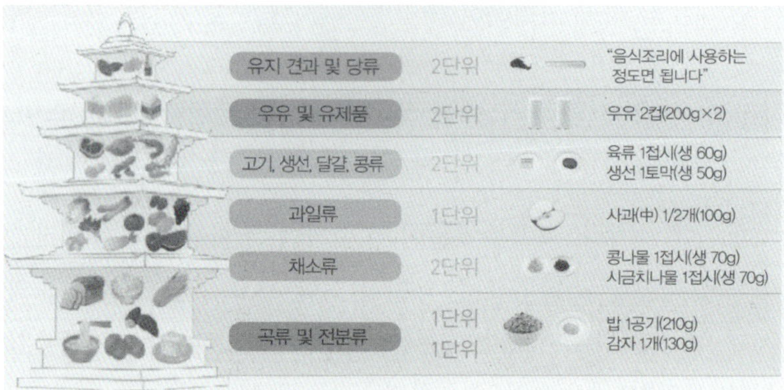

그림 4-1 1~2세가 하루에 먹을 양의 예(1,000kcal)

출처: 서울특별시 육아종합지원센터(2012).

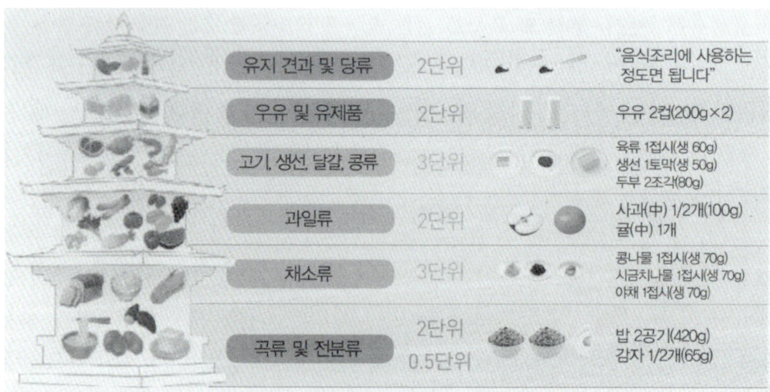

그림 4-2 3~5세가 하루에 먹을 양의 예(1,400kcal)

출처: 서울특별시 육아종합지원센터(2012).

표 4-13 어린이집에서 3~5세 유아에게 제공되는 평균 양

구 분	곡류 및 전분류	채소류	과일류	고기, 생선, 달걀, 콩류	우유 및 유제품
아침 식사	밥 2/3 공기 =140g	생나물 35g 감치 20g		두부 2조각 =생것 80g	
오전 간식			귤 1개		우유 100g
점심 식사	밥 2/3 공기 =140g	생나물 35g 감치 20g		육류 =생것 60g	
오후 간식	감자/국수/빵/떡				우유 100g
저녁 식사	밥 2/3 공기 =140g	생나물 35g 감치 20g		생선 1토막 =생것 50g	
저녁 간식			사과 반 쪽		우유 100g

출처: 서울특별시 육아종합지원센터(2012).

표 4-14 식사구성안의 식품군별 주요식품과 1인 1회 분량

식품군	1인 1회 분량					
곡류	밥 1공기 (210g)	백미 (90g)	국수 1대접 (건면 100g)	냉면국수 1대접 (건면 100g)	떡국용 떡 1인분(130g)	식빵 2쪽 (100g)
고기 생산 계란 공류	육류 1접시 (생 60g)	닭고기 1조각 (생 60g)	생선 1토막 (생 60g)	콩 (20g)	두부 2조각 (80g)	계란 1개 (60g)
채소류	콩나물 1접시 (생 70g)	시금치나물 1접시(생 70g)	배추김치 1접시 (생 40g)	오이소박이 1접시 (생 60g)	버섯 1접시 (생 30g)	물미역 1접시 (생 30g)
과일류	사과(중) 1/2개 (100g)	귤(중) 1개 (100g)	참외(중) 1/2개 (200g)	포도 1/3송이 (100g)	수박 1쪽 (200g)	오렌지주스 1/2컵 (100g)
유제·유제품류	우유 1컵 (200g)	치즈 1컵 (20g)	호상요구르트 1/2컵 (100g)	액상요구르트 3/4컵 (150g)	아이스크림 1/2컵 (100g)	
유지당류	식용류 1작은술 (5g)	버터 1작은술 (5g)	마요네즈 1작은술 (5g)	커피믹스 1회 (12g)	설탕 1큰술 (10g)	꿀 1큰술 (10g)

출처: 한국영양학회, 보건복지부, 식품의약품안전청. 한국인 영양섭취기준 개정판(2012)

(8) 식단 작성 시 고려사항

① 영양

유아는 점심시간 유치원에서 제공되는 정해진 음식만을 먹게 되므로 제공된 식단을 통한 영양 제공량의 적정성은 매우 중요하며, 이때 두 가지 내용을 평가해보아야 한다.

첫째, 식단 내에 영양 구성의 적절성

- 단백질과 칼슘이 충분히 함유된 식품으로 구성되어 있는가?
- 우유 및 유제품이 매일 제공되는가?
- 신선한 채소와 과일을 다양한 방법으로 제공하고 있는가?

둘째, 식단에서 제시한 급식 배식량의 정확성

- 급식 연령의 적절한 급식 제공량을 알고 있는가?
- 적당한 양이 배식되고 있는가?

② 위생

식중독이 발생하기 쉬운 여름철에는 상하기 쉬운 식재료나 조리시간이 많이 걸리고, 조리단계가 복잡한 음식은 제한하는 것이 좋다.

③ 적응기간

3, 4월은 유아가 유치원에 적응하는 기간이므로 식단 작성 시에 집에서 자주 접하는 익숙한 음식으로 식사시간에 편안한 마음으로 식사하도록 분위기를 유도한다. 일반적으로 어린이는 새로운 음식을 접했을 때, 그 음식에 대해 거부감을 가지는 경향이 있다. 따라서 적응기간의 식단은 소화가 잘되는 음식과 조리법에 있어서도 유아의 씹기 등 소화 능력을 고려한 식단으로 구성한다.

④ 음식의 관능적 특성 및 조리법

식재료와 조리법이 중복되면 유아가 음식에 대해 싫증이 날 수 있으므로 다양한 조리법을 사용한다. 신맛, 짠맛, 단맛, 쓴맛을 가장 잘 느끼는 온도는 모두 다르다. 찬 음식과 따뜻한 음식 등 음식의 온도도 중요하다. 뜨거운 감각에 대한 예민도가 성인보다 높아 전체적으로 미지근한 온도를 선호하나, 제공 음식의 온도가 모두 같으면 유사하게 느낄 수 있다.

3) 간식의 계획

유아기에는 소화기관의 용량이나 기능이 충분하지 못해 1일 3회의 식사만으로는 필요량을 충당할 수 없으므로 반드시 간식이 필요하다. 또한 간식은 유아의 생활에 활력과 휴식을 주고, 기분전환을 할 수 있도록 하며, 새로운 음식을 경험할 수 있는 즐거움을 제공하므로 유아의 생활에 있어서 꼭 필요하다.

(1) 바람직한 간식시간

다음 식사에 영향을 주지 않기 위해서는 점심 급식 사이의 시간에 2시간 30분 전후의 간격을 두고 간식을 제공하는 것이 좋다.

출처: 교육부육아정책연구소(2012).

(2) 간식 제공 시 고려사항

① 오전 간식은 점심식사와의 간격이 짧으므로 점심식사에 무리가 되지 않을 정도의 양을 제공한다.

② 점심 메뉴를 고려하여 간식 식단을 작성하고, 단백질과 열량이 편중되지 않도록 제공한다.

> 오전 간식에 빵(주요 영양소: 탄수화물)이 제공되었을 경우에 오후 간식으로 면류(주요 영양소: 탄수화물)를 제공하는 것은 영양소가 편중될 수 있으므로 바람직하지 않음

③ 무기질과 비타민이 간식을 통해 보충될 수 있도록 두 가지 이상의 식품

을 조합하여 공급한다.

삶은 계란(주요 영양소:단백질)과 우유(다른 음료에 비하여 단백질 함량이 높은 편)를 제공하는 것보다는 삶은 계란과 오렌지주스(비타민)를 제공하는 것이 더 균형된 영양 간식으로 바람직함

④ 수분 공급이 가능하고, 소화하기 좋은 식품을 선택한다.

⑤ 단순당이 적은 식품을 제공하며, 탄산음료나 당도가 높은 식품은 간식 식품으로 제공하는 것을 제한한다.

Plus Tip **주의가 필요한 간식**

- **파인애플**: 생 파인애플 속의 브로멜린이라는 단백질 분해효소는 혀나 구강의 단백질을 분해하여 구강염을 일으킬 수 있으므로, 유아가 빨아먹지 않게 주의해야 하며, 통조림의 경우 당시럽에 재워져 있으므로 시럽은 되도록 주지 않도록 배려함
- **인절미, 경단 등**: 찹쌀로 만든 떡 종류는 끈적이고 형태가 유동적이어서, 삼켰을 때 기도를 막을 수 있으므로 항상 주의하며, 가급적 피하도록 함
- **고구마, 백설기, 강력분으로 만든 빵, 삶은 계란 노른자**: 수분이 적은 간식으로 퍽퍽해서 사키기가 어렵고, 목이 메는 경우가 많으므로 반드시 음료와 함께 제공하고, 급하게 먹지 않도록 교사의 세심한 주의가 필요함

출처: 교육부육아정책연구소(2012).

Plus Tip **주의가 필요한 간식**

어린이식생활안전관리특별법 제3장 어린이 기호식품 관리 등의 제8조(고열량·저영양 식품 관련) 및 제9조(정서저해식품 관련)에 의해 금지한 식품을 간식으로 제공하지 않아야 한다.

1) 고열량·저영양식품
   - 열량이 높고 영양가가 낮은 식품으로 어린이 비만 및 영양불균형을 초래할 우려가 있는 어린이 기호식품의 영양성분 기준을 정한 것
   - 열량, 포화지방, 당류, 나트륨 및 단백질 등의 영양성분 함량에 따라 고열량·저영양 식품으로 분류되며 이들 식품은 어린이 식품안전보호구역 내 학교매점 및 우수판매업소에서 판매가 금지됨

출처: 교육부육아정책연구소(2012).

Plus Tip 간식을 고를 땐 영양표시를 꼭 확인하세요.

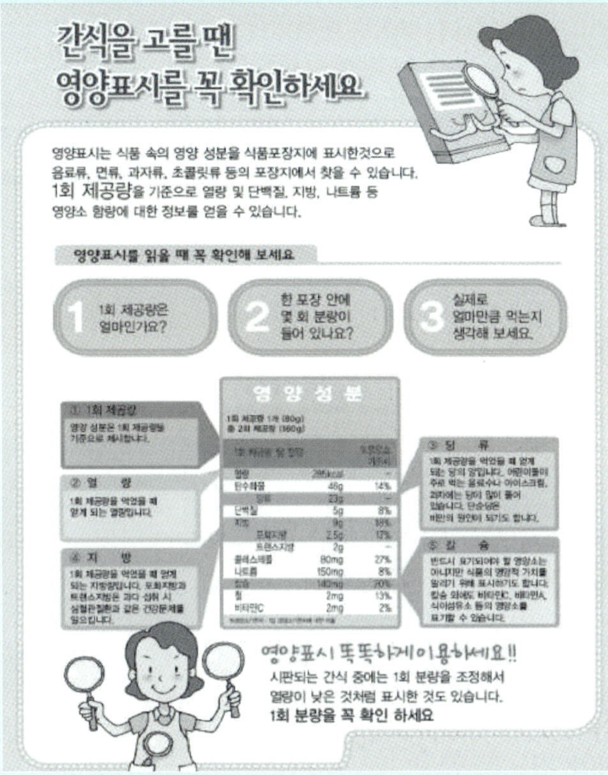

출처: 교육부육아정책연구소(2012).

Plus Tip 식품신호등

현재 어린이 기호식품에는 시빙 등 영양성분 함량을 의무적으로 표시하도록 되어 있으나, 어린이들은 각각 영양성분의 함량의 높고 낮음에 대하여 이해도가 낮아 건강한 식품을 선택하기 어려웠다. 이에, 식품의약품안전청은 어린이들이 과자 등 기호식품을 선택할 때 보다 건강한 식품을 선택할 수 있도록 '어린이 기호식품 영양성분의 함량 색상·모양 표시(일명 신호등표시) 기준 및 방법'을 고시하였다.

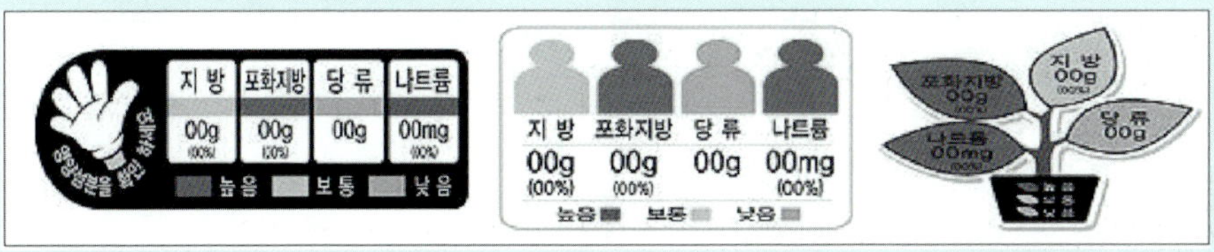

제품의 앞면에 과잉섭취에 대한 우려가 높은 당류, 지방, 포화지방, 나트륨의 함량에 따라 녹색(낮음), 황색(보통), 적색(높음)의 신호등 표시를 자율로 실시하도록 하여, 어린이 등 소비자들이 보다 쉽게 식품을 선택할 수 있도록 하였다. 그러나 신호등 표시는 비만 등이 우려되는 어린이의 영양불균형을 해소하기 위한 제도로서, 저체중 어린이가 무조건 적색을 피하는 것은 바람직하지 않으며, 성장기의 어린이들의 고른 영양섭취를 위하여 하루 동안의 전체 식사를 균형 있게 하는 것이 중요하다.

출처: 교육부육아정책연구소(2012).

(3) 편식하는 유아지도

① 편식이란?

어떤 종류의 식품만을 좋아하고 다른 식품을 거부할 때 흔히 '편식을 한다'고 이야기한다. 편식하는 유아는 골고루 먹지 않고 특정한 식품만을 섭취하게 됨으로써 다양한 식품을 통한 고른 영양의 섭취가 불가능해지고, 특정 영양소만 과다하게 섭취하는 영양장애를 초래할 수 있다. 유아기는 식욕과 식품의 기호가 불안정하여 식품의 성분, 조직, 맛에 대한 개인적인 차이가 많으며 쉽게 변할 수 있는 시기이므로 지속적인 관심과 지도가 이루어진다면 편식 교정이 충분히 가능하다.

② 편식 교정이 필요한 경우

유아가 성장하면서 자연스럽게 편식하는 습관이 개선되는 경우가 있으나, 아래와 같은 경우에는 식생활지도를 통한 편식 교정이 반드시 필요하다.

- 유아가 일상의 식생활에서 설탕이 많이 든 음료, 과자류에 대한 기호도가 강해서 늘 이러한 음식을 많이 먹어 식사에 영향을 미쳐 영양의 섭취가 양적으로 균형을 잃게 될 때
- 개개의 식품을 싫어하기보다 생선류는 종류 여하를 불문하고 싫어하거나, 채소류는 모두 싫어하는 등 식품군별의 단위로 해당 식품군 전체의 음식을 먹지 않거나 싫어하는 등 섭취 식품 구성에 있어서 결함이 있다고 판단될 때
- 식품 선호가 어느 특정 종류에만 편중된 결과 발육과 영양 상태가 기준에 미치지 못한다고 판단될 때

(예 육류 및 육가공품만 좋아하여 채소 종류는 전혀 먹지 않는 경우)

표 4-15 어린이가 좋아하는 식품과 싫어하는 식품의 예

좋아하는 식품	싫어하는 식품
• 딸기우유, 초코우유, 바나나우유, 요구르트 · 사과, 귤 등의 과일 • 단 것, 부드러운 것 • 입 안에서 씹어 먹기 좋은 것 • 입 안에 넣기 쉬운 크기의 것 등	• 냄새가 강한 채소(미나리, 파, 양파, 쑥갓 등) • 매운 음식(고추, 겨자 등이 많이 든 음식) • 돼지고기, 생선 등

출처: 교육부육아정책연구소(2012).
주의점: 싫어하는 몇 가지 식품만 먹지 않는다고 편식으로 간주해서는 안됨
(예 다른 채소는 잘 먹지만 당근만 먹지 않는 경우 영양적인 문제 발생은 없음)

③ 편식의 원인

- 이유식의 지연, 이유기 때 다양한 음식을 먹지 못한 경우, 이유기 이후 편중된 식사를 한 경우
- 먹는 일을 강요당하거나 구토, 복통 등 식품에 관한 불쾌한 경험이나 기억이 있을 경우
- 다양한 식품을 접하지 못한 경우
- 부모와 형제들의 편식 등 가족의 식습관에 영향을 받은 경우

④ 편식 교정방법

- 낯설어 하는 음식은 처음에 조금씩 먹어보면서 경험을 하게 함
- 싫어하는 반찬은 양을 점차 조금씩 늘려줌
- 음식을 지나치게 권하지 않으며, 좋아하는 조리방법으로 변경함
- 냄새, 맛, 외관 등으로 인하여 기피하는 경우에는 좋아하는 식품에 섞어 조리함
- 식사시간에는 적당한 공복 상태가 되게 함
- 식사는 정해진 시간에 정해진 장소에서 하도록 함
- 식사 도중에 책을 읽거나 TV 시청 등의 행동은 하지 않도록 함
- 편식을 하면 건강이 나빠진다는 것을 설득시키는 교육도 중요함
- 편식의 문제를 다룬 그림책이나 비디오 등을 이용하여 교육함
- 친구들과 같이 어울려서 식사하게 하고, 즐거운 식사환경을 만들어 줌

(4) 비만유아지도

소아비만은 성인비만과 마찬가지로 고지혈증, 지방간, 고혈압과 당뇨병 같은 성인병을 조기 유발할 뿐 아니라 성인비만으로 이어질 수 있다. 특히 친구들의 놀림, 신체 외모에 대한 부끄러움 등으로 상당한 정신적 스트레스에 시달릴 경우 자신감의 결여 및 정서발달장애가 초래될 수 있으므로 비만의 원인을 파악하고 식사 섭취량과 음식 섭취 조절과 신체적 활동 등을 관리해야 한다.

구분		정상(%)	과체중(%)	비만(%)
남자	2~5세	78.2	9.8	12.0
	6~11세	75.9	11.8	12.2
여자	2~5세	84.7	8.4	6.9
	6~11세	83.5	11.5	5.0

출처: 보건복지부·질병관리본부(2010). 국민건강통계 국민영양조사.

① 유아 비만 판정

- **성별, 신장별 표준체중 활용** : 한국소아·청소년 신체발육 표준치(2007)를 근거로 성별·신장별 표준체중 활용하여 비만도를 평가할 수 있다.

$$\text{비만도}(\%) = \frac{\text{현재 체중}}{\text{신장별 표준체중}} \times 100$$

비만 판정 평가기준은 다음과 같다.

구분	평가기준
정상	성별 신장별 표준체중의 120% 미만
경도비만	성별 신장별 표준체중의 120~129%
중등도비만	성별 신장별 표준체중의 130~149%
고도비만	성별 신장별 표준체중의 150% 이상

출처: 대한비만학회(2006). 소아·청소년 비만관리지침서.

- **성장곡선 활용** : 질병관리본부와 대한소아과학회(2007)에서 만든 소아·청소년 신체발육표준치 중 신장별 체중의 성장도표를 자료를 활용하여 건강체중 여부를 알아 볼 수 있다.

Plus Tip **신장별 체중의 성장도표를 이용한 판정**

예시: 5세 남자, 신장 105cm, 몸무게

① 가로 숫자에서 유아의 신장을 찾아 선을 그어본다.
② 세로 숫자에서 자신의 체중을 찾아 선을 그어본다.

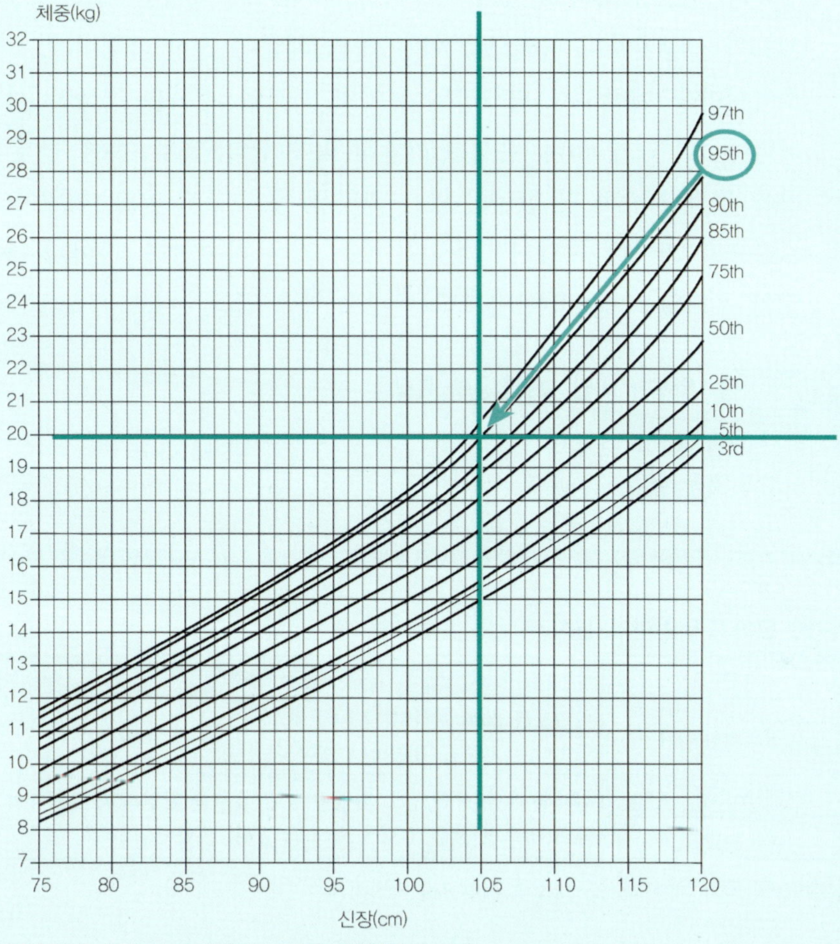

③ 가로선과 세로선이 겹치는 점을 읽어본다.

- 겹치는 점이 파란선(50th)과 가까울수록 건강 체중에 가까운 것이다.
- 50th라고 표시된 파란선 위쪽은 표준체중보다 높은 편이다.
  50th라고 표시된 파란선 아래쪽은 표준체중보다 낮은 편이다.

※ 따라서 위 유아는 90th선에 해당되기 때문에 체중조절이 필요하다.

② **유아기 비만관리 예방과 관리원칙:** 소아비만은 학동기 비만으로 이어질 가능성이 높다는 특징이 있으나, 대부분의 유아와 가족이 비만치료의 필요성을 느끼지 않는 경우가 많다. 이유는 우리나라에서는 아직 일반적으로 통통한 어린이를 '복스럽게 생겼다, 나중에 더 크면 살이 빠질 것이다'라고 인식하고 있기 때문이다. 유아기의 체형은 키의 성장률이 체중의 성장률보다 빠르므로 약간 마른 체형이 정상 체형이다.

소아비만을 예방하기 위해서는 유아의 식사와 간식은 정해진 시간에, 식탁에서만 먹게 하며, 음식은 천천히 먹게 한다. 또한, 눈에 쉽게 띄는 곳에 특히 지방과 당 함량이 많은 과자류 등을 두지 않고, 행위에 대한 보상으로 과자나 사탕 등 먹도록 하는 것은 제한한다. 유아가 즐겁게 많이 움직일 수 있도록 유도하는 것도 매우 중요하다.

Plus Tip **유아기 비만 고위험군의 특징**

- 텔레비전 시청시간이 긴 유아
- 수면시간이 짧은 유아
- 고열량 음식을 좋아하는 유아

표 4-16 유아기 비만관리 원칙

구분	관리 원칙
경도비만	비만도를 20% 이하로 낮추는 데 목표를 두지만 신장이 자라므로 감량보다는 체중을 유지하는 것이 목표
중등도비만	식사와 운동 상담 필요 합병증 동반 유무를 확인하고, 합병증이 동반되어 있으면 체중 감량을 목표로 관리
고도비만	

출처: 대한비만학회(2006). 소아·청소년 비만관리 지침서.

표 4-17 비만 관리를 해야 하는 식품의 종류

과량 섭취를 제한해야 하는 식품	일반적으로 먹어도 좋은 식품
과량 섭취 시 문제가 되는 음식 • 빵, 국수, 마카로니, 스파게티 • 설탕, 잼 • 주스, 탄산음료 종류 • 카스테라, 찰떡, 만두, 양갱 등 단맛이 강한 음식 • 튀김류 및 맛이 진하게 양념된 음식 • 각종 과자와 사탕, 초콜릿	• 우유, 치즈, 계란, 육류, 생선 • 두부, 청국장, 유부 • 소량의 버터, 마가린, 마요네즈, 식물성 기름 • 당근, 시금치, 피망 등 녹황색 채소와 오이, 무, 배추 등 기타의 채소 • 귤, 오렌지 등 감귤류와 사과, 배 등 기타 과일

출처: 교육부육아정책연구소(2012).

Plus Tip 비만아의 식사관리

- 경도비만인 경우 체중감량보다는 체중유지를 목표로 한다.
- 식사를 심하게 제한하여 체중을 급속히 감량하면 안 된다.
- 유아는 발육기에 있으므로 당질만 제한하고, 단백질이나 지방, 무기질, 비타민 등의 영양소는 부족하지 않도록 한다. 단, 단백질과 지방을 필요 이상으로 많이 섭취하는 경우는 필요량 정도로 줄일 필요가 있다.
- 현재 체중을 유지하면서 자연적인 키 성장에 따라 현재의 체중이 바람직한 체중이 되도록 한다.
- 체중조절에는 열량섭취량의 조절과 활동량의 증가가 필수이다.
- 비만 예방 및 관리에는 어린이 급식시설 뿐 아니라 가족의 역할이 중요하므로 부모와 유아에게 식품 선택 등의 교육이 필요하다(열량, 포화지방, 당분 및 염분 함량이 높은 고열량·저영양 식품 배제, 성장에 필요한 영양소를 골고루 함유하고 있는 식품이나 음식을 선택하는 방법 등).

출처: 교육부육아정책연구소(2012).

07 영유아급식의 위생관리

1) 식중독

(1) 식중독의 정의

'식품위생법'에 의하면, 식중독이란 식품의 섭취로 인하여 인체에 유해한 미생물 또는 유독물질에 의하여 발생하였거나 발생한 것으로 판단되는 감염성 또는 독소형 질환을 말한다(식품위생법 제 2조 제 10호). 식중독은 세균 또는 독소 등에 오염된 식품을 섭취했을 때 발생하는데, 주로 환자나 보균자의 분변 또는 구토물 등이 다양한 경로로 음식물이나 오염된 물을 통해 전파되거나 접촉에 의해 직접 전파될 수 있다. 접촉에 희한 식중독 발생 시에는 점진적인 발생동향을 보이지만, 물이나 식품 등의 오염에 의한 경우에는 폭발적인 공동매개 유행양상을 보인다.

(2) 식중독 발생원인

식중독을 일으키는 원인균으로는 살모넬라균, 웰치균, 포도상구균, 보툴리누스균과 곰팡이 등이 대표적이다. 그러나 식품으로 인한 유해 식중독의 80~90%를 차지하고 있는 세균성 식중독은 식품의 취급과정에서 적절한 방지대책과 세심한 주의를 통해 충분히 예방 가능하다.

식중독의 종류와 원인 및 주요 원인식품은 다음과 같다.

표 4-18 주요 식중독 및 원인식품

구분	유형	원인균(물질)	감염원	주요 원인식품
세균성 식중독	감염형 식중독	살모넬라균 장염비브리오균 캠필로박터균	가축, 쥐 어패류 닭, 가축	계란, 식육 등 생선회, 초밥 등 닭고기 등
	독소형 식중독	포도상구균 보툴리누스균	사람의 피부 화농창	곡류가공식품, 도시락 등 통조림식품 등

	기타	클로스트리디움 세레우스균 병원성대장균	사람, 동물의 장관 토양, 변 사람, 동물의 장관	가열조리식품, 식육 및 가공품 식육제품, 농산물가공품 등 식육, 야채, 물 등
화학성 식중독	급성·만성	오염 및 잔류된 유독·유해 물질	각종 식품, 어류	각종 첨가물, 유해 첨가물 등 잔류 농약, 유해 금속화합물, 지질의 산화생성물, 니트로자민, 메탄올, 간수 등 구리, 납, 비소 등
	알레르기형	알레르기 유발물질		꽁치, 고등어 등 붉은살 생선
자연독 식중독	식물성	식물성 식품에 함유된 각종 독소 성분	식물성 식품	감자독, 버섯독, 독미나리, 맥각독, 곰팡이류 등
	동물성	동물성 식품에 함유된 각종 독소 성분		동물성 식품, 북어독, 조개독 등

출처: http://fm.kfda.go.kr

Plus Tip 식중독 지수

음식물 부패관련 미생물의 증식에 영향을 미치는 온도조건을 기준으로 하며, 습도를 고려하여 식품의 부패가능성을 백분율로 표시한 것으로, 식중독 예방을 위한 참고용으로 식약청과 기상청이 공동으로 제공하고 있다.

다음은 여름 장마철의 식중독 지수로 3월에 비하여 여름철 식중독 지수가 높아짐을 알 수 있다.

3월 식중독 지수	8월 식중독 지수

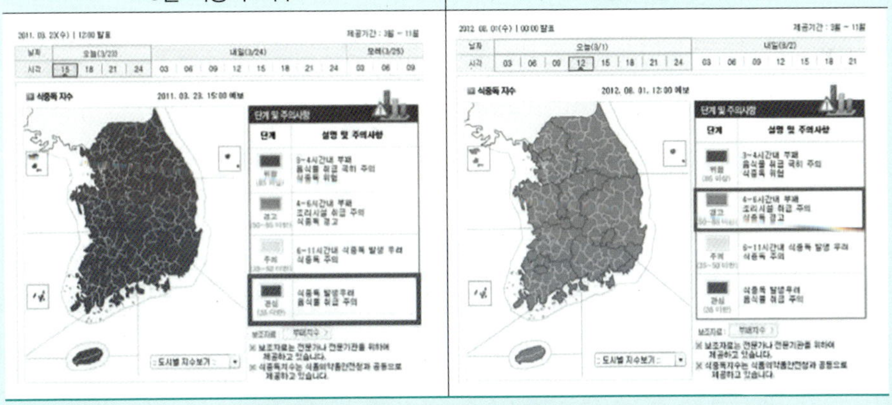

그림 4-3 3월과 8월의 식중독 지수 비교

식중독지수는 오전 3시부터 3시간을 간격으로 도시별, 전국적 예보로 나누어 발표되고 있다.

■ 생활기상지수 | 지수기준보기 ▸

날짜		오늘(08/01)								내일(08/02)						
시각		03	06	09	12	15	18	21	24	03	06	09	12	15	18	21
식중독 지수	위험 경고 주의 관심	58	67	64	66	56	64	63	63	61	59	65	59	75	71	66

출처: 교육부육아정책연구소(2012).

표 4-19 식중독 지수 범위에 따른 지표

지수범위	위험도	내용
85 이상	식중독 위험	기온 35℃ 이상인 날 음식물을 방치할 경우 3~4시간 경과하면 식중독 발생이 대단히 우려되므로 식품취급에 특별히 주의
50~85 미만	식중독 경고	기온 30~35℃인 날 음식물을 방치할 경우 4~6시간 경과하면 식중독 균이 자라기 쉬우므로 음식물을 조리하여 즉시 섭취
35~50 미만	식중독 주의	기온 25~30℃인 날 음식물을 방치할 경우 6~11시간 경과하면 식중독이 발생할 우려가 있으므로 주의
35 미만	식중독 관심	기온 20~25℃인 날 식품취급에 주의

출처: 기상청 홈페이지(http://www.kma.go.kr).

(3) 식중독 관리체계 및 예방

① 식중독 관리체계

식중독은 대상과 질병의 종류 및 전염성 등에 따라 '전염병예방법'과 '식품위생법' 등에 의하여 관리된다. 일반적으로 식중독이 발생한 경우 해당 환자나 주민, 학생, 병·의원 등이 식중독 발생 사실을 해당 보건소에 신고하면, 신고를 접수한 보건소에서 관련법령에 따라 발생사실을 각각 유관기관에 보고해야 한다. 최근에는 전염병이나 식중독이 발생하였을 때 신속한 원인조사를 위해 인터넷을 통한 보고관리 시스템을 운영하여 발생보고와 조사결과 보고를 하고 휴대폰 문자메시지를 전파하여 신속한 협조체계가 이루어질 수 있도록 관리하고 있다. 관련부처의 식중독 관리업무 현황은 다음과 같다.

표 4-20 부처별 식중독 관리업무 현황

부처별	업무	비고
보건복지부	• 식중독 및 전염병 관리업무 총괄	식품위생법 전염병예방법 기생충질환예방법
법무부	• 교도소 내 식품안전관리	
국방부	• 군부대 집단급식안전관리	
교육부	• 학교급식안전관리	학교급식법
환경부	• 안전수 공급	먹는물관리법
해양수산부	• 수산물에 대한 위생관리	수산물검사법
농림축산식품부	• 농축산물에 대한 안전관리	축산물가공처리법
식품의약품안전처	• 식품안전관리 체계강화 - 식품접객업소 및 집단급식소의 위생관리 - 문제식품 유통방지	식품위생법

② 식중독 발생 시 대처요령

- **즉각 조치:** 급식을 중단하고 급식현장을 그대로 보존한다.
- **보건소 신고:** 유치원의 장은 원아 또는 종사자에게 식중독 및 전염병으로 의심되는 증상 발견 시 즉시 시·군·구청 담당부서 및 관할 보건소에 신고해야 한다(*발생 신고는 가까운 관할보건소에 전화로 신고하거나 보건소 홈페이지 '건강신문고' 또는 '식중독 신고'란을 통해 신고한다).
- **주의사항:** 함부로 지사제를 복용하지 말고 의사의 지시에 따르며, 원아는 구토물에 의해 기도가 막히지 않게 옆으로 눕히고, 탈수 예방을 위해 충분한 물을 섭취한다.
- **사후조치:** 보건소의 역학조사에 적극 협조하며, 조사 후 시설과 기구를 살균, 소독한다.

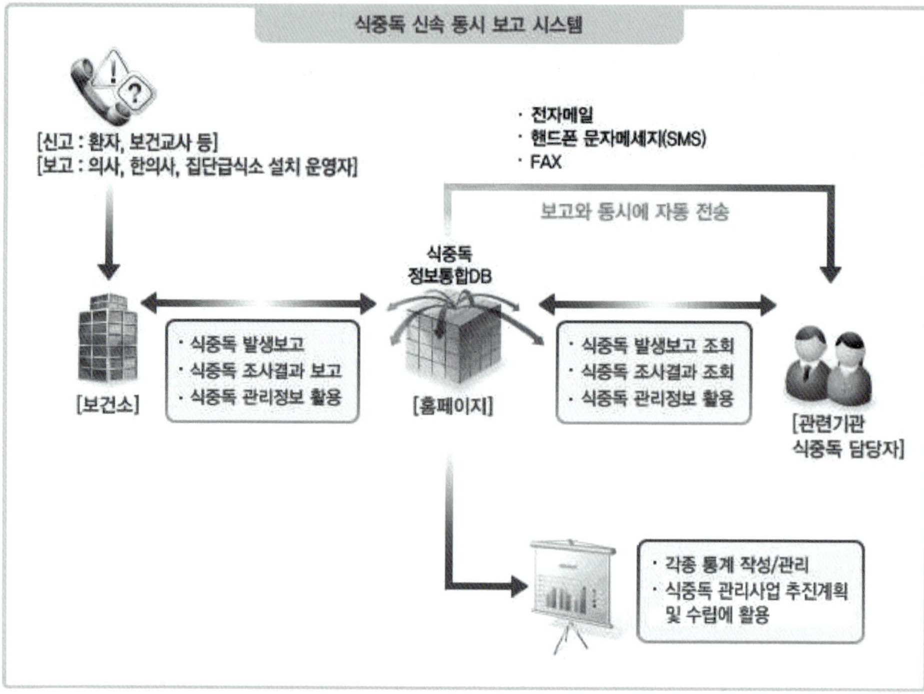

그림 4-4 식중독 신속 동시 보고 시스템

출처: 식품의약품안전청(2011). 식품안전관리지침.

③ 식중독 예방

식중독이 발생하면 원인물질을 분석하여 환자를 적절히 치료해야 함은 물론, 철저한 역학조사를 통해 그 발생경로를 밝혀내고 식품 위생을 비롯한 위생관리의 중점적 요소를 파악해야 한다.

식중독은 식중독균이 영양과 수분이 많은 음식물에 오염되어 시간이 경과함에 따라 증식되거나, 식중독균이 생성한 독소에 의해 일어난다. 식중독은 균이 오염되지 않도록 청결과 소독에 힘쓰고, 오염되었더라도 증식할 시간적 여유를 주지 않거나, 증식할 수 없는 냉장환경을 만들거나, 균을 사멸시킴으로써 방지할 수 있다.

식품의약품안전청에서 제시하는 식중독 예방 3대 원칙은 다음과 같다.

- 청결과 소독의 원칙

  식품위생에서 제일 중요한 것은 '청결과 소독'으로, 이는 단순히 깨끗함을 뜻하는 것이 아니라 청결한 재료, 청결한 조리장소, 청결한 기구, 식품취급자의 청결 등 광범위한 청결과 소독을 의미한다.

- 신속의 원칙

  식품을 취급할 때 아무리 세심한 주의를 기울이고 청결을 유지한다 해도 세균이 전혀 존재하지 않는 무균상태로 만들기는 불가능하므로, 식품에 부착된 세균이 증식하지 못하도록 신속하게 처리하는 것이 중요하다.

- 냉각 또는 가열의 원칙

  세균은 종류에 따라 증식의 최적온도가 서로 다르지만 식중독균과 부패균은 일반적으로 사람의 체온(36~37℃) 범위에서 증식이 활발하며, 5℃에서 60℃까지 광범위한 온도 범위에서 증식이 가능하므로 식품을 보관할 때에는 이 범위를 벗어난 온도에서 보관해야 한다.

  식중독 예방을 위한 일반적 위생수칙으로는 개인위생, 조리장, 물, 냉장/냉동, 원 재로, 주변 환경, 방충·방서 및 교육/훈련 등이 있다.

이 중에서 특히 매일 수시로 실천해야 되는 사항으로는 손 씻기, 개인 위생 관리, 깨끗한 물 사용, 조리실 내부의 청결, 의심스러운 식재료의 사용 금지 등이 있다.

2) 위생관리의 내용

급식을 실시할 때에는 영양적인 측면과 더불어 급식의 안전성에 주의를 기울여야 한다. 급식의 안전성을 높이기 위해서는 식품의 처리, 가공, 조리, 저장에서부터 음식의 운반, 배식에 이르기까지 일련의 과정들이 위생적으로 이루어져야 하며, 이 모든 과정이 일어나는 장소의 시설, 설비 및 기구들을 위생적으로 관리해야 한다. 영유아의 급식에서 다루어야 할 위생관리의 내용을 살펴보면 다음과 같다.

(1) 시설·설비 위생관리

① 조리실 관리

조리실은 급식을 위한 작업이 이루어지는 곳으로, 위생적인 급식작업을 위하여 갖추어야 할 조건은 다음과 같다.

- 조리실은 유아의 학습에 지장을 주지 않도록 교실과 멀거나 차단된 곳에서 설치하되, 식품의 운반과 배식이 편리한 곳이어야 한다.
- 조리실은 작업과정에서 교차오염이 발생하지 않도록 벽과 문을 설치하여 전처리실, 조리실 및 식기구세척실로 구획한다.
- 조리실의 내부 벽, 바닥 및 천장은 내화성, 내수성 및 내구성이 있는 재질로 하여, 청소와 소독이 쉽고 화재예방이 되도록 해야 한다.
- 출입구와 창문에는 해충 및 쥐의 침입을 막을 수 있는 방충망 등 적절한 설비를 갖추어야 한다.
- 조리실의 조명은 220럭스 이상이 되도록 한다.
- 조리실에는 필요한 위치에 손을 세척하거나 소독하는 시설을 설치하여 손에 의한 오염을 막아야 한다.
- 조리실에는 온도 및 습도 관리를 위하여 적정 용량의 급·배기 시설 또는 냉·난방 시설 등 적절한 시설을 갖추거나 적절한 조치를 취해야 한다.
- 조리실의 바닥은 내수처리가 되어 있어야 하고, 물이나 기름이 있는 경우 미끄러져 사고가 날 위험이 있으므로 안전을 위하여 가급적 미끄럽지 않은 재질이어야 한다.

② 설비·기구 관리

설비·기구란 급식준비를 위한 식재료와 보관, 세척 및 조리 시설뿐 아니라 식 기구와 이를 세척, 소독 및 보관하는 시설, 조리실 및 조리종사자의 소독시설과 폐기물에 대한 것 등을 포함한다. 식품접촉 표면을 통한 오염을 예방하려면 급식기구 및 용기의 세척·소독이 적절한 방법으로 이루어져야 한다. 설비·기구가 갖추어야 할 조건은 다음과 같다.

- 냉장실 또는 냉장고와 냉동고는 식재료의 보관, 냉동 식재료의 해동, 가열 조리된 식품의 냉각 등에 충분한 용량과 온도(냉장고 5℃ 이하, 냉동고 −18℃ 이하)를 유지해야 한다.
- 조리, 배식 등의 작업을 위생적으로 하기 위하여 식품 세척시설, 조리시설, 식기구 세척시설, 식기구 보관장, 덮개가 있는 폐기물 용기 등을 갖추어야 하며, 식품과 접촉하는 부분은 내수성 및 내부식성 재질로 씻기 쉽고 소독, 살균이 가능한 것이어야 한다.
- 식기구를 소독하기 위하여 전기살균소독기 또는 열탕소독시설을 갖추거나 충분히 세척, 소독할 수 있는 세정대를 설치하여야 한다.
- 냉장식품 검수 시와 가열조리식품의 중심온도를 잴 수 있는 전자식 탐침 온도계를 구비하여야 한다.
- 조리작업을 하는 곳에서 사용하는 쓰레기통은 뚜껑이 있는 페달식으로 하여 파리와 같은 해충의 접근을 막아야 한다.

Plus Tip **외부에서 조리된 음식을 급식하는 유치원의 관리**

외부에서 조리한 음식을 반입하여 유아에게 급식을 제공하는 유치원의 경우에는 위탁업체의 영업 신고 여부는 필수적으로 확인해야 하며, 균형 잡힌 식단 제공 여부와 조리 및 배송의 위생적 관리시설 및 체계유무 등을 수시로 확인하도록 한다.

- 위탁업체가 합법적인 영업 신고필증 지참
- 영양적으로 균형 잡힌 식단을 제공하는지 확인
- 신선하고 질 좋은 식재료를 사용하는지 확인
- 조리 시 위생 전반에 관한 기준을 준수하는지 확인
- 조리교직원이 개인위생을 지키며 위생교육을 받는지 확인
- 칼, 도마, 행주 등 조리기구의 세척 및 소독 여부를 확인
- 조리 음식의 배송시 포장의 청결, 배달차의 온도 관리 등을 확인
- 조리장에서 유치원까지의 거리와 배송에 소요되는 시간을 파악하고, 조리된 음식은 운반시간을 포함하여 2시간 이내에 배식이 완료되도록 확인

출처: 교육부육아정책연구소(2012).

③ 식품보관실

식품보관실은 환기와 방습이 잘되어 식품과 식품재료를 위생적으로 보관하는 데 적합한 곳에 두되, 해충 및 쥐의 침입을 막을 수 있는 방충망 등 적절한 설비를 갖추어야 한다. 식품과 소모품은 별도로 구분된 장소에 보관하여야 하지만, 부득이하여 함께 보관할 경우 서로 섞이지 않도록 분리하여 보관해야 한다. 또 환기시설이나 환기창 등 통풍을 위한 적절한 시설이나 조치를 취해야 한다.

(2) 식재료 위생관리

식재료의 신선도와 질은 급식의 질과 위생 및 안전성 확보와 직결되므로 식재료 구입 시에는 규격기준을 분명하게 제시하고 이에 따라 검수를 철저히 해야 한다. 검수절차에서 식재료명, 품질, 온도, 이물질 혼입, 포장상태, 유통기한, 수량 및 원 산지 표시 등을 확인·기록한다.

검수가 끝난 식재료는 곧바로 다듬고 씻고 용도에 맞게 절단하는 전처리과정을 거치도록 하되, 온도관리를 요하는 것은 전처리를 하기 전까지 냉장·냉동 보관한다. 특히 곡류, 식용유, 통조림 등 상온에서 보관 가능한 것을 제외한 육류, 어패류, 야채류 등의 신선식품은 당일 구입하여 당일 사용하는 것을 원칙으로 한다.

(3) 개인위생관리

개인위생관리는 식품을 안전하게 조리하는 기초 요소로서, 조리담당자는 직접 음식을 취급하고 조리하기 때문에 기본적인 위생관리방법을 숙지하고 위생관념을 익혀 실천해야 한다.

우선 조리종사자의 건강상태를 확인해야 한다. 조리종사자는 '식품위생법'에 의거해서 채용 시 건강진단을 통하여 건강상태를 확인한다. 그 외에도 6개월에 1회 정기 건강진단을 실시하며, 전염병 유행 시 또는 필요 시에는 임시 건강진단을 받도록 하여 건강의 이상 여부를 확인해야 한다.

조리종사자는 두발을 청결히 하고, 머리카락이 노출되지 않도록 위생모를 착용한다. 위생복은 청결한 것을 착용해야 하고, 위생복의 청결상태를 정기적으로 확인한다. 조리실 내에서는 전용 위생화만을 착용해야 하며, 음식을 담은 작업을 할 때에는 마스크를 착용한다.

조리종사자는 진한 화장을 피해야 한다. 일부 식품은 주변의 냄새를 쉽게 흡수하기 때문에 진한 향을 풍기는 화장품이나 향수는 음식에 영향을 준다. 조리종사자는 손톱을 짧게 자르고 청결하게 해야 하며, 매니큐어를 칠해서는 안 되고, 근무 시에는 반지, 팔찌 등의 악세사리 착용을 금해야 한다.

Plus Tip **조리교직원 손에 상처가 생겼을 때 대처법**

손에 상처가 생기게 되면, 상처의 황색포도상구균을 통해서 식중독이 발생할 수 있다. 따라서 손에 상처가 있는 조리교직원은 아래 조치사항대로 대처한 후 가급적 식품을 취급하지 않는 업무에 투입되도록 한다.

상처가 있는 조리교직원 ⇨ 책임자에게 보고, 상처치료, 상처부위 보호 ⇨ 책임자 지시에 따름 (식품 취급에서 제외)

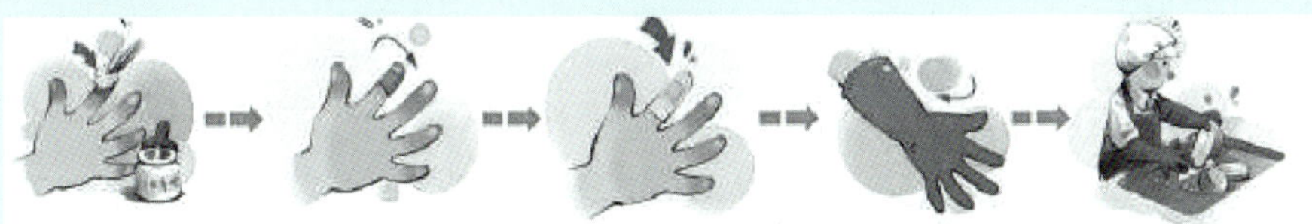

1. 치료하기 2. 밴드로 감기 3. 고무골무 등 착용 4. 고무장갑 착용 5. 식품취급 제외

Plus Tip **조리 업무에 종사할 수 없는 사람(식품위생법 제2조 제4항)**

- 소화기계 전염병환자 및 보균자
- 결핵환자(비전염성인 경우 제외)
- 피부병 및 화농성 질환자

출처: 교육부육아정책연구소(2012).

(4) 작업 및 환경 위생관리

급식준비 시의 작업이란 필요한 식재료의 구입 및 검수, 전처리 소독, 조리, 배식, 세정, 정리정돈 등 다양한 내용을 포함한다. 작업의 과정은 수작업에 의해 이루어지며, 이 과정에서 발생할 수 있는 부주의에 의한 교차오염이 식중독 발생의 주요 원인이 될 수 있다.

교차오염이란 식재료, 기구, 용수 등에 오염되어 있던 미생물이 오염되지 않은 식재료, 기구, 종사자와의 접촉 또는 작업과정에 혼입됨으로써 식품을 오염시키는 것을 말한다. 식재료를 다듬고, 씻고, 자르는 전처리 단계에서는 교차오염이 일어나기 쉬우므로 특히 유의해야 한다.

전처리 단계와 식품의 세척 소독 단계를 거쳐 조리된 음식을 안전하게 영유아에게 배식하기 위해서는 운반기구 및 배식기구 등을 청결히 관리해야 한다. 조리와 배식 간의 시간을 최소화하여 적온급식이 이루어지도록 해야 한다.

또한 조리된 음식의 맛, 질감, 조리상태 등을 조사, 기록하여 향후 식단개선의 자료로 활용하기 위해 검식을 해야 하며, 만일의 위생사고 발생 시 그 원인이 명확히 규명될 수 있도록 보존식을 보관하고 관리한다.

조리실의 모든 시설 및 설비는 깨끗하게 청소한 후 소독해야 하고, 위생해충이 서식 또는 출입하지 못하도록 관리해야 한다.

(5) 위생점검

유아교육기관에서 실시하고 있는 급식을 위생적으로 관리하여 식중독 등의 위생 사고를 미연에 방지하기 위해서는 위생지도의 점검을 강화할 필요가 있다. 각 시·군·구청에서는 집단급식소와 위탁급식소를 대상으로 연 2회(학기별 1회)의 정기 점검을 실시하여 급식에 대한 위생지도를 하고 있다. 더불어 급식을 실시하고 있는 유아교육기관에서도 자체적으로 날마다 1일 위생안전 점검표의 내용을 매일 점검하여 영유아 급식의 위생관리에 만전을 기해야 한다.

항목	그렇다	아니다	비고
〈개인위생〉			
1. 주방전용 위생복장(위생복, 모자, 신발)을 청결하게 착용하였는가?			
2. 조리종사자의 건강상태 확인 후 적절한 조치가 되었는가?			
3. 6개월에 1회 건강진단을 실시하고 그 기록을 2년간 보관하는가?			
4. 액세서리 착용이나 매니큐어를 사용하지 않았는가?			
5. 올바른 손 씻기 및 소독으로 손에 의한 오염이 일어나지 않도록 관리하는가?			
〈식재료 공급〉			
6. 어린이 급식소의 식재료의 품질관리기준에 적합한 식품을 구입 또는 납품받는가?			
7. 식재료 검수 시 품질과 온도, 제조일 또는 유통기한 등을 확인하고 기록하는가?			
〈식품 저장〉			
8. 냉장·냉동고 내부의 청소 및 관리가 제대로 되어 있는가(생식품과 조리식품의 분리냉장 등)?			
9. 냉장·냉동고의 적정온도를 확인하는가(냉장: 5℃ 이하, 냉동: −18℃ 이하)?			
10. 조리, 가공된 식품의 제조일자 표시와 유통기한 관리(조리 된 식품의 냉장 보관 시 조리일자 표시 포함)를 제대로 하고 있는가?			
11. 유통기한이 경과된 원료 또는 완제품을 조리할 목적으로 보관하거나 이를 음식물의 조리에 사용하지는 않았는가?			
12. 식품보관실 내 물품을 바닥에서 30cm 이상 띄워서 보관하는가?			
13. 식품과 소모품은 별도로 구분된 장소에서 보관하거나 서로 혼입되지 않도록 분리하여 보관하는가?			
〈식품 취급〉			
14. 조리된 식품을 맨손으로 취급하지 않는가?			
15. 식품취급 등의 작업은 바닥으로부터 60㎝ 이상의 높이에서 실시하여 오염을 방지하는가?			
16. 식품을 충분히 가열조리(74℃ 이상)하는가?			
17. 채소와 과일을 깨끗이 세척하고 소독하는가?			
18. 원료나 조리과정에서 교차오염을 방지하기 위하여 칼과 도마, 고무장갑 등 조리기구 및 용기를 구분하여 사용하는가?			

〈배식〉			
19. 배식 시 음식의 적온(찬 음식 10℃ 이하, 더운 음식 7℃ 이상)이 유지되도록 관리되는가?			
20. 배식 시 위생장갑을 사용하며 위생적인 배식도구를 이용하는가?			
21. 조리한 식품은 매회 1인분 분량을 -18℃ 이하에서 144시간 이상 보관(보존식)하는가?			
22. 세정대·조리대·작업대·배수구 등을 청결하게 관리하는가?			
23. 칼, 도마, 행주를 위생적으로 관리·소독하는가?			
〈쓰레기 처리〉			
24. 쓰레기통은 뚜껑이 있는 페달식이며 청결하게 관리하는가?			
〈방충 구서 대책〉			
25. 벌레나 쥐 등의 침입을 방지하도록 적절한 조치 및 관리가 이루어지는가?			
26. 전염병예방법 시행령 제11조2에 따라 급식시설에 대하여 소독을 실시하고 소독필증을 비치하는가?			
〈시설·설비·기구 관리〉			
27. 사용이 끝난 후에 기구를 세척·소독하는가?			
28. 손세척 시설이나 손소독 시설이 구비되어 있는가(100인 이상인 경우에는 손세척 시설과 손소독 시설이 모두 구비되어야 함)?			
29. 조리실의 조명은 220룩스(lux) 이상인가?			
30. 조리실은 벽과 문을 이용하여 전처리실 및 세척실과 구분되어 있는가? 그렇지 않을 경우 교차오염을 방지할 수 있는 적절한 조치를 하였는가?			
31. 조리실 내의 증기, 이취 등을 신속히 배출할 수 있도록 환기시설을 설치하였는가?			
32. 시설·설비, 바닥, 벽, 천정 등 파손된 곳은 없는가?			
33. 조리실은 온도 및 습도관리를 위하여 급배기 또는 냉·난 방시설 등 적절한 시설을 설치하였는가?			
34. 조리작업을 하는 주위의 벽과 바닥, 천장은 내수·내구성 있는 재질로 설비되었으며 청소와 소독이 용이한가?			
35. 식품과 직접 접촉하는 부분은 위생적인 내수성 재질(스테인리스·알루미늄·에프알피(FRP, 테플론 등)로서 씻기 쉽고 열탕·증기·살균제 등으로 소독·살균이 가능한가?			
〈기타 준수사항〉			
36. 조리하는 사람이 아닌 외부인의 출입이 통제되는가?			

37. 급식용수로 수돗물이 아닌 지하수를 사용하는 경우 소독 또는 살균하여 사용하는가?			
38. 출입·검사 등 기록부를 최종기재일로부터 2년간 보관하고 있는가?			
39. 집단급식소의 설치·운영자 또는 그 집단급식소의 식품위생관리 책임자는 위생교육을 받았는가?			
40. 영양사, 조리사를 두고 급식관리를 하고 있는가?			

점검 일자	년 월 일 요일 (시 분 ~ 시 분)	점검자	

출처: 식품의약품안전청(2011). 어린이급식관리지원센터 세부 운영 가이드라인 II

본 자료는 어린이급식관리지원센터에서 유치원 급식 위생지도 업무 수행 시 적용하는 점검표이며, 한국 식품의약품안전청에서 제시한 기본 업무 관련 서식에 제시된 점검표이다.

Chapter 05 영유아 질병관리

영유아기는 인생에서 가장 급격한 성장과 발달이 일어나는 시기로, 이 시기의 건강은 이후의 건강에 중요한 영향을 미치며 일생의 건강을 좌우한다. 영유아기는 면역계의 발달이 미숙하여 감염성 질환에 취약할 뿐만 아니라, 다수 영유아의 운집으로 인한 감염 기회의 증가가 전염성 질환의 만연을 일으킬 수 있다.

유아교육기관의 영아는 그렇지 않은 영아에 비해 A형 간염의 전염률이 높고, 유아는 상기도 감염이나 위장 질환 및 거대 세포바이러스 감염을 자주 일으키며, 수두, 홍역 및 전염성 피부질환에 대한 노출 기회도 높아 유아교육기관 시설의 건강관리는 가정에 비해 더 엄격하게 이루어져야 한다.

유아교육기관은 영유아들 간의 전염성 질환의 전파가 쉬운 장소이고, 우리나라 유아교육기관 내에는 상근 전문직 간호사와 같은 의료인이 고정되어 있지 못한 현실이므로 교사들의 영유아 질환에 대한 지식과 실천은 전염성 질환의 전파 예방을 위해 매우 중요한 요소라 할 수 있다.

그러나 대부분의 유아교육기관 교사는 전염성 질환에 대한 교육을 받은 경험이 없으며, 교사들이 교과과정에서 영유아 건강관리에 대한 교과목을 이수할 기회가 충분하지 않고, 근무로 인해 교육에 참여할 수 없는 경우가 많다. 실제로 전염성 질환을 가진 아이가 발생했을 때 단순 귀가 조치를 하거나 다른 교사와 상담하는 경우가 대부분이다. 전염성 질환 아동이 발생했을 때는 귀가 조치를 하더라도 환아의 형제, 자매가 있는 경우 그들이 전염성 질환에 노출될 위험에 있고, 전염성 질환 잠복기간 동안 이들과 공동생활을 하며, 노출된 다른 유아들의 전파 위험에 대한 적절한 대처가 이루어져야 하므로, 전염성 질환 관리 지침에 대한 지식과 의료인 상담가가 갖추어져 있는 것은 매우 중요하다고 하겠다.

01 전염성 질병

전염성 질병이란 특정 세균(바이러스, 세균, 곰팡이, 기생충 등)의 감염에 의해 유발된 질환을 말하며, 병원체가 인체에 침입했을 때 인체에 나타나는 반응이다. 전염성 질환은 전염고리(chain of infection)라고 불리는 6가지 요인이 연속적으로 이어질 때 발생한다. 6가지의 전염고리 중 하나라도 제거되면, 전염성 질환은 발생하지 않는다. 따라서 이들 요인을 관리함으로써 전염성 질환을 예방할 수 있다.

영유아는 면역체계가 미성숙하여 성인에 비해 전염성 질환이 발생하기 쉽다. 영유아는 성장함에 따라 활동반경이 넓어지면서 질병을 일으킬 요인에 접할 수 있는, 기회가 많아지므로 전염성 질환의 위험도 증가하게 된다. 특히 유아교육기관에서는 병원균의 전파가 용이하여 감염의 위험이 높다.

바이러스 감염에 의해 발생하는 바이러스 질환은 광범위하게 전 연령층에 발생하나, 영유아 및 소아에게 흔히 발생한다. 바이러스 질환의 종류에는 감기, 구토, 설사 및 발진을 동반하는 발열 등 심하지 않은 질환이 대부분이며, 광범위한 백신 접종으로 현재는 흔히 보지 못하고 있는 홍역, HIV/AIDS, 여러 종류의 출혈열 등과 같은 심한 질환도 있다.

1) 홍역

홍역은 온대 지방에서 늦겨울 및 봄에 가장 많이 발생하며, 전염력이 강하여 감수성이 있는 사람이 노출되면 90% 이상에서 감염되며, 불현성 감염은 거의 없다. 전염력은 증상 발생 1~2일 전(발진 발생 3~5일 전)부터 발진이 출현하여 나흘 정도 지속되며, 전구기에 가장 강하다. 홍역 발생을 감소시키기 위해 약 40여 년 전부터 홍역 백신이 도입되었으며, 여러 차례에 걸쳐 스케줄의 수정·보완이 이루어져 왔다. 바이러스 감염에 의해 일어나는 병으로, 면역이 없어지는 5개월부터 초등학교 입학 무렵까지가 가장 많다.

위턱 안쪽 점막에 코브릭반이라는 희고 작은 반점이 몇 개 또는 몇백 개 생기는데, 이것이 생기면 아직 발진이 없어도 홍역이라고 진단할 수 있다. 귀 뒤나 머리털이 난 언저리를 시작으로 얼굴, 목, 몸, 사지 등 온몸에 붉은 발진이 생기며 급속히 기운이 없어진다. 눈이나 입 속의 점막 등에도 염증을 일으키므로 매우 괴롭다.

그러므로 빨리 진찰을 받는 것이 좋고, 전염이 쉬우므로 걸리지 않은 아이와는 놀게 하지 않아야 한다. 몸을 식히고 수분을 충분히 공급해주며, 식욕이 떨어지므로 소화가 잘되고 목으로 넘기기 쉬운 음식을 주는 것이 좋고, 예방 접종을 받아두도록 한다.

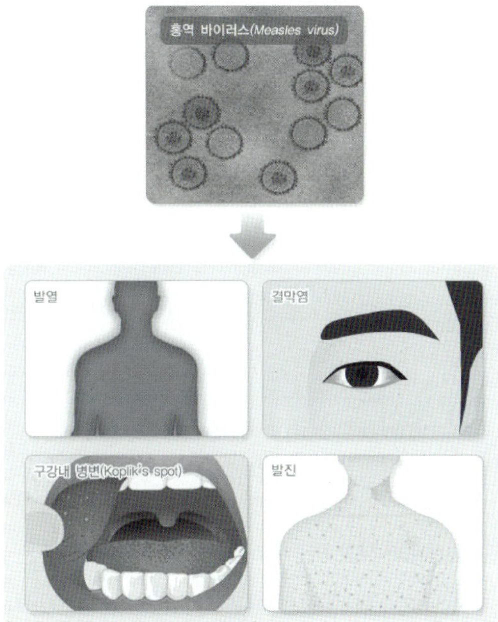

홍역

출처: 국가건강정보포털 의학정보

2) 유행성 이하선염

유행성 이하선염은 양쪽 또는 한쪽 이하선 종창이 특징이며, 흔히 무균성 수막염 및 감각신경난청이 합병되고, 청소년 및 성인에서는 고환염이 흔히 발생하는 질환으로, 전염력은 강하나 인플루엔자나 풍진과 비슷하고, 홍역이나 수두보다는 약하다.

우리나라에서는 연중 보고되고 있으며, 5~6월과 12월을 전후하여 약간 더 많이 발생한다. 유행성 이하선염은 홍역과 풍진 같이 혼합백신으로 접종되고 있어 홍역으로 인해 유행성 이하선염 재접종이 이루어지고 있다.

감염 경로는 비말흡입, 구강분비물, 소변이며 예방접종 시기는 MMR, 12~15개월에 1차, 4~6세 추가접종이 필요하다. 귀밑이 붓기 시작한 후 9일까지 격리(종창 6일 전~9일 후까지)하여 대처해야 한다. 가려움증에 미리 대비가 필요하고, 온랭 습포, 해열간호, 유동성 액체 섭취를 해야 하며 예방을 위해 손 씻기와 위생 습관화가 요구된다.

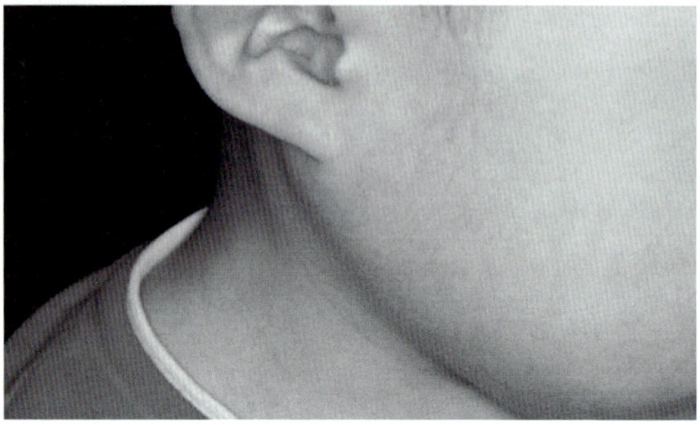

유행성 이하선염

출처: 서울대학교병원 의학정보.

3) 풍진

풍진은 홍역의 변형, 성홍열 또는 제 3병으로 여겨졌으나, 1814년에 단일 질병으로 기술되기 시작했으며, 1938년에 바이러스가 원인이라는 가설이 세워지기 시작했다.

1940년경 풍진이 광범위하게 유행했고, 임신 초기에 풍진에 걸린 모체에서 태어난 아기에게서 선천 백내장이 확인되면서 선천 풍진증후군이 인지되기 시작했다. 다른 감염병과는 달리 우리나라에서 풍진은 2000년에 들어서야 법정전염병으로 지정받게 되었다.

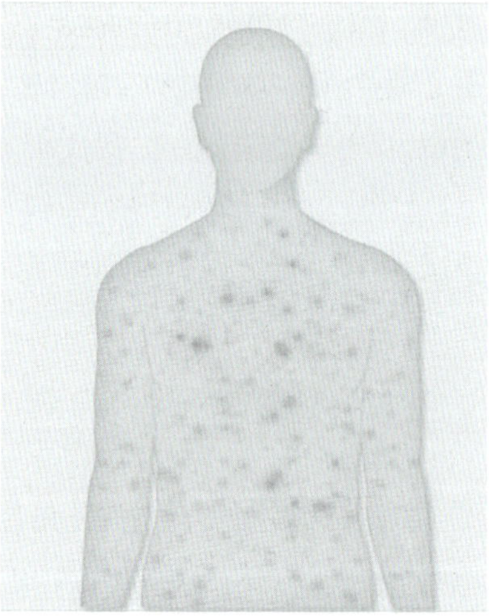

풍진

출처: 국가건강정보포털 의학정보.

증상은 발열, 귀 뒤 임파절 종창, 얼굴에서 시작하여 몸통, 팔, 다리로 퍼지는 반점 등이 나타난다. 예방접종 시기는 MMR, 12~15개월에 1차, 4~6세에 추가접종이다. 임신 초기 3개월 내에 풍진 감염 시 태아에게 이상 유발(심장질환, 시각장애, 청각장애, 정신지체, 유산, 사산 위험)할 수 있다.

풍진 발병 시 반점 시작 후 6일까지 격리해야 하며, 발견 즉시 관할 보건소에 보고하고 접촉 가능한 대상자의 풍진 백신주사 기록을 확인하고, 백신주사하지 않은 12개월 미만의 아이는 주의하여 격리해야 한다.

4) 수두

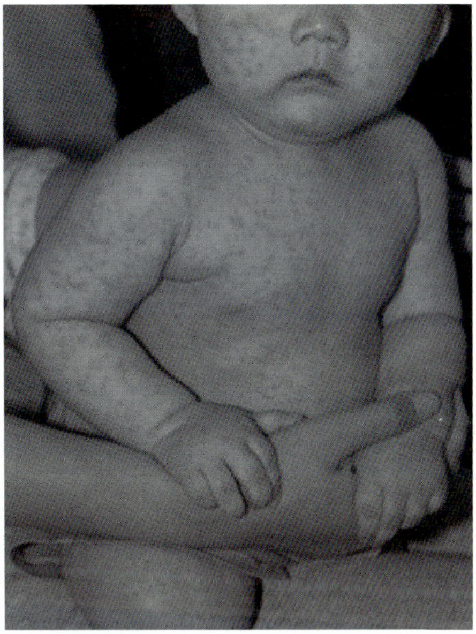

수두

출처: 서울대학교병원 의학정보.

임상 증상이 비교적 경미하지만 전염성이 높아, 누구나 한 번씩 앓고 지나가는 감염 질환으로 인식되었던 수두는, 백신이 개발되어 백신 예방 가능 질환의 하나가 되었다. 한국에서도 실제 의료진들이 수두 환자를 많이 경험해왔으나, 수두 발생에 관한 조사 보고는 1980년대 말 수두 백신 도입 이후에야 이루어지기 시작했다. 증상은 작고 붉은 반점이 나서 아프며, 수포가 나타나고, 머리에서 시작하여 몸통, 등으로 번지거나 가슴, 배에서 시작하여 얼굴과 사지로 번지게 된다. 감염 경로는 비말 흡입, 피부 분비물에 의한 전파이며, 전염성이 매우 강해 70~80%에서 감염(대화만 해도 비말로 인해 90%는 감염)된다.

예방접종 시기는 생후 12개월이며, 감염되었을 경우 반점이 생긴 후 6일까지 또는 모든 수두 반점에 딱지가 생길 때까지 격리해야 한다. 차가운 물로 찜질하고, 손톱은 짧게 잘라 긁지 못하게 하며, 옷은 얇게 입혀 시원하게 해준다.

임부에게 감염 시 사산 혹은 기형아 출산 가능성이 있으므로 조심해야 한다. 또한 수두균은 감염 후 신경절에 잠복했다가 대상포진으로 재발하기도 한다. 수두 예방접종 후에는 가볍게 지나가기도 한다. 한 번 걸린 후에는 평생 면역이 된다.

5) Rotavirus 및 기타 바이러스 장염

주요 증상은 설사이며, 5세 미만 유아에게서 중복 감염이 나타나고, 주로 겨울에서 봄철까지 많이 나타난다. 감염 경로는 구강분비물과 분변에 의해 일어난다. 설사를 일으키는 원인에는 세균 및 기생충 등 다양하며, 바이러스에는 로타바이러스, 아스트로바이러스, 장아데노바이러스 및 칼리시바이러스 등이 있다.

로타바이러스는 전 세계 영유아에서 발생하는 심한 위장염의 가장 흔한 원인으로, 그 발생률은 선진국과 후진국과의 차이가 거의 없으며, 미국에서도 95%의 어린이들이 5세가 될 때까지 적어도 한 번은 로타바이러스 장염에 감염되는 것으로 보고되고 있다.

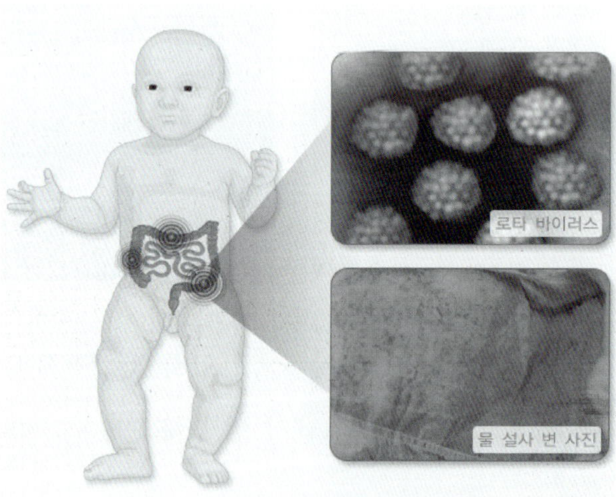

로타 바이러스

출처: 보건복지부.

6) 인플루엔자 바이러스

전염 시 급격한 열과 전신의 통증이 있으며, 인후통과 허탈상태가 따르는 급성 전염성 질환으로, 24~72시간 잠복했다가 급격히 발병한다.

주요 증상은 발열과 오한, 두통, 요통, 하지 근육통, 식욕부진, 불안감이 있으며 합병증으로 폐렴, 중이염, 임파선염이 생길 수 있다.

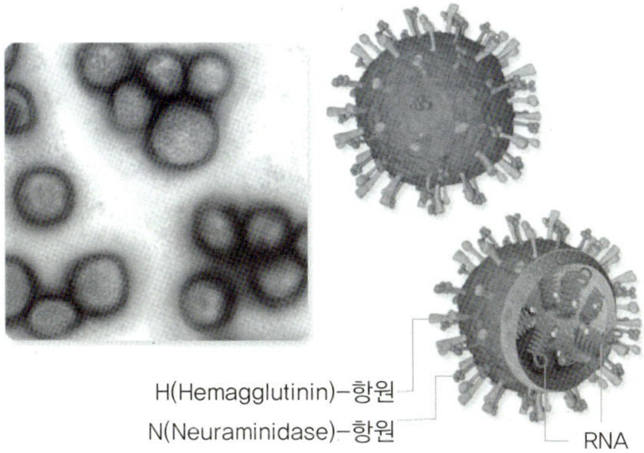

인플루엔자

출처: 보건복지부.

예방을 위해서는 환자를 격리하고, 예방접종을 해야 한다. 아마도 2000년 이상 존재해온 것으로 여겨지고 있는 인플루엔자 바이러스는 인체 호흡기 바이러스로 처음 분리되었으며, 생물학적·역학적 그리고 임상 차원에서 가장 광범위하게 규명되고 있지만, 아직도 인류에게 큰 피해를 끼치고 있는 바이러스이다.

인플루엔자 바이러스에 의한 감기는 영유아기 전 시기에 항상 불시에 찾아오는 질병이다. 코와 목에 염증이 생기는 급성 비인두염인 감기는 면역이 없어지는 5~6개월경부터 걸리기 쉽다. 수개월 동안 걸리는 일도 있으므로 요주의가 필요하다. 약이 없기 때문에 해열제를 먹이면서 외출, 목욕을 피하고 조용히 보내도록 한다. 어른이 감기에 걸렸을 때는 옮기지 않도록 주의한다.

7) 수족구병

'콕사키'라는 바이러스가 유발하고 손과 발, 입안에 물집이 생기며 그 외의 주요 증상은 발열, 목의 통증, 위통, 설사, 손바닥의 작은 물집성 발진, 발과 구강의 염증 등이 있다. 주로 6개월~4세에 많이 나타나며, 드물게 어른도 감염될 수 있다.

증후가 있기 전에 전염되기 때문에 격리가 필요 없으나 보건소에 통보할 필요가 있고 감염경로는 대변에 의해 입으로 전달된다. 예방을 위해 엄격한 손 씻기와 개인위생이 필요하다. 수포가 있는 아이는 격리할 필요가 있고, 입안의 염증으로 인해 음식섭취 시 통증에 대한 대처가 요구된다.

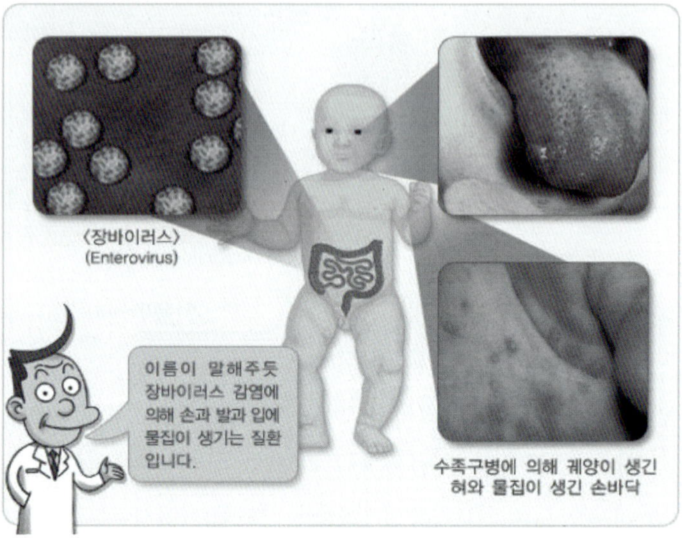

수족구병

출처: 보건복지부.

8) 중이염

세균이 코 안쪽에 있는 이관을 통해 중이에 들어가 염증을 일으켜 발생하는데, 6개월부터 많아지며 반복하기 쉽다. 통증으로 귀에 손을 대며 울거나 밤중에 얼굴을 옆으로 향하고는 심하게 울기도 한다.

열이나 귀 고름이 나오는 일도 있다. 또 울음을 그치지 않을 때는 귀를 만져 보고 귀 고름이 나오기 전에 검사를 받고 항생물질로 치료한다. 감기에 합병하여 일어나기 쉬우므로 주의하는 것이 좋다.

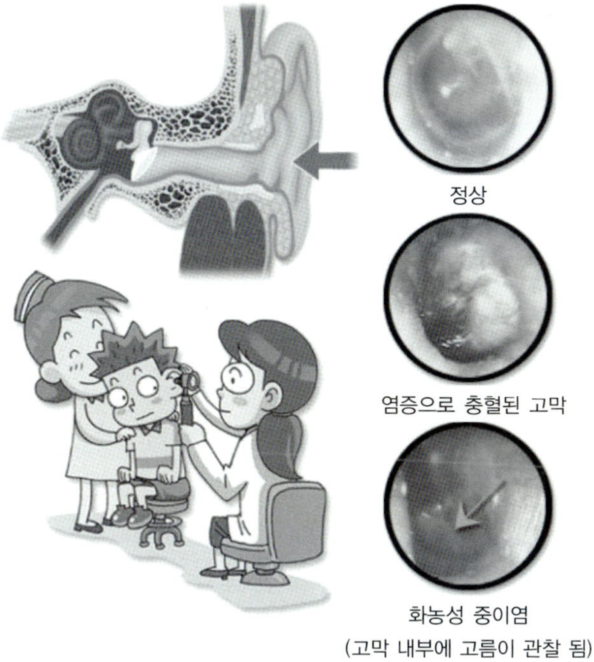

중이염

출처: 보건복지부.

9) 뇌염

세균 바이러스, 기생충, 백신, 약물, 중금속 등 어떤 물질에 의해 뇌에 염증이 일어난 경우이다. 특히 일본뇌염일 경우 일본뇌염 바이러스를 보균한 모기가 사람을 물어 그 바이러스가 뇌에 염증을 일으켜 발병한다. 개인에 따라 머리가 조금 아프거나 미열이 나는 등의 증상을 보이다가 저절로 완쾌되는 경우도 있다. 그러나 38.3℃ 이상의 고열과 함께 목이 아프고, 소화장애, 구토, 목이 뻣뻣해지는 증상 등을 보이면 곧바로 응급실로 데려가야 한다. 뇌염은 회복되는 경우도 있으나 사망할 수도 있고, 회복한다 하더라도 뇌기능의 장애를 유발할 수도 있는 무서운 질병이다. 다행히 일본뇌염 백신으로 예방이 가능하다. 여름과 초가을에 모기가 가장 왕성하게 활동하는 오후 6시 이후에 바깥에서 놀지 못하게 하거나, 모기의 서식처를 없애는 등 유아가 모기에게 물리지 않게 하는 것, 깨끗한 환경을 유지하는 것, 뇌염 예방주사를 맞히는 것 등으로 예방할 수 있다.

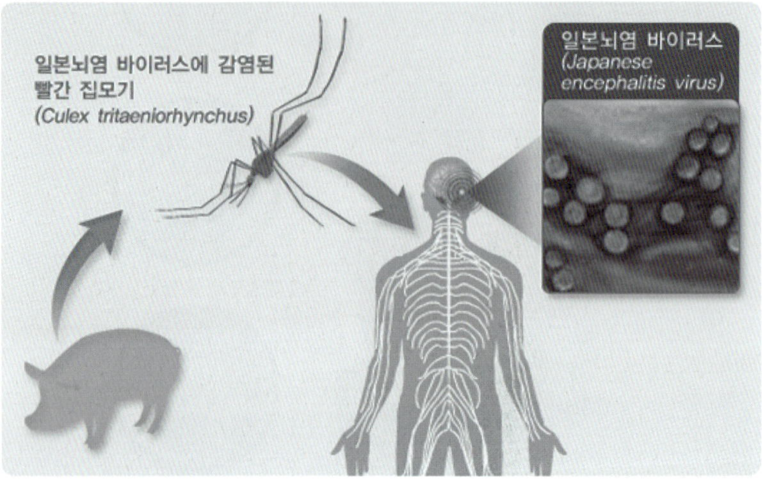

뇌염

출처: 보건복지부.

10) 결핵

결핵은 결핵균에 의한 감염질환으로 폐를 침범하며 뼈나 관절, 뇌 등의 신체의 다른 부위에도 영향을 주는 질환이다. 주로 결핵 환자의 기침이나 재채기를 통해 호흡기 분비물에 있는 결핵균이 사람에서 사람으로 전파된다.

결핵의 증상은 전신적으로 기운이 없고, 체중 감소, 열, 밤에 땀이 나는 증상이 있을 수 있다. 폐결핵의 경우에는 지속적인 기침, 가래에 피가 섞이는 객혈과 가슴에 통증 증상이 있고 영아의 경우에는 가래가 없는 기침, 약간의 호흡곤란 및 미열 등이 가장 흔한 증상이다.

결핵의 치료는 여러 가지 항결핵제를 복용하는 내과적 치료가 기본이나, 필요에 따라 수술과 같은 외과적 치료를 병행할 수 있다. 결핵이 발병한 사람은 의사의 지시에 따라 치료효과와 부작용에 대한 검사를 정기적으로 받고, 처방된 약을 꾸준히 적어도 1년~1년 6개월 이상 복용해야 내성균 발현을 막고 결핵을 완치할 수 있다.

결핵은 BCG 예방접종을 통해 예방할 수 있다. 모든 영유아가 접종 대상이며, 생후 4주 이내에 접종한다.

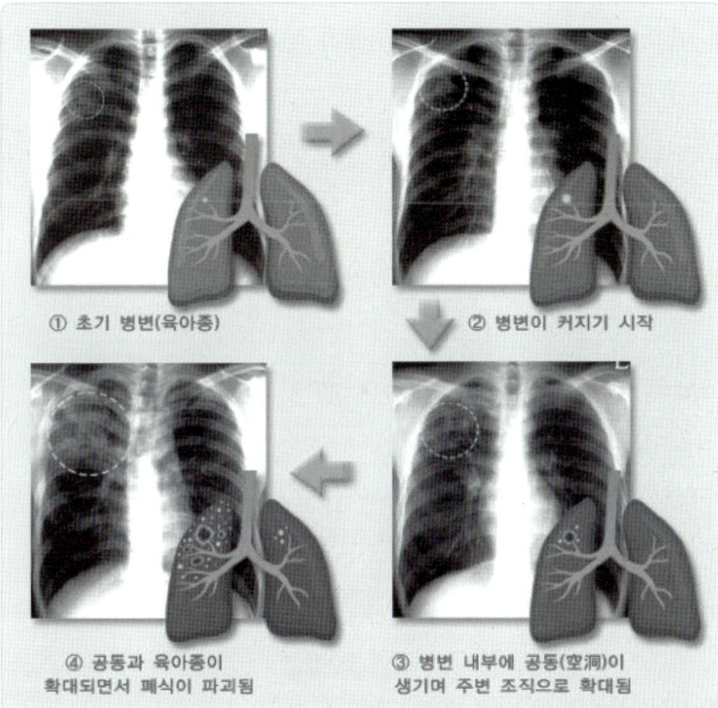

결핵

출처: 보건복지부.

11) B형 간염

B형 간염은 바이러스에 감염되어 간의 염증이 발생하는 질환으로, 급성 B형간염과 만성 B형 간염이 있다. B형 간염 바이러스에 감염되면 만성 보유자가 되기 쉽고, 나중에 일부에서 간경화나 간암과 같은 심각한 간질환으로 진행될 가능성이 높기 때문에 매우 중요한 감염 질환이다.

B형 간염은 감염된 사람의 혈액이나 체액을 통해 전파된다. 수혈할 때 직접적으로 감염되기도 하고, 오염된 주사기 사용, B형 간염 산모로부터 신생아에게 감염, 성적 접촉, 비위생적인 날카로운 기구에 의한 시술에서도 감염될 수 있다.

일반적인 증상으로는 피로하고 열이 나며, 근육과 관절에 통증이 있고, 식욕이 없으며, 메스꺼움 및 구토, 황달, 헛배가 부르고 오른쪽 윗배가 불편한 증상이 있을 수 있다.

B형 간염은 예방접종으로 예방할 수 있으므로 모든 영유아에게 생후, 1, 6개월에 3회 기초 접종한다.

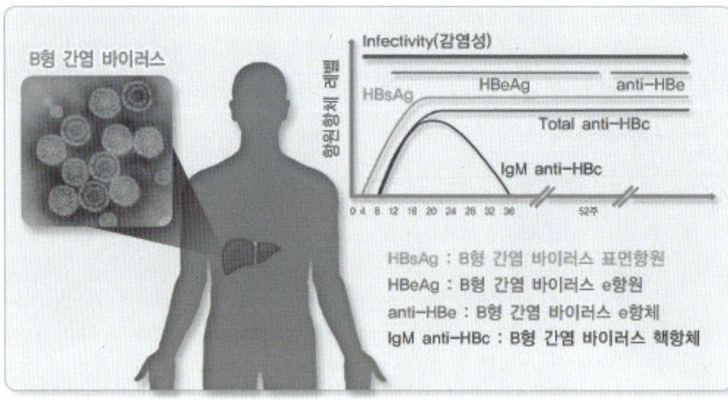

B형 간염

출처: 네이버블로그.

12) 디프테리아, 백일해, 파상풍

디프테리아, 백일해, 파상풍은 DTaP 예방접종을 통해 예방할 수 있다. 모든 영유아를 대상으로 생후 2, 4, 6개월에 3회 기초접종을 하고, 생후 15~18개월과 만 4~6세 때 각각 1회 추가접종을 한다.

- **디프테리아** : 디프테리아는 디프테리아균에 의해서 발생하는 급성, 호흡기 전염병이며, 신체 접촉이나 호흡기를 통해 사람에서 사람으로 전파된다. 증상은 목 안의 통증으로 음식을 삼킬 때 통증을 느끼고, 식욕

이 없고, 약간의 열이 난다.

- **백일해** : 백일해균에 의한 호흡기 감염 질환으로 여름과 가을에 많으며, 전염성이 매우 높다. 기침이나 재채기에 의한 호흡기 전파가 주된 경로로 사람에서 사람으로 전파된다. 초기에는 콧물, 재채기, 미열, 기침 등의 감기와 비슷한 증상이 발생하며, 기침이 점차적으로 심해져 2~3주간 더 지속되다가 점진적으로 회복기로 접어들게 된다.
- **파상풍** : 파상풍은 파상풍균이 생산하는 독소에 의해 전신의 근육이 뻣뻣하게 되어 움직이지 못하고 호흡을 못하게 되는 사망률이 높은 질병이다. 파상풍균은 흙이나 녹슨 쇠에 의해 오염된 상처를 통해 전파된다.

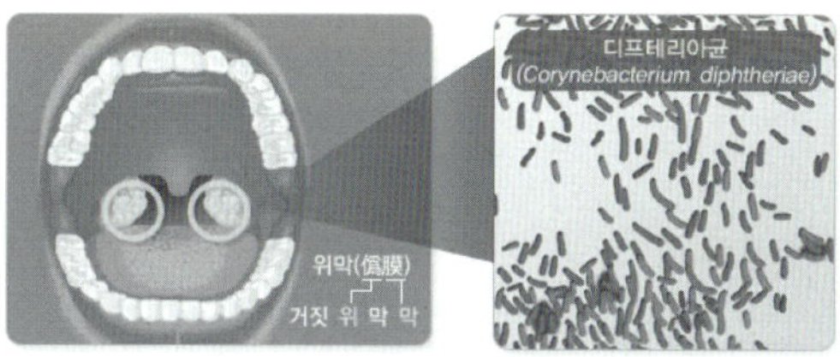

디프테리아

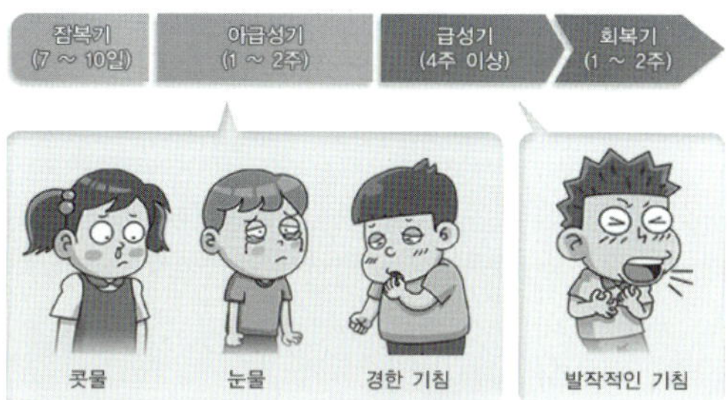

백일해

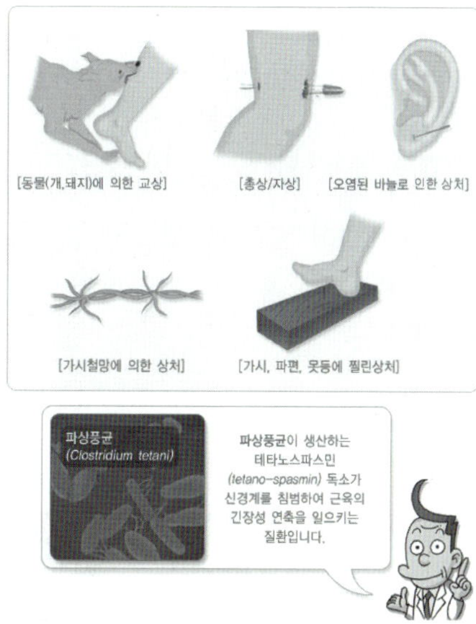

파상풍

출처: 보건복지부.

13) 폴리오

폴리오는 소아에게 다리 마비를 일으키는 질병으로 흔히 소아마비로 알려져 있다. 사람에서 사람으로의 직접감염이 대부분이며, 모든 영유아를 대상으로 생후 2, 4, 6개월에 3회 기초접종을 하고, 만 4~6세 때 1회 추가접종을 한다.

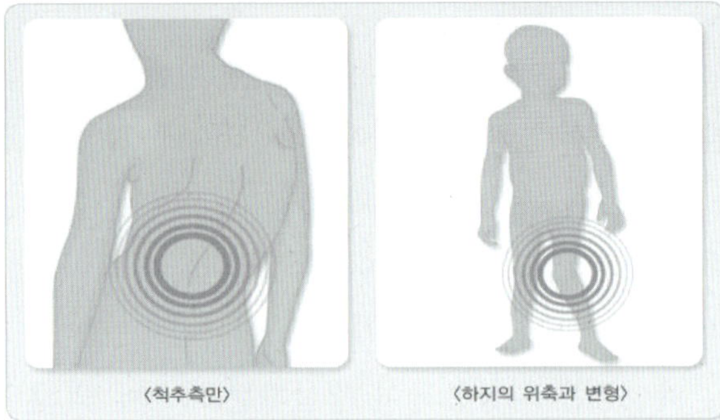

폴리오

출처: 보건복지부.

14) B형 헤모필루스 인플루엔자

B형 헤모필루스 인플루엔자 균은 뇌수막염, 폐렴 등의 원인이 되며, 5세 미만 소아에서 주로 발생한다. 기침이나 재채기를 할 때 분비되는 호흡기 비말에 의해서 몸 속으로 침입한다. 가장 흔한 질환의 형태는 수막염, 폐렴, 관절염 등이 있고, 질환이 의심되는 환자는 입원하여 항생제치료가 필요하다. 생후 2, 4, 6개월에 3회 기초접종을 하고 생후 12~15개월에 1회 추가접종을 한다.

B형 헤모필루스 인플루엔자

출처: 보건복지부.

15) 폐렴구균

폐렴구균은 급성 중이염, 폐렴 및 수막염 등의 감염을 일으키는 원인균 중의 하나이며, 폐렴구균에 의한 감염은 영아 및 어린 소아와 65세 이상의 고령자에서 발생빈도가 높다.

직접 접촉이나 기침 또는 재채기로 전파되며, 소아에서는 중이염, 부비동염, 폐렴 및 패혈증 등이 흔히 나타난다. 폐렴구균 예방접종을 통해 발생을 줄일 수 있다.

16) A형 간염

A형 간염 바이러스에 의하여 발생하는 간염으로 환경 및 위생개선과 적절한 예방조치로 예방이 가능하다. A형 간염은 대변-구강 경로로 전파되며, 대부분 사람에서 사람으로 직접적으로 전파되거나 대변에 오염된 물이나 음식물을 섭취함으로써 간접적으로 전파되기도 한다.

증상은 전형적으로 고열, 기운 없음, 식욕부진, 오심, 복통, 진한 소변, 황달이 급격히 발생하고, 6세 미만의 소아에서는 간염의 증상이 없으며 증상이 있

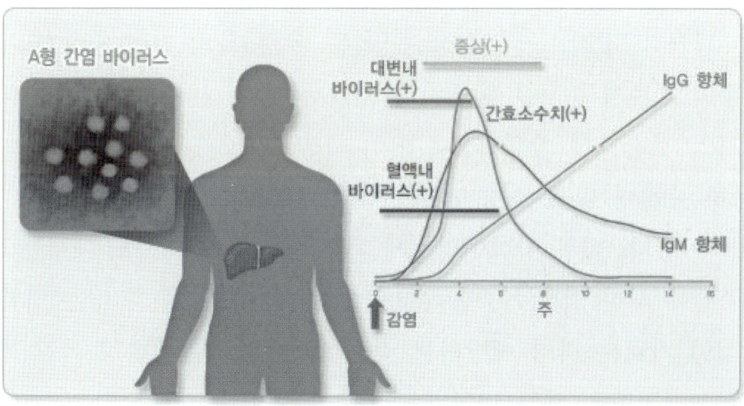

A형 간염

출처: 보건복지부.

어도 황달이 생기는 경우는 드물다. 그러나 6세 이상의 소아나 성인에서는 대부분 간염의 증상이 생기는데, 이 중 70%에서 황달이 동반된다. 특별한 치료법이 없으며 증상에 따라 안정을 취하게 하고 지방 섭취를 제한하며 부드러운 소화되기 쉬운 음식을 먹도록 한다.

17) 수막구균

수막구균에 의한 급성 감염병으로, 뇌수막염과 패혈증을 일으키는 심각한 질환이다. 수막구균은 환자나 건강한 보균자의 비강인두에 모여 있다가 비말이나 분비물을 통해 전파된다.

특징적인 증상은 신생아에서는 잘 먹지 못하고 구토, 설사, 힘 없이 울음, 발작 등이고, 아동에서는 발열, 구토, 불안정, 발작, 두통, 목이 뻣뻣해짐, 의식상태 변화, 다리 통증 등의 증상이 나타난다. 초기에 항생제치료가 중요하므로 반드시 입원치료가 필요하다.

18) 신종플루(H1N1)

A형 인플루엔자 바이러스가 변이를 일으켜 생긴 새로운 바이러스에 의하여 일어나는 감기다. 갑작스러운 고열, 근육통, 두통 등의 전신 증상과 마른 기침, 인후통 등의 호흡기 증상을 일으킨다. 2009년에 전 세계적으로 확산되어 수많은 감염자와 사망자를 발생시켰다.

신종플루는 질병 발생 초기(48시간 내) 항바이러스제인 타미플루와 리렌자가 효과적일 수 있다. 비록 항바이러스제를 투여 받지 않더라도 대부분의 건강한 사람은 증상에 대한 치료(기침약, 해열제 등)만 해도 1~2주 후에는 회복된다. 가장 이상적인 치료는 미리 예방하는 것으로, 일반적인 계절성 독감 백신을 접종하듯이 예방접종을 하는 것이다.

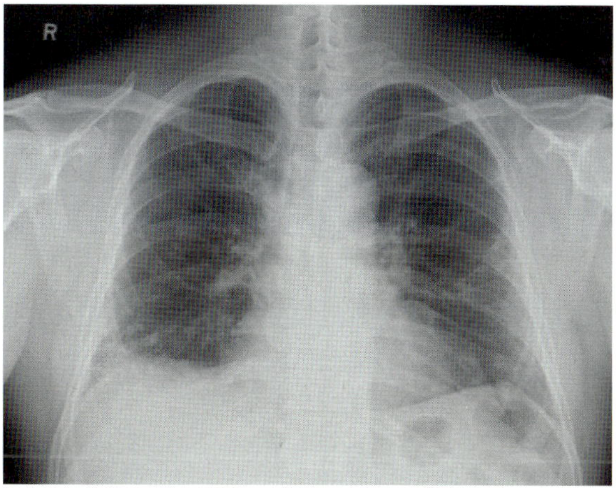

신종플루

출처: 서울대학교병원 의학정보.

<table>
<tr><th colspan="3">국가예방접종 지원사업 소개</th></tr>
<tr><td rowspan="5">2014년
달라지는
국가예방접종
지원사업</td><td colspan="2">감염병 예방을 위해 꼭 필요한 예방접종 서비스를 가까운 병, 의원에서도 비용 부담 없이 무료로 접종받을 수 있도록 접종 비용을 국가가 지원하는 사업</td></tr>
<tr><td colspan="2">2013년까지 접종 당 5천원이었던 본인 부담금 →
2014년부터 없어져 본인부담 없이 무료로 접종</td></tr>
<tr><td colspan="2">2014년 2월부터 일본뇌염 생백신 포함</td></tr>
<tr><td colspan="2">2014년 5월부터 소아 폐렴구균 백신 포함</td></tr>
<tr><td colspan="2">지정 의료기관 이용시 주소지에 관계없이 전국 어디서나 무료</td></tr>
<tr><td rowspan="3">무료
예방접종
시행 개요</td><td>대상</td><td>만 12세 이하 모든 어린이</td></tr>
<tr><td>내용</td><td>2014년 1월 1일부터 지정 의료기관에서 받은 국가예방접종 접종비 전액 지원</td></tr>
<tr><td>지원백신
(총 13종)</td><td>BCG(피내용), DTaP(디프테리아/파상풍/백일해), IPV(폴리오), DTaP-IPV(디프테리아/파상풍/백일해/폴리오), MMR(홍역/유행성이하선염/풍진), 수두, 일본뇌염(사백신), 일본뇌염(생백신, 2월부터), Td(파상풍/디프테리아), Tdap(파상풍/디프테리아/백일해), Hib(b형 헤모필루스 인플루엔자), 폐렴구균(5월부터)</td></tr>
<tr><td colspan="3">• 국가지원 대상 백신에 포함되지 않은 예방접종(BCG(경피용), A형간염, 로타바이러스, 인유두종바이러스(HPV)등)은 전액 본인 부담
• 지원 대상 백신은 제조사에 상관없이 모두 동일하게 비용지원 가능</td></tr>
</table>

출처: 박인숙(2015). 아동건강교육.

02 호흡기 질병

코, 눈, 목의 미세한 감염성 물방울을 통해 확산되며, 감염된 유체와의 손 접촉을 통해 공유 또는 장난감, 음식에 닿아 다른 사람에게 전이될 수 있다. 호흡기 질환 예방을 위해서는 손 씻기와 청결이 필수이다. 특히 유아교육기관에서는 음식을 함께 먹지 않도록 주의하며, 입에 넣는 장난감 등을 자주 살균하고, 식기는 뜨거운 물로 씻은 후 소독하여 공기 중에 말린다. 또한 일회용 컵을 사용하고, 각 아이의 컵에 이름을 써서 구분하며, 아이에게 가능한 한 많이 야외활동을 시키고 실내를 자주 환기한다.

1) 기관지염

유아에게 초봄이나 겨울철 많이 발병하며, 폐로 가는 큰 기관지의 점막에 염증이 생겨 기도 안쪽이 붓고 점액(녹색이나 누런 가래)이 증가해 호흡이 곤란한 증상이 나타난다. 대처 방안은 고열에 미지근한 물수건으로 닦아주고, 해열제를 투여하며, 가래를 뱉지 못하는 유아는 무릎 위에 엎어놓고 등을 두드려서 배출하도록 돕는다. 가습기를 틀고, 잘 때 상체를 약간 높게 유지해 호흡에 도움을 준다.

2) 폐렴

각종 세균, 바이러스, 곰팡이, 이물질, 알레르기 등에 의해 발생하는데, 6개월경까지 어린 아기가 겨울에 걸리는 일이 많다. 1세까지의 아기는 중증이 되기 쉬우므로 밤중에라도 서둘러 병원으로 가는 것이 좋다. 어린 아기일수록 심해지기 쉬우므로 재빨리 처치할 필요가 있다. 수분 공급과 제때에 식사를 챙겨주고, 병원 처방 약을 잊지 말고 복용시키는 것이 치료의 관건이며, 폐렴은 대개 환자와 직접적인 접촉을 하거나 기침을 할 때 튀어 오르는 침에 의해 감염되므로 사람들이 많이 모이는 곳에는 가지 않는 것이 좋다.

3) 소아천식

선천적으로 기도가 약하게 태어난 아이들은 계절에 따라 습관적으로 소아천식을 앓기도 한다. 계절병이라고 하기도 하는데 선천적인 원인 외에도 집먼지, 담배연기, 스트레스 등 주변 환경이 원인인 경우도 있다. 부모가 알레르기성 질환일 경우 아이도 알레르기성 천식 증세를 보이기도 한다. 증세로는 아이가 쌕쌕거리면서 숨차 하는데, 이 경우 부모 마음이 안타까울 만큼 증세가 좋지 않은 경우로 이때는 당황하지 말고 상체를 비스듬히 세워 즉시 병원에 가는 것이 좋다. 소아천식은 다양한 민간요법이 성행할 만큼 예전부터 아이들에게 흔한 질환이었지만, 대개 나이가 들어감에 따라 자연스레 치료되는 경향이 있다. 운동이 가능한 연령이라면 체조나 수영 등 꾸준히 운동을 시키는 것이 소아천식에 도움이 된다. 그 밖에 집안에서도 일정한 규칙을 두고 잠잘 시간과 밥 먹을 시간 등을 부모가 적절하게 조정하는 등 평소 생활습관 자체에 신경을 쓰는 것이 많은 도움이 된다.

4) 알레르기성 비염

코는 단순히 냄새를 맡는 기능만 하는 것이 아니며 흡입되는 공기를 가열·가습해주고 걸러줄 뿐만 아니라 수분을 보존해주고, 기도를 정상적인 상태로 유지하는 데 중요한 역할을 한다. 이처럼 여러 기능을 가진 코에서 콧물이 흐르고 재채기, 코 막힘 등이 알레르기성 비염의 주요 증상으로 나타나는데, 유전적인 경향인 경우도 있지만 집안의 청결 상태가 가장 중요한 원인이기도 하다. 어린아이의 기도는 성장 중에 있기 때문에 성인에 비해 좁아서 작은 원인이나 알레르기 반응, 바이러스 감염이 있을 경우 코와 비강을 포함하는 기도가 성인보다 2배나 좁아지게 되어 증상이 심하게 느껴지고 급작스럽게 나타난다. 알레르기성 비염은 주변 환경이 중요한 질환으로, 엄마의 세심한 관심에 따라 걸릴 수도 있고 걸리지 않을 수도 있다. 예방법으로 가장 중요한 것은 집안 구석구석의 불필요한 먼지를 제거하고 깨끗이 쓸고 닦아야 하며 털이 날리는 옷이나 인형 등을 멀리해야 한다.

5) 축농증

아이들에게 흔하게 생기는 질환으로 감기 합병증으로 생기곤 하는데, 누런 코가 나오고 항상 맹맹한 말소리로 듣는 사람도 답답함을 느낀다. 코가 막혀 숨을 제대로 쉴 수 없기도 하는 축농증은 그 증세도 힘들고 답답하다. 성장기 아이들의 경우 성격장애가 생기기 쉽고, 심해지면 자신감 상실이나 대인공포증 같은 심각한 정서장애의 원인이 되기도 한다. 아이들 축농증은 감기 합병증으로도 생활습관의 차이에서 발병하기도 한다. 엎드려 있기를 좋아하거나 잘 씻지 않는 경우에도 축농증이 발병할 수 있으니 참고하는 게 좋다. 급성일 경우 기침, 발열, 콧물이 나는 정도이지만 만성일 경우는 주로 코 막힘, 만성기침, 콧물, 두통, 구취 등과 급성 중이염의 재발 등이 나타날 수 있다. 치료는 수술보다는 약물치료를 원칙으로 하고 있다.

6) 인두염과 편도염

① **인두염**: 인두와 주위 림프조직의 감염으로 바이러스와 박테리아가 원인균이다. 바이러스성 인두염은 서서히 진행되며 인후통, 기침, 비염, 결막염, 권태감, 식욕부진이 보통 3~4일간 지속된다. 박테리아성 인두염은 갑작스럽게 시작되며, 인후통도 심하여 인후와 편도의 발적 또는 염증, 발열이 있고 복통, 구토, 두통이 보통 3~5일간 지속된다.

② **편도염**: 일반적으로 입안의 구개편도의 감염을 말한다. 편도염 아동의 증상은 인후통이 지속되거나 재발될 수 있고, 연하곤란, 구강호흡과 불쾌한 입 냄새, 콧소리, 구강호흡, 청각장애, 중이염, 코골이 또는 수면무호흡을 유발한다.

아세트아미노펜 또는 이부프로펜을 진통제로 사용한다. 인후 불편감이 있는 아동에게는 탈수를 예방하기 위해 시원하고 부드러운 음료수를 제공한다. 열이 있을 때는 침상안정을 하게 하며, 만일 아동이 호흡곤란이나 연하곤란이 심해질 경우 또는 열이 3일 이상 지속될 경우에는 병원을 방문 하도록 교육한다.

03 피부건강에 관한 질병

1) 아토피성 피부염

'태열'이라고도 불리는 이 피부염은 생후 2~3개월경부터 많이 나타나는데, 피부가 건조해져 까칠하고 붉은 반점이 나타나며 몹시 가렵다. 심할 때는 미세한 세포가 생겨 긁으면 터지면서 부스럼 딱지를 형성한다. 온도와 습도에 민감하여 건조한 겨울철이나 습한 여름에 심하게 나타난다. 정서적으로 불안하고 스트레스를 받으면 악화된다.

아기가 지나치게 목욕을 자주 하면 악화되기도 하지만, 피부가 너무 건조할 때는 20분 정도 욕조에 몸을 담근 후 로션을 발라준다. 피부가 지저분한데도 목욕을 시키지 않으면 악화될 수 있으므로 하루에 한 번 더러움을 없앤다는 정도로 부드럽게 샤워를 시킨다. 치료를 해도 근본적인 치료는 되지 않고 재발이 흔하다. 피부염이 있는 아기는 가려워서 자주 긁게 되므로 손을 자주 씻기고 손톱을 짧게 깎아주는 것이 좋다. 그래야 긁어 상처부위에 세균 감염이 일어나는 것을 막을 수 있다. 비염이나 천식 등이 동반되는 경우가 많으므로 실내 환경을 늘 청결하게 해 주고, 개나 고양이 등은 기르지 않는 것이 좋으며, 카펫이나 털 인형도 없애는 것이 좋다.

2) 땀띠

땀띠는 여름철에 많이 생기는 질환이지만 여름이 아니어도 방안이 너무 덥다면 생길 수 있다. 아기는 어른에 비해 땀샘의 밀도가 높기 때문에 조금만 땀을 많이 흘려도 땀띠가 생길 수 있다. 가슴, 목, 어깨 등의 부위에 땀띠가 생기기 쉽다. 초기에는 가렵지 않은 하얀 땀띠로 시작했다가 염증을 일으키면 붉은 땀띠로 변하게 되는데, 흰 땀띠는 땀구멍에 수포가 생긴 것으로 가려움이 없어 치료할 필요가 없다. 문제는 붉은 땀띠인데, 몹시 가렵고 따끔거리기 때문에 아기들이 긁고 보채게 된다. 이렇게 되면 세균감염이 일어나 고름이 잡힌다. 땀띠가 났을 때는 시원하게 해주어 땀을 흘리지 않도록 하는 것이 중요하고, 증상이 가벼울 때는 자주 닦아주고 몸에 딱 붙지 않는 헐렁한 면 소재의 옷을 갈아입힌다. 염증이 심할 때는 시원한 물에 적신 수건으로 부드럽게 닦아주고 칼라민로션을 발라준다. 비누를 과용하거나 땀띠분을 바르는 것은 화학적 반응이 일어나 땀띠를 악화시킬 우려가 있다.

3) 기저귀 피부염

기저귀를 차는 영유아에게 흔한 피부 문제로, 주로 모유보다 조제유를 먹는 영아에게 많이 나타난다. 기저귀를 자주 갈아주지 않거나 모유에서 인공유로 바꾸었을 때, 고형식이를 시작했을 때 가장 잘 나타난다. 감기나 설사 후에도 잘 나타나는데, 이는 전체적인 면역력이 떨어지면서 피부가 민감해진 탓이다. 주요 증상은 기저귀를 찬 부위가 붉어지고 거칠어지고 가려움증이 있으며 진물, 수포, 피부가 벗겨지고 쓰라리다. 심한 경우 기저귀 발진 부위에 세균이나 곰팡이(캔디다균)가 감염되면 잘 낫지 않으므로 예방이 중요하다.

04 소화기 질병

1) 설사

설사는 어린이보호시설 및 병원 등에서 집단적으로 발생할 수 있고, 산발적으로 발생하는 설사의 대부분은 5세 미만의 소아에서 발생한다. 모유수유는 어린이를 오염된 음식물 섭취로 인해 발생하는 설사로부터 보호해주며, 이유 시기를 지나면서 설사가 발생할 위험이 증가하게 된다.

어린이보호시설에 다니는 소아들에게는 설사는 호흡기 질환 다음으로 흔한 질환이며, 3세 미만에 흔하다. 설사는 염증이나 궤양 등으로 장의 점막이 자극되어 움직임이 빨라지면서 수분이 몸으로 흡수되지 못해 묽은 변이 나오는 증상으로, 변이 어느 정도 묽은지, 혈액이나 점액이 섞여 있는지, 하루에 몇 번 변을 누는지 등을 체크해야 한다. 묽거나 하루 2~3번 변을 보더라도 아기의 상태가 좋고 식욕도 있다면 걱정할 필요가 없다. 그러나 물 같은 설사와 함께 열이 있거나 아기가 기운이 없는 등 다른 증상이 나타나면 의사의 진찰을 받는 것이 좋다. 설사를 하면서 아기가 축 늘어지고 먹지 않고 하루 종일 처져서 잠만 잔다면 탈수증의 신호인데, 이 상태가 심해지면 입술과 피부가 마르면서 심하면 혼수상태에 빠지고 경련을 일으킬 수 있다. 설사를 할 때는 수분공급을 해 주고, 보리차나 전해질 용액을 먹일 수 있는데, 모유를 먹는 아기라면 계속 젖을 주어도 좋다. 분유를 먹는 아기라면 설사분유로 대체하고, 탈수증이 있을 때는 병원으로 간다.

2) 구토

신생아 때 흔한 증세로, 어떤 아기들은 6개월까지 이런 증세를 보이기도 한다. 이유식을 시작하고 똑바로 앉게 되면 나아진다. 구토를 방지하기 위해서는 아기가 젖을 먹은 후에는 트림을 잘 시켜준다. 아기가 잘 자라고 체중도 정상적으로 늘고 있다면 별 문제가 되지 않지만, 아기가 젖을 먹지 않고 계속 토하거나 설사를 한다면 의사에게 보여야 한다. 감염됐거나 장 폐쇄 등의 질환으로 이런 증세를 보일 수도 있기 때문이다.

3) 변비

아이가 변을 보는 횟수보다 어떤 종류의 변을 보는지가 중요한데, 모유를 먹는 아기 중에는 먹을 때마다 변을 보는 경우도 있고, 며칠씩 변을 보지 않는 아기도 있다. 이는 모두 정상이다. 유아가 변을 볼 때 몹시 불편해하면서 지나치게 딱딱한 변을 본다면 변비라고 할 수 있는데, 아기가 충분히 먹지 않았거나 구토 등으로 인해 음식물의 손실이 심할 때 변비가 많이 생긴다. 이럴 때는 우선 수분을 충분히 공급해야 한다. 과일주스나 끓여 식힌 물, 4개월이 지난 아기라면 채소 즙을 따로 주는 것도 도움이 된다. 모유를 먹이는 아기보다 우유를 먹는 아기에게 변비증세가 흔한데, 의사의 처방 없이 아기에게 약을 먹이는 것은 금물이다.

4) 감염성 위장염

상한 음식이나 더러운 물의 섭취, 사람들 사이의 오염이 가장 흔한 원인이다. 로타바이러스는 영아와 어린 아동에게서는 가장 흔한 위장관 병원균이며, 여름에 가장 많이 발병한다. 다양한 형태의 설사와 지속적인 구토, 복통 증상을 나타낸다. 또한 변을 참지 못하고 즉시 나오는 증상이나 발열을 경험할 수도 있다. 수분을 보충하고 수분과 전해질 불균형 상태를 경구 전해질 보충 액체 또는 수액의 정맥주사로 교정한다. 로타바이러스 백신 접종을 통해 예방할 수 있다.

5) 탈수

수분 섭취량보다 소실량이 많은 증상으로, 영아와 아동이 입원하는 가장 큰 원인이며 체액과 전해질 부족을 초래한다. 어떤 원인이든 심하게 토하거나 심한 설사, 오랫동안 식사를 못한 경우, 흡수가 안되는 경우, 발열, 그 외에 피부의 화상에서도 탈수증상이 나타난다. 탈수의 증상은 초기에는 보챔, 피부와 입술 마름, 영아의 경우 대천문이 움푹 들어가고, 두 눈이 쑥 들어가고 눈물이 안 나온다. 아이가 소변량이 감소하거나 소변을 4시간 이상 보지 않았을 때, 기저귀를 하루에 6개 미만 적셨을 때는 심각한 증상이며 쇼크 위험성도 있다. 영아의 경우 모유수유를 계속하거나, 식사와 함께 수분을 충분히 섭취하게 한다.

6) 장 중첩증

장의 일부분이 장의 말단 내부로 들어가서 장폐색을 일으킨 상태를 말한다. 3개월과 6세 사이 영아와 아동에서 드물게 발생하지만 소아 응급수술을 필요로 한다. 이전의 감기나 다른 바이러스 감염의 병력이 가장 큰 원인이 된다. 발작적인 복통으로 아이가 울다가 그치는 것을 반복하다 심한 통증으로 진행되며, 구토를 동반할 수 있다. 혈액이 섞인 점액성 변과 설사, 복부에 소시지 모양의 덩어리가 만져질 수 있다. 증상이 나타난지 12시간 이내에 들어간 장을 빠르게 제 위치로 회복시켜야 한다. 관장 등 내부 압력으로 저절로 장중첩이 풀리기도 하지만, 그렇지 않으면 응급수술을 시행한다.

7) 과민성 대장증후군

경련과 통증을 수반하며, 장의 내용물이 빨리 통과되어 설사를 일으키는 증상을 말한다. 스트레스와 정서적인 요소가 가장 일반적인 원인이며, 영아들은 락타아제 결핍과 관련이 있을 수 있다. 식사나 활동과 관련 없이 나타나는 복통, 교대로 나타나는 변비와 설사, 소화되지 않은 음식과 점액이 변에서 보이며, 대부분의 아동은 정상적인 성장을 나타낸다. 균형 잡힌 식사와 적당한 섬유소 섭취, 저지방 음식이 좋다. 아동에게 천천히 식사하도록 하고, 탄산음료는 마시지 않게 한다.

05 영유아 질병 간호

유아의 질병은 갑자기 발병하는 것이 아니므로 평소에 아이들을 유심히 관찰하는 것이 필요하다. 사전에 아이에게 변화 징조가 있는지 세심한 주의가 필요하다. 눈에 띄는 행동 변화로는 갑자기 조용하고 불안해하며, 입맛이 없고, 얼굴이 창백하며, 눈동자가 풀어지고, 몸에 힘이 없고 칭얼대는 행동을 보인다. 이럴 때는 충분한 수면과 균형 잡힌 영양, 신선한 공기, 정서적으로 불안한 요소의 유무에 대한 확인이 필요하다.

1) 영유아의 경미한 질병 다루기

의사의 처방에 따라 약을 먹이거나 치료한다. 조용하고 환기가 잘되게 하며, 실내 온도는 21~23℃, 습도는 40~50%를 유지하도록 한다. 옷은 헐렁하게 입히고, 적당한 체온을 유지하도록 돕는다. 또한 세수, 양치질, 빗질 등을 통해 몸을 깨끗이 유지한다. 잠옷은 매일 갈아 입혀 청결을 유지한다. 땀에 젖었을 경우 몸을 따뜻한 물수건으로 닦아준 후 새옷으로 갈아입힌다. 또한 열로 인해 땀이 많이 나는 경우에는 이불, 베개 등을 자주 교체해준다. 또한 일반 체온계(혀 밑, 겨드랑이, 항문), 스트립 체온계, 디지털 체온계 등을 이용하여 수시로 체온 변화를 체크한다.

2) 경미한 질병에 걸린 영유아 돌보기

우선 유아교육기관에는 아픈 아이들을 돌볼 수 있는 적당한 교직원 수(교직원은 응급 시 대처할 수 있는 충분한 훈련 필요)가 필요하며, 격리되어 적절한 간호를 받기 위한 조용한 공간이 있어야 한다. 법적으로 시설에서 발생하는 특정 전염병 발생 시 당국에 보고할 의무가 있다.

(1) 연락망 유지하기

① 부모와 교직원 간의 의사소통(등원이나 귀가 시 대면 또는 통신문)

② 귀가 시 이상 징조가 있는 아이의 상태에 대한 기록을 가족에게 전달(활동 수준, 식욕, 음식물 섭취, 낮잠, 투약 상황, 대변 등)

(2) 건강 상태를 점검하여 맞이하기

① 기본적인 기분 상태

② 활동

③ 숨쉬기 곤란함, 심한 기침

④ 눈, 코, 귀에서 나오는 분비물

⑤ 피부색, 가려움, 발진, 종창, 멍든 곳, 상처

⑥ 이상이 있는 아이는 부모와 상의하여 집에 갈지 여부 결정

- 만약 남기로 했을 때는 어느 시점에서 부모와 연락할지 의논
- 아픈 아이에 대한 책임을 전가 받을 것인지 여부는 시설에서 결정

(3) 매일 건강 점검 지침

① 건강 점검 시 무릎을 꿇고 아이의 눈높이에 맞추어 관찰

② 하루 중 유아의 행동이 정상인가 또는 다른 점이 있는가?

③ 유아가 부모에게 매달리거나, 신경질적이거나, 정상적으로 행동하는가?

④ 얼굴이 창백하거나 홍조가 있는가?

⑤ 발진이 보이는가?

⑥ 눈이 반짝거리는가 또는 충혈되었는가?

⑦ 콧물을 흘리는가?

⑧ 기침을 하거나 호흡곤란이 있는가?

⑨ 가려움 증세가 있는가?

3) 영유아교육기관에서 질병 확인 후 조치

(1) 휴식 제공

질병에 걸린 영유아는 민감하여 많은 관심과 보호가 필요하기 때문에 조용하고 환기가 잘 되는 방에서 휴식을 취하도록 해주는 것이 좋다. 이때 교사는 영유아 곁에서 증상을 관찰하고 가능한 한 구체적으로 기록하면서 상황을 지켜보도록 한다. 방안의 온도는 21~23℃가 적당하며, 습도는 40~50% 정도로 조절하여 호흡기 점막이 건조되는 것을 방지해야 한다. 의복은 헐렁하게 입혀 적당한 체온을 유지시키는 것이 좋으며 세수, 양치질 등을 해주어 신체가 청결하도록 한다.

(2) 관찰하기

교사는 상황을 지켜보며 영유아의 증상이 어떤지 세심하게 관찰해야 한다. 이때 증상을 가능한 한 구체적으로 기록해두어 부모와 기관장에게 보고해야 한다.

(3) 병원에 데려가기

유아교육기관에서 충분한 휴식을 취하도록 조치했으나 병세가 더욱 심해질 때는 부모에게 즉시 연락하여 신속하게 병원으로 데려가서 전문의의 진단과 치료를 받도록 해야 한다. 특히 다음의 증상이 나타나면 서둘러 병원으로 데려가야 한다(임미혜, 채혜선, 2011 재인용).

① 체온

- 고열이 날 때(겨드랑이에서 잰 체온이 38~39℃ 이상)
- 온몸을 떨며 한기를 느낄 때

② 의식

- 의식을 잃었을 때
- 오랜 시간 동안 잠에서 깨어나지 못하거나 알 수 없는 혼수상태에 빠졌을 때

③ 팔, 다리

- 몸의 어느 한 부분에 갑자기 힘이 빠지거나 마비가 될 때
- 경련을 일으키거나 팔이나 다리를 통제할 수 없을 만큼 흔들 때

④ 코

- 코가 막히거나 눈, 이마 주위에 통증을 호소하거나 무거워할 때
- 냄새가 심하거나, 피가 섞이거나, 변색된 콧물이 나올 때

⑤ 귀

- 갑자기 청력을 잃었을 때
- 귀의 통증을 호소할 때
- 귀에서 액상의 분비물이 나올 때

⑥ 눈

- 눈이 충혈되고, 부어오르며, 눈물이 날 때
- 두통, 뻣뻣한 목, 열을 동반하면서 눈이 극도로 빛에 민감한 반응을 보일 때
- 눈의 흰자위나 피부가 노랗게 되면서 복부의 통증을 호소하고 홍자색의 소변을 볼 때

⑦ 호흡

- 손톱이나 입술이 새파래지면서 호흡이 곤란해질 때
- 비정상적인 숨을 가쁘게 쉴 때
- 심하고 지속적인 기침을 하면서 피가 섞이거나 변색된 가래가 나올 때

⑧ 구토

- 12시간 연속적으로 구토를 때
- 피를 토할 때

⑨ 복통

- 집중적이고 비정상적인 복통을 호소할 때

- 복부가 부어오르거나 비정상적으로 커질 때
- 점액이나 피가 섞인 설사를 할 때

⑩ 소변 이상

- 입술이 마르면서 소변보는 횟수가 줄어들 때
- 소변볼 때 불편함을 호소하고 열을 동반하면서 등 가운데 통증을 호소할 때
- 소변을 지나치게 자주 보거나 소변보면서 통증을 호소할 때

⑪ 성기 이상

- 남아의 성기에서 분비물이 나올 때
- 여아의 성기에서 끈적거리며 갈색이나 변색된 분비물이 나올 때
- 성기 주변에 상처가 있을 때

⑫ 뼈의 이상

- 다치거나 운동을 하지 않았는데 관절이 부어오르거나 빨갛게 되거나 통증이 있다고 호소할 때
- 다친 후 부위가 부어오르거나 통증을 호소할 때
- 다친 후 부위의 모양이 이상할 때

⑬ 피부

- 상처에서 고름이 나거나 열이 나며 빨갛게 되어 부어오를 때
- 갑자기 발진이 돋거나 여러 개의 부스럼이나 물집이 몸 전체에 걸쳐 생길 때

⑭ 기타

- 강하고 자지러지게 울 때
- 심한 두통을 호소할 때

(4) 약 먹이기

유아교육기관에서는 아무리 사소한 질병이라 할지라도 함부로 영유아에게 투약을 하면 대단히 위험하므로 반드시 전문의의 처방이나 부모의 서면으로 된 허가서에 따라 투약한다. 투약 시 간호사나 영유아교사는 정확한 복용량을 투약한 후 날짜와 시간, 부대 상황 등에 대한 내용을 투약일지에 기록한다. 이러한 기록은 투약이 끝난 직후에 하여 개인 서류철에 정리하여 보관했다가 귀가 시 부모에게 확인시킨다.

유아교육기관에서 투약 시 주의할 점은 다음과 같다.

① 의뢰받은 약은 별도의 냉장고에 보관하고, 영유아의 이름을 정확히 기입하여 다른 영유아의 약과 섞이지 않도록 한다.
② 영유아에게 투약하기 전에 반드시 지시를 읽는다.
③ 지시된 시간에 정확한 용량을 측정하여 투여한다. 특히 시럽인 경우 용량을 초과하여 먹일 가능성이 있으므로 주의한다.
④ 똑바로 눕혀서 투약하면 기도로 들어갈 우려가 있으므로 안전하게 앉혀서 투약한다.
⑤ 액체 약은 흔들어서 투약하고, 정제 약은 녹이거나 가루로 만들어서 설탕물이나 꿀물에 타서 먹인다. 그러나 주스나 우유와는 섞어 먹이지 않도록 하는 것이 좋다.
⑥ 연고를 바를 때에는 작은 주걱을 사용하여 바른다.
⑦ 사용하지 않은 약은 쓰레기통에 버리지 말고 부모에게 되돌려준다.

(5) 영아기의 질병 간호

① 역류 아기 간호

수유나 음식은 소량씩 자주 먹이고, 수유 중에 턱받이나 보호복을 착용한다. 조제유에 곡분을 첨가하여 농도를 진하게 하고, 젖꼭지의 구멍을 크게 뚫어 먹인다. 수유 중과 수유 후에는 트림을 시킨다. 몸에 꽉 조이는 옷은 피하고,

상체를 높이고 오른쪽 측위로 눕혀준다.

② 황달 아기 간호

특별한 간호는 필요하지 않으며, 빌리루빈 수준이 의미 있게 상승하면 광선요법(영아의 피부를 강력한 형광 빛에 노출시키는 치료방법)을 한다. 신진대사 요구를 감소시키기 위해 최적의 온도 환경을 제공해준다.

병원 방문이 필요한 경우는 생후 첫날의 황달이나 1주일이 지나도 황달이 지속되는 경우와 황달이 심한 경우(뇌손상이 올 수 있다) 그리고 대변의 색이 회백색이고 소변색이 짙을 경우이다. 드물게 신생아 모유 황달이 나타나는 경우가 있는데, 모유수유아의 2~3%에서 발생한다. 모유 속에 함유되어 있는 성분(pregnanediol)이 빌리루빈의 배설을 억제시켜 나타나는 현상이다. 출생 후에는 가능한 한 빨리 모유수유를 시작하고, 모유수유를 더 자주 하도록 함으로써 연동운동을 촉진시켜 태변 배출을 쉽게 한다. 황달이 심하면 12~36시간 동안 모유수유를 일시 중단한다.

③ 아구창(캔디다증) 간호

개인위생을 철저히 하며, 수유 후에 입을 물로 헹군 다음에 구강에 항진균제(Nystatine, gentian violet)를 바르되 하루 4회 6시간마다 발라준다. 젖꼭지와 젖병 소독을 철저히 해야 하며, 돌보는 사람의 위생도 철저히 해야 한다. 모유수유아의 감염 시 엄마의 젖꼭지도 함께 치료한다.

④ 기저귀 피부염 간호

기저귀를 자주 갈아주어 피부를 건조하게 유지하며, 둔부와 회음부의 피부를 깨끗이 씻어주고 자주 공기에 노출시킨다. 기저귀 커버, 베이비파우더, 알코올성 물휴지는 사용하지 않는다. 의사가 처방해준 연고를 처방대로만 사용하며, 곰팡이가 감염된 경우에는 항진균제를 발라준다.

양육자의 손을 위생적으로 관리하여 2차 감염이 일어나지 않도록 한다.

⑤ 영아 돌연사 예방

수면 시 엎드려 재우지 말고 똑바로 뉘여 자게 한다. 또한 푹신한 이불, 베개 등을 침구로 사용하지 않는다. 푹신한 동물인형이나 타월 등을 아기침대에 두지 않으며, 영아를 어른과 한 침대에서 재우지 않는다. 또한 주위를 너무 덥게 하지 않는다.

4) 영유아에게 자주 발생하는 질병 간호

(1) 아토피성 피부염 간호

저알러지 식단을 제공하며, 손발톱을 짧게 깎고 깨끗이 한다. 장갑이나 면양말을 착용하게 하며 긴팔 원피스, 긴바지를 입혀 직접적인 피부 접촉을 줄인다. 소양증을 증가시키는 모직 옷, 모직담요, 깃털 인형 등의 요인을 제거한다. 너무 덥지 않게 입힌다. 미지근한 물로 목욕하며, 강한 비누 사용을 피하고, 목욕 후 3분 이내에 보습제를 바른다. 스테로이드가 포함된 연고는 반드시 전문의와 상의하여 사용한다.

(2) 감기 간호

습도를 높여주고, 충분한 휴식을 취하게 해준다. 코 막힘이 심한 경우 영아는 수유의 어려움이 있으므로 생리식염수를 코에 점적한 후 코 흡인기를 이용해 흡인한다. 돌보는 사람 또한 철저하게 손을 씻는다. 영양과 수분을 충분히 공급한다. 열이 높은 경우 옷을 얇게 입히고, 실내 온도를 시원하게 하며, 유동식을 제공하고, 미온수 마사지와 해열제를 투여한다.

(3) 중이염 간호

급성 중이염은 10~14일 동안 꾸준한 항생제 투여가 필요하며, 진통 해열제도 같이 투여해야 한다. 심한 경우 고막 절개술이 필요한데, 삼출성 중이염의 비수술적 치료에 효과가 없을 때 적용한다. 혼합감염과 예방을 위해 귀를 만지기 전에 손을 씻어야 하며, 생리식염수나 과산화수소수에 적신 면봉으로 귓속 청결을 유지해야 한다.

5) 영유아에게 쉽게 발생하는 감염병

표 5-1 휴원을 요하는 질병

병명	증상	잠복기간	결석기간
콜레라	열, 구토, 하얀 물 설사, 탈수 증세 있음	1~5일	완치될 때까지
백일해	열은 없고 밤에 기침이 심함	7~14일	특유의 기침이 없어질 때까지 → 발병 약 3~4주 정도
홍역	발열, 재채기, 결막염, 발진	9~13일	발진이 없어질 때까지 → 발진 후 약 5일 정도
유행성 이하선염 (볼거리)	발열, 귀 밑이 부어오름	7~21일	귀 밑 부기가 다 빠질 때까지 → 발진 후 약 5일 정도
장티푸스	두통, 헛소리, 혀의 백태, 혈변, 장출혈 발생	1~3주	완치될 때까지
풍진	가벼운 감기 같은 증세, 발열, 발진	10~21일	증상이 없어질 때까지 → 대개 발진 후 5일 정도
수두	발열, 발진, 물집이 생김	10~21일	딱지가 떨어질 때까지 → 발진 후 약 7일 정도
수족구병	38℃ 정도의 고열, 1~2일간 입속, 손바닥, 발바닥에 수포가 생김	3~6일	주요 증상이 사라질 때까지
농가진	얼굴이나 수족에 쌀알 크기부터 대두 크기의 발진 수포가 생김	2~5일	딱지가 떨어질 때까지
뇌막염	• 고열, 두통, 구토, 전신에 보라색 반점 • 의식에 혼돈이 옴	14~21일	증상이 사라질 때까지
유행성 결막염	눈이 붓고 흰자위가 충혈, 눈곱이 많음	7일	급성 기염 증상이 없어질 때까지
전염성 설사	설사의 횟수가 많고 변이 물 같고 열이 나며 감기 증상을 동반함	2~4일	주요 증상이 사라질 때까지
전염성 홍반	• 열은 별로 없으나 때로는 37도의 열이 남 • 얼굴과 뺨에 발진이 생김	7~14일	급성 증상이 없어질 때까지

※ 이상의 질환은 전염성이 강한 질병으로써 각별한 주의가 필요함
이상의 질환 이외에 의사의 진단에 의해 전염성이 있다고 판명된 질병은 휴원을 요함(중앙보육정보센터, 2009)

6) 법정 감염병

(1) 분류

① 제1군 감염병

전파속도가 빠르고 국민건강에 미치는 위해 정도가 너무 커서 발생 또는 유행, 즉시 방역대책을 수립해야 하는 감염병을 말한다.

- 콜레라
- 장티푸스
- 파라티푸스
- 세균성이질
- 장출혈성대장균감염증
- A형 간염

② 제2군 감염병

예방접종을 통하여 예방 또는 관리가 가능하여 국가예방접종사업의 대상이 되는 감염병을 말한다.

- 디프테리아
- 백일해
- 파상풍
- 홍역
- 유행성이하선염
- 풍진
- 폴리오
- B형 간염
- 일본뇌염
- 수두
- B형 헤모필루스 인플루엔자

③ 제3군 감염병

간헐적으로 유행할 가능성이 있어 지속적으로 그 발생을 감시하고 예방대책의 수립이 필요한 감염병을 의미한다.

- 말라리아
- 결핵
- 한센병
- 성홍열
- 수막구균성수막염
- 레지오넬라증
- 비브리오패혈증
- 발진티푸스
- 발진열
- 쯔쯔가무시증
- 렙토스피라증
- 브루셀라증
- 탄저
- 공수병
- 신증후군출혈열
- 인플루엔자
- 후천성면역결핍증(AIDS)
- 매독
- 크포이츠펠트-야콥병(CJD) 및 변종 크로이츠펠트-야콥병(vCJD)
- C형 간염
- 반코마이신내성황색포도알균(VRSA)감염증
- 카바페넴내성장내세균속균종(CRE)감염증

④ 제4군 감염병

국내에서 새로 발생 또는 국외에서 유입됨이 우려되는 감염병을 의미한다.

- 페스트
- 황열
- 뎅기열
- 바이러스성 출혈열(에볼라열 등)
- 두창
- 보톨리눔독소증
- 중증 급성호흡기 증후군(SARS)
- 동물인플루엔자 인체감염증
- 신종인플루엔자
- 야토병
- 큐열
- 웨스트나일열
- 신종감염병증후군
- 라임병
- 진드기매개뇌염
- 유비저
- 치쿤구니야열
- 중증열성혈소판감소증후군
- 중동호흡기증후군(MERS)
- 지카바이러스감염증
- (바이러스성출혈열)라싸열
- (바이러스성출혈열)마버그열
- (바이러스성출혈열)에볼라바이러스병

⑤ 제5군 감염병

기생충에 감염되어 발생하는 감염병으로서 정기적인 조사를 통한 감시가 필요한 감염병을 말한다.

- 회충증

- 편충증
- 요충증
- 간흡충증
- 폐흡충증
- 장흡충증

⑥ 지정 감염병

제 1군 내지 제 5군 감염병 외에 유행 여부의 조사를 위하여 감시 활동이 필요하다고 인정되는 감염병

(2) 감염병 신고의무자

어린이 원장, 유치원 원장은 감염병 예방 및 관리에 관한 법률 제 12조에 의거 그 밖의 신고자에 해당 1~4군 감염병 발생 시 관할보건당국에 신고해야 할 의무가 있다.

Chapter 06

영유아의 응급처치

2005년 서울응급의료정보센터 연보자료의 통계자료에 따르면 영유아는 전체 응급의료정보센터 이용횟수의 17.8%에 해당하며, 이 수치는 단일 연령대 이용으로 환산 시 가장 높은 비중을 차지하여 높은 응급질환 발생뿐 아니라 이에 대한 응급처치가 요구되는 연령층임을 나타냈다. 또한 이를 반영하듯 응급실에 내원하는 환자 중 10세 미만 아동의 경우 가장 많은 비율을 차지하고 있고, 이 중 0~4세 이하인 경우에는 사고에 의한 발생이 많다.

또한 2007년 응급실 손상환자 표본심층자료에서 보고한 취학 전 어린이 손상의 손상 기전별 발생 순위에서 취학 전 어린이 손상의 경우 둔상이 1위를 차지하여 가장 많이 발생하는 것으로 나타났고, 미끄러짐이 2위, 추락(낙상 1미터 이하의 높이)이 3위를 차지했으며, 낌이 4위를 차지한 것으로 나타났다. 손상과 관련된 여러 보도자료에서도 어린이 추락사고로 5년간 712명이 사망했는데, 이 중 특히 6세 미만의 아동에게 가장 많이 발생하고 있다고 보고했다. 추락사고 10건 중 8건이 도시에서 발생할 정도로 주변 시설물들이 사고의 주된 원인이 되고 있으며, 6세 미만 어린이의 경우 거리나 높이가 수는 위험 인지 능력이 거의 없기 때문에 특히 이 연령층에 대한 예방대책 및 집중적인 응급처치가 절실히 요구되고 있다.

영유아와 소아에 대한 사고 빈도가 높은 측면을 고려해볼 때 응급의료 단계의 주요 출동 및 처치 영역일 뿐 아니라, 이들은 예방교육을 진행함에 있어 사고나 주변 위험에 대한 인지 능력이 거의 없기 때문에 특히 이 연령층에 대한 예방대책 및 집중적인 응급처치가 절실히 요구되고 있다. 이는 응급환자 이송 및 병원 전 단계 응급처치 영역에서 중요한 처치 대상이 아닐 수 없지만, 현재 우리나라 응급처치 전문화 과정이나 현장 처치 매뉴얼은 소아나 성인이 대부분이며, 특히 영유아인 경우에는 극히 드물다. 하지만 영유아의 경우 사고에 의한 응급질환 발생이 가장 많은 연령대임을 감안한다면 적절한 응급처치를 시행할 경우 불의의 사고 및 2차 동반 손상이나 후유장애를 감소시킬 수 있는 기회가 가장 많다고 하겠다.

응급처치란 위급한 상황으로부터 자기 자신을 지키고, 뜻하지 않은 부상자나 환자가 발생했을 때 그가 전문적인 의료서비스를 받기 전까지 적절한 처치와 보호를 해주어 고통을 덜어주고 생명을 구할 수 있게 하는 지식과 기능이라 할 수 있다. 응급처치는 어디까지나 전문적인 치료를 받기 전까지의 즉각적이고 임시적인 적절한 처치와 보호이며, 전문적인 의료서비스 요원에게 인계한 후에는 모든 것을 그의 지시에 따라 행동해야 한다.

응급처치의 목적은 돌발적인 사고나 질병이 발생했을 때 병원에서 전문적인 치료를 받기 전까지 행해지는 즉각적이고 임시적인 처치로서 인명구조, 고통경감, 상처나 질병의 악화 방지, 심리적인 안정이다. 우리의 일상생활에서 예기치 못한 사고가 발생할 가능성은 언제나 존재하고 있으며, 특히 유아들은 판단 능력과 신체조절 능력이 미숙하여 영유아를 보육하는 과정에서 예기치 않은 사고나 긴급 상황이 일어날 위험 가능성은 매우 높다. 따라서 주변의 어른들이 안전한 환경을 마련해주고 안전하게 생활하는 데 필요한 지식이나 태도를 갖도록 도와주어야 하는 것은 물론, 다른 한편으로는 불의의 사고에 대비한 준비도 갖추고 있어야 한다.

응급상황에서 교사가 대처방법 및 순서를 알고 익숙하게 처리할 수 있다면 생사의 갈림길에 있는 유아의 생명을 구할 수도 있고, 사고의 후유증도 크게 줄일 수 있다. 특히 의사표현을 잘하지 못하는 영유아를 돌보는 경우 응급상황이 발생했을 때 응급처치에 대한 지식이 부족하고 당황하여 효과적으로 대처하지 못하면 상태를 악화시키는 경우가 발생하기도 한다. 그러므로 영유아를 보호하고 교육하는 교사는 부상당한 영유아가 전문적인 치료를 받을 때까지 손상이나 통증이 악화되지 않도록 하는 응급처치방법을 알아두어야 한다.

01 영유아 응급처치의 기본 원칙

응급처치가 적당히 이루어지면 환자의 생존율을 높이고 추후 장애를 최소화할 수 있으며, 질병 및 손상의 진행을 감소시킬 수 있다. 또한 환자의 고통을 줄여주며 환자의 치료, 입원기간 및 재활기간을 단축시키고, 회복을 촉진시킬 수 있고, 의료비 등의 지출을 절감하여 경제적 효과를 기대할 수 있다. 응급처치를 위한 기본 원칙은 다음과 같다.

1) 3C 원칙

(1) 현장조사(Check)

① 현장은 안전한가?
② 무슨 일이 일어났는가?
③ 몇 명이나 다쳤는가?
④ 도움을 받을 수 있는 사람이 있는가?

(2) 응급 기관(E.M.S)에 연락(Call)

(3) 처치 및 도움(Care)

① 응급처치 실시
② 호흡계와 순환계 확인
③ 환자에게 물어봄
④ 몸의 징후 확인: 호흡, 맥박, 체온 등
⑤ 다른 부상 여부 조사(피부색, 동공 반사, 의식 유무 정도, 운동과 지각 능력 등)

2) PRICE 원칙

(1) 보호(Protection): 2차 손상 방지를 위해 부목보호나 살균용 거즈를 대고 드레싱

(2) 휴식 및 안정(Rest): 출혈, 염증, 부종, 조직 손상 방지

(3) 냉각(Icing): 가벼운 상해에는 24~48시간, 심한 경우 72시간 냉각(통증 경감, 부종 억제, 출혈 억제)

(4) 압박(Compression): 지혈, 부종 억제 위해 탄력 붕대나 테이프로 압박

(5) 거상(Elevation): 환부를 심장보다 높게 위치(과잉 출혈 억제와 부종 최소화)

3) 응급처치의 기본 원칙

일반적으로 응급환자가 발생하면 침착하고 신속하게 주변 상황과 영유아의 상태를 관찰한 후에 무엇을 할 것이며 무엇을 하지 말아야 할지를 판단해야 하고, 그러한 판단에 따라 응급처치를 하게 된다. 응급상황에서 기본적으로 실시하는 응급처치의 일반적인 원칙은 다음과 같다.

(1) 기도 유지

인체의 세포 중에서도 뇌세포에 산소 공급이 5분 이상 차단되면 심각한 손상을 받을 수 있다. 흔히 외부에 생긴 출혈 상처에 치중하여 흉곽이나 기도 손상을 그냥 지나쳐버리는 수가 있다.

(2) 지혈

순환 혈액의 15% 이상을 잃으면 쇼크를 초래하고, 25% 정도를 잃으면 사망할 수 있다. 따라서 쇼크를 방지하기 위해 신속하게 지혈해야 한다. 출혈 상처가 겉으로 보이지 않는다고 해서 출혈이 없는 것은 아니므로 신체 전 부위를 자세히 살펴 형태가 변하거나 갑자기 부어오르는 부위가 있다면 내출혈을 의심해야 한다.

(3) 쇼크 예방

순환 혈액의 감소로 세포 대사 기능이 현저히 떨어지는 쇼크를 예방해야 한다. 쇼크 상태가 지연되면 치명적인 해를 입을 수 있다.

(4) 의식 상태와 신체 부위 관찰

유아에게 움직여보도록 지시하거나 유도해보아 의식 상태를 점검하고, 동공이 확대되거나 고정되지 않았는지 살펴야 한다. 동공을 살필 때는 손전등을 사용한다. 동공은 빛에 대해 신속하게 수축하는 성질이 있는데, 반응이 느리거나 고정되어 있다면 매우 위급한 증세이다. 동공을 살피는 일은 병원에 옮기기까지 수시로 이루어져야 한다.

(5) 상처 보호

상처가 감염되지 않도록 가능한 한 멸균 조치를 취한다. 상처에 아무 약이나 바르지 말고 오염을 방지하기 위해 깨끗한 거즈로 살짝 덮어준다. 골절이 의심될 때에는 손상 부위에 부목을 대어주고 손상 부위를 높게 유지시킨다.

(6) 통증과 불안 감소

통증이 있으면 불안이 커지게 되고 불안하면 통증이 커지게 된다. 응급조치를 취하는 사람의 임무 가운데 하나는 환자의 불안과 고통을 덜어주는 것이다. 처치자의 불안한 모습은 환자를 더욱 당황하게 한다는 것을 기억하고 환자를 충분히 안심시키고 되도록 환자 곁을 지키면서 통증이 있는 부위를 정확하게 살펴야 한다.

4) 응급상황에 대한 교사의 역할

교사는 일반적인 유아기의 질병에 대한 지식을 숙지하고 질병의 증상에 대해 알아야 한다. 아픈 유아가 있을 경우 보살펴야 하므로 온도계와 약, 기구를 사용하는 법을 알아야 한다. 또한 안전하게 약을 주고 증상 점검목록에 기록해야 한다. 유아 상해보험 신고 전화 및 보고서와 비상연락망 및 응급처치 동의서를 기록할 수 있어야 한다.

(1) 응급처치를 위해 알아두어야 할 사항

아무리 긴급한 상황이라도 처치자 자신의 안전과 현장 상황의 안전을 확보해야 한다. 부상자를 위험지역에서 안전지역으로 옮기거나, 부상자 주위에 있는 위험물을 제거하고, 교통사고, 추락 등의 경우 안전구역을 확보해야 한다. 또한 현장에서 함부로 사망했다고 판단하여 생명을 유지할 수 있는 기회를 놓치지 말고, 전문가가 판단하기 전까지는 적극적인 응급처치를 시도해야 한다.

그리고 원칙적으로는 의약품을 사용하지 않는다. 의식이 혼미한 환자에게 의약품 투여로 기도폐쇄를 발생시켜 더 위험한 상태에 이르게 한다든지 복통, 설사 등이 진행되는 환자에게 정확한 진단을 받기 전에 진통제 등을 투여하여 환자상태를 혼란에 빠뜨리지 말아야 한다. 응급상황이 발생했을 경우 전문 의료인의 의료지도에 의한 투약 외에는 원칙적으로 현장에서 의약품 사용을 하지 말아야 한다.

환자가 의식이 있더라도 복부에 심한 상처를 입었거나, 심한 출혈이 있는 부상자에게 음식물을 주어서는 안 된다. 특히 의식이 혼미한 환자의 경우 음식물로 인해 기도폐쇄의 우려가 있을 뿐 아니라, 응급수술이나 중요한 검사의 지연을 초래할 수 있다. 응급수술이나 중요한 검사의 경우는 몇 시간 이상의 공복상태를 유지할 필요가 있는 경우가 많다. 음식물을 섭취할 경우 음식물로 인해 중요한 수술이나 검사가 지체될 수 있음을 인식해야 한다. 특히 활력징후에 영향을 미치는 알코올 등을 주어서는 안 된다.

응급처치 시 긴급을 요하는 환자부터 처치한다. 호흡정지, 심한 출혈, 쇼크, 음독 등 가장 긴급을 요하는 환자부터 처치하고, 도움을 요청할 경우 사고의 경위, 환자의 상태 및 응급처치의 내용 등을 알려야 한다. 119에 신고하거나 의료기관에 도움을 요청할 경우 정확한 환자상태 및 응급처치 내용 등을 알리고, 구조자가 도착하기 전까지 의료상담을 통해 응급처치를 도움받도록 한다.

응급처치 후 반드시 전문 의료인에게 인계해 전문적 진료를 받도록 한다. 교통사고 등으로 환자가 의식 소실이 있는 경우, 임시적으로 현장에서 응급처치를 하여 의식이 회복되었다고 방심해서는 안 된다. 반드시 전문 의료인에게 인계하여 환자의 상태를 관찰하고 적절한 치료를 받도록 해야 한다.

(2) 응급상황 발생 시 해야 할 일

영유아의 상태를 평가하되 영유아를 무리하게 움직이지 말고 호흡을 확인하고 맥박을 잰다. 의식이 또렷한지 확인한 후 출혈이나 상처가 있는지 확인한다. 약물 중독의 징후가 있는지 확인한다. 도움을 요청하고 응급 구조원이나 의사의 지시에 따르며 유아를 안정시킨다.

① **심폐소생술**(CPR: Canadian Pacific Railway; cardiopulmonary resuscitation)

심폐소생술은 훈련을 받은 사람이 시행해야 한다. 우선 의식을 확인한 후 의식이 없으면 119에 즉시 신고해야 한다. 의식을 잃은 사람은 혀가 뒤로 말려 숨을 쉴 수 없기 때문에 머리를 뒤로 젖히고 턱을 들어주면 숨을 쉴 수 있다. 어린아이는 아래턱만 살짝 들어주어도 된다. 환자의 입과 코 근처에 뺨과 귀를 가까이 대고 3~5초 동안 숨을 쉬는지 들어보고 느껴보면서 눈으로는 환자의 가슴이 움직이는지 확인한다.

환자가 숨을 쉬지 않으면 숨을 불어넣어주어야 하는데, 가장 많이 쓰는 방법은 입으로 숨을 불어넣어주는 방법이다. 우선 이마를 누르면서 턱을 들어

숨길을 열어준 다음 환자의 입을 벌린다. 환자의 코를 막고 자신의 입을 환자의 입에 밀착시킨다. 공기를 서서히(어른: 1.5~2초, 어린이: 1~1.5초) 불어넣어주고, 잡았던 코를 놓고 입을 떼어 들어간 공기가 나올 수 있도록 한다. 입으로 인공호흡을 할 수 없을 때에는 입을 막고 인공호흡을 할 수도 있다.

심장이 뛰는지 확인하기 위해 맥박을 만져보면서 환자가 조금이라도 움직이는지 살펴보아야 한다. 맥박은 어른의 경우목(경동맥)에서, 유아는 팔꿈치(상완 동맥)에서 잘 만져진다. 그 다음으로 압박지점을 확인하는데, 쉽게는 가슴 한가운데를 눌러 주면 되지만 오른쪽과 왼쪽의 갈비뼈가 만나는 곳(검상돌기)에서 두 손가락 넓이만큼 위의 지점이 정확한 위치이다. 심장이 멈춘 환자의 피가 멈추지 않게 하기 위해서는 계속 가슴을 눌러주어야 한다. 눌러줄 곳 위에 한 손을 올려놓고 그 위에 다른 손을 올려놓거나 깍지를 낀다. 손가락이 가슴에 닿지 않도록 조심하면서 가슴이 1/3 정도(1.5~2인치=3.8~5.1cm) 들어가도록 눌러준다. 구조자의 어깨가 압박점 위에 오게 하고 팔꿈치를 곧게 펴 체중을 실어 눌러주어야 한다. 혼자서 시행할 때는 가슴 눌러주기 30회에 숨 불어넣기 2회를 주기적으로 반복해주어야 한다. 1분 동안 심폐소생술을 시행한 후에 다시 맥박과 호흡을 평가하고, 회복되지 않았을 경우 119구급대가 도착할 때까지 계속 시행한다.

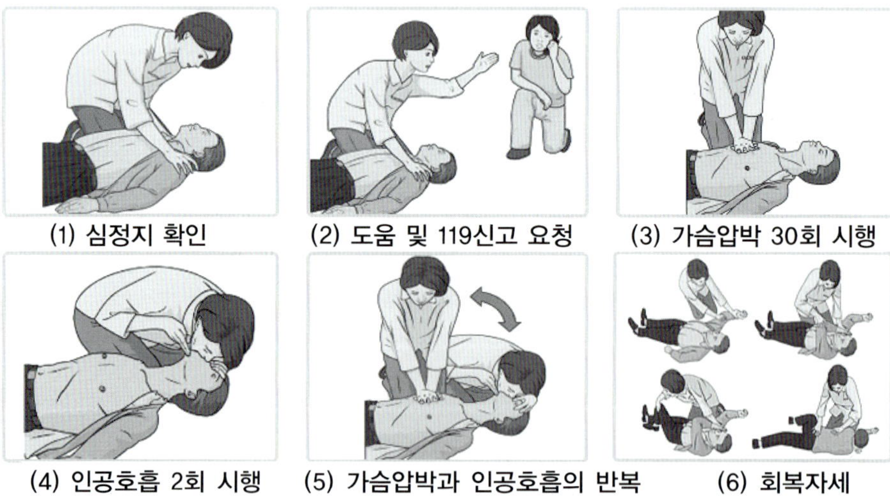

(1) 심정지 확인 (2) 도움 및 119신고 요청 (3) 가슴압박 30회 시행

(4) 인공호흡 2회 시행 (5) 가슴압박과 인공호흡의 반복 (6) 회복자세

출처: 대한심폐소생협회.

② 다친 유아 옮기기

상처가 심할 때는 가능한 한 유아를 움직이지 말고 의료진이 도착할 때까지 기다리는 것이 좋다. 그러나 유아를 위험으로부터 보호해야 하거나 도움을 기다릴 수 없는 상황일 때에는 다음의 순서에 따라 유아를 옮기도록 한다.

- 유아를 움직이기 전에 필요한 응급처치를 실시한다.
- 유아를 들것으로 옮기는 것이 아니라 들것을 유아 가까이 가져간다.
- 필요하다면 떨어지지 않도록 들것에 유아를 묶는다.
- 들것이 없을 때에는 문이나 다리미판 등으로 들것을 만들어 긴 자루와 담요가 있으면 두 개의 자루 사이에 담요를 감아 들것을 만든다.
- 가능한 한 무게가 골고루 분포되도록 서서히 들어올린다.
- 만일 머리나 목, 척추 등에 손상이 있는 것으로 추정되면 베개나 옷 뭉치로 머리를 고정하고 가능한 한 머리와 몸을 일직선이 되도록 유지한다.

이때는 다음과 같은 사항에 주의해야 한다.

- 생명을 구하는 데 필수적인 상황이 아니라면 유아를 움직이지 않는다.
- 어떠한 일이 있어도 유아의 머리를 세우지 않는다.
- 머리 밑에 베개를 받치면 치유가 불가능한 척추 손상을 야기할 수 있다.
- 유아의 머리를 흔들지 않는다.
- 머리와 발을 잡고 유아를 들어 올리지 않는다.
- 유아의 척추를 앞으로 굽히지 않는다.

③ 응급실로 이동하기

만일 다음과 같은 증상을 보일 때에는 즉시 119구조대나 가까운 병원 응급실에 연락하고 이동한다.

- 호흡이 멎었을 때
- 의식을 잃었을 때
- 심한 출혈을 동반한 깊은 상처가 있을 때
- 뼈의 골절이 의심될 때

- 눈에 화학 약품이 들어갔을 때
- 동물이나 뱀에게 물렸을 때
- 독극물을 마셨을 때
- 눈이나 귀에 관통상을 입었을 때
- 치아가 빠졌을 때
- 물에 빠졌다가 구조되었을 때(외상이 없어도 진찰을 받는 것이 좋다)
- 심각한 알레르기 반응을 보일 때
- 비정상적으로 졸거나, 달랠 수 없을 정도로 어쩔 줄 몰라 하며 울며 보챌 때

④ 응급실에서의 적절한 조치

응급실에 도착하면 사고의 경위와 유아의 상태를 보고해야 한다. 이때 응급실에서는 적절한 조치를 취하기 위해 환자를 3가지 유형으로 분류한다.

㉠ 급성 응급상태

생명을 위협하는 응급상태로, 즉각적인 처치를 하지 않으면 환자가 사망할 수 있는 상태(기도폐쇄, 심장마비, 호흡곤란이나 가슴의 통증, 쇼크, 의식불명, 개방성 흉부손상, 시력상실, 정신적인 황폐 등)

㉡ 긴급성 응급상태

몇 시간 내에 처치가 필요한 응급 상태(장출혈, 뇌졸중, 심한 통증, 갑작스런 마비, 계속되는 메스꺼움과 구토와 설사 등)

㉢ 비긴급성 응급상태

몇 시간 처치를 지연해도 생명에는 지장이 없는 상태(연조직 손상, 순환장애가 없는 사지 골절 등)

⑤ 다친 유아의 회복 돕기

다친 유아 곁에 있어주고, 간단한 설명으로 유아를 안심시킨다. 필요할 때는 간호사의 도움을 받는다. 얼마나 아픈지 정직하게 말해주고 유아가 울고 싶어 하면 울게 한다. 보호자가 두려워하면 유아가 더 놀라게 되므로 평정을 유지한다. 처치 절차에 대해 물어보거나 자기 생각을 이야기하는 것도 좋다.

02 영유아의 응급상황을 위한 준비

가정이나 학교, 직장에 꼭 필요한 약과 기구를 항시 정비해 갖추어놓는 것은 매우 중요하다. 기본적으로 준비해두면 유용한 것을 정리하면 다음과 같다. 이러한 품목은 아주 기본적인 것으로 필요에 따라, 개인 및 가족의 병력에 따라 더 준비해야 한다.

표 6-1 기본적으로 갖추어야 할 구급의약품

의료용 재료	외용제	내용제
• 면붕대 • 면거즈 • 삼각붕대, 탄력붕대 • 가위, 칼 • 핀셋, 족집게 • 반창고 • 일회용 장갑 • 일회용 반창고 • 부목으로 쓸 수 있는 나무판	• 소독약: 과산화수소, 베타딘 • 항생제가 들어 있는 외상용 피부 연고제 • 스테로이드가 들어있는 피부 연고제 • 근육 마사지용 연고 • 화상용 바셀린 거즈 • 관장약 • 벌레 물린 데 바를 연고 또는 파스 • 생리식염수, 안연고 • 액체 안약, 칼라민 로션	• 해열제: 타이레놀 물약(시럽), 좌약 • 소화제: 소화기 계통 약, 물약 • 제산제

출처 : 임미혜 외(2006).

1) 비상약품의 종류

(1) 외용약

먹지 않고 피부 및 점막에 사용하는 약들의 총칭으로, 안약을 제외하고는 눈에 들어가면 안 된다. 모든 외용약은 사용 전에 해당 부위를 먼저 청결하게 해야 한다. 외용약을 두 가지 이상 혼용하여 사용해서는 안 된다. 화상은 흐르는 차가운 물에 충분히 열을 식히는 것이 중요하며, 생리식염수 외의 외용약을 사용하지 않고 병원으로 가는 것이 치료를 위해 더 좋다. 출혈이 있더라도 꿰매야 하는 상처의 경우 상처부위에 가루약, 연고 등을 바르면 꿰매는 데 어려움이 있을 수 있으므로 주의한다.

(2) 내복약

먹는 약의 총칭으로, 먹는 약과 먹는 약 사이에는 6시간 이상의 간격이 필요하다. 약을 먹은 후에는 세밀하게 상태변화를 관찰해야 한다. 약을 먹일 때 코를 잡고 먹이거나 목을 뒤로 꺾고 먹이는 것은 기도 흡인의 위험이 있어 사용하지 않는 것이 좋다. 약을 우유, 요구르트 등 유제품에 타서 먹이지 말아야 한다. 하지만 필요한 경우 설탕물을 약하게 하여 사용하는 것은 가능하다. 약의 부작용을 알고 있어야 하며, 용법과 용량을 알고 지켜야 한다. 사용한 후에는 뚜껑을 꼭 닫아서 보관한다. 약의 효능과 성분, 주의사항이 적혀 있는 안내서를 버리지 말고 함께 보관하도록 하고, 규정된 용량과 횟수를 지켜 과잉복용으로 부작용을 일으키거나 용량 미달로 면역만 감소시키는 일이 없도록 주의한다. 약품을 쓸 때에는 사용상 주의할 점과 사용법, 분량을 정확히 알고 사용한다. 비상약은 말 그대로 비상약이므로 수회 복용하지 않도록 주의한다.

2) 응급상비 구급상자

구급상자, 응급처치법 책자, 작은 여행용 티슈, 가위, 핀셋, 작은 플래시, 호루라기, 체온계, 어린이용 항문용 체온계, 얼음주머니, 스푼, 소독용 바늘, 비닐봉지, 일회용 장갑, 종이컵, 성냥, 면도칼, 설압자, 소독된 거즈, 소독된 붕대, 일회용 반창고(일회용밴드), 반창고, 소독된 솜, 소독된 면봉, 소독약(알코올, 과산화수소 등), 항생제 연고, 칼라민로션, 물파스 및 파스, 바셀린 연고, 소화제, 해열진통제(아스피린, 타이레놀 등), 어린이용 관장용 해열제, 지사제(설사약), 변비약, 기침약, 감기약, 항히스타민제(알레르기 반응 시), 멀미약, 항생제(항생제는 꼭 필요한 경우에 의사와 상의한 후 복용해야 하며, 그렇지 않으면 항생제에 대한 내성만 더욱 높아지게 되므로 매우 조심해야 한다)

03 증상에 따른 영유아 응급처치 방법

1) 화상을 입었을 때

불, 뜨거운 증기, 기름, 물, 주방기구 등에 의해 화상을 입으며, 주로 어린아이들에게 많이 발생한다. 어떤 정도의 화상이든 먼저 화상부위를 차게 해야 한다. 화상 부위를 흐르는 찬물 속에 넣어 적어도 10분 동안 담가야 한다.

(1) 일반적인 화상

열에 의한 화상과 불꽃 등에 의한 화상은 가능한 한 피부에서 빨리 열을 없애는 것이 필요하므로 열에 의한 화상 부위를 빨리 깨끗한 냉수로 15분 이상 차게 한다.

가까이에 수돗물 등이 없는 경우 또는 병원 등으로 이송할 경우에는 상처부위를 가능한 한 청결한 냉수에 충분히 담근 수건 등을 대고 15분 이상 차게 한다. 화상 위의 상처가 부풀어 오르기 전에 반지, 시계, 벨트 등을 조심스레 제거해야 한다(의복은 제거하지 않는다). 상처부위는 깨끗하고 가능하면 멸균 처리된 보푸라기가 없는 거즈로 덮어야 한다. 얼굴에 난 화상은 환자가 숨을 쉴 수 있도록 구멍을 낸 거즈를 덮는다. 물집은 터뜨리지 말고, 화상부위에 딱 붙어 있는 물질들은 떼어내지 않도록 한다.

(2) 약품에 의한 화상

산과 알칼리에 의한 화상은 그 약액이 피부에 침투해서 피부 깊숙이 도달하는 위험이 있기 때문에 재빠르게 수돗물 등으로 약액을 씻어 흐르게 하는 것이 필요하다.

약품이 묻은 의료와 신발 등은 가능한 한 빨리 제거하고 20분 정도 물로 씻는다. 약품이 눈에 들어간 경우는 얼굴 전체를 세면기 등에 넣고 수돗물을 천천히 흘리면서 눈을 떴다 감았다 하면서 약 20분 이상 씻어낸다.

(3) 화상 부위의 보호

화상 부위를 물 등으로 충분히 차게 하여 씻어 내린 후에는 감염방지 등을 위해 멸균거즈 또는 깨끗한 포를 화상 면에 대고 그 위에 삼각건, 붕대, 타월, 수건 등으로 감는다. 또한 화상 면의 소독은 긴급히 의사의 치료를 받을 수 없는 경우 소독약(무색으로 액체의 것)으로 화상 면 및 그 주위를 소독한다.

(4) 응급처치방법(질병관리본부)

① 영유아 열창화상예방을 위한 안전수칙

- 물이 빠르게 뜨거워지는 개수대나 흐르는 물에서 아이를 씻기지 말고, 욕조에 물을 받아 사용한다.
- 아이를 욕조에 두기 전에 물의 온도를 확인한다.
- 아이가 욕조에 있을 때는 자리를 비우지 말고 아이를 잘 지켜본다.
- 뜨거운 음식, 음료 등은 아이들의 손이 닿지않는 곳에 놓아둔다.
- 유모차의 컵홀더에는 차가운 음료만 보관한다.
- 아이를 안은 채로 뜨거운 음식을 먹지 않는다. 아이가 갑자기 움직이면 위험하다.
- 아이들이 쉽게 잡아당길 수 있는 식탁보나 식탁매트는 사용하지 않는다.
- 손잡이가 있는 도구를 가열할 때는 아이들의 손이 닿지 않도록 손잡이를 안쪽 방향으로 돌려놓는다.

② 화상 부위가 깊어지고 넓어지는 것을 막는 화상 응급조치법

- 불이 났을 경우 불을 무리하게 끄려고 시도하지 말고, 즉시 화재 현장에서 벗어나 침착하게 대처한다.
- 옷에 불이 붙은 경우 몸을 바닥에서 굴러서 불을 끈다.

- 불에 탄 옷은 벗는다. 만약 옷에 살이 붙었다면 즉시 병원을 방문하게 한다.
- 화상을 입은 부위는 흐르는 수돗물로 10~15분간 열을 식혀준다.
- 통증을 유발할 수 있으므로 얼음물로 화상 부위를 식히지 않는다.
- 물집이 생긴 경우 무리해서 터뜨리지 말고 그대로 둔 채 전문가와 상의한다.
- 소주, 된장 등 민간 응급처치법은 감염의 우려가 있으므로 절대 사용하지 않는다.

2) 열로 인한 질환 발생

(1) 열 경련

더운 기후나 심한 운동 후에 주로 나타나며, 땀을 흘림으로써 신체의 전해질을 변화시켜 손과 발, 복부에 경련을 일으키는 것으로 때로는 어지러워 쓰러질 수도 있는 증상이다. 이때는 환자를 그늘지고 시원한 장소로 옮겨서 편안한 자세를 취하게 해주고 의식이 있는 경우 입으로 이온음료를 마시게 한다.

(2) 일사병

열 손상 중 가장 흔히 발생하는 것으로, 더운 곳에서 열심히 운동을 했거나 장시간 햇볕을 쬐면 일어난다. 토할 것 같은 느낌과 어지러움, 두통, 경련, 일시적으로 쓰러지는 등의 증상을 나타낸다. 시원한 장소로 옮긴 후 편안한 자세로 눕게 하고 옷을 벗겨준다. 부채질을 해주거나 이온음료 또는 물을 주되, 의식이 없으면 입으로는 아무것도 주지 않는다. 일사병은 보통 시원한 곳에서 안정시키면 좋아지는 경우가 많으나 주위가 덥고 의식이 없어졌다고 하여 다 일사병은 아니므로 의식이 없는 환자는 의료기관에서 확인하는 것이 중요하다.

(3) 열사병

흔히 일어나지는 않지만 치료하지 않으면 매우 위험한 병으로, 격렬한 신체 활동이 있으면서 밀폐된 공간에서 자주 발생하고 때로 잠긴 차량 안에 갇힌 어린이에게서 많이 발생한다. 이런 환자들은 피부가 뜨겁고 건조하며, 붉은색을 띠고, 땀을 흘리지 않는다. 시원한 장소로 환자를 옮긴 후 옷을 벗기고 젖은 수건이나 담요를 덮어주고, 부채질을 해주고, 가장 중요한 것은 체온을 내려주는 것이다. 그리고 병원으로 이송하여 신속히 치료를 받게 해야 한다. 열사병 환자는 몸의 표면보다 중심 체온이 상승한 것이 근본적인 문제로서 겉의 피부만 시원해서는 근본적 처치가 되지 않는다. 즉, 얼음물로 환자의 체온을 낮추려고 하다가는 몸 표면의 혈관이 수축되어 몸 안의 열이 잘 발산되지 않는다. 따라서 혈관이 수축되지 않을 정도의 너무 차갑지 않은 물로 자주 닦아주고, 바람을 일으켜 열이 증발할 수 있도록 도와주어야 한다.

3) 뱀에게 물렸을 경우

뱀에게 물리는 사고는 야외활동이 많은 계절에 일어날 수 있다. 뱀은 대부분 숨어서 지내고 있으므로 뱀을 밟는다든지 우발적인 위협을 주지 않는 한 물지 않는 특징이 있다. 뱀에 물렸다고 모두 독사는 아니나, 이에 준해 응급처치를 해야 한다.

(1) 증상

뱀에게 물렸을 경우 물린 부위의 부종 및 변색과 열이 발생한다. 특히 물린 부위에 독이 투입되면 심한 통증이 일어나고, 반상출혈이 나타날 수 있으며, 쇼크 등이 유발될 수 있다. 만약 환자가 뱀에게 물린 뒤 1시간이 지나도록 물린 부위에 부종, 변색, 심한 통증과 같이 독에 의한 조직손상이 나타나지 않았다면 교상 시 독이 투입되지 않은 것으로 생각해도 된다. 그러나 독의 자국이 선명하게 있다면 독사에게 물린 것으로 생각하고 응급처치를 해야 한다. 뱀에게 물렸을 경우 나타날 수 있는 증상을 살펴보면 다음과 같다.

① 한 쌍의 뚫린 이빨 자국이 있다.
② 물린 자리가 심하게 아프다.
③ 물린 주변이 빨개지고 심하게 붓는다.
④ 토하거나 구역질을 한다.
⑤ 숨을 깊게 쉬거나 심한 경우 숨이 멎는다.
⑥ 앞이 잘 안 보인다.
⑦ 땀과 침이 많이 흐른다.

(2) 응급처치

손상부위를 심장보다 낮게 하고, 가능한 한 빨리 도움을 요청하고, 최대한 빨리 의료기관으로 이송해야 한다. 우선 환자를 뱀이 없는 안전한 곳으로 옮긴 후 환자를 안정시키고 물린 팔 또는 다리를 심장보다 낮게 위치시킨다. 비누는 독소를 불활성화시킬 수 있으므로 상처를 비누와 물로 씻는다. 물린지 15분 이내인 경우에만 다음의 처치를 실시한다. 물린 부위의 10cm 위쪽(심장에 가까운 쪽)을 폭 2cm 이상의 넓은 끈이나 천으로 묶는다. 손가락 하나가 통과하도록 느슨하게 묶어야 하며, 절대로 꽉 조이지 않도록 해야 한다. 병원까지의 거리가 먼 경우(1시간 이상)에는 진공흡입기를 이용하거나 입으로 독을 빨아낼 수 있다. 입에 상처가 있거나, 치아가 다친 사람은 절대 입으로 독을 빨아내서는 안 된다. 환자를 주의 깊게 관찰하고, 입으로 물이나 음식을 주지 않는다. 어지럼증을 호소하는 경우 환자를 반듯이 눕히고, 구토가 일어나면 몸을 옆으로 기울여준다.

(3) 주의사항

① 뱀에게 물렸을 경우 상처부위를 절개하여 빨아내는 것은 도움을 줄 수도

있지만 확인된 사항은 아니다. 특히 입에 상처가 있는 상태에서 시행하면 구조자의 몸에도 독이 흡수될 수 있다는 것을 명심해야 한다. 혈관, 신경 등 구조물을 손상할 뿐 아니라, 2차 감염이나 파상풍의 위험이 더 커지게 되므로 상처를 칼로 절개하지 않는다.

② 여러 민간요법이 내려오지만 된장, 간장 등 다른 물질을 상처에 바르는 것은 결코 도움이 되지 않는다. 오히려 상처를 자극하고 감염시키기 쉽다.

③ 구강을 통해 어떤 것도 복용시키지 않는다(특히 알코올은 독이 온몸으로 빨리 퍼지게 하므로 절대 안 된다).

④ 환자가 불안감 때문에 구토할 경우 머리를 옆으로 돌려 기도가 막히는 일이 없도록 한다. 상처에 직접 얼음을 대지 않는다. 냉찜질은 통증을 어느 정도 완화할 수 있으나, 독의 흡수를 지연시키는 효과는 없으며, 오히려 상처 부위의 손상을 가중시킬 수 있다.

4) 벌에 쏘였을 경우

보통 동물이나 벌레는 다치게 하거나 자극받기 전에는 거의 공격하지 않는다. 따라서 일반상식에 따라 행동하면 물리거나 쏘이는 것을 예방할 수 있다. 산이나 들에서 벌이 많이 활동하는 계절뿐 아니라 최근에는 도심 속에서도 간혹 벌떼소동으로 혼란을 주기도 한다. 벌에 쏘이면 그 부위가 붓고 아프다. 벌에는 꿀벌과 말벌이 있어 침을 쏠 때, 꿀벌은 침이 살에 꽂히는 반면 말벌은 그냥 찌르기만 한다. 어떤 벌이든 쏘인 자리가 붓고, 가렵고, 아픈 경우가 대부분이고 때로는 두통, 어지럼증, 구토, 호흡곤란 및 심하면 쇼크 증세까지 보인다. 드물게는 과민성 쇼크 증세로 사망에 이를 수도 있다.

(1) 응급처치

환자를 벌이 없는 안전한 곳으로 옮기고 119 또는 1339에 연락한다. 상처를 비누와 물로 씻고, 통증이 심한 경우 얼음을 주머니에 싸서(피부에 직접 닿지 않게) 대준다. 알레르기 반응이 나타나는 경우 신속하게 병원으로 이송해야 한다. 구급차가 도착하기 전까지는 환자를 반듯이 눕히고 입으로 아무것도 섭취시키지 않는다.

① 벌에 쏘인 자리는 얼음주머니를 대주어 독에 의한 부기를 가라앉힌다(이는 통증을 감소시켜 준다).
② 꿀벌에 쏘인 경우 침이 박혔는지 살펴보아 침을 제거한다.
③ 호흡곤란 등 과민성 쇼크 증상이 보이는지 지속적으로 관찰한다.
④ 통증이나 부기가 계속되면 병원으로 이송한다.

(2) 주의사항

벌침이 박힌 자리는 핀셋이나 손톱으로 제거하려고 하면 벌침이 더 들어가거나 독주머니를 눌러 독을 주입하게 되는 경우가 있으므로, 바늘이나 칼로 긁어주는 것이 좋으며, 얇은 신용카드 등으로 긁어서 제거할 수 있다.

5) 과호흡증후군 응급처치

가슴에 통증이 생기거나 팔다리가 꼬이는 느낌이 들며, 숨이 매우 빨라지는 증상을 나타낸다. 증상이 발생하면 일단 자리에 똑바로 눕힌 후 꽉 조이는 옷은 느슨하게 하는 등 심신의 안정을 취하도록 한다. 천천히 심호흡을 하도록 유도하며, 코로 숨을 들이쉬게 했다가 입을 오므려 천천히 내쉬게 한다. 증상이 심하면 비닐봉지를 너무 밀착되지 않는 범위에서 코, 입에 대어 그 속에서 재호흡을 하게 한다. 비닐봉지는 환자가 거부감을 느끼지 않도록 어두운 색이 아닌 밝은 색을 사용하며, 너무 꽉 대지 말고 느슨하게 하여 밖의 공기도 일정량 흡입이 가능하도록 한다. 인공호흡은 환자에게 치명적일 수 있으므로 증상을 세심히 살핀 후 응급처치를 하도록 한다. 증상이 호전되지 않는 경우에는 바로 119나 가까운 병원으로 연락한다.

과호흡증후군은 이유도 없이 답답하게 느껴지고, 그 답답함에서 벗어나려고 열심히 호흡을 하는 동안 더욱더 답답해져서 흥분상태에 빠지고, 때로는 실신하는 경우가 있다. 지나친 호흡운동에 따라 몸 안의 이산화탄소가 밖으로 너무 많이 나와서 일어나는 경우다. 불안감이나 스트레스 등이 주원인인데, 특히 신경이 예민한 젊은 여성에게서 주로 발생한다.

6) 이물질이 목에 걸렸을 때

아이들이 구토를 하면서 음식 찌꺼기가 기관지에 들어갔을 때 또는 단추나 땅콩, 동전 같은 이물질을 입에 넣었을 경우에 발생할 수 있다. 목에 걸렸을 때는 눈동자가 풀어지고 괴로워하며, 기관지가 막혔을 때는 격심한 기침과 함께 호흡곤란이 오며 순식간에 얼굴빛이 변하게 된다. 이런 상태는 질식 일보 직전이므로 급한 상황이다. 이때는 아기를 거꾸로 세워 등을 세게 두드리고 아기의 얼굴을 옆으로 돌려 손가락을 입안에 넣어 토해내도록 한다. 호흡을 할 수 없고 맥이 풀려 얼굴과 입술 이 새파래졌을 때는 곧바로 인공호흡을 시키고 가까운 병원으로 빨리 데려가야 한다. 이물질이 식도에 들어갔더라도 건강하고 이상이 없을 때는 4~5일 동안 매일 변을 살펴서 배출되는지 확인하며, 도중에 걸려 나오지 않을 때는 의사와 상담해야 한다.

(1) 기도폐쇄의 구분

이물질에 의한 기도폐쇄는 부분폐쇄와 완전폐쇄로 나눌 수 있다. 기도가 부분적으로 폐쇄되어 있는 환자에서는 일단 환자의 환기상태를 평가한다. 환자가 의식이 있고 말을 할 수 있거나 기침을 하면 기도가 부분적으로 폐쇄되어 있으며 비교적 환자 상태가 양호하다고 판단할 수 있다. 그러나 의식이 없거나 발성이나 기침이 불가능한 경우 또는 청색증이 발생한 경우에는 기도가 완전히 폐쇄되어 있거나 환기상태가 불량하다고 판단할 수 있다. 기도폐쇄가 의심되는 환자를 발견하면 즉시 응급의료체계에 구조를 요청한다. 환기상태가 양호하고 의식이 있는 환자에서는 환자의 상태를 관찰하면서 계속 기침을 하도록 유도한다. 부분 기도폐쇄된 경우 절대로 등을 두드려주는 행위를 해서는 안 된다. 지속적인 기침 후에도 이물질이 배출되지 않는 경우, 발성이 불가능해지는 경우, 흡기 시에 고음의 소리가 들리는 경우, 기침이 점차 약해지는 경우, 청색증이 발생한 경우, 의식이 혼미해지는 경우에 는 완전폐쇄로 진행되는 것으로 판단해야 한다. 환기상태가 나쁜 부분폐쇄 환자는 완전폐쇄 환자와 같은 방법으로 응급조치를 한다.

(2) 구강 내 이물 제거

이물질이 구강 내에 위치하여 기도가 폐쇄된 환자에 대한 응급조치로서 환자의 구강 내에 구조자의 손가락을 넣어 이물을 제거하는 방법이 있다. 이 방법은 의식이 없는 환자에게 기도폐쇄가 의심될 때 최초로 시행되어야 한다. 손가락으로 이물질을 제거할 때는 먼저 환자의 입에 엄지손가락을 넣은 후 엄지손가락과 검지를 사용하여 환자의 하악골을 잡은 후 하악골을 들어 올린다. 이러한 조작을 하면 환자의 혀가 인두로부터 들어 올려져 기도가 열리게 된다. 하악골을 들어 올린 후 다른 쪽 손의 검지를 환자의 구강 가장자리를 통해 구강 내 깊숙이 넣은 후 환자의 구강을 훑어내어 이물질을 제거한다. 이때 구강 내 이물질이 기도의 더 깊은 곳으로 이동하지 않도록 주의한다. 구강 내에 이물질이 있지만 손가락 끝에 만져지는 이물질을 손가락으로 꺼내려 하면 이물질이 밀려들어가 기도를 완전히 폐쇄할 수 있다. 환자가 의식이 있을 때는 절대 손가락으로 이물질을 제거해서는 안 된다.

(3) 하임리히법(상복부 밀쳐 올리기)

환자의 이물에 의한 기도폐쇄 여부를 확인하여 부분 기도폐쇄일 경우에는 기침을 유도하고 위에 서술한 대로 처치한다. 이물질이 구강보다 깊은 곳에 위치하여 기도가 완전히 폐쇄된 환자에게서 기도 내 이물질을 제거하기 위한 방법이 하임리히법(상복부 밀쳐 올리기)이다. 하임리히법은 횡격막을 급격히 상승

시킴으로써 기도 내 압력을 증가시켜 기도 내에 있는 이물이 밀려나오게 하는 조작이다. 환자의 검상돌기 하부에 한 손을 주먹 쥔 채로 대고 다른 한 손으로 그 위를 잡은 후, 후 상방으로 복부를 강하게 압박하는 방법이다. 하임리히법은 환자를 눕히거나 앉힌 상태에서도 할 수 있다. 구조자가 없는 경우에는 환자가 자신의 주먹을 쥐어 상복부에 위치시킨 채 강하게 자신의 배에 압박을 가함으로써 하임리히법을 시도할 수 있다. 하임리히법은 복부 및 흉부의 내부 장기를 손상시킬 수 있으므로 반드시 필요한 환자에게만 시도해야 한다.

하임리히법을 받은 환자는 내부 장기의 손상이 있는지 반드시 확인하는 과정을 거쳐야 한다.

(4) 이물질에 의한 기도폐쇄의 응급처치 요령

기도폐쇄는 수분 내에 사망을 초래할 수 있는 중요한 응급상황이다. 기도폐쇄의 가장 흔한 원인은 의식이 없는 환자의 혀에 의해 기도가 폐쇄되는 것이다. 이물에 의한 기도폐쇄는 매우 드물게 발생하는 것으로 알려졌다. 이물에 의한 기도폐쇄는 주로 소아나 노인에게서 주로 발생하며, 기도폐쇄의 조기 발견이 치료의 성패를 좌우한다. 따라서 소아에서 갑자기 호흡이 정지되고 청색증이 발생하며 의식이 소실되는 경우나 뇌졸중 등으로 연하장애가 있는 노인에서 급격히 청색증과 무호흡이 발행하는 경우에는 이물에 의한 기도폐쇄를 의심해야 한다.

(5) 영아의 기도폐쇄

소아나 성인의 경우 부분적인 기도폐쇄를 보이고 있고 똑바로 섰을 때 호흡을 정상적으로 하는 경우는 세게 기침을 하도록 유도하는 것이 가장 좋은 방법이다. 영유아의 경우 똑바로 서 있지 못하거나 기침을 유도할 수 없는 상황이 많다. 이러한 경우는 유아의 머리를 몸통보다 낮추고 아이의 얼굴을 아래로 향하게 한 다음 무릎을 세우고 한 손으로 아기의 얼굴과 몸통을 받쳐 무릎에 올려놓는다. 다른 쪽 손바닥을 이용하여 아이의 등 중심부분(견갑골 사이)을 손바닥으로 5회 세게 친다. 아이의 등을 때린 손을 아이의 등에 올려놓고 앞으로 뒤집는다. 이 경우도 머리가 몸통보다 낮게 위치해야 하고, 처치자의 손으로 아이의 코나 입을 막아 기도가 막히는 일이 없도록 주의한다. 다른 한 손의 검지와 중지를 이용하여 흉골 중앙을 빠르게 5회 밀쳐준다. 이물질이 나왔는지를 확인하고 아직 나오지 않았다면 아이의 기도를 개방하고 입을 아이의 입에 대고 두 번 불어준다. 그리고 이물질이 나올 때까지 이 과정을 계속 되풀이한다. 이물질이 제거된 후에는 아이의 기도를 개방하고, 호흡과 맥박을 확인하며, 호흡과 맥박이 없으면 심폐소생술(CPR)을 실시한다.

7) 타박상을 입었을 때

밖으로 상처가 보이지 않고 피하조직에 장해를 받은 것을 '타박'이라고 한다. 어딘가에 부딪히거나 넘어지거나 굴러 떨어져서 타박상을 입는 경우가 많다. 손발의 가벼운 상처라면 걱정 없지만 가슴, 배 등을 부딪쳤을 때는 때로 내장출혈을 일으킬 수도 있으니 주의가 필요하다. 타박상을 입었을 때는 환부를 높게 하고 청결한 물이나 붕산수 등으로 차갑게 한다. 붓거나 통증이 심할 때는 얼음찜질을 한다. 며칠 지나 통증과 열이 없으면 뜨거운 찜질로 바꾸어 응어리를 풀어준다.

8) 귀에 이물질이 들어갔을 때

귀에 벌레나 물이나 기타 이물이 들어갔을 때는 경우에 따라 방법을 달리해야 한다.

(1) 물이 들어갔을 때

물이 들어간 쪽의 귀가 밑으로 가도록 눕고 따뜻한 돌을 귀에 대고 있으면 물이 나온다. 또는 물이 들어간 쪽의 귀를 밑으로 하여 면봉으로 가볍게 수분을 흡수하도록 한다.

(2) 벌레가 들어갔을 때

귀를 밝은 쪽으로 향하게 하거나 손전등을 귀 가운데에 비추어 빛을 따라 나오도록 유도한다. 그래도 나오지 않으면 식용유나 알코올 한 방울을 귓속에 떨어뜨려 벌레를 죽게 한 후 꺼낸다.

(3) 기타 이물이 들어갔을 때

작은 콩이나 돌 같은 이물질이 들어갔을 때는 귀이개를 귀의 벽에 따라 넣어 이물의 뒤쪽에 대고 꺼낸다. 그러나 깊이 들어간 경우에는 병원에 가야 한다.

9) 눈에 이물이 들어갔을 때

눈은 가장 신경이 예민한 곳으로 작은 것이 들어가도 불편을 느끼게 된다. 안쪽은 점막으로 덮여 상하기 쉬우며, 마구 비벼대면 상처가 생기고 그곳에 세균이 들어가 염증이 생기거나 각막이 상하여 시력장애를 일으킬 수도 있다. 처치방법은 다음과 같다.

(1) 눈물과 함께 나오게 한다

눈을 감고 가만히 있도록 하면 저절로 눈물이 나와 웬만한 먼지나 티는 눈물과 함께 씻겨 나온다.

(2) 눈물로 안 되면 세안을 한다

우선 깨끗한 세숫대야에 수돗물을 틀어놓고 물속에 눈이 잠기도록 한 다음 눈을 깜박거리게 한다. 만약 이렇게 해도 안 될 때는 병원으로 가야 한다.

10) 코에 이물이 들어갔을 때

콩이나 유리구슬, 작은 돌멩이 등 이물질이 콧구멍에 들어가 나오지 않는 경우가 있다. 이런 경우 무리하게 빼내려고 하다 보면 오히려 깊게 들어가 버려 코의 점막을 손상시키게 된다. 기관에 들어갔을 때라도 작은 콩알 정도라면 움직이지 않도록 하고 안정을 취하여 병원으로 데리고 간다. 당황하여 거꾸로 세워 등을 두드린다든지 하면 오히려 나쁜 결과를 초래할 수도 있다. 우선 코의 한쪽을 누르고 코를 푸는 듯이 하여 빼내보도록 한다. 그래도 안 될 경우에는 의사에게 보여야 한다.

11) 가스에 중독되었을 때

가스중독 대부분은 가정에서의 연료 가스, 연탄 등에 의한 일산화탄소 중독이다. 어린 아기일수록 중독 증상이 심하게 나타난다. 두통, 현기증, 구토, 불규칙한 호흡 등이 나타날 수 있으며, 중증인 경우는 의식이 없어지고 경련, 호흡정지 등을 일으킨다. 곧바로 신선한 공기가 있는 곳으로 옮기거나 창문을 열어 방안의 공기를 환기시킨다. 호흡과 혈액순환을 돕기 위해 옷을 느슨하게 풀어주며, 몸을 따뜻하게 해준다. 의식이 있는 경우에는 심호흡을 시키며, 의식을 잃었을 때는 즉시 병원으로 옮겨 고압산소치료를 받도록 해야 한다.

12) 물에 빠졌을 때

아이들이 당하는 물에 의한 사고는 생각지도 못할 정도의 아주 적은 양의 물에서도 일어난다. 조금 남겨진 욕조 물, 대야 물, 세탁기에 담긴 물, 집안의 작은 연못에서도 일어나기 쉬우며, 물에 의한 사고는 때때로 호흡정지 상태가 되기도 한다. 아이를 물에서 건져냈을 때 만일 호흡이 중단되었다든지, 가냘프게만 호흡을 하고 있을 때(가사상태)는 인공호흡방법으로 숨을 쉬게 해야 한다.

13) 코피가 날 때

코피는 특히 겨울철에 자주 발생하는데, 비강이 건조하기 때문이다. 건조한 환경에서는 코 점막에 딱지가 생기기 쉽고 자기도 모르게 딱지를 떼어내어 점막에 상처가 생겨 코피가 난다. 또한 감기가 많이 걸리는 환절기에 코에 염증이 생기면 점막이 붓고 충혈되어 코피가 나기도 한다. 그러나 이러한 국소적인 증상 외에 다른 질병의 증상으로 코피가 나는 경우는 유심히 살펴 진료를 받아야 한다. 어디 부딪히지도 않았는데 피부에 반점이 생긴다든지 잇몸에 피가 자주 난다든지 쉽게 피곤해 하며 기운을 못 차리는 증상이 나타나면 단순 코피로 생각하지 말고 혈액학적 검사를 받아야 한다. 드물게는 백혈병이나 혈우병, 재생 불량성 빈혈 등의 혈액질환이 있을 경우 코피가 자주 나고 지혈이 되지 않는 경우가 있기 때문이다. 실제로 자주 코피가 나고, 잇몸의 출혈이 심하고, 상처가 났을 때 지혈이 다른 사람보다 늦게 되어 이상히 여겨 진찰한 결과 백혈병을 진단받기도 한다.

흔히 코피가 나면 목을 뒤로 젖혀 콧구멍을 휴지 등으로 틀어막고 콧잔등을 눌러 주거나 목을 두드리는 경우가 있는데, 이는 잘못된 방법이다. 머리를 뒤로 젖히게 되면 코피가 코 뒤로 흘러 숨 쉬는 기도를 막을 수 있어 위험한 상황이 될 수도 있다. 특히 노인이나 어린이는 호흡 조절 능력이 부족하여 코피가 기도로 넘어가 폐렴으로 발전하여 위험할 수 있다. 코피가 날 경우 삼키는 경우가 있는데, 피를 삼키면 속이 울렁거리고 토하게 되면서 혈압이 올라 멎었던 코피가 다시 터지기도 하므로 주의해야 한다. 그리고 코를 지저분한 휴지나 솜으로 막는 경우가 있는데, 잘못 시도할 경우 코 점막이 헐게 되어 코피가 반복적으로 날 수 있으므로 주의해야 한다.

올바른 응급처치는 우선 머리를 앞으로 숙여 코피가 목 뒤로 흘러 들어가지 않도록 한다. 목 주위의 옷을 느슨하게 하고 코를 풀지 않도록 한다. 양쪽 콧등을 손가락으로 5분 동안 세게 눌러서 피를 멈추게 한다. 이마나 양쪽 눈 사이에 찬 물건이나 얼음주머니를 대준다. 위의 방법으로도 멎지 않을 경우, 솜이나 바셀린 거즈로 코를 틀어막는다. 코피가 계속해서 멈추지 않을 때는 이비인후과 진료를 받는다.

14) 멀미를 할 때

차멀미는 시각과 평형감각(속귀에 있는 반고리관)과의 불일치나 기분적인 이유로도 일어나지만 멀미를 하기 쉬운 체질이나 환경도 있다. 멀미하기 쉬운 사람은 미리 멀미약을 먹거나 봉지를 준비해둔다. 또 몸을 조이는 복장이나 수면 부족, 스트레스가 쌓였을 때는 멀미를 하기 쉽다. 몸의 상태를 잘 조절하는 것도 중요하다. 큰 소리로 노래를 하거나 먼 곳을 바라다보는 것이 좋다. 벨트나 단추 등 몸을 꽉 죄는 것을 느슨하게 한다. 그래도 안 되면 차에서 내려 쉬어야 한다. 토하지 않고는 견디지 못할 경우는 무리하지 말고 비닐봉지에 토하는 것이 좋다. 토해버렸으면 입을 헹구든지 해서 기분을 바꾸어 편한 자세를 취하게 한다.

배를 탔을 경우에는 수평선을 바라보게 한다. 멀미가 나는 것을 생각하지 말고 잊도록 유도해야 한다. 버스인 경우는 창문을 열고 신선한 공기를 마신다.

15) 칼에 베였을 때

우선 의사의 진찰을 필요로 하는지의 여부를 판단하는 게 중요하다. 거즈나 손수건으로 한참 동안 누르고 있는 동안에 피가 멎고 상처가 원상태로 아물 것 같으면 가정에서의 처치로도 충분하지만, 출혈이 멎지 않고 내부의 조직이 터져서 보일 정도면 병원치료가 필요하다.

치료를 시작할 때는 먼저 양손을 깨끗이 잘 씻는다. 상처 부위가 흙이나 기름으로 더러워져 있을 때는 흐르는 수돗물이나 비누로 잘 씻어낸다. 그다음에는 소독액으로 잘 소독하여 청결한 거즈로 대고, 지혈을 위해 붕대를 좀 세게 감아준다. 단, 손가락의 경우는 끝을 조금 남겨두어 가끔씩 피부 색깔을 체크한다. 가볍다고 생각해도 거즈나 붕대에 곧바로 피가 배어나올 때는 지혈이 불충분하므로 한 번 더 상처를 단단히 압박해준다.

손가락이나 발가락이 잘려나갔을 경우에는 상처의 치료도 중요하지만 잘린 손가락에 대해서도 잊어서는 안 된다. 칼로 잘린 손가락은 혈관이나 신경을 꿰매면 원 상태로 붙는 경우가 있다. 손가락이 잘려버린 경우는 상당한 출혈이 있으므로 우선 지혈을 한다. 상처에는 거즈 등의 청결한 천을 두툼하게 대고 압박해서 지혈해준다. 절단된 손가락은 잘 씻어서 청결한 천에 싸서 젖지 않도록 비닐주머니에 넣어 얼음에 재워서 운반한다. 절단 손가락을 접합하는 수술은 일반병원에서는 하지 못하므로 119에 연락을 취해야 한다.

16) 찔린 상처(자상)

보통 못, 칼, 바늘 등에 찔리면 상처는 좁고 깊게 나게 되고 출혈은 미약하다. 따라서 피에 의해 세균이 밖으로 씻겨 나올 확률이 적어지므로 염증이 발생할 확률이 높고, 특히 파상풍균은 산소가 부족한 깊은 상처부위에서 잘 자라므로 더욱더 감염될 확률이 높다. 따라서 모든 자상은 의사에게 보이는 것이 원칙이다. 일반적인 처치방법 및 주의사항은 열상의 경우와 동일하다. 자상의 경우 특별한 것은 상처부위를 압박하여 피가 나오도록 함으로써 세균이 밀려나오도록 해야 한다. 자상은 겉보기의 상처보다 내부 손상이 큰 것이 특징이다. 깊은 자상은 설사 겉보기엔 상처가 작아도 세균감염으로 인한 패혈증이나 파상풍으로 생명에 위험을 미치는 경우도 있으므로 신속히 의사의 진단을 받아야 한다.

(1) 가시

가시에 찔렸을 때는 황급히 손톱 같은 것으로 뽑으면 세균이 들어가서 불결할 수 있으므로 손을 잘 씻고서 소독한 족집게로 뽑도록 한다.

(2) 헌 못

헌 못에 찔렸을 때는 응급처치를 한 후 신속히 의사의 진찰을 받아 파상풍 예방을 위한 항혈청주사를 맞아야 한다. 헌 못에 찔린 상처로 잡균이나 파상풍균이 들어가기 쉽기 때문이다.

(3) 칼, 유리, 금속 파편

칼이나 유리, 금속 파편 등에 찔렸을 때는 절대로 뽑아서는 안 된다. 뽑으려다가 일부분이 몸 안에 남거나 출혈이 더하거나 내장 또는 혈관을 상하게 하는 일이 있기 때문이다. 환자를 안정시킨 다음 눕히고 타월 등으로 찔린 데를 고정시켜 구급차를 부른다. 깊은 자상을 낸 칼 등이 빠져버리거나 뽑혔을 때는 먼저 상처를 압박해서 지혈부터 한다. 압박해도 지혈이 되지 않는 경우 손발 같으면 지혈대를 감으면 효과적으로 지혈이 된다. 지혈대를 감은 경우는 2시간 이내에 의사의 진찰을 받아야 한다.

17) 찢어진 상처(열상)

상처가 미약할 때는 집에서 치료할 수 있으나, 심할 때는 일단 응급 지혈법을 이용하여 중지시켜보도록 하고, 즉시 병원으로 이송해야 한다. 상처가 경미할 때의 처치방법은 다음과 같다.

① 먼저 손을 비누로 깨끗이 씻는다.
② 출혈이 있으면 직접 압박법으로 지혈을 한다.
③ 지혈이 되면 상처를 비누와 물로 깨끗이 씻어서 먼지나 이물질이 없게 한다. 씻을 때는 상처를 조심스럽게 다루어 다시 출혈하는 일이 없도록 한다.
④ 이물질을 제거할 때는 핀셋을 이용할 수 있으나, 이는 반드시 사전에 소독한 것을 사용해야 한다.
⑤ 비누로 씻은 뒤 상처를 물로 헹궈낸다. 소독된 마른 거즈나 천으로 물기를 닦아낸다.
⑥ 의사의 지시 없이는 연고나 소독약 등을 함부로 바르지 않는다.
⑦ 상처 부위를 멸균된 거즈로 덮어준다. 만약 찢어진 부위가 벌어지면 상처를 당겨서 1회용 반창고를 부착해준다.
⑧ 상처가 심할 때나 출혈이 그치지 않을 때, 상처를 낸 물체가 더러울 때, 이물질이 깊이 박혀 있을 때는 의사에게 되도록 빨리 보이는 것이 좋다.

18) 까진 상처(찰과상)

환자의 상처부위를 만지기 전에 손을 비누로 깨끗이 씻는다. 상처부위에 먼지나 기타 더러운 것이 묻어 있을 때는 상처부위를 비누로 가볍게 씻고 물로 헹구어낸다. 상처가 경미하면 노출시켜도 무방하나, 큰 상처인 경우에는 멸균된 거즈 등으로 덮고 반창고로 고정한다. 의사의 지시가 있기 전에는 함부로 연고나 소독약을 바르지 않도록 한다. 감염의 증상이 보이면 즉시 의사에게 보이도록 한다.

19) 충격(쇼크)을 일으켰을 때의 응급처치

쇼크란 순간적인 혈액순환의 감퇴로 인해 몸의 기능이 부진되고 허탈한 상태로 심한 외상, 화상, 수술, 대출혈 등 물리적 손상과 정신적 손상 또는 과민반응(allergy) 등으로 인해 신체의 혈관, 신경 조절기능이 저하되고 탈진한 상태를 총칭하여 말한다.

(1) 증상

쇼크 증상은 일시적이며, 가벼운 정도의 것으로부터 죽음에 이르기까지의 여러 단계가 있다. 부상자는 모두 쇼크를 일으킬 수 있으므로 쇼크 증상의 유무를 불문하고 집중적인 처치가 이루어져야 한다. 보통 증상이 즉시 나타나기보다는 서서히 일어나는 것이 일반적이다. 대부분의 공통적인 증상은 다음과 같다.

① **불안과 두려움**: 다른 증상보다 가장 먼저 나타날 수 있다.
② **약하고 빠른 맥박**: 촉진 상 맥박이 빠르며, 강도가 매우 약하다.
③ **차가운 피부**: 말초혈관의 수축으로 피부가 차갑게 느껴진다.
④ **청색증**: 피부가 촉촉하고 창백해지며, 산소가 신체의 각 조직으로 전달되지 않으면 피부색이 파랗게 변하는 청색증이 나타난다.

⑤ 얕고 빠르며, 불규칙하고 힘들어 보이는 호흡을 한다.
⑥ 초점이 없고, 동공이 확대되며 빛에 대한 반응이 느려진다.
⑦ **갈증**: 체액의 소실로 인해 반사적으로 갈증을 호소한다.
⑧ **오심과 구토**: 위장으로 공급되는 혈액이 부족하기 때문에 위장운동이 저하되어 나타난다.
⑨ **혈압의 저하**: 점진적이고 지속적으로 혈압이 하강된다.
⑩ **의식 소실**: 혈압이 저하됨에 따라 의식이 혼미해지며, 결국에는 의식이 소실된다.
⑪ **모세혈관 재충혈시간 지연**: 손톱을 누르면 눌린 부위가 백색으로 나타나다가 압박을 가하지 않으면 2~3초 이내에 분홍색으로 회복되는 것이 정상이나, 쇼크 상태에서는 회복되는 시간이 지연된다.

(2) 응급처치

① 자세

쇼크 상태가 되면 가장 중요한 기관인 심장과 뇌로 흐르는 피의 양이 적어지므로 머리와 몸을 수평으로 눕혀 이러한 기관에 피의 양을 많게 한다. 만약 머리에 부상이 없으면, 뇌로 피가 흐르는 것을 한층 더 많게 하기 위해 다리를 20~30cm 정도 높게 해준다. 그러나 가슴부상자나 호흡곤란이 심한 환자의 경우는 호흡을 쉽게 하기 위해 머리와 어깨를 높게 해준다. 구토가 심한 환자는 얼굴을 옆으로 돌려서 도하는 음식물이 기도를 막지 않도록 한다.

② 보온

환자를 조심스럽게 다루어야 하며, 부상자의 몸이 식으면 충격이 악화되므로 체온을 유지할 수 있는 담요 등을 잘 깔고 덮어준다. 일사병, 열사병 등 높은 열에 의한 환자는 시원하게 해준다.

③ 음료

의식이 없거나 희미한 환자 또는 신체의 외상, 내출혈, 대출혈 등으로 수술을 해야 할 필요가 있는 환자에게는 원칙적으로 음료를 주지 않는다. 이는 기관으로 잘못 들어가 질식할 우려가 있고, 쇼크 상태에서 위장운동이 저하되어 내용물을 토할 수 있으며, 의료기관으로 이송하여 응급수술 등을 하려고 할 때 금식상태를 유지할 필요성이 있기 때문이다. 환자가 심하게 갈증을 호소할 때에는 깨끗한 천에 물을 적셔 입 주위에 대준다.

20) 동물에게 물렸을 경우

개에게 물렸을 경우 겉보기에 작은 상처라도 이빨에 찍힌 상처는 좁고 깊게 파여 입안의 세균 등으로 파상풍 및 기타 감염에 걸릴 수 있어 주의해야 한다. 실내에서 사육하는 동물이 손등이나 피부에 상처를 입힌 경우 즉시 소독하고 반드시 의료기관을 찾아가 의사의 진찰을 받아 적절한 처치를 해야 한다.

보통 집안에서 키우는 애완견은 필요한 예방접종을 받은 경우가 대부분이지만, 다른 집에서 키우는 개나 고양이, 주인을 알 수 없는 동물에게 물렸을 경우 집주인이 있는 동물이라면 그 주인에게 예방주사의 접종 유무를 확인해야 한다. 집 없이 떠돌아다니는 동물에게 물렸을 경우에는 반드시 그 동물을 10일 정도 보호관찰하며 광견병 증상이 보이는지 확인해야 한다. 그 동물의 행동에서 광견병의 초기증상이 발견된다면 그 동물을 안락사 시키고 물린 사람을 즉시 격리하여 집중적인 치료를 해야 한다. 광견병 바이러스는 신경계에 손상을 주어 회복되더라도 뇌염이나 신경마비 같은 부작용이 나타날 수 있다.

(1) 응급처치

① 입 속에는 세균이 많으므로 심한 감염이 발생할 수 있음에 주의한다.

② 우선 환자를 안심시킨 후 비누와 흐르는 물로 세척한 다음(생리식염수로 세척 가능) 깨끗한 거즈로 덮는다.

③ 반드시 병원을 방문하여 광견병 예방조치를 한다.

(2) 주의사항

어린이는 피부조직이 부드럽고 두께가 얇아 개에게 심하게 물리면 목숨이 위험할 수도 있음을 인지해야 한다. 상처에만 집중하지 말고 의식상태, 호흡, 맥박 등을 살펴 이상이 발견될 경우 즉시 인공호흡 등 필요한 응급처치를 할 준비를 해야 한다. 이러한 살핌과 응급처치가 개에게 물린 상처의 응급처치보다 급선무임을 잊어서는 안 된다. 개에게 물린 상처에 된장, 간장, 지혈가루 등을 바르면 상처치료에 도움이 되지 않고 치료기간만 더 늘리는 일임을 알고 잘못된 응급처치로 시간을 허비해서는 안 된다.

21) 벌레에 물렸을 때

예리하지 않은(자극성이 없는) 벌레에 물렸을 경우에는 잘 닦아내고 암모니아수(계관)로 중화시킨 후 칼라민로션을 발라 가려움을 없앤다. 거미 종류에 물렸을 때는 방부용 비눗물로 잘 닦아낸 후 알코올을 조금 바르고 의사를 찾아간다. 진드기가 붙었을 때는 아세톤을 충분히 바른 후 약 30분간 그대로 두었다가 쪽집게로 떼어낸다. 그러고는 그 부위를 비누나 물로 닦아낸다.

04 응급상황 시 대처방법

일반적으로 응급상황이 발생하면 교사들은 당황하지 말고 침착하고 신속하게 주변 상황과 영유아의 상황을 관찰한 후에 무엇을 할 것인지를 판단하여 응급처치를 취해야 한다.

응급상황에서 기본적으로 실시하는 응급처치의 일반적인 대처방법은 다음과 같다(임미혜 외, 2011 재인용).

① 응급상황이 발생하면 당황하지 말고 영유아를 안심시키고 나서 먼저 사고의 원인과 상황을 파악하여 주위에 있는 위험 물질을 없앤다. 또한 다른 사고 위험의 유무를 판단해야 한다. 만일 다른 사고의 위험이 있을 때에는 영유아를 위험 지역에서 안전 지역으로 옮긴다.

② 사고 영유아의 상태를 파악하여 적절한 조치를 취해야 한다. 이때는 맥박 및 출혈 유무 확인, 호흡 유무 확인, 의식 유무 확인, 손상 부위 등을 관찰하고 확인한다. 호흡정지, 심한 출혈, 쇼크, 음독, 중독 순으로 하여 가장 긴급한 환아부터 처치한다.

③ 만약 다친 영유아가 의식도 없고 숨도 쉬지 않는다면, 코나 입으로 들어간 공기가 기도를 통해 폐까지 들어갈 수 있도록 기도를 열어주어야 한다. 기도를 열 때는 코나 입안에 이물질이 있는지 확인하여 이물질이 있는 경우 제거해 주고, 이물질이 없으면 머리를 뒤로 젖히고 턱을 올려주어 혀가 기도를 막지 않도록 조치해야 한다. 턱을 젖힐 때는 나이가 많을수록 머리를 더 많이 젖혀 주어야 하며, 머리를 다친 것으로 의심될 경우에는 머리를 젖히지 말고 턱만 당겨서 기도를 열어준다.

03 PART

영유아의 정신·사회적 건강과 교육

Chapter 07 영유아의 정신건강

개인의 정신건강에 미치는 어린 시절의 경험은 매우 중요하며, 영유아기의 정신건강 문제 또는 정신장애는 정상적인 발달을 저해하고 성인기의 다양한 문제로 발전될 수 있다. 개인의 정신건강을 증진시키기 위해서는 정신건강 문제나 정신장애가 나타난 이후 시행되는 사후관리도 물론 중요하지만 나타나기 전에 예방하는 것이 더욱 중요하며, 예방의 효과는 초기에 이루어질 때 더욱 효과가 크다.

또한 영유아기의 과잉행동은 청소년기에 들어서면 자연스럽게 수그러들지만, 약 절반 이상의 소아환자의 경우 근본적 정신병리인 주의력 결핍과 충동성은 청소년기, 성인기까지 지속된다. 아동기의 집중력장애, 충동성, 감정 기복 등은 학습 능력 저하로 이어져 사회 적응에 심각한 문제가 될 수 있다. 학교생활에서 교사, 친구 등과 학교에 대한 부적응이 일어나며 부모와의 잦은 감정적 충돌 및 갈등을 유발하고, 자극적인 컴퓨터게임이나 오락에 지나친 탐닉을 보이며, 청소년기의 비행, 성인기 이후 중독이나 우울증, 자살로까지 이어질 수 있기 때문에 중요하다.

영유아의 생활환경을 고려할 때 그들의 정신건강에 가장 많은 영향을 끼치는 사람은 부모와 교사이다. 부모와 교사는 유아가 자신은 물론 다른 사람이나 사회에 대한 신뢰감을 형성하고 자율성을 기르며, 주도적으로 일을 계획하고 실천함으로써 긍정적인 자아개념을 갖고 정신건강을 유지할 수 있도록 도와주어야 한다.

01 정신건강의 개념

정신건강이란 용어는 본래 정신질환의 유무를 지칭하기 위한 정신병리학적인 개념에서 출발했으나, 현재는 정상적인 개인의 정신상태를 나타내기 위한 보편적인 용어로 사용되고 있다. 사전적 의미의 정신이란 "사고, 정서, 언어 및 행동과 관련된 현상들로 사고나 감정의 작용을 다스리는 인간의 마음"이다. 정신이라는 용어를 광범위하게 정의하여 "사고작용과 정서작용, 지각과정과 대인관계에서 나타나는 자질의 총칭"이라고 보기도 한다(임승권, 1992).

미국 정신위생위원회의 보고서에 따르면 정신건강이란 "정신적 질병 유무만이 아니라 만족스런 인간관계와 그것을 유지해 나갈 수 있는 능력"을 의미한다. "이것은 모든 종류의 개인적·사회적 적응을 포함하며, 어떠한 환경에 대해 대처해 나갈 수 있는 건전하고 균형 잡히고 통일된 성격발달을 포함한다"고 하여 적응력과 인간 관계에 비중을 두어 개념을 규정하고 있다.

즉, 정신건강이란 "행복하고 만족하며 원하는 것을 성취하는 것 등의 안녕상태 또는 정신적으로 병적인 증세가 없을 뿐 아니라 자기 능력을 최대한 발휘하고 환경에 대한 적응력이 있으며, 자주적이고 건설적으로 자기의 생활을 처리해나갈 수 있는 성숙한 인격체를 갖추고 있는 상태"를 말한다고 볼 수 있다.

1) 건강과 이상

건강의 현대적인 개념이 심리적·신체적·사회적·도덕적 측면에서의 올바른 조화와 균형유지라고 할 때 이들 간의 조화와 균형이 깨진 상태는 곧 불건강한 상태라고 볼 수 있다. 건강과 불건강 또는 정상과 이상을 가리는 견해는 통계적 관점, 임상적 관점, 사회문화적 관점으로 대별해볼 수 있다(홍순정, 2007 재인용).

(1) 통계적 관점

인간의 행동 특성을 지능이나 신장, 체중 또는 학업성적과 같이 수량화했을 때 대부분은 정상분포를 보인다. 이러한 분포에서 보면 분포의 중앙인 평균 쪽이 많이 밀집해 있고, 평균에서 양방향으로 멀어질수록 분포상태가 희박해진다. 이러한 관점에서 본 정상과 이상의 구분은 평균으로부터의 이탈 정도가 기준이 된다. 즉, 통계적 표준편차 이내에 있을 때가 가장 정상적이며, 편차의 크고 작음에 따라 이상 또는 불건강의 강도가 정해진다는 관점이다. 그러나 인간의 신체적·정신적·사회적·도덕적 건강 여부를 정상분포곡선에 의거한 수치의 편재를 중심으로 결정짓는 데는 한계가 있다.

(2) 임상적(병리적) 관점

병원에 가면 체온계로 열을 재거나 설사 또는 변비가 없는지 질문을 받는다. 즉, 평상시와 다른 점을 임상적 측면으로 발견하려고 하는 것이다. 확실히 어떠한 질병들은 임상적으로 잘 드러나는 증상들이 있는데, 이러한 증상이 나타났을 때 의사들은 '이상한 상태'라든가 '불건강한 상태'라고 규정한다. 물론 병의 원인이 뚜렷이 나타나는 경우도 있지만, 정신적인 문제와 관련되었을 경우 불명확할 수도 있다. 인간의 정신적 이상에는 불안, 환각, 망상, 반사회적 행동과 같이 증상이 뚜렷한 경우가 있는가 하면 병리학적으로 이상이 없는데도 기능적으로 어떤 증상이 나타나는 경우도 있다.

(3) 사회문화적 관점

인간은 사회를 형성하여 그 속에서 생활하며, 그가 살고 있는 사회의 틀에 기초하여 나름의 문화를 가지고 그 문화가 요구하는 규범이나 질서에 따른다. 이때 어떤 행동은 이러한 사회문화적 범주에서 수용되거나 용인되는 반면, 어떤 행동은 일탈로 간주되기도 한다. 사회문화적 관점에서는 이런 기준에 따라 사회적·도덕적으로 수용될 수 있으며, 문화가치에 적합한 행동양식은 정상으로 간주하고, 그렇지 못할 때는 불건전하거나 이상한 것으로 간주한다.

그러나 오늘날의 사회문화적·도덕적 양식은 중첩되거나 혼합되기도 하고, 시공간적으로 변화성을 갖고 있기 때문에 그 구분이나 기준이 모호한 경우가 많다. 따라서 어떤 사회에서는 지극히 정상으로 받아들이는 해동이 다른 사회에서는 정반대로 받아들여지기도 하므로 사회문화적 관점을 일률적으로 적용하기에는 한계가 있다.

2) 정신건강에 영향을 미치는 요인

인간은 태어나 성장하면서 다양한 환경에 소속되어 그 환경의 영향을 받으며 자라난다. 여기서는 출생 후부터 아동기까지의 지적·언어적·사회적 발달은 물론 건강한 정신적 발달을 이루어나가는 데 중대한 영향을 미치는 환경이라고 할 수 있는 가정, 또래, 학교 및 매체에 관해 간단히 살펴보기로 한다.

(1) 가정

가정은 인간 형성에서 가장 중요한 사회화의 장이다. 어린이가 가정에서 부모 및 형제자매와 형성한 애정적 유대관계는 일생 동안 영향을 미치며 이웃, 학교 및 사회와 같이 보다 넓은 사회장면에서 사회적 관계를 형성하는 데 기초가 된다.

① 부모-자녀 관계

㉠ 민주적 유형의 부모

자녀를 통제하고 자녀에게 성숙한 행동을 할 것을 기대하고 요구한다. 이 유형의 부모는 필요할 때는 엄격하게 통제하고 요구도 하지만, 온정적이어서 자녀를 사랑하고 후원하며, 자녀의 의견이나 생각을 인내심을 가지고 경청한다. 자녀에게 지시할 때도 명백하고 합리적인 이유를 들어 설명해준다. 민주적인 부모의 자녀들은 기질 면에서 쾌활하고 열의가 있으며, 자기신뢰감이 높아 새로운 과제에 빨리 숙달하고, 자기통제적이어서 타인을 방해하는 행동을 삼가는 경향이 있다.

㉡ 권위적 유형의 부모

자녀에 대한 통제와 요구수준이 높으나 민주적 유형의 부모와는 달리 복종에 가치를 두기 때문에 자녀가 자신과 다른 의견이나 신념을 갖는 것을 허용하지 않는다. 이 유형의 부모와 자녀 관계에서는 상호 호혜적인 의사소통이 거의 이루어지지 않으며, 자녀가 정해진 행동 표준에 위배되는 행위를 하거나 부모의 말에 무조건적으로 복종하지 않을 경우 무섭게 처벌하고 자녀의 의지를 꺾는다. 권위적인 부모의 자녀들은 또래와의 상호작용 시 불안하고 안정적이지 못하며, 타인에 대한 사려가 부족하고, 좌절당할 때 적대적이고 공격적인 반응을 보인다.

㉢ 허용적 유형의 부모

비교적 온정적이고 비지배적·비요구적이며, 자녀에게 벌을 주는 경우가 거의 없다. 허용적인 부모는 스스로를 표준적인 양육자나 자녀의 모델로 생각하기보다는 자원 제공자로 생각하며, 지나치게 참을성이 많고, 자녀로 하여금 모든 의사결정을 하게 한다. 자녀 훈육 시 성숙한 행동을 할 것을 요구하지도 않고, 자녀의 독립심 훈련에도 관심이 없다. 따라서 허용적인 부모의 자녀들은 대단히 미성숙하여 충동조절에 어려움을 가지며, 지나치게 의존적이고 성인에게 요구를 많이 하며, 교실 활동에도 덜 참여하는 경향이 있다.

② 형제자매 관계

아동발달에서 형제자매는 동료로서 그리고 효과적인 교사로서 상호작용적인 영향을 미친다. 함께하는 시간이 많은 형제자매는 공유하는 공간, 물건, 놀이로 인해 서로 돕고 즐기는 한편, 때로는 경쟁이나 갈등을 일으키기 때문에 가정 밖에서의 대인관계의 기초를 이루는 협동, 갈등, 경쟁의 원리 등을 배우게 된다.

형제자매 관계는 어머니가 동생을 대하는 방식에 따라 영향을 받을 수 있다. 어머니가 새로 태어난 동생과 긍정적이고 즐겁게 상호작용할 때 아동은 경쟁의식을 갖고 동생에게 비우호적으로 대하게 된다. 특히 동생이 태어나기 전에 어머니와 매우 친밀한 관계를 가졌던 아동은 동생 출생 후 우울해진다. 반면, 동생의 출생 전에 어머니가 동생은 특별한 요구와 배려를 해주어야 하고 보호받아야 하는 존재임을 자주 일깨워주었다면 아동은 동생을 보다 다정하게 대하고 배려하는 행동을 보인다.

아동 중기에 접어들면서 아동은 운동, 음악, 학교 활동에 보다 많이 참여하기 시작하면서 자신의 재능을 발휘하게 되고, 부모는 자녀들의 능력과 성취 정도를 보다 빈번하게 비교하기 시작한다. 이러한 형제자매 간의 비교가 자녀에게 전달될 때 형제자매 간에 경쟁심이 생긴다. 부모의 관심과 애정을 덜 받는 자녀는 부모의 애정과 관심을 더 받는 형제자매에게 분노와 바람직하지 못한 감정을 자주 표현한다. 아동 중기에는 사회적 비교가 형제자매 관계에서 중요한 갈등의 근원이 되며, 이러한 갈등은 초등학교 시절에 증폭되기도 한다.

(2) 또래

최근 또래관계와 아동발달의 관계에 대한 관심이 고조되고 있는데, 그 이유는 다음과 같다.

첫째, 일차적인 사회화 대리인으로서 부모의 역할을 강조하던 프로이트 이론이 쇠퇴하면서 아동의 사회화 대리인으로서 또래의 중요성이 강조된다.

둘째, 사회 변화로 인해 오늘날의 아동은 예전 아동에 비해 보다 일찍부터 또래 집단에 들어가고 오랫동안 학교에 다닌다.

셋째, 매체의 발달로 특정 연령집단을 대상으로 하는 광고와 프로그램들이 만들어져 특정 연령 집단의 가치와 경험을 창조했다는 데서 찾아볼 수 있다.

① 영아기

3~4개월경의 영아는 다른 영아들을 쳐다보고 만지며, 6개월경에는 미소를 짓고 옹알이한다. 그러나 진정한 의미의 사회적 행동은 1세 말경에 나타나고, 2세 반경에는 그 빈도가 증가하며, 단순한 것에서부터 복잡한 사회적 행동으로 발달한다.

② 유아기

유아들은 미성숙한 사회적 행동을 성숙하고 효율적인 행동으로 점차 바꾸어 간다. 2세아들은 놀이 시 또래를 쳐다보거나 울며 교사를 찾는 반면, 4~5세아들은 또래와 보다 밀접한 관계를 맺고, 이야기하고, 웃으며, 놀잇감을 서로 교환한다. 나이가 들어갈수록 또래와의 언어적 상호작용도 보다 오랫동안 지속되고, 사회적 의도를 보다 분명히 전달할 수 있게 된다.

③ 아동기

아동기의 또래 상호작용은 조망수용 능력의 발달로 향상된다. 또래와의 의사소통 기술 역시 아동 중기에 현저히 향상되며, 아동은 타인의 의도를 정확하게 해석하고 또래와의 대화에서 그것을 고려한다. 아동 중기의 또래 상호작용은 친사회적 행동을 촉진하는 사회규준에 영향을 받는다. 일반적으로 나누기, 돕기, 다양한 이타행동들이 아동 중기에 나타난다.

또한 이 시기의 아동은 다른 어떤 사회화 대리인보다 또래와의 상호작용에 더 많은 시간을 할애한다. 또래관계는 공통의 관심사가 있고, 참신한 놀이 활동이 있으며, 사회적 기술의 발달수준이 서로 비슷하고, 비교적 동등한 입장에서 타인과 상호작용을 하는 기회를 제공하기 때문에 아동은 특히 또래관계에서 만족을 느끼고 또래와 많은 시간을 보낸다.

(3) 학교

비공식적인 또래관계와 달리 학교는 어린이가 유능한 사회구성원이 되는데 필요한 지식과 기술을 전수하는 가정의 기능을 보완해준다. 어린이가 유아교육기관이나 학교에서 보내는 시간이 점차 증가하고 있는 만큼 학교의 물리적 환경, 교사와 아동의 상호작용은 어린이의 정신건강에 중요한 영향을 미친다.

학교에서 교사와 관계가 좋을수록 어린이의 사회적 지지가 높고 자신에 대한 존경심도 높아질 뿐만 아니라(홍상욱·엄경순·배옥현, 2003), 또래관계도 좋아지고 정신건강에도 긍정적 영향을 미친다.

(4) 매체

① TV

1970년대 후반부터 인간생활에서 중요한 비중을 차지하게 된 TV를 효율적으로 이용하고, 특히 유아와 관련해서 교육적인 효과를 높이기 위해 TV를 올바르게 시청하고 이해하고자 하는 운동이 활발히 전개되어왔다. 폭력을 쉽게 모방하는 등의 경험을 거쳐 유아 중기에 와서야 TV를 올바로 시청하고 이해하는 능력이 발달한다. 유아들이 TV를 올바르게 시청하고 이해하도록 하기 위해서는 유아의 인지 능력에 적합한 프로그램을 시청하게 할 필요가 있다.

또한 유아는 자신에게 적합하지 않은 성인용 프로그램을 많이 시청한다. 따라서 부모는 유아에게 적합한 프로그램을 선정해주고, TV시청 시간을 제한하며, 시청내용을 이해할 수 있도록 도움을 주어야 한다. 또 TV에서 제시된 사건에 대해 유아와 함께 이야기하고 질문을 함으로써 유아가 TV 내용을 그대로 받아들이기보다 평가하면서 시청하도록 가르칠 수 있다. 이와 같은 방법을 통해 TV가 어린이발달에 미치는 부정적인 영향을 줄이고, 어린이의 지적·사회적 발달을 강화시키는 강력하고 효과적인 도구로 활용할 수 있다.

그리고 장시간 TV를 시청하는 것은 신체적 활동이 거의 없고 수동적이기 때문에 비만을 유발하는 원인이 된다. 미국에서의 연구에 의하면 하루에 4시간 이상 TV를 보는 어린이는 2시간 이하 보는 어린이보다 지방층이 많다(Anderson et al., 1998). 우리나라 연구에서도 TV 시청시간과 비만 발생은 밀접한 관련이 있는 것으로 보고되고 있다(윤군애, 2002).

TV가 어린이의 지적·사회적 발달과 교육에 긍정적인 영향을 미치는 도구로 활용되기 위해서는 자녀의 TV 시청습관을 형성하고 수정시키는 데 있어 일차적인 책임자인 부모의 역할이 매우 중요하다.

② 컴퓨터

어린이는 TV보다 컴퓨터를 선호하는데, 이는 컴퓨터가 어린이에게 적극적이고 참여적인 역할을 할 수 있도록 시각적·청각적 역동성을 지닌 매체이기 때문이다. 실제로 어린이는 컴퓨터를 자신이 통제하고 조종하기 때문에 재미있어 한다.

그러나 컴퓨터의 과다한 사용으로 인한 부작용이 간과하기 어려운 수준이다. 초등학생을 대상으로 한 연구결과(강란혜, 2008: 엄미경, 2002)에 따르면, 컴퓨터 중독 성향이 높은 집단은 강박증, 사회적 위축, 우울감, 불안감 등이 컴퓨터를 적게 사용한 집단에 비해 더 높게 나타났다.

02 영유아기 정신건강 현황

성인기의 정신건강 수준 및 문제는 영아기의 정신건강에 의해 상당한 영향을 받는 것으로 알려져 있다. 어린 시기에 문제를 보이는 영아는 이후 성장해 불안과 소아우울증 등과 같은 심리부적응, 이로 인한 자살시도, 폭력과 비행을 비롯한 범죄와 반사회적 행동 등 부적응 문제를 보이게 된다. 이러한 부적응 문제는 연령이 증가할수록 지속될 뿐 아니라 더욱 강화된다.

특히 어린 시절 경험한 1차 양육자의 학대와 부적절한 양육 등 영아기 양육환경에서 발생하는 심한 정신적 스트레스는 영아의 정신적 발달뿐 아니라 면역기능을 비롯한 다양한 신체적 기능, 두뇌발달에 심각한 악영향을 끼치며, 이후 건강한 발달을 저해하는 것으로 보고된다. 뇌발달과 관련해서 초기 양육환경에서 기인한 심각한 스트레스는 감성적인 영역을 담당하는 뇌 부위인 변연계발달에 많은 결함을 남겨 성인이 되어서도 정서 조절, 충동성, 수면 등의 영역에 문제를 초래한다. 또한 어린 시절 양육환경이 병리적일 경우 시상하부-뇌하수체-부신 축의 이상이 생겨 스트레스에 대응하는 능력의 장애가 생기고, 이는 주요 정신 질환의 위험 요소가 된다.

또 부모, 유아교사 등 영아가 애착을 형성해야 할 대상이 자주 바뀌면서 불안감을 느낄 때 애착대상과의 단절감을 경험하게 된다. 이때 심하면 정신은 물론 신체발달에 치명적인 손상을 주고 영아의 행동과 성격도 달라질 수 있다.

어릴 때 애착관계에 어려움을 겪은 영아는 성인이 돼서도 낮은 자존감과 사회성 스트레스에 약한 정신건강 등을 겪으며 악순환을 반복하게 된다. 그래서 애착 형성 전까지는 부모가 영아를 양육하고, 만약 맡겨야 하는 경우가 생기면 영아가 양질의 교육을 받을 수 있도록 해야 한다.

영아의 이상 증세를 보고 바로 적극적으로 나서는 부모는 아마 많지 않을 것이다. 혹시나 설마 행여나 하는 마음으로 기다리다가 당황스런 마음에 우왕좌왕하는 게 보통 부모들의 모습이다. 이때 전문의들은 영유아 정신건강 치료의 첫 단계는 부모의 적극적인 자세라고 한다. 심지어 선천적인 자폐증 역시 부모의 대처 방식에 따라 확연한 차이를 보이고 있다.

또 유아를 객관적으로 바라볼 수 있어야 한다. 사회성과 언어발달은 또래 아이들을 참고하되 절대적인 기준으로 삼지 말아야 한다. 무엇보다 초기 진단이 가장 중요한 만큼 유아가 이상할 경우 바로 전문가를 찾는 것이 좋다. 치아가 아프면 치과에 가고 눈이 아프면 안과에 가듯 유아의 마음의 치료를 위해서는 소아정신과에 대한 편견을 버리는 것이 좋다.

03 영유아기에 나타날 수 있는 정신건강 문제

1) 영아기에 나타날 수 있는 문제

(1) 감각박탈

아이가 순하다고, 어머니의 몸이 불편해서 또는 아이가 보기 싫어서 등의 이유로 아이에게 신체감각적이고 인간적인 자극을 주지 않으면, 태어날 때 대뇌가 정상적이었던 아이라도 후에 지능박약이 된다. 감각박탈이 일어나는 정도에 따라 정신 기능발달에 지연이 오며, 시기가 늦을수록 치료가 불가능해진다.

(2) 발달지연(늦되는 아이)

감각박탈 어린이는 전반적인 발달지연을 보이는데, 가급적 빨리 적절한 자극을 제공해주어야 한다. 기질적인 원인이 있는 아이는 교정 가능한 원인인지 진단을 받아야 하며, 교정이 불가능하거나 원인불명인 경우는 소아정신과에서 주기적인 점검과 특수교육지침을 받아서 키워야 한다. 특정 기능의 발달만 지연되는 경우는 특수발달장애에 해당하는데, 말이나 걷기가 늦되는 경우를 말한다.

(3) 급성 격리반응

애착관계가 형성된 사람이나 낯익은 존재와 격리될 때 이에 저항하는 것을 말한다. 저항하는데도 격리시키면 아이는 일정 시간 후에 상황을 변화시키는 것을 포기하고 잠잠해지는데, 흔히 어른들은 '이제 됐다'고 생각하지만 사실 아이에게는 정신적인 상처가 생긴 상태이다. 포기하는 것 자체가 정신적으로는 상처를 의미한다. 이러한 상황이 자주 반복되는 것은 아이에게 매우 해롭다. 아이가 이런 반응을 보일 때에는 즉시 가서 안아주고 달래주어야 한다.

(4) 수유장애

원인에 따라 치료가 달라지지만, 어린 시기의 영양이나 수유장애는 어린이의 정신과 신체에 큰 장애가 되므로 원인을 찾아 교정해주어야 한다.

(5) 자폐증

외부와의 접촉을 꺼리고 자기만의 세계를 고집하는 병이다. 대부분의 소아 자폐는 태어나면서부터 증세를 나타낸다. 자폐증 증세의 아이들은 첫째, 정상적인 대인관계가 형성되지 않는다. 둘째, 언어발달에서 특이한 현상들이 나타난다. 셋째, 반복적이고 제한적인 행동을 한다. 현재로서는 증세를 조기에 발견하여 적절한 치료로 언어장애 등 전반적인 발달장애를 최소화하는 것이 유일한 대책이다. 자폐증치료는 행동요법을 중심으로 하는 치료교육이 효과적인 것으로 알려져 있다. 인지, 언어, 사회화에 가장 많은 신경을 써야 하므로 일상생활이 자연스럽게 이루어지도록 지도하는 것이 중요하다.

(6) 지능박약

신체발육이나 운동기능을 제외한 정신 기능에 주로 결함을 보이는 것으로 생후 2~3개월 이내라도 진단이 가능하면 치료를 서두르는 것이 좋다. 지능 결손의 원인에 따라 차이는 있지만 대체적으로 지능발달은 치료시기가 중요하므로 조기발견과 조기치료가 매우 중요하다.

(7) 반응성 애착장애

애착관계가 형성된 대상으로부터 장시간 떨어져 있게 된 2세 이하의 영유아에게서 나타난다. 유아는 분리이별에 대해 처음에는 저항을 보이다가 후에는 실망과 좌절상태에 빠지고, 그 후로는 애착관계의 분리를 보인다. 이를 '탈착'이라고 하는데, 정서적으로 어머니와 멀어진 상태로 설사 어머니가 다시 돌아오더라도 유아는 예전과는 다른 반응을 보인다. 어머니를 완전히 잊어버린 것은 아니면서도 그러한 어머니에 대한 분노심을 갖게 되며, 한편으로 다시 그러한 일이 일어날까 두려워한다. 즉, 양가감정을 가지는 것이다. 이런 유아들은 대인관계에서 무감정한 성격을 갖거나 따뜻한 인간관계를 형성하는 데 제한적인 능력을 갖게 된다. 반응성 애착장애는 여러 가지 유형이 있는데, 이는 애착 관계에서 생기는 상처의 모습과 정도에 따라 유아의 증상이 달라지기 때문이다. 진단은 같아도 반응성 애착장애를 치료하는 방법은 다양하다.

표 7-1 애착 유형별 영아의 행동특성

애착유형	특성
A 유형(회피애착)	• 어머니가 있어도 별 반응이 없으며 어머니가 떠나도 괴로워하지 않음 • 낯선 이에게도 어머니에게 하는 행동과 비슷함 • 재결합 시 어머니를 피하거나 마지못해 반김. 안으면 매달리지 않음
B 유형(안정애착)	• 어머니를 탐색활동을 하기 위한 안전기반으로 이용함 • 분리 시 울거나 울지 않음 • 재결합 시 어머니에게 달려가 안기고 쉽게 달래짐
C 유형(저항애착)	• 분리 전에도 어머니에게 가까이 있으려 해서 탐색을 하지 못함 • 재결합 시 어머니에게 화를 내고 저항하거나 때리거나 밀쳐내는 행동을 함 • 안아주어도 계속 울고 쉽게 달래지지 않음
D 유형(비조직적 애착)	• 가장 불안정한 애착으로 재결합 시 비조직적이고 모순된 행동을 보임

출처: 박성연(2006). 아동발달.

2) 유아기 정신건강 현황

최근 우리 사회는 지나친 조기교육 열풍, 경제위기, 이혼 및 재혼가정, 다문화가정 등 전통적 가족 구조 변화, 무상보육정책 도입으로 인한 조기보육 증가 등의 사회 분위기 속에서 정신건강 문제를 보이는 영유아·어린이·청소년이 증가하고 있다.

우리나라의 조기교육은 "학령기에 도달하지 않은 어린이들을 대상으로 학원이나 가정에서 이루어지는 특기 또는 과외교육으로, 어린이의 발달단계적 특성이나 능력에 맞는 교육이라기보다는 인지적 자극을 중심으로 한 과도한 학습자극"(우남희 외, 1992)이기 때문이다.

전국을 대상으로 한 연구결과를 보면 약 86%의 유아들이 조기 사교육을 받고 있으며, 특히 1, 2세의 영아들조차 교육을 받고 있었고, 4가지 이상의 조기교육을 받는 유아들이 약 21%에 이르렀으며, 심지어 10가지 이상의 조기 사교육을 받는 유아들도 있었다(이기숙 외, 2002).

주로 상업적인 프로그램에 현혹되어 유아의 재능이나 동기와는 무관하게 단순 암기와 같은 기능 위주의 교육으로 아동에게 학습에 대한 부정적인 인식을 심어주고 정서 및 행동발달장애를 가져오기도 한다.

또한 영유아교육과 만 5세까지의 발달결과에 관한 연구결과에 따르면, 출생 후부터 4~5세가 되기까지 유아들을 관찰한 결과 영유아교육기관에서 많은 시간을 보낸 아동일수록 교실에서 더 많은 문제행동을 보였으며, 교사와의 갈등도 잦다고 알려져 있다. 이와 같이 영유아교육기관 이용률이 늘어나고, 조기교육으로 인한 문제점이 증가하는 상황에서 영유아의 발달에 초기 관계가 미치는 영향에 대한 이해가 이루어지면서 부모뿐만 아니라 교사의 보육 제공 능력, 영유아기 정신건강에 대한 이해, 영유아와의 상호작용 능력 등에 대한 접근 또한 요구된다.

(1) 유아기에 나타날 수 있는 문제

① 과잉보호

이 시기의 중요한 과업인 분리개별화의 과정에 큰 해를 미치는 문제이다. 분리개별화는 최초의 정신적 탄생이자 하나의 원형적 과정으로 두 가지 요소와 연관되어 전개되는데, 하나는 자신의 신체이고, 또 하나는 외부환경적 요소인 원초적 애정대상이다. 과잉보호를 할 경우 유아는 스스로 알아서 하는 것이 줄어들고, 주변 환경의 변동에 매우 취약한 아이가 된다.

② 공격성 및 분노

이 시기에 공격성은 다른 사람 또는 동물에게 상처를 입히는 행동, 친구에게 욕을 하거나 때리고 괴롭히는 행동, 장난감이나 물건을 손상시키거나 파괴하는 행동 등의 부정적인 행동을 의미한다. 영유아들은 자신의 욕구가 충족되지 않거나 분노를 느끼는 경우에 적합한 해소방법을 알지 못해서 자신의 감정을 신체적인 공격성으로 많이 나타낸다. 공격성을 띤 행동은 또래로부터 부정적인 피드백을 받고, 이에 다시 공격성을 띤 행동을 하는 악순환이 나타난다.

공격성을 띠는 이유는 부모나 매체의 공격적 행동에 대한 관찰 및 학습을 통해서, 바람직한 행동이나 사회적 기술을 학습하지 못해서, 부모나 또래의 관심을 받고자 하기 위한 수단 등 다양하다. 영유아의 공격성은 적합한 지도의 시기를 놓치면 성인이 되어서도 자신의 감정이나 행동을 제어하지 못해 사회생활을 못하게 될 가능성이 높다.

그러므로 교사는 공격성의 원인을 잘 파악하여 구체적인 지도방법을 모색해야 한다.

Plus Tip 영유아 공격성에 대한 지도방법

① 공격적 행동이 일어나기 전의 예방이 중요하며, 어떤 상황에서도 공격적 행동은 용납될 수 없음을 인식시킨다.
② 영유아가 흥분하지 않고 감정을 다스릴 때까지 기다려준다. 일시적 격리나 타임아웃을 사용한다.
③ 관심을 끌기 위한 수단으로 공격성을 보이는 영유아에게는 바람직한 행동을 했을 때 더 많은 관심과 칭찬을 제공하고, 분노나 공격성을 보일 때는 무시한다.
④ 모방행동으로 나타난 공격성은 원인 제거를 위해 TV나 인터넷 등을 효율적으로 운영해야 한다.
⑤ 사회적 기술이 부족해서 나타내는 공격성 방지를 위해서는 사회적으로 인정된 해소방법(예 찰흙놀이, 펀치백)을 알려준다.

출처: 문혁준 외(2013). 아동건강교육.

③ 배설장애

이 시기의 배설장애에는 대변을 못 가리는 유분증과 소변을 못 가리는 유뇨증이 있다.

㉠ 유분증

태어난지 2년이 지난 유아가 근육이나 신경계의 이상이 없는데도 대변을 가리지 못하는 질환이다. 태어난 후부터 계속해서 대변을 가리지 못하는 경우도 있고, 어느 시기부터 가리지 못하는 경우도 있다. 이 증세는 변비로 인해 나타나는 경우가 많다. 여아보다 남아에게서 더 많이 나타나며, 밤보다 낮에 잘 나타난다.

유분증은 적어도 3개월 동안 최소한 매달 1회 발생해야 하고, 생활연령이 최소한 4세는 되어야 하며, 약 복용이나 의학적 질환에 의한 것이 아니어야 한다.

유분증은 정서장애와 관련하여 나타나는 경우가 많다. 모성애의 결핍 등이 관련 있는 경우도 있고, 동생이 생겼을 경우나 학교를 처음 다니기 시작했을 경우에도 나타날 수 있다. 해결방법으로는 매일 규칙적으로 대변보는 습관을 기르도록 한다.

㉡ 유뇨증

방광 기능의 조절 능력이 있는 연령의 어린이가 밤에 자면서 무의식적으로 오줌을 지리는 것으로, 적어도 연속 3개월 동안 주 2회의 빈도로 일어나고, 생활연령이 적어도 5세는 되어야 하며, 약 복용이나 의학적 질환에 의한 것이 아니어야 한다.

밤에 잠잘 때만 나타나는 야간형, 깨어 있는 낮 동안에 나타나는 주간형, 야간형과 주간형이 복합된 주·야간형이 있다. 주간 유뇨증은 여아에게 흔하며, 9세 이후에는 드물다.

유뇨증 어린이의 약 79%가 직계가족이 같은 장애를 갖고 있는 것으로 보고되었다. 5세 남아 7%, 여아가 3% 정도로 남아가 많다. 일반적으로 나이가 들면 점차 나아진다. 어린이가 소변을 가리게 되는 것은 신경계통이 성숙되면서 자연히 이루어지는 것이다.

해결 방법으로는 유아의 심리 상태와 주위 상황을 조사하여 적절히 조치해야 한다. 동생의 출생, 전학 또는 생활에서의 큰 변화에서 오는 정서적인 부담으로 인해 퇴행현상을 일으킴으로써 일어나는 수가 많다. 동생을 본 유아가 자기도 모르게 무의식적으로 실수를 하게 되는 경우가 있는데, 이때 부모는 야단을 치기보다는 동생에게 관심과 애정을 빼앗겼다는 마음을 읽어주고 더 많은 사랑과 애정을 느끼도록 해주어야 한다.

④ 선택적 함구증

이 시기의 선택적 함구증은 어떤 상황에서는 말을 잘하지만, 특수한 사회적 상황(예 학교)에서는 말을 지속해서 하지 못하는 것이 특징이다. 예를 들어, 가정 내에서는 말을 잘하면서도 외부에 나가면 말을 하지 않는 경우를 말하며, 이러한 장애가 적어도 1개월 이상 나타나고, 교육적 발달이나 의사소통을 방해할 때 선택적 함구증이라고 볼 수 있다.

대개 5세 이전에 나타나며 몇 달 정도 지속되지만, 더 오래 나타나기도 하고 몇 년 동안 계속해서 나타날 수도 있다.

동반되는 특징으로는 심한 부끄러움과 사회적으로 어려운 상황에 대한 두려움, 위축, 매달림, 강박적 특성, 거절, 분노발작, 반항 등이 있으며, 사회적·정서적인 어려움과 학업적 기능에 심한 장애가 초래되기도 한다. 정서적 어려움과 언어 및 사회성 미발달과 연관되어 있으며 빠른 시간 내에 해결되도록 도와주어야 한다.

⑤ 주의력 결핍 및 과잉행동장애

주의력 결핍 및 과잉행동장애(Attention Deficit/Hyperactivity Disorder, ADHD)는 아동기에 자주 나타나는 장애이다. 지속적으로 주의력이 부족하여 산만하고 충동성을 보이는 것을 말한다. 이러한 증상들을 치료하지 않고 방치할 경우 아동기 내내 어려움이 지속되고, 일부 청소년기와 성인기가 되어서도 증상이 남게 된다.

ADHD 아동들은 자극에 선택적으로 집중하기가 어렵고, 지적을 해도 잘 고쳐지지 않는다. 그래서 선생님의 말을 듣고 있다가도 다른 소리가 나면 바로 그곳으로 관심이 옮겨가고, 시험을 보더라도 문제를 끝까지 읽지 않고 풀다가 틀리는 등 하나에 오래 집중하는 것을 어려워한다. 또한 ADHD 아동들은 허락 없이 자리에서 일어나거나 뛰어다니고, 팔과 다리를 끊임없이 움직이는 등 활동 수준이 높다. 생각하기 전에 행동하는 성향이 있으며, 말이나 행동이 많고, 규칙을 이해하고 알고 있는 경우에도 행동하려는 욕구를 자제하지 못한다.

ADHD 아동은 반항적이고 공격적인 행동을 보이거나 규율을 잘 지키지 않는 등 문제행동을 지속적으로 보이기 때문에 ADHD 아동의 부모는 건강한 아동의 부모에 비해 자녀양육과 관련된 스트레스 수준이 높다. 그러므로 어머니가 우울한 경우 무기력감과 짜증을 보이기 쉽고, 쉽게 처벌을 하는 등 강압적 양육행동을 나타낼 가능성이 높아지며, 우울한 어머니는 자신의 기분에 따라 비일관적인 양육 태도를 보여 결국 자녀의 저항과 공격성을 불러일으키고, 분노는 다시 반항적인 자녀를 통 제하기 위해 더욱 강압적으로 대처하는 악순환이 지속된다. 따라서 지금까지는 ADHD 아동의 문제에만 초점을 맞춰 치료를 실시해왔지만, 앞으로는 아동의 ADHD치료와 더불어 ADHD 아동의 어머니의 우울증치료에 대한 적극적인 조기 평가 및 치료가 필요하다(연합뉴스, 2010.1.21.).

ADHD 아동은 교사를 힘들게 할 수 있으므로 부모와 교사는 충분히 상의하여 자녀에 대한 이해와 치료, 교육에 대해 더욱 긴밀하게 협조해줄 것을 당부할 필요가 있다. 치료는 오랜 시간이 걸리지만, 개인의 증상과 상황에 따라 변화가 있을 수 있다. 부모의 일관된 양육 태도, 따뜻한 관심과 사랑이 중요하므로 아동의 말에 관심을 기울이고 반응을 제때 해주며, 아주 작은 변화에도 칭찬을 해줌으로써 아동 자신이 매사 자신감을 갖도록 지도해준다.

⑥ **틱장애**(tic disorder)

틱(tic)은 반복적으로 갑작스럽고 빠르게 나타나는 근육의 움직임이나 어떤 형태의 소리를 말하며, 음성 틱 또는 운동성 틱으로 나눈다.

틱장애는 뚜렛장애, 만성 운동 또는 만성 음성 틱장애, 일과성 틱장애 등이 포함된디(박선환 외, 2008: 문혁준 외, 2013).

뚜렛장애(Tourette's Disorder)는 다양한 운동 틱(눈 깜박임, 코 찡그리기, 어깨 움츠리기, 얼굴 찡그리기, 기침하기, 발 구르기, 대상의 냄새 맡기 등)과 하나 또는 하나 이상의 음성 틱(헛기침, 킁킁거리는 소리, 코 훌쩍임, 짖기, 관계없는 단어나 구절 반복하기, 반향 언어증 등)이 1년 이상 지속될 때를 말한다.

만성 운동 또는 만성 음성 틱장애(Chronic Motor or Vocal Tic Disorder)는 동시에 1~3개의 근육군이 틱을 보이거나 음성 틱이 적어도 1년 이상 있는 경우이다.

일과성 틱장애(Transient Tic Disorder)는 단일의 또는 다양한 운동 틱이나 음성 틱이 하루에 여러 번 거의 매일같이 최소 4주 이상 12개월 이내 지속해서 나타나는 경우이다.

뚜렛장애와 만성 운동 또는 음성 틱장애는 유전적 요인이 중요한 역할을 하는 것으로 추정되고 있으며, 일과성 틱장애는 기질적 원인, 심리적 원인 또는 복합적 원인으로 추정된다. 뚜렛장애는 약물치료, 행동치료 등을 하며, 무관심한 척 내버려두는 방법도 좋으나, 심해질 경우 상담과 정신치료, 행동요법 등을 병행한다.

3) 기타 장애

(1) 회피장애

회피장애란 친구관계나 사회생활에 지장이 올 정도로 심하게 낯선 이를 접하기 싫어하거나 피하는 것을 지속하는 상태로, 타인에게 인정받거나 관심을 받는 것을 싫어하지는 않고, 가족이나 친지들과의 관계는 원만한 경우를 말한다. 대개 부모에게 매달려서 귓속말로 속삭이거나 낯선 이를 만나야 할 것을 조금이라도 비치면 곧잘 눈물을 글썽인다. 주도권을 쥐는 일이 없고, 이런 상황에서는 행동의 제약을 느낀다. 의사소통에는 원래 지장이 없다가도 상황이 불안하면 말을 못하거나 더듬는다. 속으로는 참여하고 싶어 하면서도 막상 부딪히면 당황하거나 겁을 먹는다. 대개 이런 어린이는 자신감이 없고, 자기주장을 하지 못하며, 청소년이 되어서는 이성교제에 어려움을 겪는다. 2세 반 이후 언제든지 발병 가능하며 저절로 좋아지기도 하지만, 가끔씩 나타나거나 계속되기도 한다. 심한 경우는 드문 편이다. 사회적 고립과 우울증 유발이 가능하고, 처음에는 낯설어하고 어색해하지만 조금 시간이 지나면 쉽게 친해지는 어린이는 여기에 해당되지 않는다. 18세 이하로 6개월 이상 이러한 증상을 보일 때 진단이 가능하다.

(2) 과잉불안장애

과잉불안장애란 불안을 유발할 만한 특정 상황이나 대상 또는 최근의 뚜렷한 스트레스가 없는데도 지나치게 걱정, 불안을 보이는 것을 말한다. 예를 들면, 미래의 사건에 대한 걱정, 시험, 다칠지 모른다는 것, 친구들 사이에서 해야 할 역할, 약속 등에 대한 걱정이다. 많은 시간을 이러한 가능성을 확인하고 자신을 안심시키는 데 소모한다. 근거 없는 불안이므로 설명이나 설득에 무관하게 여러 번 반복해서 확인하고 알아보는 등의 행동을 보인다.

타인의 눈치를 보면서 반복해서 자신이 하는 행동이나 일에 대해 타인이 어떤 견해나 평가를 하는지에 관심을 나타낸다. 때로는 이러한 불안에 수반되는 신체 증상을 호소하기도 한다. 목에 무엇인가 걸려 있다든지 소화기 계통의 불편, 두통, 숨이 참, 구역질, 어지러움, 불면증 등의 증세가 흔하다.

스스로 신경이 날카롭다고 호소하기도 한다. 주변 인물에 대해 과도한 집착을 보이는 수도 있다. 이러한 어린이는 언뜻 보기에는 조숙하고, 성숙해 보이고, 완벽주의자 경향을 보이면서도 자신에 대해 강박적인 의심을 가진다. 주변의 동의나 칭찬을 지나치게 추구하는 경향이 있고, 좌불안석하거나 손톱 물어뜯기, 머리카락 잡아당기기 등의 행동을 보이기도 한다. 어른이 되어서도 계속 나타날 수 있다. 신체 증상의 호소로 인해 불필요한 검사나 치료를 하고, 학습장애, 대인관계의 장애를 유발할 수 있다. 맏이, 핵가족, 상류계층, 자녀에 대한 기대가 큰 가정에서 상당히 흔한 병이다. 여아보다 남아에서 많고, 6개월 이상 증상이 있을 때 진단 가능하다.

04 정신건강 증진을 위한 대처방안

현대사회는 과거에 비해 육체적으로 훨씬 편리한 삶을 우리에게 제공하고 있다. 하지만 정신적인 면에서는 빠르고 복잡해진 사회적 구조로 인해 더욱 혼란을 주고 있다. 이러한 사회적·심리적 환경 속에서 끊임없는 적응을 요구하는 현대사회에서는 성인의 정신건강뿐만 아니라 영유아의 정신건강 역시 심각한 위협을 받고 있다. 특히 영유아의 경우 발달 특성상 성격 형성의 가장 중요한 시기에 놓여 있을 뿐만 아니라 외부의 압력과 스트레스에 대처할 준비가 아직 되어 있지 않은 무방비 상태로 노출된다는 문제를 가지고 있다. 그렇기 때문에 영유아의 정신건강을 증진시키기 위한 대처방안이 절실하다.

영유아의 건강을 도모하기 위해서는 신체적 측면뿐만 아니라 정신적 측면에서의 건강을 유지하는 것도 매우 중요하다. 대부분의 사람들은 정신건강을 정신질환이 없는 상태로 이해하고, 특별한 정신적 질환을 앓고 있지 않으면 정신적 문제가 없다고 생각하고 관심을 가지지 않는다. 그러나 정신건강이란 단지 정신질환이 없는 상태만이 아니라 인간이 원만하고 바람직한 사회생활을 영위할 수 있는 정신적 상태를 말한다.

정신건강의 문제를 성공적으로 해결하기 위해서는 무엇보다 조기에 발견하여 문제의 원인을 해결하는 것이다. 신체적 질병이 적절한 진단과 처방을 통해 다시 치유될 수 있듯이, 영유아들의 정신건강상의 문제나 불균형도 적절한 진단과 처방이 이루어지면 곧장 정상적인 상태로 회복될 수 있다.

1) 긍정적 자아개념 형성

긍정적 자아개념이란 자신을 유능하고 중요하며 가치 있다고 생각하는 것으로, 자신에 대한 긍정적인 인식은 정신건강을 유지하기 위해 매우 중요한 요소이다. 정신건강의 목적은 영유아로 하여금 긍정적인 자아개념을 갖고, 자신의 감정을 바르게 인식하고 표현하는 것이다. 자신에 대한 자신감과 신뢰감이 없는 사람은 다른 사람들에 대해 방어적으로 행동하거나 무례한 행동을 하게 된다.

2) 정서 인식과 조절, 표현 능력 증진

정서적으로 안정된 사람은 매일의 일상생활에서 발생할 수 있는 다양한 문제에 적절히 대처할 수 있다. 영유아가 자신의 정서를 조절할 수 있으려면 우선 자신의 감정을 인식하고 표현할 수 있어야 한다. 그러나 영유아는 의사소통 능력이 부족하므로 자신의 정서를 올바로 인식하고 표현하는 데 어려움을 느낀다. 그러므로 영유아의 느낌이나 행동에 공감해주면서 바람직한 표현방법을 제시해주는 비폭력적인 대화기법을 사용한다.

3) 합리적 행동 증진

영유아가 자신의 요구와 다른 사람의 권리를 존중하면서 합리적인 행동을 할 수 있게 하기 위해서는 다른 사람도 권리가 있으며, 이런 권리를 존중해주기 위해 영유아가 할 수 있는 일이 무엇인지 생각해보게 해야 한다. 영유아는 긴장이나 불안, 기타 힘들거나 고통스런 감정을 손톱 물어뜯기, 손가락 빨기, 머리 잡아 뜯기 등의 행동을 통해 표현하기도 한다. 이런 행동이 습관장애로 이어지지 않도록 스트레스를 유발하는 요소를 발견하여 완충시켜주도록 한다.

4) 원만한 관계

다른 영유아들과 함께 상호작용할 수 있는 기회를 제공하고, 집단 활동에 참여하도록 한다. 다른 사람에 대해 생각하고 고려하게 하며, 지나친 애정표현이나 간섭을 하지 않는다. 활동이나 과제 수행에 영유아에 대한 기대가 현실적이어야 한다.

교사나 부모는 영유아에게 사회적 예절이나 기술을 지도해야 한다. 아동 중심 환경을 구성하고, 다른 사람들과 긍정적 상호작용을 갖도록 격려한다. 생활의 공간 및 시간의 배열을 적절히 하며 교사 대 아동의 비율과 전체 집단의 규모를 감소시킨다.

우리가 살아가면서 모든 스트레스를 피해갈 수는 없다. 하지만 스트레스에 어떻게 대처하느냐에 따라 정신건강에 미치는 영향은 다르다고 할 수 있다. 영유아들은 자신들의 스트레스에 독립적으로 대처하기가 어렵다. 그렇기 때문에 부모 또는 유아교사의 적절한 개입이 필요하다.

그리고 부모와 유아교사가 영유아에게 어떠한 환경을 제공하느냐는 것도 중요하다. 영유아기의 정신건강 문제는 성인 시기로까지 이어질 수 있고, 만약 그렇게 된다면 치료가 훨씬 어려워진다. 그렇기 때문에 부모와 교사는 유아 자신은 물론 다른 사람이나 사회에 대한 신뢰감을 형성하고 자율성을 기르며, 주도적으로 일을 계획하고 실천함으로써 긍정적인 자아개념을 갖고 정신건강을 유지할 수 있도록 도와주어야 한다.

Plus Tip **영아의 사회-정서발달을 돕기 위한 부모 및 교사 역할**

① 긍정적인 자아감 형성
- 아기 이름을 잘 선정한다.
- 거울 앞에 아기를 안고 보여주며 신체부위를 만지거나 이름을 대도록 한다.
- 생후 2개월경부터 깨지지 않는 거울을 주고 놀게 한다.
- 각 연령에 따라 아기의 사진을 찍어서 아기와 함께 보며 자신의 특징을 지적하고 놀아준다.

② 기본적인 신뢰감 형성
- 아기가 울거나 어떤 신호를 보낼 때 즉각적으로 그리고 일관적으로 반응한다.
- 아기를 다른 사람에게 맡기고 떠날 때 아기 몰래 떠나지 않는다.
- 까꿍놀이나 숨바꼭질은 아기에게 사람은 사라졌다가 다시 되돌아온다는 것을 가르쳐주는 좋은 기회이다.

③ 자율감 길러주기
- 되도록 아기 스스로 많은 일을 하게끔 격려한다.
- 부모가 대신 해주지 말고, 아기가 어떤 일을 끝까지 하게끔 해결방안을 제시해준다.
- 먹을 것, 입을 것 등에 대해 가능하면 아기가 선택하도록 해준다.
- 안전한 범위 내에서 적절한 감독 하에 아기가 환경을 마음 놓고 탐색할 수 있도록 해준다.

④ 영아의 기질에 맞출 것
- 아기의 개성을 인정하고 그것을 즐긴다.
- 아기의 기질 유형에 맞는 양육방법을 취한다.

⑤ 양육자로부터 보호받고 사랑받고 있다는 느낌 전달하기
- 아기의 단서에 민감하고 즉시 그에 적절한 반응을 한다.
- 발달적으로 적절한 장난감을 제공해주되, 장난감을 대면적 관계 대신으로 이용해서는 안 된다.

출처: 박성연(2006).

08 Chapter 영유아 안전과 건강

영유아 시기는 생애주기별로 비교할 때 질병 부담이 상대적으로 적고, 질환에 의한 사망보다 사고에 의한 사망이 월등히 높다는 시기적 특징이 있다. 실제로 통계청의 2005년 사망원인 통계결과 보고서에 따르면 10세 미만 소아의 사망 원인을 살펴볼 때 1~9세 사이의 사망원인은 선천성 기형을 제외한 1위, 3위, 5위가 안전사고이다. 따라서 영유아에서는 성인에서와는 달리 혈액검사, 소변검사를 통해 유병률이 낮은 질병 발견에 초점을 맞추기보다는 차라리 이 시기의 주요 사망원인인 운수사고, 익사사고, 추락사고 등 안전사고에 대한 예방 차원의 육아지도를 실시하는 것이 더 효과적일 수 있다.

01 영유아 안전교육의 의의

1) 영유아 안전교육의 필요성

영유아의 안전교육은 영유아들에게 안전을 위해 필요한 사항을 이해시키고, 위험 요소를 예측하고 예방하며, 신중하고 안전하게 행동할 수 있는 능력을 갖도록 하는 교육이다. 그러나 영유아는 발달특성상 자기중심적일 뿐 아니라 호기심이 많아 탐색 활동을 많이 하는 시기이므로 안전사고의 위험성이 높다. 부모나 교사의 돌봄만으로 영유아의 안전을 보장하기 어렵다. 따라서 영유아의 안전교육은 유아교육기관에서도 매우 중요하게 다루는 영역이다. 안전교육의 필요성을 좀 더 구체적으로 살펴보면 다음과 같다.

(1) 영유아기는 안전사고의 위험성이 높은 시기이다.

발달특성상 주변의 사물이나 환경에 대한 호기심이 많고 탐구하려는 충동이 강하나, 신체 기능의 발달은 미숙하여 신체균형 유지 능력이나 운동 기능이 충분히 발달되어 있지 않고 판단 능력과 자기조절 및 상황에 대한 인식 능력이 부족하다. 따라서 영유아기는 안전에 취약한 시기이므로 안전교육을 통해 사고의 위험에서 벗어나도록 해야 한다.

(2) 안전사고의 원인이 비안전 행동과 관련 있다.

비안전 행동은 안전에 대한 지식, 태도 및 기술의 결핍에서 유발된다. 가정이나 유아교육기관의 안전하지 못한 환경, 부모나 교사의 안전에 대한 지식 부족과 지도 소홀 및 안일한 태도로 인해 영유아들이 비안전 행동을 하게 된다. 따라서 영유아가 안전한 행동을 하도록 안전에 대한 지식, 태도, 기술을 가르쳐야 한다.

(3) 영유아의 안전에 성인들에 의한 보호나 안전문제 예방에는 한계가 있다.

부모나 교사가 영유아를 항상 따라다니며 돌보는 것에는 한계가 있다. 영유아들은 부모나 교사를 떠나 영유아들끼리 놀이에 참여할 수도 있기 때문에 안전교육을 통해 언제, 어디에서, 어떠한 안전사고가 일어날지에 대해 영유아 스스로 자기방어적 자세나 안전문제 대처 능력을 키워야 한다.

(4) 영유아기가 안전교육을 실시할 수 있는 가장 효과적인 시기이다.

영유아기는 모든 생활습관의 기초를 형성하는 시기이며, 그 어느 시기보다 교육의 효과가 빠르다. 체계적인 안전교육으로 안전 능력이 향상되므로 지속적이고 계획적인 안전교육을 통해 안전하고 건강한 생활습관과 태도를 형성해야 한다.

2) 영유아 안전사고의 원인

영유아 안전사고의 원인은 환경적 요인, 기계적 요인 그리고 인적 요인으로 분류할 수 있다(Pickle, 1989). 환경적 요인은 날씨, 가정이나 유아교육기관의 시설, 도로 상태 등이고 기계적 요인은 놀잇감의 결함이나 오작동 등이 있으며, 인적 요인으로 아동의 연령, 개인의 태도, 부모나 가정의 특성 등이 있다. 그중 영유아의 안전사고는 인적 요인의 영향을 많이 받게 된다.

연령에 따른 안전사고의 유형을 보면 다음과 같다.

(1) 영아기

영아기는 출생 이후 가장 빠른 성장과 발달을 보인다. 걸음마기에 비해 아직 이동 능력이나 근육 활동이 미약할 뿐 아니라 환경에 대한 인식 능력이 부족하여 안전사고가 많이 발생한다. 이 시기에는 특히 무엇이든지 입으로 가져가므로 이물질 흡입사고가 많이 일어난다.

걸음마기에 들어서면서 걷기가 가능해지고 영아의 시야가 확대되어 관심과 호기심이 더 많아지게 된다. 따라서 적극적 탐색 활동과 목표 지향적 행동을 하게 되며, 활동범위가 넓어지게 되어 그만큼 사고의 위험성도 더 커지게 된다.

(2) 유아기

유아기는 영아기에 비해 운동 능력이 향상되어 낙상의 위험은 줄어들고 새로운 것을 탐구하기 위해 물체를 입에 넣는 일은 거의 없지만, 활동반경이 넓어지면서 주변 환경에 대한 탐색의 기회가 증가하여 사고가 많이 발생한다. 특히 자기중심적(egocentration) 사고를 하게 되고, 원래의 상태로 되돌려 생각할 수 있는 능력이 부족한 비가역성(irreversibility) 특성을 보이기 때문에 안전사고에 취약하다.

아동기에는 자동차사고가 사망의 주요 원인이고, 야외활동이 많아지면서 보행에 관련된 사고가 많이 일어난다.

02 발달단계별 안전교육

어린이의 발달적 특성을 이해하는 것은 안전사고의 방지와 대책에 매우 중요하다. 어린이의 발달 과정에서 나타나는 독특한 행동 특성은 안전사고의 원인과 직간접적으로 연결되어 있기 때문이다. 따라서 발달단계에 다른 행동 특성의 이해가 전제될 때 잠재적인 위험요소나 상황을 예측하고 미연에 방지하는 등 효율적인 대처가 가능하다.

1) 신생아기(출생~1개월)

신생아의 신체적 움직임은 대부분 반사운동에 의존하며, 호흡계나 소화계 등의 생리적 기능도 불완전한 상태이다. 감각기관은 그 기능이 완전하지는 않아도 외부로부터의 자극을 감지할 수 있는 정도의 기초 능력은 가지고 있다.

(1) 신생아기의 주된 안전사고

사고의 유형	위험 요소
질식사고	유독물질, 약품, 너무 푹신한 베개나 요, 단추나 구슬 및 동전 등의 작은 물체, 크기가 큰 사탕이나 과자 비닐, 비닐봉지, 끈이나 가는 실, 목욕탕에서 익사로 인한 질식, 장롱이나 냉장고 속에서의 질식 등.
위험물의 흡입	약품, 화학약품, 세제, 가구약, 삼킬 수 있는 작은 조각의 장난감, 독성이 있는 장난감, 화장품, 향수, 살충제, 바느질통, 연장통 등
화상	뜨거운 물이나 음식, 뜨거운 증기, 전기콘센트, 난로, 라디에이터, 다리미, 가스레인지 등

(2) 신생아를 위한 안전교육 내용

- 적당히 딱딱한 매트, 너무 두껍거나 푹신하지 않은 요나 베개를 마련한다.
- 이불은 영아의 신체를 고려한 크기를 선택한다.
- 우유는 안아서 먹이고 반드시 트림을 시켜 누웠을 때 토하지 않도록 한다.
- 추락을 막기 위해 영아용 침대는 안전대가 필수적이다.
- 머리 위에 물건을 두지 않으며 침대 주위에 액자 등 떨어지기 쉬운 것은 올려두지 않는다.
- 소파 등에 혼자 눕혀두지 않는다.
- 미숙아, 체중미달아, 호흡기가 약한 경우는 영아돌연사에 더욱 세심한 주의를 기울인다.

2) 영아기(1개월~3세)

영아의 신체·운동발달은 급속도로 진행된다. 생후 1년쯤 되면 걷기 시작하며, 계단을 오르내리고, 근육을 사용하여 발로 차고 뛰는 등의 본격적인 운동발달이 시작된다. 팔과 손의 조정 능력이나 대·소근육의 발달, 대상을 지각하는 감각기관의 발달이 급속히 진행된다.

(1) 영아기의 주된 안전사고

사고의 유형	위험 요소
질식사고	유독물질, 약품, 너무 푹신한 베개나 요, 단추나 구슬 및 동전 등의 작은 물체, 크기가 큰 사탕이나 과자 비닐, 비닐봉지, 끈이나 가는 실, 목욕탕에서 익사로 인한 질식, 장롱이나 냉장고 속에서의 질식 등
위험물의 흡입	약품, 화학약품, 세제, 가구약, 삼킬 수 있는 작은 조각의 장난감, 독성이 있는 장남감, 화장품, 향수, 살추제, 바느질통, 연장통 등
화 상	뜨거운 물이나 음식, 뜨거운 증기, 전기콘센트, 난로나 라디에이터, 다리미, 가스레인지 등
추락 및 충동	안전대가 없는 침대나 탁자, 소파, 의자, 보행기에서의 추락, 베란다, 창살이 없는 창문, 계단에서의 추락, 가구나 선반, 물체와 충동 등

놀이사고	칼이나 가위, 단단한 공, 방망이, 실외놀이 기구(미끄럼틀, 시소, 자전거, 그네, 롤러스케이트, 회전목마 등)에 의한 사고, 날카롭거나 끝이 뾰족한 놀잇감이나 장난감에 의한 사고 등
교통사고	길에서 혼자 노는 상태, 자동차, 오토바이에 의한 사고, 차도에서의 보행사고 등

(2) 영아를 위한 안전교육 내용

- 영아의 손이 닿는 곳에 뾰족하거나 날카로운 기구나 용품, 델 염려가 있는 물건을 두지 않는다.
- 약품이나 유독물질을 철저하게 보관한다.
- 질식의 원인이 될 수 있는 단추나 동전, 구슬 등을 바닥에 두지 않는다.

3) 유아기(3~6세)

유아기는 신체의 무게중심이 점차 아래로 이동하여 성인의 신체 비율과 비슷하게 균형이 잡히면서 여러 가지 활동을 즐겨하게 된다. 영아기에 비해 유아기에 이르러 보다 많은 운동 기능을 획득해나간다.

(1) 유아기의 주된 안전사고 원인

- 활동량이 많고 움직임이 빠르며 실외놀이가 많아짐에 따라 위험에 노출될 확률이 높다.
  예 롤러스케이트, 정글짐, 철봉
- 신체 기능이 현저히 발달함에 따라 활동의 종류가 다양해진다.
  예 자전거 타기, 달리기, 뛰어내리기
- 상황을 전체적으로 고려하지 못하고 자신의 활동 대상에만 몰두한다.
  예 공놀이 중 놓친 공을 쫓다가 차도로 뛰어드는 행위
- 호기심이 강하고 성인의 행동을 모방한다.
  예 성냥불 지펴보기

(2) 유아기의 주된 안전사고

사고의 유형	위험 요소
교통사고	• 자동차나 버스에 의한 차량 사고, 횡단보도사고, 자전거 및 오토바이, 등원 버스 및 학원 차량, 급정거에 의한 사고, 뛰어드는 사고 등
놀이사고	• 매달리고 뛰어내릴 수 있는 실외놀이 기구(골절상 주의), 칼·스테이플러 등의 날카로운 기구, 칼·총 등의 공격적인 놀잇감, 장난감 총의 총알, 넘어지고 부딪히는 사고, 미끄러지는 사고, 놀이 기구에 끼이는 사고, 수영 및 물놀이에 의한 사고 등
영아 돌연사	• 사망의 원인을 밝혀내지 못함 • 미숙아, 체중미달아, 심장기관이 약한 영아, 특히 호흡기가 약한 영아에게 더 많이 일어남

(3) 유아를 위한 안전교육 내용

- 교통규칙과 지도에 대한 지속적인 교육을 한다.
- 자전거나 롤러스케이트는 전용 장소나 놀이터에서만 탄다.
- 수영장에서 뛰지 않는다(미끄러지는 사고).
- 위험한 도구는 잠금장치를 하여 보관하고 칼, 가위 등의 안전한 사용법을 익힌다.
- 놀이규칙을 준수하며, 놀이 도중의 신체적인 공격은 폭력을 야기하므로 언어적인 표현으로 적극 유도한다.
- 총이나 칼 등의 공격성을 유발하는 놀잇감의 사용을 자제한다.
- 놀이기구나 운동기구는 안전성이 인증된 제품을 선택한다.
- 유괴 및 성폭력사고에 대한 교육을 실시하고 낯선 사람을 따라가지 않는다.

03 유아교육기관의 안전

1) 놀이실(교실)

놀이실은 대부분의 교육 활동이 이루어지는 주된 공간이다. 따라서 놀이실 내의 문이나 벽 등의 자체 시설뿐 아니라 교육 활동을 위한 교재·교구 및 각종 비품으로 인해 안전사고의 발생 가능성도 그만큼 커지게 된다. 다음 사항은 놀이실 내에서 안전을 점검해보아야 하는 각 활동 공간과 여기에서 발생할 수 있는 안전사고 유형을 제시한 것이다.

점검영역	안전문제
위치 및 활동 공간	넘어짐, 충돌, 상해 등
놀이실 바닥 및 벽	넘어짐, 미끄러짐, 낙상, 유해물질중독 등
출입문	넘어짐, 충돌, 협착, 감금, 상해(끼임) 등
창문	상해, 추락, 곤충유입, 교살, 도난사고 등
비품 및 보육용품	감금, 낙상, 베임, 찔림, 질식, 상해, 교살 등
실내 놀이기구 및 놀잇감	찔림, 베임, 낙상, 눈손상, 질식, 유해물질중독 등

놀이실은 1층에 위치하는 것을 원칙으로 한다. 불가피한 사유로 2층 이상에 설치할 경우에는 계단안전장치, 추락방지문 등 안전사고에 대비한 시설을 필히 갖추어야 한다. 영아와 유아는 발달 특성상 활동 공간이 구분되어 있는 것이 좋다.

특히 영아놀이실은 현관과 가까운 장소가 좋으며, 너무 구석지거나 폐쇄된 긴 복도 끝은 피한다. 이것은 놀이실의 채광 문제와도 연결된다. 놀이실의 공간은 영유아의 활동에 충분한 면적이어야 하며, 영아놀이실은 1인당 2.64m^2 이상, 유아놀이실은 1인당 1.98m^2 이상을 갖추어야 한다. 실내공간은 각 활동실이 보일 수 있도록 개방적인 구조가 바람직하다(예 투명창, 투명유리문). 또한 영유아 스스로 실내 공간을 이동하기에 어려움이 없어야 한다(예 손잡이가 영유아의 키에 알맞음, 바닥이 미끄럽지 않음).

바람직한 놀이실이란 당연히 영유아에게 즐거움을 주는 곳이어야 한다. 따라서 온도나 습도, 색상, 밝기 등 여러 가지 측면이 영유아에게 매력적인 곳이 되도록 하면서 안전문제를 효과적으로 다루고 있어야 한다. 실내의 채광, 환기, 방음, 온도는 안전의 기본조건이다.

낮에는 가능한 한 자연채광만으로 놀이실을 밝게 하는 것이 좋으며, 환기가 잘 되어야 한다. 환기가 잘되지 않으면 영유아의 정신건강이나 신체적 건강을 훼손할 수 있고, 호흡기 질환을 유발할 수 있다. 활동실의 실내 온도는 20~22℃가 적당하며, 냉방 및 난방 설비를 가동하는 경우 수시로 환기하여 실내의 공기를 정화시켜 영유아들에게 호흡기 질환이 유발되지 않게 한다.

2) 기저귀 교환대

많은 사람들이 안전하다고 생각하고 있지만, 집단으로 사용할 경우에는 권장하지 않는다. 그러나 만약 사용할 경우 다음과 같은 사항을 점검한다. 기저귀를 갈거나 더러워진 속옷을 갈아입힐 영역이 필요한 경우, 음식이나 놀이 영역에서 떨어진 전용장소가 좋다. 감염 방지를 위해 교환대는 최소한 바닥으로부터 91cm 정도는 떨어져 있는 것이 바람직하다. 안전띠 사용은 피하며, 교사는 항상 한 손으로 아기를 잡아야 한다. 또 기저귀 교환대에 영아를 혼자 두지 않아야 한다.

영아의 낙상 방지를 위해 보호난간이 있는 탁자나 오목하게 들어간 곳을 교환대로 사용하는 것도 좋다. 기저귀를 가는 동안 아기가 로션 병이나 분통을 만지지 않도록 주의한다. 이런 용품의 내용물이나 용기를 삼키게 되면 매우 위험하며, 특히 아기 분은 공기 중으로 갑자기 흡입되어 폐에 손상을 줄 수 있다. 씻기기 위해 사용하는 표백용 액체나 비누, 물수건도 유아의 손에 닿지 않는 곳에 두어야 한다.

교사는 영유아의 건강과 교사의 건강을 지키기 위해 반드시 1회용 장갑을 착용해야 한다.

3) 놀이실 바닥 및 벽

놀이실의 바닥은 물청소가 가능하면서도 미끄럽지 않은 재질로 하되, 블록 영역 등과 같이 소음이 많이 날 수 있는 영역에는 카펫을 깔아주고 카펫을 매일 진공청소기로 먼지를 제거하여 청결을 유지한다. 이미 알려진 보도에 의하면 카펫에는 먼지진드기가 많이 살고 있는데, 이는 호흡기 질환이나 감기, 피부염 등의 원인이 되므로 매일 깨끗하게 청소하는 것이 좋다.

특히 영아들은 미끄럼 방지용 양말 착용을 권장한다. 실내 바닥이 나무일 경우, 갈라진 부분이나 튀어나온 가시는 없는지 점검하고 보수한다. 이 경우 유아들은 실내화를 신는 것이 안전하다. 바닥에 카펫을 깔아놓았을 경우, 매일 진공청소기 등으로 먼지를 제거하도록 한다.

발에 걸려 유아가 넘어질 수 있는 물건, 발을 다칠 수 있는 유리조각이나 바늘, 철사, 날카로운 파편이 떨어져 있는지 수시로 점검하고, 발견 즉시 제거한다. 바닥의 깔개 밑으로 전선이 지나가지 않도록 조치한다.

사용하는 전기제품을 콘센트 가까이 옮기는 것이 해결책이 될 수 있다. 부득이한 경우는 전선을 벽 모서리로 단단히 부착시켜 유아들의 눈에 띄지 않게 하고, 전선안전덮개를 반드시 설치한다.

놀이실의 벽, 천장 등에 균열된 부분은 없는지 수시로 점검하고, 페인트가 벗겨진 부분은 없는지 정기적으로 확인하다. 활동실의 균열된 부분은 미관상 좋지 않겠지만, 가장 중요한 점은 그것이 안전과 관계가 있다는 점이다.

특히 우리나라의 경우 저층 건물들은 지진에 미약한 설계를 바탕으로 건축되어 있다. 즉, 벽돌이나 블록을 그냥 쌓아올린 형태들이 많다는 것이다. 물론 기둥은 콘크리트이지만 공간을 구분하는 것은 벽돌이나 블록인데, 이는 지진에 취약한 구조이다. 이를 고려하지 않는다 하더라도 균열된 부분을 방치해서는 곤란하다. 벽이나 천장의 페인트가 벗겨진 곳, 석고가 갈라져서 떨어질 위험이 있는지 확인한다.

4) 놀이실의 출입문

출입문의 표시는 눈에 잘 띄게 해야 하고, 모든 출입문은 영유아의 안전을 고려하여 안쪽에서 잠길 우려가 없어야 하며, 밖에서 쉽게 열 수 있어야 한다.

영아의 경우, 바깥으로 나갈 위험이나 문에 손이 끼일 수 있으므로 한쪽 방향으로 여닫는 문이 바람직하다. 손 끼임과 관련하여 모든 출입문의 가장자리에는 손 끼임 방지 고무패킹을 설치해야 하며, 문의 경첩에도 손가락이 끼지 않도록 조처한다.

사용하고 있는 출입문의 형태는 영유아의 안전과 직결된다. 특히 낡거나 다이아몬드 형태의 미닫이문은 협착의 위험이 있으므로 교체한다. 또한 출입문은 가능한 한 안팎이 다 보이는 투명문이 좋다. 그렇지 못할 경우 안이 들여다보이는 창유리를 설치하도록 한다. 유아가 문을 여닫는 것을 교사가 알 수 있도록 미닫이문에는 커튼을 달지 않는다.

출입문에는 문턱 등의 돌출부가 없어야 한다. 만약 문턱이 있으면 주변에 고무판 등을 깔아서 높이 차이를 줄이는 것이 필요하다. 유아가 부딪쳤을 경우 상해를 방지하기 위해 출입문의 튀어나온 손잡이는 유아의 키보다 높아야 한다.

5) 놀이실의 창문

놀이실의 창문은 안전을 고려하여 바닥에서 70~80cm 이상의 높이로 설치하고, 창문 가까이에 교구장 등을 설치하지 않는다. 창문은 재난대피용 출구가 될 수 있으므로 창문을 막는 교구장은 바람직하지 않다. 창문은 자연채광을 하는 중요한 장치이므로 교구장으로 막는다는 것 역시 바람직하지 않다. 그리고 창문에는 유아들의 추락사고에 대비해 보호난간을 설치하는 것이 필요하다.

또한 창문에는 안전고리를 설치하여 유아들이 함부로 열지 못하도록 한다. 활동 시간에 유아들이 자연스럽게 여닫는 것은 바람직하지 않기 때문이다. 안전에 대한 개념과 감각이 어른에 비해 뒤떨어지는 유아들이 안전을 의식하지 않고 교사의 지시가 없는 상태에서 자연스럽게 창문을 여닫는다면 손이 문틈에 끼일 수 있을 뿐더러 창문 밖으로 떨어질 경우를 배제할 수 없다. 따라서 안전고리를 달아 유아의 안전을 도모하도록 한다.

모든 창문에는 도난과 추락사고의 위험에 대비해 안전창살, 이중창 또는 난간 등의 보호장치가 설치되어야 한다. 유아의 안전을 고려하여 창문의 높이는 바닥으로부터 70~80cm 이상의 높이로 설계되어야 한다. 낮게 설계된 창에는 잠금 장치가 필요하며, 추락사고에 대비해 유아가 밟고 올라갈 수 있는 가구나 비품, 놀이기구는 창문 가까이에 배치하지 않는다.

모든 창문은 투명하거나 투시가 가능해야 한다. 그러나 유아가 부딪칠 위험이 있으므로 쉽게 식별할 수 있는 스티커 등을 부착한다. 유아의 안전 및 실내 환기를 위해 창문은 위에서 아래로 열 수 있게 설계되어야 한다. 만약 아래에서 위로 열게 되어 있는 창문이라면 창 보호대를 설치하여 유아가 추락하는 것을 방지하거나 창문안전 자물쇠를 설치하여 창이 완전히 열리지 않도록 해야 한다. 창문은 보통 15cm 이상 열리지 않는 것이 안전하다.

열리는 창에는 곤충이나 벌레의 유입을 막기 위한 방충망이 필요하며, 구멍난 곳은 없는지 수시로 점검한다. 방충망은 튼튼하게 설치되어야 하지만, 안전을 위한 완벽한 대응책이 될 수는 없다.

6) 비품 및 보육용품

놀이시설에 제공되는 모든 설비 및 교구는 안전하고 견고한 것이어야 하며, 망가진 가구나 비품, 보육용품은 즉시 제거 또는 수선할 때까지 치워두어야 한다. 그리고 이것을 수선일지에 기록해 둔다. 또한 놀이시설 내에 설치된 모든 카펫이나 커튼은 방염 처리된 것이어야 한다.

가구를 배치함에 있어서는 질식할 수 있거나 깨질 수 있는 물건, 날카로운 물건이 놓여 있는 선반 근처나 커튼 옆은 피한다. 놀이실 내 모든 가구의 이음새, 가시, 썩은 부분, 튀어나온 금속(못) 등을 수시로 점검하고, 항상 가구의 문을 닫아두어 유아가 갇히는 일이 없도록 한다.

영아놀이실의 가구는 바퀴가 달린 것보다는 고정된 것이 좋으며, 이때 바닥과 벽에 단단히 고정시킨다. 또 기어다니는 영아가 가구 모서리에 부딪치지 않도록 솜이나 거즈, 테이프 등으로 처리하거나 모서리 보호대를 장치하는 것이 필요하다.

TV나 VTR, 전열기를 포함 모든 가전제품은 영아의 손이 닿지 않게 투명시트를 이용해 조작버튼을 가려두고, 특히 VTR의 경우는 안전덮개를 설치해서 손 끼임을 방지한다. 쓰레기통은 항상 뚜껑을 덮어두고, 난방기나 기타 열을 내는 기구로부터 떨어지게 배치한다.

위생상 자주 쓰레기통을 비우도록 한다. 각 놀이실의 개인사물함은 위생적으로 관리한다. 개인용 기저귀와 수건 등 각 가정에서 가져온 용품에는 이름을 붙여두고, 해당 유아에게만 사용하도록 주의한다.

책상, 의자 등 모든 보육용품은 영유아의 신체 크기에 적합한 것이어야 하며, 모서리가 둥글고 표면이 매끈해야 한다. 영아와 걸음마기 유아는 유아용 침대에서 재우는 것이 바람직하다.

침대는 이동이 가능하도록 바퀴가 달린 것이 좋으며, 난간 한쪽 면의 높이를 조절할 수 있는 것이 편리하다. 침대 매트리스는 딱딱해야 하며, 비닐로 된 방수 매트리스 커버는 질식의 위험이 크므로 절대 금한다. 매트리스와 침대의 크기는 거의 비슷해야 한다. 매트리스와 침대 사이의 폭이 손가락 2개 이상 들어갈 정도여서는 안 되며, 틈이 너무 넓을 경우는 그 사이에 타월 등을 말아서 채워야 한다.

유아들은 항상 발돋움을 해서 침대에서 나가려고 애쓴다. 따라서 침대 세로대는 충분히 높아서 유아의 오르내림을 방지해야 한다. 또 교사는 침대를 사용하는 유아의 성장을 항상 체크해야 하며, 침대 매트리스 면에 섰을 때 세로대 높이가 키의 3/4보다 낮다면 더 큰 유아용 침대 사용을 권장한다.

또한 침대 세로대 간격은 6cm 이하로, 유아의 머리가 그 사이에 빠지지 않도록 점검한다. 간격이 6cm보다 넓을 경우에는 침대 완충 패드를 사용하여 끼임을 방지한다. 침대의 장식 세공에 머리를 부딪칠 수 있으므로 가능하면 장식이 없는 것이 좋다.

침대난간이나 기둥에 끈이나 줄(넥타이 포함), 리본, 전기코드 등을 걸어두는 것을 삼가고, 걸이용 장난감 등을 배치하지 않는다. 잘못하면 목이 졸릴 수 있기 때문이다. 유아들이 기어오르거나 침대 밖으로 빠져나갈 수 있는 큰 장난감들이 있는지 수시로 확인하고, 옆면 잠금 장치를 해놓아야 한다. 이때 잠금 장치는 밖에서 교사가 쉽게 풀 수 있는 것이어야 한다. 그 밖에 침대제조에 사용된 볼트, 너트, 못 등의 상태를 수시로 점검한다.

열린 창이나 블라인드, 차양과 떨어진 곳에 침대를 배치한다. 테두리가 있는 유아용 침대 사이에 필요한 통로를 확보해야 한다. 이것은 응급상황에서 관리자들이 각 유아에게 빠르게 접근하기 위해서이다.

영아와 유아용 침구는 반드시 구분해야 하며, 영아용의 경우 질식방지를 위해 두껍지 않아야 한다. 영유아들의 이불은 땀이나 소변 등으로 인해 축축해지기 쉬우므로 자주 일광소독을 해주어야 하며, 세탁 시에는 반드시 삶는다.

7) 실내 놀이기구 및 놀잇감

놀이기구들은 이동 및 사용공간을 고려하여 부딪치지 않도록 충분한 거리를 두고 배치한다. 모든 놀이기구는 장난감안전기준에 합격한 마크가 새겨진 것을 구입한다. 놀이기구의 재료는 내구성이 강한지, 부속품의 조립 상태는 견고한지를 확인한 뒤 구입한다.

모든 놀이기구와 장난감에는 뾰쪽한 모서리, 작은 부품, 흠, 틈새, 페인트 부스러기, 가시, 부서지거나 깨진 조각, 헐거워진 나사나 볼트 부분이 없어야 한다. 이때 놀이기구의 틈새나 불필요한 구멍은 반드시 막아 유아의 손 끼임을 방지한다.

또한 놀잇감의 장식은 유아가 당겨서 떼어지지 않을 만큼 강하게 부착되어 있어야 한다. 놀이기구나 놀잇감의 표면은 무독성 페인트를 사용한 것이어야 하며, 납 성분이 있는 것은 금지한다. 왜냐하면 심각한 뇌손상을 초래할 수 있기 때문이다. 입에 넣는 모든 장난감은 감염의 원인이 될 수 있으므로 활동 이후 비눗물로 깨끗이 씻어 보관해야 한다.

그네는 유아의 신장 및 체중을 고려하여 선택해야 한다. 1~2세 영아의 경우 낮고 작은 의자가 부착된 그네가 바람직하며, 진폭이 적은 것이 좋다. 창틀에 매다는 그네는 낙상사고 예방을 위해 등받이가 높아야 하며, 안전벨트나 지지대 등을 필히 갖춘 것이어야 한다.

스프링을 이용한 흔들말은 고정된 손잡이 형태가 안전하며, 1~2세 영아의 무릎 높이를 고려하여 안장에 앉았을 때 발이 땅에 닿는 것이 좋다. 움직이는 장난감을 타는 영역의 바닥에는 고무판을 깔아두어야 하며, 항상 교사가 지켜보아야 한다.

다음에 제시되는 놀잇감은 특별히 위험한 것이므로 유아에게 제공하지 않도록 한다.

- 질식을 유발할 정도로 유아에게 지나치게 크고 무거운 놀잇감
- 청각장애를 유발할 정도로 소리가 지나치게 큰 놀잇감
- 가연성 소재의 헝겊 놀잇감과 화학섬유놀잇감
- 다른 유아들에게 치명상을 입힐 수 있거나 화상 및 화재의 위험이 있는 공기총, 뇌관이 달린 권총, 발사되거나 던지는 장난감(화살), 다트, 폭발물이 부착되어 있는 장난감이나 불꽃놀이 기구 등
- 실제로 벨 수 있는 모서리나 뾰족한 끝이 있는 칼, 단검, 도끼 등 비발사 모형무기
- 타고 올라가서 낙상할 수 있는 큰 장난감
- 손가락이나 옷이 끼일 위험이 있는 자동차나 기계놀잇감류
- 8세 이하의 모든 유아들에게는 전기로 작동되는 놀잇감 금지

또한 모든 작은 물건은 유아들의 손이 닿지 않는 곳에 두어야 한다. 대개 장난감의 지름은 7cm 이상이 안전하다. 놀잇감이 느슨한지 부서진 부분은 없는지 항상 확인하고, 부서진 장난감은 수선하거나 없애야 한다. 놀잇감을 담아두는 장난감 상자가 있다면 뚜껑은 무겁지 않고, 공기구멍이 나 있어야 하며, 천

천히 닫히도록 하는 안전장치가 되어 있어야 한다. 만약 열쇠가 있다면 없애고, 공기구멍이 없다면 드릴로 구멍을 몇 개 뚫어준다. 선반이나 벽에 고정되어 있는 상자의 경우, 떨어져 유아들이 다칠 위험은 없는지 확인한다.

8) 현관, 통로 및 계단

현관, 통로 및 계단은 놀이시설의 각 활동 영역과 연결되는 역할을 한다. 이곳은 이동 중에 사고가 발생하므로 주의해야 한다. 다음 사항은 현관, 통로 및 계단에서 주로 발생할 수 있는 안전사고 문제를 제시한 것이다.

점검 영역	안전문제
현관	부딪침, 미끄러짐, 상해, 유아 이탈, 외부인 침입 등
통로	넘어짐, 미끄러짐 등
계단	추락, 낙상, 미끄러짐, 부딪침 등

(1) 현관

현관은 유아들이 가장 처음으로 맞이하는 장소이므로 아늑할 필요가 있다. 이곳에서 유아들은 다른 유아들을 만나기도 하고, 교사들과 인사를 하기도 한다. 어떤 경우는 동시에 몇몇이 들어오기도 한다. 그리고 퇴원할 때는 동시에 많은 유아들이 몰려 붐비는 곳이기도 하다. 유아들이 많이 모이고 붐비게 되면 안전과 관련한 문제가 나타날 수 있다.

따라서 현관은 넓어야 하고, 퇴원 시 유아들이 붐비지 않도록 하는 것이 좋다. 현관에 신발장을 두고 신발을 넣게 하는 유아교육기관도 많은데, 이는 현관의 기능적 활용 측면에서는 좋지만 붐비게 하는 요인이 될 수 있으므로 분산하는 것도 고려할 수 있다. 만일 현관이 협소한 보육시설의 경우는 등·하원 인원 및 시간에 대한 계획이 사전에 수립되어 있어야 한다.

안전과 관련하여 유아교육기관의 현관이 갖추어야 할 조건은 무엇인지 다음에서 살펴보도록 하자.

① 현관에는 문턱이 없는 것이 좋다.

만일 실내와 실외 바닥의 높이에 차이가 많이 나서 문턱이 있는 경우에는 계단보다는 완만한 경사로를 설치하는 것이 바람직하다. 계단은 유아들에게 위험할 수 있는데, 특히 퇴원 시 한꺼번에 몰릴 경우는 더욱 그러하다. 그러므로 현관의 출입구는 계단으로 하기보다는 완만한 경사로로 하여 유아들의 안전한 입장과 퇴원을 도와주는 것이 좋다.

② 현관문은 유아가 사용할 수 있도록 너무 무겁지 않아야 한다.

유아가 문을 여닫기에 너무 무거우면 유아에게 부담을 줄뿐더러 유아 스스로 열고 들어오는 것이 어려워진다. 따라서 유아에게 무겁지 않도록 해야 한다. 그리고 현관의 문은 투명한 소재로 해서 유아뿐만 아니라 교사도 충분한 시야가 확보되도록 해야 한다. 이것은 안전사고가 났을 때 알아차릴 수 있는 시간을 충분히 줄여주게 된다. 또한 유아의 출입을 투명한 소재를 통해 확인할 수도 있을 것이다. 그렇지만 전체가 유리로 된 것은 가급적 피하는 것이 좋다.

③ 문은 가급적 실외를 향해 열리게 하는 것이 좋으며, 자동문은 바람직하지 않다.

문이 열리면서 실내로 향하게 되면 실내 공간 활용에 있어 제약이 발생하게 된다. 따라서 문은 실외를 향해 열려야 하며, 자동문은 유아에게 안전사고의 위험이 있으므로(손이 틈새에 끼이는 경우, 에스컬레이터에서 이런 일들이 많이 나타난다) 가급적 피하는 것이 좋다. 오래된 건물인 기관들의 경우 미닫이문인 경우가 많은데, 그것을 유아가 여닫기 어려울 정도가 되면 곤란하니 이 점도 유아들의 입장에서 고려할 필요가 있다.

자동이 좋을 때도 있지만, 유아들에게는 무방비로 안전사고를 일으키는 요인이 될 수도 있다. 특히 화재 시에는 자동문이 작동하지 않을 수 있다. 이런 경우는 유아들이 안전한 곳으로 피하지 못한다는 것을 의미하므로 자동문은 바람직하지 않은 현관문이 되겠다.

④ 문에는 손 끼임 방지처리 및 천천히 닫히도록 하는 장치를 설치해야 한다.

현관문에 유아의 손이나 몸이 끼일 수 있으므로 손 끼임 방지처리(고무처리)를 해놓아야 하며, 문이 서서히 닫히도록 하는 장치를 부착하는 것이 좋다. 특히 초창기의 어린이집들은 손 끼임 방지처리를 하지 않아 유아들이 문틈에 끼이는 경우가 많았다. 그리고 어른들과 함께 들어가는 경우 어른들보다 유아들의 동작이 느리고 유아들은 문의 한쪽을 잡고 실내로 들어가는 경우도 많은데, 이때 유아의 손을 의식하고 않고 문을 닫을 경우 문틈에 유아의 손이 끼이는 경우가 유아교육기관에서 자주 발생할 수 있다.

따라서 손 끼임 방지처리를 유아의 높이에 맞게 그리고 가능한 한 사고방지를 위해 철저하게 하는 것이 좋다. 안전을 위해 여닫이문의 한쪽을 사용하지 않는 경우라 하더라도 손 끼임 방지처리는 해두는 것이 좋다.

⑤ 문은 한 방향으로만 여닫는 것이 좋으며, 원터치식 자동문은 주의해서 설치한다.

문을 여닫을 때 충돌하는 사고를 방지하기 위해 한쪽 방향으로만 여닫는 문이 안전하며, 실외 방향으로만 열리는 것이 보다 안전하다. 그리고 요즘 원터치식 자동문을 설치한 곳이 많은데, 이것은 유아의 손 높이보다 약간 높은 곳에 그리고 성인이 항상 감독할 수 있는 곳에 부착되어야 한다. 원터치식 자동문은 사실상 영아를 안은 부모들이 쉽게 실내로 들어오기 위해서이고 공간 활용에도 도움이 되는 측면이 있지만 유아에게는 위험요인이 될 수 있다.

그리고 현관문을 열었을 때 바로 도로를 접하는 유아교육기관의 경우 이러한 원터치식의 현관문은 안전에 좋지 않다는 것을 고려해야 한다. 왜냐하면 유아교육기관에서는 유아들이 문을 열고 바깥으로 나가는 경우가 많기 때문이다.

⑥ 실내와 실외가 연결되는 바닥 면에는 미끄럼 방지 매트를 까는 것이 좋다.

유아들은 이동할 때 걷기보다는 뛰는 경향을 가지고 있다. 활동적인 유아는 더욱 그러하다. 이런 유아들은 바닥이 미끄러우면 넘어질 수 있다. 활동적이지 않더라도 유아들이 많이 몰리거나 바닥이 미끄러우면 많이 몰리지 않더라도 넘어질 수 있으므로 이에 대한 방지를 하는 것이 바람직하다.

⑦ 장애아동의 휠체어 출입을 위해 계단 대신 경사로를 설치하는 것이 좋다.

출입구인 현관은 계단보다는 경사로를 설치하는 것이 효과적인데, 그것은 계단으로 인한 높이의 차이를 없애 유아들의 안전을 극대화할 수 있을 뿐 아니라 장애아동용 휠체어의 출입도 가능하게 한다. 계단을 없애지 못하는 경우라도 경사로는 있는 것이 바람직하다.

(2) 통로

통로는 최소한 성인 두 사람이 어깨를 부딪치지 않고 지나갈 수 있을 정도의 너비를 확보해야 한다. 바닥에는 미끄럼 방지 매트를 설치해야 하며, 바닥 재질이 나무일 경우에는 갈라진 부분이나 틈새, 가시 등이 돌출되지 않았는지 점검해야 한다.

통로는 시야가 명확하도록 충분히 밝아야 한다. 비상시 외부 출구나 비상구로 향하는 대피 경로가 명확하게 표시되어 있고, 비상등 장치가 작동하는 것이 바람직하다. 통행에 방해가 되거나 유아가 미끄러졌을 경우 상해를 입을 수 있는 가구나 비품 등을 배치하지 않는다.

(3) 계단

계단은 호기심이 많은 유아들이 장난을 많이 칠 수 있는 곳이다. 특히 미끄러운 표면, 불충분한 조명, 계단을 뛰어오르거나 난간을 잡지 않고 오르내리는 것 등이 사고를 일으키는 원인이며, 계단 위의 장애물에 의해서도 사고가 날 수 있다. 이러한 것을 예방하기 위해서는 계단을 관리하는 다음과 같은 안전 규칙이 필요하다.

① 계단 표면에 미끄러운 자재를 쓰지 않고 표면에 왁스칠을 하지 않는 것이 좋다.

현관의 바닥이 미끄럽지 않아야 하듯이 계단은 더욱 미끄럽지 않아야 한다. 계단이 나무로 되어 있는 기관의 경우는 나무를 잘 보존하기 위해 왁스칠을 하는 경우가 많은데, 이러한 경우 계단에서 유아들이 미끄러질 수 있다.

물론 사고를 방지하기 위해 다양한 방법을 사용하지만, 기본적으로 계단의 표면은 미끄럽지 않아야 한다. 또한 계단에는 장난감이나 화분 등 떨어질 만한 물건 등을 놓지 않아야 하며, 벽면에는 시선을 끌 수 있는 그림이나 장식을 삼간다.

② 계단에 안전문을 설치하여 추락사고를 예방한다.

계단 상·하부에 안전문을 설치하고, 필요하지 않은 경우 문을 닫아두어 계단에서의 추락사고를 예방하도록 한다. 계단의 상부는 유아들이 몰리게 되면 계단에서 넘어지는 사고가 발생할 수 있으며, 계단이 복도 형식으로 되어 있지 않는 경우는 계단에서 추락할 수 있으므로 이에 대한 대비책이 필요하다.

하지만 계단이 복도 형식으로 되어 있는 경우의 안전문은 오히려 재난대피 시 방해가 될 수 있으므로 이를 고려할 필요가 있다. 특히 걸음마기 유아가 기어오르거나 거꾸로 타고 내려올 수 있는 모든 층계의 위·아래에는 유아안전문을 설치해야 하며, 이동 시를 제외하고는 항상 잠겨 있어야 한다.

③ 계단에 충분한 높이의 난간을 설치하도록 한다.

난간은 유아가 계단을 오르내릴 때 손잡이 역할을 하며, 넘어질 때 보호대의 역할도 한다. 이상적인 난간의 높이는 유아를 기준으로 대개 110cm 이상이다. 또한 난간 보호대의 간격도 9~11cm 이하가 안전하다. 이는 유아들의 몸이 난간 보호대 사이로 빠져나가는 것을 방지하기 위해서이다. 복도식의 계단은 난간이 필요 없지만, 손잡이를 두어 유아들이 잡고 오르내릴 수 있도록 한다.

난간은 계단 양쪽에 모두 설치되는 것이 바람직하다. 한쪽에 설치할 경우에는 내려올 때 오른쪽을 기준으로 하며, 벽에 단단하게 고정되어 있어야 한다. 계단의 난간 높이는 유아의 허리보다 높아야 하며 바닥으로부터 55~60cm 정도가 적당하나, 추락방지를 목적으로 할 경우에는 110cm 정도는 되어야 한다. 또 난간살의 간격은 유아의 머리 및 몸이 빠져나가지 않도록 7.5~11cm 이하가 바람직하다.

④ 계단은 곡선 형태로 설치하며, 조명을 밝게 한다.

계단은 가능하면 직선보다 곡선 형태로 설치한다. 물론 곡선 형태는 공간 활용에 제약이 발생하나, 유아들의 안전을 위해 직선 형태보다 더 권장된다. 자연채광이나 인공채광으로 항상 밝게 조명하며, 불필요한 물체를 두지 않음으로써 유아들의 시야가 안정적으로 확보되어 사고를 미연에 방지할 수 있게 된다.

⑤ 계단 각 발판의 높이와 폭 및 너비는 9~13㎝ 정도가 좋다.

계단 각 발판의 높이와 폭 및 너비는 유아의 신체 크기와 계단의 경사에 따라 설계되어야 하나, 대개 9~13cm 정도가 적당하다. 특히 높이가 높으면 유아들에게 위협의 대상이 되므로 높이는 가능하면 유아에게 알맞은 정도로 하는 것이 좋다.

그리고 계단의 너비도 가능하면 넓은 것이 좋다. 오르내리는 유아들이 서로 충돌하지 않도록 가능하면 넓게 한다. 또한 계단의 폭도 유아의 발을 충분히 수용하고 남아야 한다.

9) 화장실

화장실은 유아들이 생리적 불편함을 해소하는 곳이다. 요즘 설계되는 유아교육기관의 화장실은 유아들의 신체적 크기를 반영하여 설치되지만, 예전에는 유아들의 신체적 크기를 전혀 반영하지 못했다. 유아교육기관에서 유아들의 화장실을 이용하는 것에도 안전의 문제가 거론되어야 한다.

그리고 화장실에서의 경험이 보다 긍정적일 수 있도록 유도하고 배려하는 것은 유아교육기관의 기본적인 문제가 되어야 한다. 실제로 화장실의 분위기가 유아들에게 접근적이고 즐거움을 줄 수 있다면 유아들의 유아교육기관에서의 생활은 즐거울 수 있다. 하지만 화장실 및 세면실에서는 미끄러짐, 상해, 온수 사용으로 인한 화상, 전기기구로 인한 감전, 익사, 약품중독과 같은 안전사고가 발생할 수 있다.

화장실을 설치하고 관리하고 유지하는 데 있어 안전과 관련된 어떤 점들을 고려해야 하는지 살펴보도록 하자.

① 화장실 바닥은 미끄럽지 않아야 한다.

화장실의 바닥에는 미끄럽지 않은 타일을 설치해야 하며, 항상 깨끗하고 물기가 없어야 한다. 또 바닥에 비누가 떨어져서 미끄럼을 유발하지 않는지도 점검해야 한다. 미끄럽지 않은 타일을 깔 수 없을 때는 바닥에 미끄럼 방지 매트를 깔아야 하며, 물기가 생길 경우 즉시 제거하고, 화장실에서 유아들끼리 밀치는 장난을 하지 않도록 한다. 물놀이나 목욕을 시킬 경우, 욕조나 물통 주변에 고무매트나 미끄럼 방지용 스티커를 붙여 미끄럼을 방지하도록 한다.

② 화장실 문은 유아가 잘 여닫을 수 있게 해야 한다.

화장실 문은 2세 이후의 아동이 혼자서 잘 여닫을 수 있도록 하며, 문고리는 없애 아동이 화장실에 갇히는 일이 없도록 한다. 요즘에는 화장실 출입문을 없애고 칸막이만 설치하는 시설이 늘어나고 있다.

③ 변기는 반드시 유아용으로 설치하도록 한다.

변기를 유아용으로 설치해서 유아들이 쉽게 사용할 수 있게 해야 한다. 만약 성인용일 경우에는 유아용 보조 깔개와 도움대를 설치하도록 한다. 또 변기를 사용하지 않을 경우는 반드시 뚜껑을 닫아둔다. 변기의 높이는 바닥으로부터 30cm 정도이며, 유아 5~6명당 1개를 준비한다. 그리고 용변을 볼 때 아동들이 불안해하지 않고 교사도 쉽게 감독할 수 있을 정도의 높이로 문을 안전하게 설치한다.

대소변 훈련 시 영아들이 사용하는 변기는 사용 후 전용세면대에서 표백제로 세척하여 오염을 방지한다. 또한 음식조리대나 식사하는 곳에서 사용하지 않으며, 유아의 손이 닿지 않는 일정한 장소에 보관한다.

④ 세면대는 화장실 출입구 근처에 설치하는 것이 좋다.

세면대는 유아가 화장실을 사용할 때만이 아니라 간식, 식사 전후, 놀이 활동과 관련지어 수시로 사용하는 곳이므로 화장실의 출입구 근처 편리한 곳에 설치하는 것이 좋다. 아동 한 명이 세면대에서 사용하는 폭은 60cm 이상이 필요하고, 세면대 높이는 유아의 신체 크기에 맞게 보통 바닥에서 50cm 정도가 적당한다. 높이를 고려할 때는 경우에 따라 안전한 발 받침대를 사용할 수도 있다. 도기 재질의 세면대가 개별적으로 설치되어 있는 경우는 벽에 고정된 나사가 녹이 슬거나 풀려서 내려앉지 않았는지 수시로 점검하고 보수한다. 5~6명의 유아가 동시에 사용할 수 있는 스테인리스 재질의 세면대가 설치되어 있는 경우는 모서리 처리에 특히 유의한다. 세면대 거울에 달린 유리는 혹이 풀리지 않도록 단단히 고정시키고, 서리방지가 되어 있는 안전유리로 설치한다.

⑤ 세면대에는 온도조절장치 및 온수 밸브 잠금장치를 설치한다.

온수를 사용할 경우 수온은 49℃ 이하로 44~46℃로 하는 것이 좋고, 온도조절장치나 온수 밸브 잠금장치를 설치한다. 유아의 손이 닿을 수 있는 범위에 온수와 냉수가 섞여 나오는 수도꼭지가 있어 화상을 입는 일이 없도록 한다. 보통 48℃에서는 10분 만에, 54℃에서는 30초 만에 3도 화상을 입을 수 있다.

물의 온도가 가열기 또는 보일러를 통해 조절되는 경우에는 난방전문가나 배관공에게 개조를 의뢰해야 한다. 화장실이나 세면대에 설치되어 있는 스팀에는 덮개를 하여 유아가 뜨거운 것을 만지거나 쇠에 부딪쳐 상해를 입는 일이 없도록 한다.

⑥ 화장실에서 발생할 수 있는 감전사고에 유의한다.

화장실은 물을 사용하는 곳이므로 이곳에서 전기기구를 사용하면 감전의 위험이 있다. 따라서 화장실과 세면대 안에서 전기기구를 사용하거나 보관하지 않게 하고, 전기콘센트에는 반드시 안전덮개를 설치한다.

만약 화장실이나 세면실 내에 세탁기나 탈수기 등을 사용하는 보육시설에서는 접지상태와 플러그안전장치를 상시 확인해야 하며, 유아들이 손이 닿지 않게 조치한다. 또 유아들이 세탁기 안에 들어가 사고를 당하는 것을 방지하기 위해 세탁기 주변에는 상자 등을 방치하지 않는다.

⑦ 화장실에는 환기시설 및 방충망을 설치하며, 위생적으로 관리한다.

화장실에는 청정한 공기의 질을 유지하기 위해 반드시 환기시설을 설치하고, 쥐, 파리, 모기 등의 해충 유입을 방지하기 위해 방충망을 설치한다.

화장실 바닥과 변기는 매일 깨끗이 청소하고, 매주 1회 이상 크레졸 용액으로 소독한다. 쓰레기통은 발로 밟아서 여는 것이 좋고, 비닐봉지로 씌워두어야 하며, 매일 비우고 소독하여 항상 위생적으로 관리한다.

⑧ 화장실을 사용한 후 반드시 비누로 손을 씻는다.

교사와 유아는 비누나 손 소독제 등으로 손을 청결하게 유지하도록 한다. 손을 씻고 난 뒤 위생을 위해 종이타월의 사용을 권장한다. 샴푸, 세척제나 소독제는 전용 보관장에 잠가서 보관하고, 교사는 이것을 특별보관일지에 기록해두어야 한다.

또한 비누나 치약 등은 항상 보관하는 자리에 비치되어 있어야 하고, 익사 방지를 위해 교사의 감독 하에서만 목욕하게 하며, 유아를 물 근처에 혼자 내버려 두지 않는다.

10) 조리실 및 식당

조리실 및 식당은 영유아의 영양 및 건강과 직결된 영역이기 때문에 특별히 위생에 신경을 써야 한다. 조리를 위해 사용되는 기구 및 시설 등의 안전점검 및 관리에 유의해야 한다. 조리실 및 식당에서는 감염, 넘어짐, 미끄러짐, 화상, 찔림, 베임, 갇힘, 가스(LPG 및 LNG) 폭발, 화재 등 여러 가지 안전사고가 발생할 수 있다.

따라서 교사뿐만 아니라 급식종사자들도 안전사항을 수시로 점검할 수 있도록 확실한 역할 분담이 필요하다. 조리실은 환기, 통풍, 채광, 배수 등이 잘되도록 이와 관련된 설비를 갖추어야 하며, 곤충 유입을 방지하기 위해 방충망을 설치한다.

또한 조리실은 영유아의 건강과 직결된 곳이기 때문에 항상 청결에 유의해야 하며, 정기적인 소독을 실시하여 위생을 관리해야 한다. 또한 유해한 제품들은 원래 용기에 담아서 음식물이나 유아의 손이 닿지 않는 곳에 보관하고, 조리를 위한 칼이나 기타 위험한 기구는 유아의 손이 닿지 않는 지정된 장소에 별도로 보관하고 걸쇠를 잠가두는 것이 좋다.

식탁 모서리는 둥글게 처리되어 있어야 하며, 유아들이 떼어낼 수 있는 식탁보 사용은 하지 않는 것이 좋다. 또한 질식방지를 위해 3세 미만 영아를 위한 음식은 항상 가늘고 잘게 썰어준다.

쓰레기는 가스레인지, 난로, 온수를 사용하는 가열기에서 떨어진 곳에 두고, 조리실의 출입문은 교사의 지도 없이 영아가 출입하지 못하도록 통제해야 한다.

11) 실외 환경구성 및 안전관리

영유아의 성장발달 및 건강을 위해 바깥놀이를 할 수 있는 실외 시설 및 설비는 반드시 필요하다. 그러나 공간이 넓고, 유아들의 활동이 많으며, 다칠 위험성이 있는 놀이기구들이 많기 때문에 유의해야 한다. 여기에서는 대부분 놀이시설에 설치되어 있는 보편적인 놀이 설비들을 중심으로 안전점검사항을 살펴보고자 한다.

(1) 실외 놀이터

실외 놀이터는 영유아가 마음껏 뛰어놀 수 있는 공간이다. 그러나 유아들은 즐거움과 안전을 동시에 고려하지 못하므로 안전하게 놀 수 있는 환경을 미리 구성하여 사고를 예방하는 것이 무엇보다 중요하다. 실외 놀이터에서는 넘어짐, 미끄러짐, 부딪침, 충돌, 낙상, 베임, 끼임, 눌림 등의 여러 가지 안전사고가 발생할 수 있다. 그러므로 실외 놀이터의 주변 환경은 오수, 빗물 등이 잘 처리되도록 배수시설 및 설비가 잘 되어 있어야 한다.

또한 실외 놀이터의 공간은 원활한 이용과 활동에 충분하고 안전하도록 영유아 1인당 2.5m^2 이상이어야 한다. 놀이터 내의 시설물은 전체 공간을 고려하여 설치한다. 최소한 공간의 1/3 정도는 빈 공간으로 남겨두어야 한다. 실외놀이공간은 어른 키 높이 정도의 울타리를 쳐서 영유아의 외부 이탈을 막아야 한다.

또한 교사가 놀이터를 한눈에 볼 수 있도록 설계하는 것이 바람직하다. 실외놀이 영역의 바닥은 충격흡수 재질이어야 한다. 진흙이나 잔디, 아스팔트 또는 콘크리트는 낙상 및 추락 시의 충격을 흡수하지 못한다. 모든 실외 놀이터에는 25~30cm 이상의 모래나 톱밥, 고운 자갈, 나무 짚, 균일한 나무토막 등을 설치한다. 놀이터 바닥의 모래나 톱밥 등은 정기적으로 고르게 해주고 보충해주어야 하며, 기온이 영하로 내려갔을 경우는 갈퀴나 삽 등으로 풀어주어야 한다.

실외 놀이공간의 돌, 유리조각, 요철, 망가진 시설물, 깨진 시설물 잔해, 나무뿌리 등 각종 상해를 유발할 수 있는 요인은 주기적으로 제거해야 하며, 특히 우천 시나 장마철에 생긴 물웅덩이는 즉시 제거해야 한다. 제거하기 어려운 위험물이 있을 경우에는 보호용 울타리를 반드시 설치하고, 보수공사 등으로 보관해야 하는 콘크리트나 철근 등은 보호덮개로 덮어두어야 한다. 안전을 위해 실외 출입문은 성인만 여닫을 수 있을 정도로 높게 설치해야 하며, 실외 놀이터에는 비상사태에 대비해 최소한 두 군데 이상 비상구가 설치되어 있어야 한다.

(2) 놀이기구 및 시설

실외 놀이터에 설치된 놀이기구 및 시설은 영유아들에게 즐거움을 줄 수 있는 필수적인 요인이지만, 각종 안전사고가 가장 많이 발생하는 요인이 되기도 한다. 따라서 놀이기구 및 시설은 처음부터 안전기준을 충분히 고려하여 설치하는 것이 필요하다. 이미 설치되어 있는 기구 및 시설을 이용할 때는 안전수칙을 준수하도록 교육하는 것이 안전사고를 미연에 방지할 수 있는 방법이다.

모든 놀이기구들의 갈라진 틈, 녹, 파손된 부분, 마모된 부분은 발견 즉시 보수하고 놀이기구에 나와 있는 볼트나 나사를 점검하고, 모두 덮개를 씌워야 한다. 움직이는 부분에는 정기적으로 윤활유를 보충해주어야 하며, 깨지거나 벗겨진 페인트가 없는지 확인한다. 기초대, 지지대 등의 매설 부분이 노출되지 않아야 하며, 모든 기구는 콘크리트 발판에 안전하게 고정되어 있어야 한다. 놀이기구의 최대 높이는 183cm를 넘지 않아야 하며, 모든 놀이기구에는 유아의 머리가 끼일 수 있는 12~23cm 정도의 구멍이 없어야 한다.

① 미끄럼틀

미끄럼틀의 올라가는 계단에는 손잡이 난간이 있어야 한다. 미끄럼틀 꼭대기의 공간은 너무 좁지 않아야 하며, 추락을 방지하기 위한 보호벽을 설치해야 한다. 미끄러지는 양옆에는 난간이 있어야 하며, 맨 끝에는 평평한 부분이 있어야 하며, 미끄럼틀의 내려오는 부분이 고른지 항상 점검해야 한다.

금속재 미끄럼틀은 그늘에 설치하는 것이 바람직하며, 그렇지 않을 경우 과열을 방지하기 위한 차양이 필요하다. 여름철에는 자주 물을 뿌려주어야 하며, 특별히 녹스는 것에 유의하고 자주 점검해야 한다. 목재 미끄럼틀에는 정기적으로 왁스나 기름칠을 해주어야 하며, 갈라진 부분이나 틈, 가시가 돌출된 부분이 없는지 확인해야 한다.

② 그네

안전을 위해 5세 이하 유아용 그네와 5세 이상 유아용 그네를 구분하여 설치할 것을 권장한다. 그네는 다른 놀이기구와 274cm 이상 떨어져 있어야 하며, 벽이나 울타리, 보도, 기타 놀이 영역과는 244cm 이상 떨어져 있어야 한다.

땅바닥에서 그네 밑면까지의 높이는 40cm 정도가 적당하다. 그네의 앉는 부분은 가죽이나 고무타이어 등 부드러운 재질이 좋다. 이와 관련하여 그네 좌석이 닳았거나 손상되었거나 절단된 부분은 없는지 수시로 점검한다.

그네를 연결하는 S자 고리는 유아의 손가락이 낄 수 있으므로 가능한 한 사용하지 않거나 완전히 막아야 한다. 그네를 매다는 사슬의 구멍은 유아의 손 끼임을 방지하기 위해 8mm 이하이거나 25cm 이상의 크기로 제작되어야 한다. 만약 설치된 사슬의 구멍이 유아의 손 끼임을 유발할 가능성이 있을 경우에는 바닥에서 약 140cm 이상의 높이까지 손가락 끼임을 방지할 수 있는 보호장치를 장착해야 한다.

사슬을 교체할 경우는 단단한 플라스틱 밧줄을 권장한다. 그네 사슬이 꼬이거나 부서진 곳에 없는지 수시로 점검해야 하며, 그네의 가로막대는 단단히 고정되어 있어야 한다. 그네의 움직이는 부분은 녹슬지 않아야 하며, 부드럽게 작동되어야 한다.

③ 시소

시소는 무게균형이 정확하게 잡혀 있어야 안전하다. 또한 중심대 부분은 단단하게 고정되어 있어야 한다. 시소 끝부분에는 충격을 방지하기 위해 나무블록이나 고무타이어를 대는 것이 바람직하며, 유아가 안전하게 잡고 탈 수 있도록 손잡이가 부착되어 있어야 한다.

철재 시소는 그늘 쪽으로 설치하고, 녹슨 곳을 항상 점검해야 한다. 또 페인트가 벗겨진 부분은 즉시 보수하도록 한다. 목재 시소는 갈라진 부분이나 틈이 없어야 하고, 썩은 부분이 있으면 즉시 교체해야 한다.

④ 모래놀이

모래놀이 영역은 그늘에 위치해야 하고, 모래놀이 영역의 틀은 매끈해야 하며, 사용하지 않을 때는 반드시 닫아둔다. 모래에 유리조각이나 돌멩이 등의 이물질이 섞여 있으면 위험하므로 수시로 확인하고 점검한다.

모래놀이 영역은 적어도 2주에 한 번씩 갈퀴질을 하여 엉킴을 풀어주거나 체를 쳐준다. 병원균을 줄이고 곰팡이를 방지하기 위해 바람을 쐬거나 햇빛에 소독하는 것이 필요하며, 세척을 할 경우는 표백제와 물을 혼합한 세척액을 사용한다.

⑤ 물놀이

물놀이를 할 때는 간이 수영장보다는 물뿌리개나 호스 사용을 권장한다. 간이 수영장을 통해 병이 전염될 수 있기 때문이다. 특히 배변훈련이 덜된 유아들의 경우는 간이 수영장 이용을 삼간다.

물놀이용 간이 수영장을 사용할 경우는 다음과 같은 사항을 점검해야 한다.

- 간이 수영장의 높이는 70cm를 넘지 않는 것이 안전하며, 바닥은 안전을 위해 푹신한 재질로 되어 있어야 한다. 물놀이 영역의 바닥은 물기가 빨리 말라야 하며, 주변에는 미끄럼 방지매트를 설치한다.
- 고무튜브로 된 모든 물놀이용품은 안전검사를 통과한 것을 구입해야 한다. 사용하지 않을 경우에는 반드시 물을 비워두어야 한다. 우천 시에도 이를 점검해야 한다. 유아들은 2.5cm 미만의 물에서도 익사할 수 있다. 수인성 전염병이나 눈병이 유행할 때에는 물놀이 활동을 중단한다.

자체 수영장 시설을 갖추고 있는 경우에는 다음과 같은 사항을 점검한다.

- 수영장에는 반드시 높이 152cm 이상의 울타리를 사방에 치고, 허락 없이 유아의 출입을 금한다.
- 물이 있을 때는 익사, 없을 때는 추락의 원인이 된다. 수영장의 유지관리는 철저히 해야 하며, 안전장비, 위생설비, 감독사항에 대해 수시로 점검한다. 장기간 사용하지 않을 경우에도 지속적인 점검이 필요하다.
- 수영장 주변의 모든 보도는 미끄럼 방지 처리가 되어 있어야 한다. 수영장에는 물과 관련된 필요한 안전장비를 갖추어야 한다. 유아가 물속에 들어가 있을 때는 2시간마다 물의 pH가 7.2~8.2를 유지하는지 확인하며, 수영장의 수온은 28~34℃를 유지하는 것이 좋다. 수영장을 사용할 경우, 매일 물을 갈아주고 소독을 철저히 해야 한다.

(3) 특별관리

보편적으로 갖추어져 있는 시설 및 설비 이외에 특별한 안전관리를 필요로 하는 영역, 특별히 점검해보아야 하는 설비가 있다. 여기에는 동식물 기르는 영역과 급배수시설 및 정화조, 차량관리가 포함된다.

① 동식물 기르는 영역

실외 활동을 할 때 동식물 기르는 영역은 교육적인 효과가 뛰어나다. 그러나 위생 및 건강 또는 중독과 관련하여 여러 가지 안전문제를 유발할 수 있으므로 안전 점검사항을 숙지하여 관리하는 것이 필요하다.

사육하는 모든 동물은 전염병 예방접종을 철저히 해야 하며, 정기적으로 건강진단을 해주어야 한다. 이와 관련하여 수의사를 지정해둘 것을 권장한다. 동물의 배설물은 철저히 관리해야 하며, 특히 유아들의 손에 직접 닿지 않도록 자주 치우고 사육장을 소독해야 한다. 또한 모든 동물은 1주일에 1회 이상 씻겨주어야 한다. 사육하는 동물 이외에 벌이나 독성이 있는 곤충이 서식하지 않는지 점검한다.

놀이시설과 그 주변에 서식하는 모든 식물의 특성과 유독성 여부에 관한 정보를 알아야 한다. 주변 식물 전부에 이름표를 붙이고 목록을 작성해야 한다. 유독식물은 제거 또는 유아가 만지지 못하는 곳에 옮겨 심는다. 만일 제거가 불가능할 때는 보호 울타리를 설치해야 하며, 유아가 주변의 모든 식물을 먹지 않도록 특별한 교육이 필요하다.

② 급배수시설 및 정화조

정화조는 사고가 발생할 위험이 크다. 급배수시설 및 정화조에서는 오염, 중독, 추락, 사망 등의 안전과 관련된 문제가 유발될 수 있다. 그러므로 급수시설은 상수도에 의거함을 원칙으로 하나, 만일 우물에 의할 경우 반드시 우물 틀을 설치하고 뚜껑을 덮어둠으로써 영유아가 오르거나 빠지는 사고가 발생하지 않도록 유의한다. 맨홀, 정화조, 구덩이에는 반드시 덮개를 설치해야 한다.

또한 유아가 덮개를 쉽게 열 수 없도록 해야 하며, 걸쇠를 장착하고, 물탱크 및 정화조는 주기적으로 청소해야 한다. 배수구의 물 빠짐을 항상 점검하고, 특히 우천 시나 장마 시에는 넘쳐흐르지 않도록 조처해야 한다.

04 교통안전

유아 교통사고는 유아의 신체적·정서적·사회적 발달의 미숙과 크게 관계가 있다. 따라서 유아를 도로교통의 위험으로부터 지키기 위해서는 지속적이고, 집중적이며, 체계 있게 교육을 시켜야 한다. 유아 보호는 일차적으로 부모의 책임이나, 사회의 보호도 매우 중요하다. 사회는 유아가 마음 놓고 놀 수 있는 장소와 안전하게 걸어 다닐 수 있는 교통안전 시설물을 마련해주어야 한다. 어릴 때부터 단지 도로교통의 위험에서 보호하는 것뿐만 아니라 어떻게 하면 도로교통의 위험에서 자신을 지킬 수 있는가를 교육해야 하며, 유아에 대한 교통안전교육은 되도록 빨리 시작해야 효과가 크다.

1) 교통안전교육의 필요성

교통안전에 대한 지도의 대부분은 지식과 인지교육에 그치고 있는 실정이다. 이러한 방법이 교통지식을 증가시킬 수는 있겠지만, 유아의 행동을 변화시키기는 어렵다. 그러므로 교통현장에서 유아가 배운 것을 직접 활용할 수 있도록 하는 것이 바람직하다. 적절한 강화를 통해 간단한 동작에서 좀 더 복잡한 동작으로, 부분적 행동에서 전체적 행동으로, 지속적이고 집중적으로 지도를 진행하는 행동훈련기법으로 교육시켜야 한다. 이 기법으로 모의학습, 유희, 현장견학 등 교통안전교육 강화를 반복해서 안전행동훈련을 습득시켜 행동화 및 습관화가 이루어지도록 해야 한다.

2) 교통안전 관련 유아기 행동 특성

교통안전에 대한 유아기의 3대 행동 특성으로 조급성, 모방성, 단순성을 들 수 있다. 각 항목별 특성을 살펴보면 다음과 같다.

(1) 조급성

유아는 항상 뛰려는 특성을 갖고 있으며, 찻길이 위험하다는 생각에 무조건 찻길을 건너는 시간을 급하게 뛰어 최소화시키려 하고 있다. 실제로 뛰는 경우 천천히 걷는 경우보다 사고 위험이 7배가 높으며, 주정차된 차량 사이를 뛰어 횡단할 경우 사고 위험은 18배나 높다.

(2) 모방성

유아들은 어른에 비해 판단 능력, 행동 능력, 위기대응 능력 등 모든 능력이 부족하지만, 어른들을 따라 하는 모방 능력만은 월등히 뛰어나다. 따라서 어른들이 무단횡단을 하면 유아들은 당연히 올바른 행동으로 생각하고 무단횡단을 따라 하다가 위기대응 능력이 없어 종종 교통사고로 연결된다.

(3) 단순성

유아는 생각이 미숙하고 성장이 덜된 상태이기 때문에 모든 것을 단순하고 자기중심적으로만 판단한다. 즉, 녹색불이 들어와 손을 들면 모든 차가 멈춰줄 것으로 생각하며, 한 번 차가 멈추어 있으면 그 차는 계속해서 멈추어 있는 것으로 생각한다. 또한 길 건너편에서 친구나 엄마가 부르면 차가 오는 것을 생각하지 못하고 부르는 것만 생각하여 갑자기 차도로 뛰어들기 쉬우며, 아울러 유아는 찻길로 뛰어들면 당연히 차가 멈추어줄 것으로 생각한다.

표 9-1 아동 교통사고 현황

연도	2013	2014	2015	2016	2017
발생 건수	11,728	12,110	12,191	11,264	10,960
사망자	82	52	65	71	54
부상자	14,437	14,894	15,034	14,215	13,433

출처: 경찰청(2017).

05 화재안전

영유아는 심신이 성장·발육단계에 있으며, 감수성이 예민하고 지식이나 가치관, 태도가 형성되는 과정에 있으므로 안전교육의 효과가 크게 나타날 뿐만 아니라 이들이 성인이 되었을 때 사회 전반에 미치는 안전사고 예방 효과는 뛰어날 것이다. 또한 영유아의 경우 성인에 비해 신체적·정신적으로 미성숙하여 판단력과 운동력이 부족하므로 안전사고로 인한 피해는 성인의 피해보다 더 치명적으로 나타나게 된다. 특히 매년 화재사고로 인해 많은 아이들이 부상을 당하고, 심지어 목숨까지 잃는 우리의 현실을 생각한다면 어린이에게 화재예방을 위한 교육과 더불어 화재 발생 시 스스로 대처할 수 있는 능력을 배양시키기 위한 교육이 강구되어야 할 것이다.

1) 소방안전교육의 필요성

화재에 의해 발생되는 피해는 사망이나 부상 등의 인명피해와 재산의 손실을 유발하는 피해로 나눌 수 있다. 우리나라도 경제발전과 더불어 난방 및 취사연료의 형태가 전기, 가스, 유류 등으로 변화되었고, 에너지의 다양화와 각종 위험물질의 증가에 따른 화재 발생은 날로 늘어나고 있는 실정이다. 경제성장에 따른 에너지 소비의 증가와 각종 건축물의 대형화, 고층화 및 복잡하고 다양한 각종 내부 인테리어로 화재 발생은 앞으로도 계속 늘어날 것으로 예상된다. 화재뿐만 아니라 각종 사고의 위험에 노출되어 있는 어린이들에게 행복하고 안정된 양질의 삶을 영위할 수 있는 환경을 보장하는 것이 무엇보다도 요구되는 시대이다.

따라서 안전불감증으로 인한 인재가 대부분인 화재의 경우, 사고의 피해와 후유증의 엄청난 고통을 생각할 때 적극적인 화재안전교육이 요구되며, 화재의 원인을 알고, 예방적 행동을 실천하는 능력을 키울 수 있는 화재안전교육은 필수적이다.

2) 화재안전사고의 원인

화재의 원인을 자세히 살펴보면, 전기사고의 경우 가전제품이나 전선, 기계, 버너 등의 과열에서 발생하는 빈도가 높은 것으로 나타났다. 또 담뱃불이 쓰레기에 인화된 경우와 침구류에 인화되어 화재가 발생하는 경우가 많고, 가정 불화, 싸움 등에 의한 방화가 인명을 앗아가는 화재로 이어지는 경우도 무시할 수 없는 화재의 원인이 되고 있다.

3) 화재에 대한 안전교육의 내용

(1) 화재의 예방

화재의 원인은 누전 등 유아들과 전혀 관계가 없는 것도 있으나 성냥, 촛불, 라이터를 이용한 불장난 등 유아와 직접적으로 관계가 있는 것도 있다. 따라서 주변 상황에 대해 호기심이 많고 무엇이든지 직접 해보려고 하는 경향이 강한 유아기부터 불의 편리함, 필요성과 함께 불의 특징 및 화재를 일으킬 수 있는 원인을 알려 주고, 이들을 어떻게 다루어야 할지를 이해시킴으로써 유아들 스스로가 화재를 예방할 수 있게 해야 한다.

〈화재예방을 위해 주의해야 할 원칙〉

① 가정

- 성냥이나 라이터, 촛불, 화약, 폭죽 등으로 장난을 하지 않으며, 이런 물건을 보면 즉시 어른들에게 알린다.
- 난로 주변에서 장난치거나 넘어뜨리지 않는다. 난로를 너무 뜨겁게 오랜 시간 켜두지 않으며, 외출 시 잠깐 자리를 비울 때에는 반드시 끈다. 또 점화가 된 상태에서는 난로에 기름을 넣거나 옮기지 않는다.
- 하나의 콘센트에 여러 가지 가전제품을 연결하여 쓰지 않는다. 하나의 콘센트에는 한 가지의 가전제품만 연결하는 것이 가장 좋으며, 이는 특히 전열 기구의 경우 더 필요하다. 또 여행을 하거나 오랜 시간 집을

비울 때에는 가전제품의 전원을 빼둔다.

- 껍질이 벗겨진 전선이나 전원은 바로 교체해야 하며, 전선 상태를 자주 점검한다.
- 담배꽁초를 함부로 버리지 않는다. 완전히 끄지 않은 담배꽁초를 쓰레기통에 버려 화재가 발생하는 경우가 많다. 담배꽁초는 반드시 완전히 비벼 끈 후 버리도록 한다. 또 담뱃재나 꽁초가 이불 등의 침구류나 인화성이 강한 물질에 떨어지지 않도록 주의한다.
- 부엌에 들어갔을 때 냄새로 가스가 누출되었다고 판단되는 경우에는 얼른 환기시킨다. 가스레인지를 켤 때에는 반드시 창문을 먼저 열고 켜야 한다. 비누거품을 이용하며 가스가 누출되는지 정기적으로 점검한다.

② 유아교육기관

- 유아교육기관에서 가스를 사용하는 경우 가스 누출 자동차단기를 가스 경보기와 함께 설치한다.
- 유아교육기관에서는 열 관리 자격을 가진 기사로 하여금 제반 난방시설의 안전도를 정기적으로 점검하게 한다.

(2) 화재 시 대처방법

화재가 난 곳에서 건물 밖으로 나올 수 있기까지 여러 가지의 상황을 거쳐야 하는 경우가 있다. 상황에 따라 적절하게 대처했을 때 화상이나 연기에 의한 기도 손상 등을 최소화할 수 있으므로 유아들에게 화재의 상황에 따라 적절한 대처방법을 평소에 알려주어야 한다.

〈적절한 대처 방법〉

① 옷에 불이 붙었을 때에는 절대로 뛰지 말고 눈과 입을 손으로 가리고 바닥에 뒹굴어 끈다. 만약 옆 사람의 옷에 불이 붙었으면 전기에 의해 불이 붙은 경우를 제외하고는 바닥에 눕히고 물을 부어서 끈다.

② 연기가 꽉 찬 곳에서는 팔과 무릎으로 기어서 나간다(이런 경우 맑은 공기

는 바닥에서 50~60cm 사이에 차 있으므로 서서 나가서는 안 된다). 수건이나 옷을 물에 적셔 코에 대고 숨을 쉬면 유독가스에 의한 기도의 손상을 어느 정도 감소시킬 수 있다.

③ 방 밖에서 불이 난 경우 방문을 열고 나가기 전에 손잡이를 조금 만져보고 뜨겁지 않으면 천천히 문을 열고 나간다. 손잡이가 뜨거우면 문 바로 바깥에 불길이 있다는 것을 의미하므로 다른 문이나 창문을 통해 대피한다.

④ 미처 대피하지 못하여 건물이나 방 안에 갇힌 경우 불길이 번져 들어오지 못 하게 문을 닫고, 연기가 들어오지 못하게 문 틈새를 이불이나 옷(젖은 것이면 더욱 좋음) 등으로 막은 후, 창문을 통해 도움을 청한다. 이때는 밝은 색의 수건이나 옷을 벗어 흔들어 소방관들이 잘 볼 수 있게 한다.

⑤ 베란다가 있는 건물에서 불길 때문에 바깥으로 대피하지 못한 경우 베란다로 대피하고, 반드시 베란다로 통하는 문을 닫아 불길이나 유독가스가 새어나오지 못하게 한다.

(3) 화재 시 대피훈련

가정에서나 유아교육기관에서는 화재가 났을 때 어떤 경로를 통해 건물 바깥으로 대피할 것인가의 지침을 평소에 마련해두어야 하며, 지침에 따른 대피훈련은 정기적으로 실시해야 한다. 대피훈련을 반복해서 실시하면 실제로 위급한 상황에 처했을 때 거의 본능적으로 대피할 수 있기 때문이다. 특히 많은 어린이들이 함께 생활하는 유아교육기관에서는 화재 시의 대피훈련을 정기적으로 실시하여 대피행동을 유아들이 몸으로 익히게 함으로써 만약의 경우 당황하지 않고 대피할 수 있도록 하는 것이 좋다.

〈대피훈련의 원칙〉

① 불이 나지 않은 상황에서 대피훈련을 하는 것은 실제로 불이 났을 때 신속하게 대피할 수 있도록 도와주므로 중요하다는 것을 이해한다.

② 화재경보기 소리를 식별하도록 해준다.

③ 함께 대피하지 못하는 만약의 경우를 대비하여 화재가 났을 때 바깥에서 모이는 장소를 평소에 정해두고 화재가 나면 즉시 그 장소로 가야 한다는 것을 알려준다. 그리고 유아들이 이를 잊어버리지 않도록 계속 상기시켜 준다.

④ 화재경보기가 울리면 얼른 놀던 것을 멈추거나 화장실에서 나와 교사에게로 간다. 만약 건물 밖에 있었다면 그대로 바깥에 있으면서 평소에 모이기로 약속해둔 장소로 간다.

⑤ 화재경보기가 울리면 교사의 지시대로 신속하게 움직인다. 자기 소지품이나 옷 등을 챙기려 하지 않는다.

⑥ 대피훈련을 할 때에는 장난을 치지 않는다.

⑦ 대피훈련을 할 때에는 가까운 친구들이 함께 훈련에 참가하는지 확인한다.

작은 불은 물이나 모래, 담요 등을 이용해서 끌 수 있는 경우가 많다. 그러나 기름이나 전기에 의해 불이 난 경우나 불길이 커지기 시작한 경우에는 반드시 소화기를 사용하여 불을 꺼야 한다. 그러므로 가정의 경우 적어도 부엌과 각 층에 하나씩 소화기를 비치해야 하며, 유아교육기관의 경우 부엌과 각 교실에 하나씩 비치해야 한다.

〈소화기에 대해 알고 있어야 하는 원칙〉

① 평소에 소화기를 가지고 장난하지 않으며, 소화기는 항상 있던 장소에서 옮기지 않아야 한다.

② 소화기는 잘 보이는 곳, 잘 꺼낼 수 있는 곳, 그늘진 곳, 습기가 없는 곳에 보관해야 한다.

③ 소화기는 여러 개를 묶어두지 않아야 하며, 사용 후에는 반드시 재충전하고, 한 달에 한 번 이상 점검해야 한다.

④ 소화기는 가정의 경우 적어도 부엌과 각 층에 하나씩 비치해야 하며, 유아교육기관의 경우 부엌과 각 교실에 하나씩 비치해야 한다.

⑤ 교사는 소화기의 사용법을 알고 있어야 한다.

4) 화재 신고하기

불이 나면 어른이나 아이나 당황하게 되어 신고를 할 때도 어디에서 불이 났다는 것을 신속하고 정확하게 알려주지 못하는 경우가 있다. 따라서 소화기를 사용해도 끌 수 없는 큰 불이 난 경우 즉시 밖으로 나와서 소방서에 정확하게 신고할 수 있도록 해야 한다.

〈올바른 화재신고의 원칙〉

① 불이 나면 119에 전화로 신고해야 한다.

② 119에 전화해서 불이 났다고 말하고 불이 난 곳의 위치를 정확하게 알려준다. 위치를 알려줄 때에는 아파트인 경우 "○동 ○번지 ○○아파트 ○호"라고 말하고 일반 주택이나 상가건물인 경우 "○동 ○번지"의 주소와 함께 그 건물의 근처에 있는 누구나 알 수 있는 큰 건물의 이름을 알려준다.

③ 가능하면 어디서 불이 시작되었는지, 현재 건물의 상태가 어떤지도 이야기해 주는 것이 좋다.

④ 소방서에서 불이 난 곳의 소재를 정확하게 파악하고 알았다고 할 때까지 전화를 끊지 않는다.

⑤ 공중전화로 화재신고를 할 때에는 동전이 없어도 전화기에 있는 긴급통화용 빨간색 단추를 누르면 된다.

06 미디어안전

1) 미디어안전교육의 개념 및 필요성

미디어는 정보를 전송하는 매체를 의미하는 것으로(정재경, 김형숙, 김형재, 이순애, 최지현, 2015), 경험하기 힘든 세계에 대한 정보를 제공해 주는 장점을 가지고 있다. 미디어는 이 같은 순기능을 가지고 있지만, 과다한 사용으로 인한 역기능이 영유아들에게도 심각한 문제가 되고 있다. 이에 국가적인 차원의 방지 및 예방 정책수립 및 연구 또한 활발하게 진행되고 있다.

한국정보화진흥원(2015)은 2014년 인터넷 중독실태조사에서 인터넷 이용자 중 3~59세의 인터넷 중독위험군은 6.9%로 2,621,000명으로 추산하고 있다. 이 중 미취학 영유아의 인터넷 중독위험군 비율은 4.4%로 2013년 3.4% 대비 1.0% 증가하였다. 조사대상의 가장 어린 연령이 2013년 만 5세에서 2014년 만 3세로 변동되고 있는 것을 볼 때 미디어 중독현상이 저연령화되어 가고 있다는 것을 알 수 있다. 이러한 현상은 컴퓨터의 크기가 작아지고 스마트기기가 등장하면서 인터넷 사용이 증가한 것이 원인이기도 하다.

전자미디어의 과다 사용은 영유아에게 부정적인 영향을 미칠 수 있다. 예를 들어, 영유아가 스마트폰을 지나치게 사용하다가 스마트폰을 하지 못하게 되면 마음이 불안해지고 스마트폰 사용을 계속 하고 싶어 다른 일에 집중하지 못하게 되기도 한다. 영유아는 전자미디어 매체를 통해 적절하지 않은 정보를 접하기도 하고, 게임 속의 폭력적인 행동을 모방하기도 하며, TV나 스마트기기에 중독되기도 한다. 영유아의 장시간 미디어 사용은 신체적으로 수면장애, 시력 저하 등의 문제를 일으키고, 산만한 행동, 대인관계문제, 폭력성 등 정신적, 사회적 발달에 부정적인 영향을 미치므로 영유아기의 미디어안전교육이 필요하다.

미디어안전교육은 영유아가 전자미디어 매체를 적절히 활용하여 과다 이용에 따른 부정적 결과를 예방할 수 있도록 하는 데 목적이 있다. 이에 미디어의 이용방법, 이용시간, 이용 프로그램 등을 안내하고 적합하게 활용하는 건전한 습관을 형성하도록 하는 내용으로 지도한다. 이러한 미디어안전교육을 통해 전자미디어로 인한 신체적, 정신적 측면의 부정적인 영향을 최소화할 수 있다.

2) 영유아의 미디어 매체 이용에 대한 현황

대부분의 가정에서 보유하고 있는 미디어 매체는 양적으로 증가하였고 최초로 미디어를 접하는 연령도 매우 낮아졌다. 육아정책연구소(2013)에서 실시한 영유아의 미디어 매체 노출실태 및 보호대책 보고서에 의하면, 대부분의 가정이 TV, 컴퓨터, 스마트폰을 보유하고 있었으며, 대부분의 영유아가 TV시청을 하고 절반 이상의 영유아가 스마트폰을 사용하고 있었다.

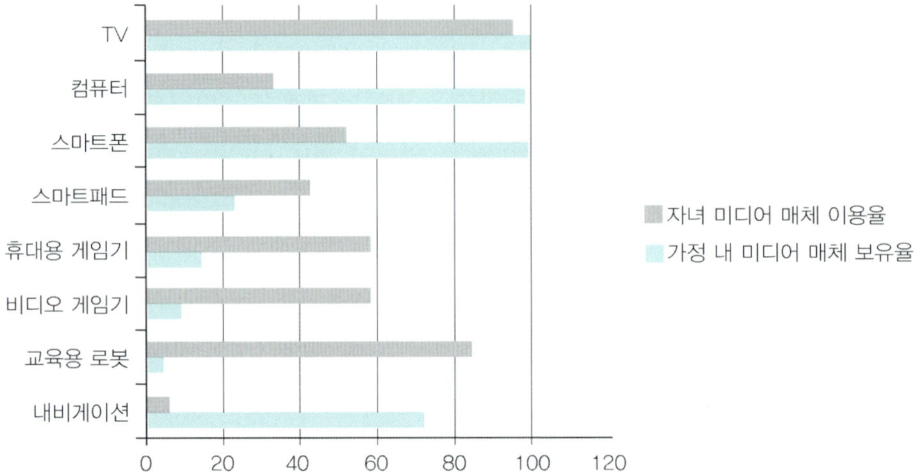

그림 8-1 가정 내 미디어 매체 보유율과 영유아의 매체 이용율

출처: 육아정책연구소(2013).

표 8-1 영유아의 미디어 매체 최초 이용 시기

구분	영아	유아	전체(영아와 유아)
TV	0.41세	1.04세	0.75세
컴퓨터	1.05세	2.79세	2.46세
스마트기기	0.84세	2.86세	2.27세

출처: 육아정책연구소(2013).

한국정보화진흥원(2015)은 인터넷 중독요인을 일상생활장애 1요인, 가상세계지향 2요인, 금단 3요인, 내성 4요인으로 구분하였다. 일상생활장애는 인터넷 사용으로 인한 생활 기능 저하, 갈등 등의 문제 발생 정도이고, 가상세계지향은 현실보다 인터넷 세상에 의미를 두고 지향하는 정도이다. 금단은 인터넷을 못하게 되었을 때 불안, 초조 등을 유발하는 정도이고, 내성은 인터넷 사용을 점점 더 많이 해야 만족감을 느끼며 사용 조절을 실패한 경험의 정도를 나타낸다. 만 3~9세 유아동을 대상으로 인터넷중독요인별 분석 결과, 가장 심한 것은 내성 증상으로 31.3%(그렇다+매우 그렇다 비율)로 나타났고, 가상세계지향은 30.1%, 금단은 16.0%, 일상생활장애는 9.8% 순으로 나타났다(한국정보화진흥원, 2015).

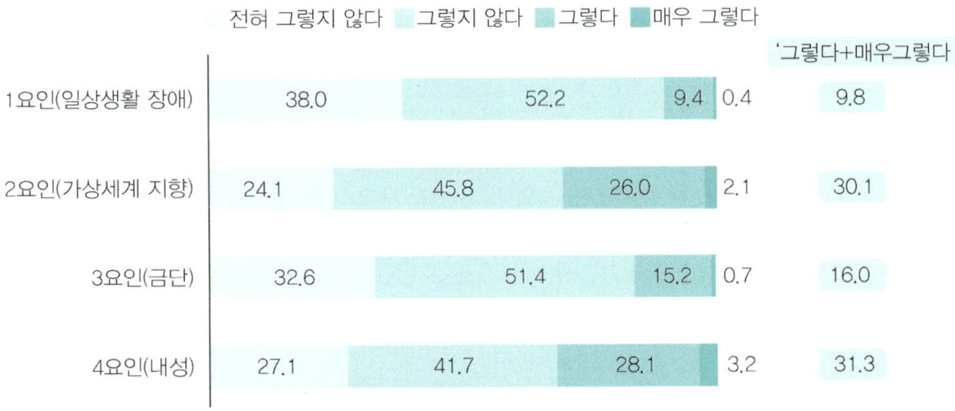

그림 8-2 유아동 인터넷중독 진단(%)

출처: 한국정보화진흥원(2015).

2014년에는 2013년과 비교하여 인터넷을 이용할 때 주로 사용하는 기기로 스마트폰이 증가하는 추세에 있고 PC는 감소하는 추세이다. 아동(만 3~9세)의 인터넷 이용 용도는 스마트폰 등의 온라인 게임이 52.4%, PC, 노트북 등을 통한 온라인 게임은 49.6%로 높게 나타났다. 아동이 온라인게임을 하는 주된 이유는 '재미있어서' 92%, '습관적으로' 33.2% 순이다(한국정보화진흥원, 2015).

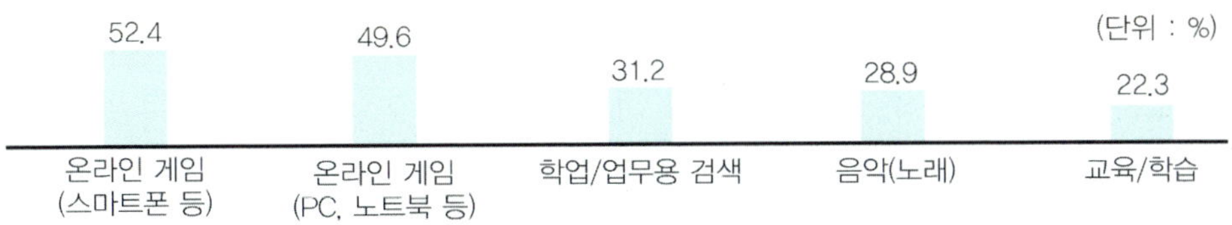

그림 8-3 아동(만 3~9세)의 인터넷 이용 용도(복수응답, 5순위까지 제시)

출처: 한국정보화진흥원(2015).

한국정보화진흥원(2015)에 의하면 3~9세 유아의 스마트폰 사용 시작의 평균 연령은 5.6세이며, 4세부터 시작한 경우가 가장 많았다. 또한 스마트폰 하루 평균 이용시간은 1.4시간이었고 이용 횟수는 3.6회였다. 이는 연령이 증가함에 따라 증가하는 경향을 보인다.

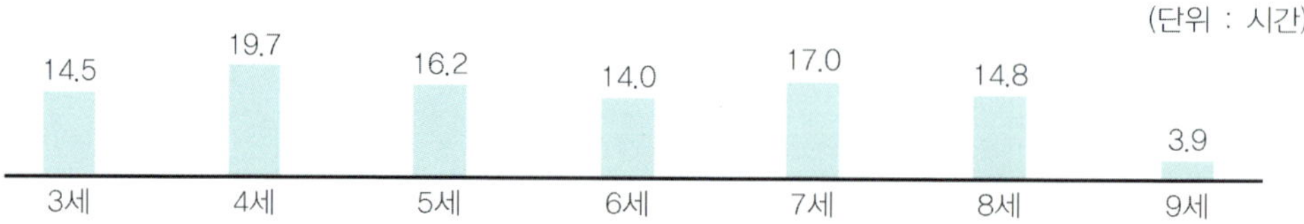

그림 8-4 3~9세 스마트폰 사용 시작 연령

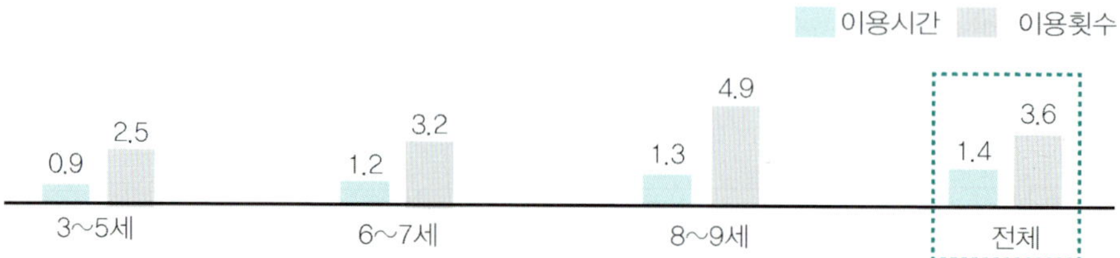

그림 8-5 3~9세 스마트폰 이용시간 및 이용횟수(1일 평균)

출처: 한국정보화진흥원(2015).

3) 미디어안전교육

미디어 사용으로 인한 역기능을 예방하기 위해 영유아에게 무조건 미디어를 사용하지 못하게 하는 것보다 미디어의 역기능과 순기능을 이해하고, 스스로 조절할 수 있는 태도를 길러주는 것이 바람직하다. 영유아의 미디어안전을 위한 환경관리와 안전지침을 정리하면 다음과 같다.

- 영유아가 전자미디어를 접하는 시기를 최대한 늦춘다.
- 전자미디어 사용 시 조명은 책을 볼 때와 비슷한 정도의 밝기가 적절하다.
- 영유아교육기관에 있는 2세 이상의 유아에게 일주일에 한 번, 30분 이상 영상관련 매체를 접하지 않게 한다.
- 전이활동시간, 귀가시간, 통합시간, 교사가 다른 업무를 보는 시간 또는 남

은 시간에 무분별하게 영상 시청시간을 갖지 않는다.

- 전자미디어 사용으로 인해 친구관계나 가족관계, 학습에 지장이 생기는 영유아는 전문상담기관의 도움을 받는다.
- 전자미디어 사용 규칙을 만들고 약속은 반드시 지킨다.
- 먼저 해야 할 일을 마치고 전자미디어를 사용한다.
- 전자미디어를 사용하기 전에는 부모님께 여쭈어보고 사용한다.
- 전자미디어 사용 이외에 취미나 운동시간을 늘린다.
- 전자미디어 사용 시 바른 자세로 이용하는 습관을 갖는다.
- 전자미디어 사용 후에는 체조 등의 운동을 한다.

영유아의 미디어 사용에 대해 부모가 안전관리를 하는 것이 바람직하다. 영유아가 전자미디어를 처음으로 사용하기 시작할 때 부모가 함께 하도록 하며 미디어의 사용시간을 영유아와 협의하여 결정하도록 한다. 또한 미디어의 사용시간과 내용 등을 기록하는 미디어 사용일지를 기록하는 습관을 갖는 것이 좋다. 미디어 사용 시에는 식사나 취침시간을 준수하도록 하고 영유아가 음식을 먹는 동안에는 전자미디어 사용을 허용하지 않는다. 미디어안전관리를 위해 부모가 해야 할 일을 정리하면 다음과 같다.

- 유아의 전자미디어 사용에 대해 일관된 태도를 보인다.
- 부모의 전자미디어 사용습관을 영유아가 따라하므로 바람직한 모델이 되도록 한다.
- 전자미디어 사용 시 영유아와 대화를 하거나 함께 참여하면서 상호작용을 한다.
- 영유아 스스로 전자미디어 사용을 끝낼 수 있도록 도와준다.
- 전자미디어를 끄고 나면 영유아가 좋아하는 활동이나 재미있는 놀이를 함께 하여 전자미디어의 잔상을 없앤다.
- 스트레스 해소나 보상을 목적으로 또는 부모의 편의를 위해 전자미디어 사용을 하락하지 않는다.

4) 키즈 동영상 부작용 예방법 - 유년기별 가이드

(1) 2~4세: 인지 능력을 무디게 만들 수 있으니 주의

아이 입장에서 처음 접하는 동영상은 오감을 강렬하게 자극하는 요소들이 가득하다. 마치 처음 초콜릿을 먹은 아이가 단 것에 집착하게 되는 것과 같이 동영상에 금방 빠져들게 된다. 미국 소아과의사협회에서는 생후 18개월까지는 영상매체에 노출시키지 않아야 한다고 권고한다. 이 시기 아이의 인지 능력은 상호작용을 통해 발달하는데, 동영상은 일방적인 움직임일뿐이므로 아이의 인지 능력을 무디게 만들기 때문이다.

Plus Tip

25~36개월 아이는 자기 조절 능력을 처음 배우는데 유난히 고집을 부리고 떼를 쓰는 경우가 많아진다. 아이를 진정시키기 위해 스마트폰에 의존하면 점점 더 집착증상을 보이게 된다. 동영상을 볼 수 있는 스마트폰을 아이의 눈에 띄지 않게 해야 한다. 되도록 책상이나 서랍장에 넣어두고, 충전기도 높은 곳에 두어 아이 손에 닿지 않도록 한다.

식당에서도 마찬가지로 스마트폰 없이 식사를 할 수 있게끔 예절교육을 시작해야 한다. 식사 중에는 돌아다니지 않고 식사가 끝난 후 다른 행동을 해도 된다는 규칙을 세운다.

(2) 5~7세: 과도한 동영상 시청은 근시를 초래

스마트폰에서 나오는 화려한 불빛과 소음은 아이의 시력을 저하시킬 수 있다. 한 곳을 뚫어저라 집중해서 보게 되면 눈의 초점이 흐려지는 근시가 올 수 있다. 6세 전후 아이는 시력과 시각 기능에 관련된 뇌발달이 완성되는 단계로, 다양하게 보고 눈을 건강하게 만들어야 하지만 동영상의 스마트폰의 자극적인 불빛만 쳐다보면 당연히 안구 운동 능력이 떨어질 수 밖에 없다. 덧붙여 불편한 자세의 동영상 시청은 손가락만 움직이기 때문에 손목과 척추에 문제를 일으켜 자세 불균형으로 이어진다.

Plus Tip

가장 좋은 활동은 부지런히 뛰어놀면서 신체발달을 유도하는 것이다. 부득이하게 동영상을 시청해야 하는 상황이라면 스마트폰 대신 태블릿 PC를 사용하는 것이 낫다. 상대적으로 화면 크기가 커서 눈의 피로감을 줄일 수 있다. 또 눈의 피로감을 줄이는 휴식으로 지그시 눈 감기, 멀리 보기 등을 하도록 한다.

동영상을 10분 본 후에는 5분 쉬는 시간을 갖게 하는 것도 좋은 방법이다. 동영상을 중간에 끊기 힘들다면 처음부터 태블릿 PC의 배터리를 얼마 안 남겨 놓은 상태에서 보여주는 것도 아이를 쉽게 납득시킬 수 있는 방법이다. 동영상을 보여줄 때는 책상에 세워 놓고 의자에 앉아 시청하게 하면 허리와 목에도 무리가 덜 가게 된다.

(3) 8~9세: 자극적인 성인용 콘텐츠에 노출되지 않게 주의

동영상은 대부분 자동 재생 기능이 있는 사이트를 통해 접하게 된다. 사용자 설정이 되지 않은 환경에서 동영상을 보는 것은 단순히 조회 수나 키워드에 맞춘 결과값에 노출되어 있는 것이다. 이는 아직 생활에서 겪지 못한 일을 간접경험하거나 바르지 못한 어휘 또는 표현을 습득하는 계기가 되기도 한다. 부모는 흔히 자신의 시간을 자유롭게 쓰기 위해 아이에게 스마트폰을 쥐여주는데, 가장 문제가 되는 것은 동영상을 보고 있는 아이가 통제 없이 유해 콘텐츠에 노출되는 경우다.

Plus Tip

동영상 사이트에서는 수많은 영상이 한 번에 공유되는 만큼 아이에게 올바른 시청 환경을 만들어 주는 게 중요하다. '유튜브 키즈'의 경우 다양한 설정 기능이 있는데, 아이가 일부 컨텐츠에만 접근하도록 검색을 제한할 수 있고 시청 시간을 측정하는 내장 타이머가 있어, 정해진 시간이 되면 알람이 뜨고 재생화면이 자동으로 잠기게 된다.

부모가 잠깐 한눈 판 사이에 아이 혼자서 동영상을 보는 경우도 있다. 이를 방지하기 위해서는 암호나 자녀 보호 정보 기능을 따로 설정할 수 있다. 덧붙여 동영상 시청 시간에는 부모가 함께 해 영상에 대한 대화를 나눈다면 아이의 이해력 뿐 아니라 언어, 사회성 발달에 도움이 될 수 있다.

출처: 차병원 차바이오그룹 공식 블로그.

WHO, 스마트폰에 푹 빠진 아이들을 위한 첫 가이드라인 제시
2~4세 어린이 하루 1시간 이상 스마트폰 안돼

[이데일리 이순용 기자]

"엄마, 나 밥 다섯 번 먹으면 스마트폰으로 게임 한 번 할게. 알았지?"

5살 아이를 키우는 김 씨는 식사시간만 되면 아이와 스마트폰 쟁탈전을 벌인다. 밥 잘 안 먹는 아이에게 스마트폰을 주고 식탁에 앉혀 한 순갈이라도 더 먹여보려 한 것이 화근이 됐다. 처음에는 가르쳐주지 않아도 어느 순간부터 스마트폰을 능숙하게 다루는 아이가 신기하기도 했다. 그러나 스마트폰을 장시간 넋을 잃고 보거나, 틈만 나면 떼쓰고 잘한 일에 대한 보상심리로 스마트폰을 달라는 모습을 보니 이젠 걱정이 앞선다.

아이들이 스마트폰을 접하는 시기가 점차 빨라지고 있다. 15일 한국정보화지능원 연구에 따르면 만 3세~9세 이하 유아의 스마트폰 과의존 위험군 비율이 2015년 12.4%에서 2017년 19.1%로 증가했다. 성인의 스마트폰 과의존 위험군과 같은 수치다. 유아동 스마트폰 이용률은 67.7%로, 10명 중 7명 정도가 이미 스마트폰을 접하고 있다.

세계보건기구(WHO)는 지난 4월 24일 어린이의 스마트폰 사용과 관련된 첫 가이드라인을 발표했다. 2~4세 어린이는 하루 1시간 이상 스마트폰 등 전자기기 화면을 지속해서 봐서는 안 되고, 1세 이하는 전자기기 화면에 노출되는 일이 없도록 해야 한다는 것이다.

'어린이들이 화면에 노출되는 시간'에는 스마트폰은 물론 텔레비전과 게임기 사용시간도 포함된다. 어릴 때 형성되는 습관은 유년기와 청소년기, 성인기의 습관과도 연관된다. TV를 보거나 게임을 하는 등 정적인 상태보다는 적절한 신체 활동과 충분한 수면이 보장돼야 비만과 각종 질병을 예방하고 건전한 습관을 길러낸다는 것이 WHO 가이드라인의 골자다.

방수영 을지병원 정신건강의학과 교수는 "스마트폰은 컴퓨터의 운영체제를 소형화해 통신이 가능하도록 한 휴대전화다. 다시 말해 아이가 스마트폰을 보고 놀 때는 단순히 전화가 아니라 손 안의 컴퓨터를 가지고 노는 것과 똑같다. 스마트폰을 언제 사줘야 하는지 명확히 정해진 것은 없다. 하지만 전문가들은 되도록 늦게 사주는 것이 좋다고 의견을 모은다. 꼭 사줘야 한다면 중학교 1~2학년 때를 추천한다"고 말했다.

■ 전두엽이 덜 자란 아이들은 즐거운 것을 스스로 조절기 어려워

'아이들은 아직 미숙하다'라는 말을 의학적으로 바꿔 말하면 '아이의 전두엽이 아직 덜 자랐다'는 의미다. 사람의 뇌 피질은 영역별로 ▲전두엽(통합조절기능) ▲두정엽(감각령) ▲후두엽(시각령) ▲측두엽(청각령)으로 나뉜다. 뇌의 영역에 따라 성숙 속도와 시기가 다르다. 피질 영역 중 전두엽은 생각, 판단, 운동, 계획수립, 의사결정 등 인지기능과 직결돼 있고, 이는 청소년기에 발달한다. 피질하의 충동성과 관련된 부위는 전두엽보다 1~2년 더 먼저 성숙한다고 알려져 있다. 이는 전반적인 컨트롤타워가 아직 성숙하지 않은 초등학생의 경우, 즐거운 것을 스스로 조절하는 데 어려움이 있을 수 있다는 뜻이다.

청소년기 충동성과 관련한 뇌 부위와 컨트롤타워 성장 속도의 차이를 고려하면 '즐거움의 대상'을 조절할 때 내부 통제력만으로는 충분하지 않다. 흔히 말하는 '중2병'이 생기는 이유다. 이 시기에는 외부의 조절력이 필요하다. 이러한 이유로 자녀들에게 스마트폰을 사주는 시기를 가급적 초등학교 이후로 권하고 있는 것이다. 중학생 시기에도 스스로 조절 능력이 충분하지 않을 수 있다는 점도 감안하는 것이 좋겠다.

■ 양방향 아닌 일방적인 자극은 또래보다 언어능력 저하 초래

2015년부터 현재까지 국내 3~5세 400명의 영유아를 대상으로 소아청소년정신보건센터(고양시, 성남시, 수원시)에서 진행 중인 추적조사를 살펴보자. 미디어 노출이 많은 영유아를 또래와 비교했을 때 어휘력 및 표현력과 같은 언어능력이 저하되었다는 것을 알 수 있다. 특히 3~4세가 더 많은 영향을 받았다.

흔히 가족 간 평범한 상호작용보다 전문적인 스크린을 통한 정보 습득이나 학습이 어린이들에게 더 좋은 학습효과를 줄 거라고 생각하기 쉽다. 하지만

스크린을 통한 자극은 일방적으로 전달될 뿐 상호작용이 아니다. 게다가 시청을 유도하기 위해 끊임없이 자극적 흥미를 지속하기 때문에 영유아가 스스로 지루한 것을 조절하는 연습을 할 기회가 줄어든다. 뇌가 성숙하기 위해서는 오감을 통해 보고 느끼고 경험해야 하는데, 스마트폰을 과다 사용할 경우 이러한 기회가 제한되는 것이다. 이 과정에서 전문가들은 집중력이나 학습, 사회성 발달에도 영향이 있을 것으로 우려하고 있다.

반면 미디어 사용이 늘어날수록 신체 활동은 덜 하게 된다. 신체 성장에 미칠 영향도 간과하지 않을 수 없다. 외국에서도 같은 문제를 고민하고 있다. 2016년 미국 소아과학회가 발표한 미디어 사용 권고사항을 보면 공격적인 행동, 비만, 수면장애 등의 위험요소가 증가하고 신체 활동이나 즐거운 놀이 시간 등이 희생되는 것을 우려하고 있다.

■ '다하면 스마트폰 줄게' 인위적 보상은 오히려 떼쓰기만 늘리는 꼴

어떠한 행동에 대한 보상으로 아이에게 스마트폰을 허용하는 사례는 일상에서 쉽게 찾아볼 수 있다. 하지만 이런 인위적인 보상 방식은 오히려 아이들에게 스마트폰 내성과 금단현상을 일으킬 수 있다. 보상항목이 많아질수록 스마트폰을 점점 더 많이 사용하게 되고, 이전보다 더 오래 사용해야 만족하게 된다. 사용하지 않으면 불안, 무력, 초조감을 느끼는 악순환이 반복된다.

하루에 게임을 두 번만 하기로 했는데도 아이가 아쉬워하고 떼쓰는 경우도 마찬가지다. 물론 아이를 탓할 일이 아니다. 게임 자체가 아이들이 더 하고 싶도록 심리적 장치를 해놓은 것과 다름없다. 가끔은 부모의 마음도 느슨해져서 허용해줄 때가 있다. 그러면 아이는 '혹시 모를 행운이 따를 수도 있으니 다음에도 떼를 써보자'라는 심리가 된다. 긁지 않은 복권을 쥐고 있는 마음이 될 것이다. 부모와 아이와 함께 정한 규칙을 일관되게 유지해야 아이의 조절력 향상에 도움이 된다.

■ 교육용 앱보단 책 직접 만지고 말하는 아날로그적 방식이 좋아

최근에는 스마트폰으로 교육이나 학습 콘텐츠를 연계해 볼 수 있다. 실제로 스마트폰으로 주로 이용한 콘텐츠도 ▲교육/학습 ▲게임 ▲음악 ▲검색 순으

로 높게 나타났다. 스마트폰을 게임이 아닌 교육과 학습에 사용하는 것은 대수롭지 않게 생각하는 경우가 많다. 하지만 유·아동기에는 교육용 앱 사용도 최소화하는 것이 좋다. 0~3세까지는 신경세포의 가지치기가 폭발적으로 일어난다. 이때 미디어에 의한 자극은 마치 어린 묘목에 거름을 쏟는 것처럼 과도한 자극이 될 수 있다. 오히려 아이는 심심할수록 창조적 사고와 문제 해결 사고를 시도하게 된다. 책을 직접 만지고 읽고 말하고 느끼는 아날로그적 방식이 아이들의 뇌를 더 자극한다는 점을 기억하자.

방수영 교수는 "가장 좋은 것의 최대 적은 그냥 좋은 것이다. 아이와 함께 놀아 줄 수 있음에도 불구하고 그냥 편하니까, 그냥 좋은 것이 있어서, 내 시간이 필요해서, 다른 아이도 다 하니까 등의 이유로 아이에게 스마트폰을 주진 않았는지 되돌아봤으면 한다. '어릴 때 부모와 질 높은 상호작용을 하는 것은 평생의 예방주사와 같다.' 이 불변의 법칙을 잊지 말자"고 조언했다.

■ 유아동 스마트폰 과사용 예방수칙

- 2세 이전에 미디어 스크린 노출은 피하자.
- 부모와 뒹굴수록 아이는 좋아진다. 아이와 오감을 활용한 신체적 활동을 하면서 함께 놀아주자.
- 아이가 심심해하는 것을 너무 무서워하지 말자. 아이는 심심할수록 창조적, 문제 해결적 사고를 시도한다.
- 초등학교 입학전까지는 스마트폰 사용시간이 하루 한 시간을 넘지 않아야 한다. 혼자 무언가를 보도록 내버려 두지 말자.
- 스마트폰을 할 땐 시간이나 관리 어플 등 사용규칙을 만들고 보호자와 함께 하자.
- 수면 시간대는 사용하지 말자. 자외선과 가까운 청색광을 햇빛으로 착각해 수면유도 호르몬인 멜라토닌 분비를 방해한다.
- 부모는 아이의 거울, 가족 모두 스마트폰을 사용하지 않는 시간을 만들고 지키자.
- 습관을 바꿀 때 아이의 저항을 이겨내자.

- 스마트폰을 보관하는 바구니를 만들고 부모의 허락 하에 사용하도록 하자. 부모의 허락을 받는 과정을 통해 접근성이 저하된다.

WHO는 2019년 5월 20일부터 28일까지 스위스 제네바에서 세계보건총회를 열고 "게임이용장애(Gaming Disorder)"를 정신건강질환으로 등재하였다.

게임을 새로운 질병코드로 등재하면 각국에서는 2022년부터 WHO의 권고사항을 바탕으로 새로운 질병코드 정책을 시행하게 된다.

한국은 문화체육관광부와 보건복지부를 중심으로 찬반 논란이 첨예한 만큼 사회적 합의를 도출하기까지 긴 시간이 필요할 전망이다.

출처: 이데일리 노재웅기자(ripbird@edaily.co.kr)

07 기타 안전

1) 유괴·미아 예방

유아를 잃어버리는 원인은 크게 두 가지로 나뉜다. 하나는 부모의 실수로 인한 미아 발생이며, 다른 하나는 유괴범에 의한 것이다. 우리나라에서도 한국어린이재단이나 기타 단체들이 미아 발생 사고를 줄이기 위해 노력하고 있다.

그러나 이러한 사고나 기타 단체들이 미아 발생 사고를 줄일 수 있는 유일한 방법은 성인이 아이들을 잘 보호하고 아이들에게는 유사시에 어떻게 행동해야 할지에 대해 미리 가르치는 것이다.

대부분의 유아는 이상한 낯선 사람을 따라가지 않아야 하고 피해야 함을 배운다. 그러나 일반적으로 유아는 낯선 사람에 대한 편견을 가지고 있다. 즉, 수상한 사람이나 나쁜 사람을 본 적은 없지만, 만약 본다면 즉각적으로 알아볼 수 있다고 생각하고, 수상한 사람은 항상 남자라고 생각한다.

반면에 여자는 항상 자신을 보살펴주고 도와주는 사람이라고 알고 있다. 게

다가 수상한 사람은 외모가 험악하고, 옷차림이 남루하며, 매서운 눈으로 아이들을 노려 볼 것이라고 생각하며, 친절하게 굴거나 친절해 보이는 사람은 좋은 사람이라고 생각한다.

유아의 이러한 사고특성은 5~6세 유아의 75%와 7세 유아의 50%가 사람이 많은 곳에서 길을 잃었을 때 미소를 지으면서 친절하게 다가와 그들에게 집에 데려다 주겠다는 제안을 하는 성인을 따라가겠다고 응답하고 있는 점에서도 나타나고 있다.

또한 5~6세 유아 모두는 유치원 밖에서 친절한 여성이 다가와 “엄마가 아파서 너를 데리러 올 수 없어 내가 대신 왔다”고 말하는 사람의 말을 믿고 그를 따라가겠다고 응답함으로써 우리에게 충격을 주고 있다.

유아는 성인들은 거짓말을 하지 않으며, 게다가 친절하고 자신의 이름까지 아는 사람이라면 누구든지 친구일 것이라고 생각한다. 이러한 결과를 통해 분명히 알 수 있는 것은 유아에게 특별한 안전교육을 실시하지 않았을 때 낯선 사람 또는 수상한 사람에 대한 그들의 판단이 바르지 않다는 것이다.

따라서 유아가 이런 사람들을 바르게 구분할 수 있고, 유괴나 미아가 되는 사고를 예방하기 위해서는 이를 위한 올바른 교육이 필요하다. 더구나 우리 사회에서도 이미 유괴나 미아사고가 많이 발생하고 있으므로 유아에게 유괴나 미아사건이 왜 발생하고, 그 위험이 무엇인지에 대해 이야기해주어야 한다.

우리 사회에는 믿을 수 있는 사람도 있으나 때로는 믿을 수 없어 의심을 해보아야 할 사람이 있음을 알려주고, 이런 사람들을 구별할 수 있게 지도해야 한다. 그러나 이때 유아가 무조건 다른 사람을 신뢰할 수 없게 하거나 지나친 불안감을 조장해서는 안 된다. 다음은 상황에 따른 대처방법을 알아보겠다.

(1) 아이가 나쁜 사람에게 끌려갈 때

아이가 만약 납치됐다면 아이 스스로 포기하지 않고 도망치는 것이 중요하다. 그러나 범인을 공격하는 행동은 피해야 한다고 일러줘야 한다.

아이가 반항할 경우 범인이 아이를 공격할 수 있기 때문이다. 누군가 끌고

가려고 할 때는 아이는 먼저 “살려주세요”, “도와주세요” 등의 말부터 해야 한다. 만일 아이의 한 팔이 붙잡혔다면 두 팔로 동시에 힘껏 뿌리치고, 뒤에서 손으로 입을 틀어막았을 때는 범인의 새끼손가락부터 잡아 하나씩 떼어내야 한다. 호루라기 등을 갖고 다니는 것도 좋다.

(2) 거절하기 어려운 요구를 받았을 때

아이는 낯선 사람이 말을 걸면 불안해하면서도 거절방법을 몰라 계속 답하는 경우가 많다. 누군가 끈질기게 다가오며 말을 걸면 먼저 상대방과 거리를 두도록 해야 한다. 상대방과의 거리가 가까워지면 갑자기 공격당할 위험이 있기 때문이다. 이렇게 해도 낯선 사람이 계속 말을 건다면 주저하지 말고 또렷한 목소리로 자신의 의사를 전달해 거절해야 한다. 위험한 순간을 대비해 집에서 소리를 내며 연습해두는 게 좋다.

“이것 좀 먹어볼래?”(뭔가를 권유할 때) “아니요, 됐습니다!”

“이거 최신형 게임기인데, 너 줄까?”(어떤 물건을 준다고 할 때) “필요 없어요!”

“102동이 어디야 ? 아저씨가 잘 모르는데 알려줄래?”(길을 물어볼 때) “전 잘 몰라요!”

“집까지 태워다줄게.”(차에 태워다준다는 말을 했을 때) “전화로 부모님께 먼저 물어보겠습니다.”

(3) 무서운 일을 당해 도움을 요청해야 할 경우

위험 상황에서 빠져나왔을 때는 바로 어른이나 경찰관에게 사실을 이야기하도록 해야 한다. 도움을 요청할 사람이 없다면 사람들이 많은 곳으로 뛰어들도록 한다. 평소 아이와 함께 통학로에 있는 가게나 아는 사람의 집을 미리 알아두고, 집 근처 지구대나 경찰서가 어디에 있는지 미리 확인해두는 것도 좋다.

2) 자연놀이 및 환경안전교육

(1) 동물이나 식물에 대한 안전

유아들의 안전을 위협하는 요인에는 우리 주변에서 흔히 볼 수 있는 동물과 식물도 포함된다. 유아를 해칠 수 있는 동물에는 누구나 위험하다고 생각하는 뱀 등의 동물도 있지만, 우리가 흔히 접하는 개나 토끼 등의 동물도 포함된다.

특히 유아들의 일상생활에서 가까이 접하는 개는 자칫 잘못 다룰 경우 유아의 생명까지 위협하는 무서운 존재로 돌변할 수 있다(미국의 통계에 따르면 연간 약 150만 명의 어린이가 개에 물리는 사고를 당한다고 한다).

식물의 경우에도 겉으로 보기에는 아무런 해를 끼치지 않을 것 같으나 독성을 가지고 있는 것도 있다. 이러한 식물들은 유아들이 만지거나 스침으로써, 호기심으로 먹었을 때 유아들에게 해를 끼칠 수 있는데, 의외로 우리 주변에는 이러한 식물들이 많이 존재하고 있다. 따라서 주변 환경에서 접할 수 있는 동물이나 식물에 대해 유아들이 안전하게 행동할 수 있도록 교육시키는 것은 꼭 필요한 일이다.

(2) 환경 및 공해에 대한 안전

환경이란 생물의 생활에 영향을 미치는 모든 것을 의미하며, 크게 자연 환경과 인공 환경으로 나눌 수 있다.

자연 환경으로는 대기, 대양, 물, 생태계 등이 있고, 인공 환경으로는 인구, 주거, 산업, 에너지, 운송 등이 있다. 자연 환경과 인공 환경은 서로 상호작용하며 생태계의 순환을 유지하게 되는데, 인공 환경이 점차 자연 환경의 질서와 균형을 깨뜨리고 있는 것이 바로 환경오염이라고 할 수 있다.

환경오염으로 인한 생태계의 파괴는 결국 인간의 건강과 안전에 지대한 영향을 미치게 된다. 오존층의 파괴, 지구의 온난화, 산성비로 인한 토양과 담수의 산성화 및 생태계 파괴, 열대우림 감소와 사막화, 생물 종의 감소 등은 자연 환경의 파괴를 보여 주는 현상들로서 오늘날 세계적인 관심사가 되고 있다.

소방방재청의 재해연보 및 재난연감 통계를 살펴보면 자연재해 및 환경오염 발 생 건수는 지속적으로 나타나고 있다. 특히 2004년 동남아시아를 강타한 쓰나미와 최근 일본 대지진 등 세계적으로 강도 높은 지진이 발생하고 있으며, 지진 후에 방사능오염 등에 대한 피해가 속출하고 있다. 특히 유아는 아직 스스로의 몸을 보호할 수 있을 만큼의 방어 능력을 갖추고 있지 못하며, 특히 환경 및 공해에 대한 안전지식이 부족하기 때문에 유아들에게 적절한 안전교육이 필요하다.

3) 자연재해에 대한 안전교육

최근 우리나라에서도 지진발생 횟수가 증가추세에 있으며, 3면이 바다에 접해 있어 지진해일로 인한 피해 발생이 우려된다. 특히, 동해는 수심이 깊고 지진이 자주 발생하는 일본에 인접해 있어 지진해일 발생 가능성이 높다.

재난 발생은 예측하기 어려워 미리 정보와 지식을 가지고 대처해야 하며, 재난은 사고가 나면 치명적인 상해를 가져온다는 측면에서 이에 대한 적극적인 예방교육과 대처가 필요하다. 자연재해는 예고 없이 발생하므로 대처방법을 모르는 경우 피해가 더 커질 수 있다. 또한 재난은 종류에 따른 대처방법이 다양해 그에 따른 올바른 대처방법을 알려주는 것이 필요하다. 따라서 유아를 대상으로 안전교육을 실시함으로써 안전한 행동을 증진시켜 나가고 안전한 습관을 습득할 수 있도록 해야 한다.

미국, 영국, 일본 등 선진국에서는 안전교육의 중요성을 인식하고 이를 정책적으로 추진하기 위해 어린이를 대상으로 안전교육을 강조하고 반복적인 교육을 실시함으로써 어린이안전사고 사망률을 획기적으로 감소시켰다.

특히 자연재난에 대한 교육은 어른을 위한 사후복구 위주의 대처교육으로 생각해왔으나, 풍수해, 지진 등에 의한 피해를 최소화하기 위해서는 자연재해 예방을 위한 사전대비교육을 유아기부터 실시함으로써 재난에 대한 안전의식을 키워야 한다. 따라서 유아기부터 환경의 중요성을 인식시키고 환경을 보존하는 태도를 기르며 지진, 태풍, 홍수 등 자연재해를 예방하고 대비하는 능력을 길러주는 것이 생활안전교육의 일환으로 함께 실시되어야 함도 매우 중요하다.

(1) 자연재해에 대한 안전교육의 정의

자연이란 사람의 힘이 더해지지 아니하고 세상에 스스로 존재하거나 우주에 저절로 이루어지는 모든 존재나 상태를 일컫는다. 그리고 재해란 재앙으로 말미암아 받는 피해, 즉 지진, 태풍, 홍수, 가뭄, 해일, 화재, 전염병 따위에 의해 받게 되는 피해를 이른다.

자연재해란 자연 현상으로 인해 사람의 활동에 영향을 받는 것을 말한다. '천재지변'이라고도 하는데, 기상, 지변, 생물 등의 급격한 자연현상으로 입는 재난을 말하는 것으로, 인간에 의한 인재(人災)와 구별되는 말이다.

(2) 유아 자연재해에 대한 안전교육의 목적

미리 위험성을 감지하고 그에 대해 사전에 여러 가지 대비책을 마련하여 피해를 최소할 수 있게 한다. 환경오염이 심각해지면서 이에 따른 자연재해가 세계 곳곳에서 일어나고 있다. 특히 지구 온난화에 따른 홍수 피해와 열대성 저기압의 확장에 따른 폭풍 피해 등은 점점 더 심각한 우려를 낳고 있다. 그리고 환경오염의 영향이 아니더라도 홍수, 지진, 태풍, 눈사태, 산불, 황사 등의 자연재해는 피할 수 없는 자연환경의 도전으로 인간의 삶을 위협해왔다.

과학의 발전은 이러한 자연재해를 사전에 감지하거나 예방할 수 있는 과학기제와 시설들을 발명했고, 이에 따라 자연재해로부터의 피해를 점차 줄여가고 있다. 하지만 여전히 피해는 존재하고 있고, 자연재해로부터 영유아 자신을 안전하게 돌볼 수 있는 예방과 대처방법을 숙지하도록 안전교육을 실시해야 할 것이다.

(3) 자연재해의 종류

- **태풍**: 폭풍우를 동반하는 열대저기압
- **홍수**: 물이 불어 강이 범람하는 현상
- **폭설**: 갑자기 눈이 많이 내리는 현상
- **지진**: 지구 내부의 에너지가 지표로 나와 땅이 갈라지는 현상
- **산사태**: 산 사면을 이룬 암석, 토양이 붕괴하는 현상

(4) 자연재해안전교육의 내용

① **태풍**: 북태평양 남서부에서 발생하여 아시아 동부로 불어오는 열대성 저기압을 말한다. 태풍이 오면 강한 비바람을 동반하므로 홍수가 나고 바람에 의해 농사에 큰 피해를 줄 뿐만 아니라 사람들에게 큰 피해를 준다.

② **홍수**: 대체로 일강우량 80mm 이상일 때 발생하기 시작하여 200mm 이상이 되면 그 규모가 커진다. 홍수는 하천의 물이 제방을 넘거나 제방이 붕괴되어 일어나며, 농지나 주택이 물에 잠기게 되어 많은 피해를 준다.

〈태풍, 홍수의 안전수칙〉

- 대피 준비를 하고 물이 집안으로 흘러들어오는 것을 막기 위한 모래주머니나 튜브를 준비한다.
- 라디오나 TV, 인터넷을 통해 기상 변화를 알아둔다.
- 갑작스러운 홍수가 발생했으면 높은 곳으로 빨리 대피한다.
- 전기차단기를 내리고 가스 밸브를 잠근다.
- 기름이나 더러운 물로 오염되었을 경우가 많기 때문에 물에서 멀리 떨어진다.
- 재난발생지역에는 가까이 가지 않는다.
- 수돗물이나 저장식수도 오염 여부를 반드시 조사한 후에 사용한다.

③ **폭설**: 한 번에 너무 많은 양의 눈이 내리게 되면 도로가 얼어붙어 차가 다닐 수 없게 되고 사람들도 잘 다닐 수 없다. 게다가 야생 동물들이 먹

이를 먹지 못해 죽게 되며, 산이 무너지거나 집이 무너질 수도 있다.

〈안전수칙〉

- 설해 대비용 안전 장구(체인, 모래주머니, 삽 등)를 준비한다.
- 집 주변 빙판길에는 모래를 뿌려서 미끄럼 사고를 예방한다.
- 자가용 이용을 자제하고 지하철·버스 등 대중교통을 이용한다.

④ **지진:** 지구 내부 변화로 인해 땅이 갈라지거나 내려앉는 현상이다.

〈안전수칙〉

- 튼튼한 테이블 등의 밑에 들어가 그 다리를 꽉 잡고 몸을 피한다.
- 테이블 등이 없을 때는 방석 등으로 머리를 보호한다.
- 지진 발생 시 진동 중에 서둘러 밖으로 뛰어나가면 유리창이나 간판 등이 떨어지므로 밖에 나가지 않는다. 엘리베이터를 타고 있을 때는 안전을 확인해서 가장 가까운 층에서 신속하게 대피하고, 갇혔을 때는 인터폰으로 구조를 요청한다.

⑤ **산사태:** 산의 일부가 떨어져 밑으로 갑자기 내려앉는 것으로, 집이나 지나가던 자동차를 덮치는 경우가 종종 있다.

〈안전수칙〉

- 나무를 많이 심어서 산사태를 대비한다.
- 행정기관의 대피 명령이 있으면 안내에 따라 신속히 대피한다.

Chapter 09 어린이의 성안전교육

최근 우리 사회에서는 어린이를 대상으로 한 성폭력 피해 사례가 증가하고 있고, 시간이 갈수록 문제의 심각성 정도는 더 높아지고 있다. 어린이의 성폭력 피해는 다른 연령의 피해자보다 그 후유증과 상처가 지속될 뿐 아니라 가족과 사회에 부정적인 영향을 준다는 점에서 그 심각성이 크다. 성폭력을 당한 어린이는 특히 공포감과 불안감이 생기며, 악몽에 시달리고, 특정 장소에 대해 민감한 반응을 보이는 경향이 있다. 이런 어린이가 성폭력의 의미를 깨닫게 되는 성년이 되면 죄책감과 자신에 대한 실망감으로 인해 대인기피증은 물론, 남녀관계 자체를 거부하거나 그 반대 현상을 나타내기도 한다. 이와 같이 어린이의 성폭력은 성인기까지 후유증과 상처가 지속되어 인간의 존엄성과 인격 파괴를 초래하는 결과를 가져 온다.

성폭력의 사전적 정의는 "성(性)을 매개로 가해지는 신체적·언어적·심리적 폭력으로서, 성폭력에 대해 상대방의 동의 없이 강제적으로 성적 행위(언어 포함)를 하거나 성적 행동을 강요, 위압하는 행위"라고 할 수 있다. 여기에는 강간이나 성추행, 성희롱, 성기노출, 음란통신, 음란물 보기, 윤락행위 강요 등이 포함된다. 우리나라 성폭력 특별법 제 8조 2항에서는 어린이 성폭력의 개념을 "만 13세 미만의 미성년자에 대한 강간, 강제추행"으로 규정하고 있다.

교육부의 어린이 성폭력 개념은 "13세 미만의 어린이를 대상으로 가슴, 엉덩이, 성기 부위 등을 만지거나 어린이에게 자신의 성기를 만지도록 하는 행위를 비롯하여 어린이 성기에 자신의 손가락, 성기 등을 삽입하는 행위 등을 모두 포함하는 행동"이다.

세계보건기구(World Health Organization)의 정의에 의하면 "어린이 성학대는 어린이가 충분히 이해되지 않는 상태에서, 성행위에 대해 동의를 표할 수도 없는 상황 또는 동의를 할 만큼 충분히 발달하지 않았거나 불법적이고 사회적으로 금기시되는 상황에서 이루어지는 성적 활동에 어린이가 노출되었을 때를 의미한다"고 했다. 이러한 상황에 대해 한계가 정해져 있는 것은 아니나, 어린이에게 불법 성행위 계약 유도 및 강요를 하거나, 윤락행위 및 그 외의 불법 성행위를 강요하거나, 음란행위나 음란행위를 위한 수단으로 어린이를 이용하는 등의 경우를 포함한다.

01 영유아기의 발달적 성 특성

(1) 성정체성의 발달

프로이트(Freud)는 인간의 성적 욕구와 활동은 2차 성징이 발현되는 사춘기 이후뿐 아니라 유아기에도 명백히 존재한다고 했으며, 연령 단계별로 성정체성 발달 특성을 성감대의 변화에 따라 총 5단계로 나누어 설명했다.

1단계는 생후 1년간으로 '구강기'라 하며, 영아의 성적 쾌감은 빨고, 물고, 씹고, 소리 내는 구강 활동에 근원을 둔다. 젖을 빠는 등의 행위에서 쾌감을 느끼는 것이 대표적이라 할 수 있다. 이 시기의 유아는 자기에게 만족과 쾌감을 주는 대상에게 애착을 갖게 된다.

2단계는 '항문기(1~3세)'로, 쾌감의 근원이 항문 주위를 중심으로 일어난다. 유아는 괄약근의 발달에 따라 배설물을 억제 또는 배설할 수 있다. 이 시기의 배변 훈련은 후일 성격발달에 지속적인 영향을 주게 된다.

3단계는 '남근기(3~5세)'로, 성감대가 항문으로부터 성기로 옮아간다. 남근기 동안에 생기는 가장 중요한 현상은 '오이디푸스 콤플렉스(Oedipus complex)'를 가지게 되는 것이다. 남아는 자기 어머니에게 성적 애착을 느끼고, 아버지를 애정의 경쟁자로 삼아 적대감을 갖게 된다. 한편 여아는 아버지에 대해 성적 애착을 갖게 되는데, 이를 '일렉트라 콤플렉스(Electra complex)'라고 한다. 또한 여아는 남근이 없기 때문에 남근을 갖고 싶어 하는 감정을 갖게 된다.

4단계는 '잠복기(6~12세)'로서, 아동은 사회성의 발달과 일상생활에 적응하기 위한 지식이나 기능을 습득하게 된다. 이 시기 아동의 성에 대한 감정이 완전히 사라지는 것이 아니며, 겉으로 드러나지 않을 뿐이다.

마지막 5단계는 '생식기(12세 이상)'로서, 생식기의 성숙 및 성호르몬의 분비가 이루어진다. 더불어 사춘기가 시작되어 성기로 성적 긴장과 즐거움을 주요 근원으로 삼는다.

(2) 신체에 대한 인식의 발달

영유아의 신체에 대한 인식(body awareness) 각자가 신체적 특성을 가지고 있다는 점을 이해하는 데서 시작한다. 영유아는 신체가 어떻게 움직이는지, 신체 감각의 느낌이 어떠한지, 신체 조절력은 어떻게 얻을 수 있는지에 관해 인지하게 되며 관심을 가지게 된다. 이러한 발달과정 속에서 영유아는 어떤 형태의 신체 접촉(touch)이 즐거운 것인지 또는 불쾌한 것인지를 느끼면서 신체 소유(body ownership) 개념을 형성하기 시작한다. 자신의 신체에 대한 소유 개념은 영유아들이 원하지 않는 신체 접촉을 거절하고, 긍정적인 신체 접촉을 원할 권리의 근거가 된다. 만약 신체 소유에 대한 개념이 발달하지 않으면 영유아들은 성적 학대에 무방비 상태로 놓이게 된다. 이러한 개념발달은 구체적으로 3~4세부터 시작되며, 이 연령의 유아는 자신이 다른 유아의 은밀한 신체 부위를 만지거나 타인이 자신의 신체를 만지는 것에 대해 어떤 느낌이 드는지를 구별할 수 있게 된다.

(3) 정서의 발달

영유아의 정서발달은 정서 표현, 정서 인식, 정서 조절이라는 3가지 측면으로 구분하여 살펴볼 수 있다. 영유아는 기쁨, 즐거움과 같은 긍정적 정서와 슬픔, 두려움, 분노와 같은 부정적 정서를 다양하게 표현한다. 특히 만 3~5세의 유아는 정서를 왜곡시키거나 숨기기보다는 솔직하게 표현하는 경향성이 있어 개인 간의 정서 표현성이 가장 명백하게 드러난다. 유아들은 만 6세가 넘으면 실제적인 정서와 다르게 정서를 표현하거나 감출 수 있다.

영유아의 정서 인식은 자신과 타인의 내적·외적 정서를 인식하고 이해하는 능력으로, 만 1세가 되면 자신이 느끼는 정서를 인식할 수 있고, 만 2세가 되면 기본 정서를 언어적으로 표현하는 것이 가능하다. 만 3~4세경에는 자신의 내적 상태를 정서와 연관시킬 수 있고, 만 5~6세가 되면 타인의 정서를 분명히 분별해낼 수 있다. 마지막으로 영유아의 정서 조절이란 영유아가 처한 사회적인 상황을 변화시키고자 하거나 또는 정서를 변화시키기 위해 나타내는 생각이나 행동을 의미하는데, 영유아기는 정서 조절이 시작되는 초기 단계로서, 이는 사회적 관계를 설립하고 유지하는 데 중요한 역할을 한다. 특히 만 3~5세 사이의 유아에게서 정서 조절이 전략적으로 다양하게 나타난다.

(4) 성적 행동의 발달

유아교육기관에서 관찰되는 유아의 성행동 중 가장 빈번한 행동은 '자신의 성기를 만지는 경우'였다. 다음으로 화장실 안을 엿보는 경우, 성과 관련된 이야기나 욕실을 하는 경우, 사위행위를 하는 경우, 남아가 여아의 치마를 들치며 놀리는 경우, 서로의 알몸을 보여 주며 놀이하는 경우, 여아가 남아처럼 일어서서 소변을 보는 경우, 서로의 성기를 보여 주며 비교하거나 자랑하는 경우, 친구의 성기 등을 만지는 경우, 성인들의 성행위 장면을 모방하는 경우, 성 관련 그림을 그리는 경우 순으로 나타났다.

유아의 성적 관심발달 사항을 살펴보면 영아와 유아는 성기를 포함한 신체 부위를 탐색하고, 신체에 대해 긍정적 또는 부정적 태도를 발달시킨다. 의사놀이나 엄마아빠놀이와 같이 성과 연관된 다양한 형태의 놀이를 할 수도 있다. 유아들은 화장실 유머를 즐기고, 신체에 대해 토론할 때 알맞은 단어를 사용하는 대신에 그들이 들었던 성적 은어를 사용하며, 임신과 출산에 많은 관심을 보인다. 자위행위를 하기도 하며, 다른 유아들에게 은밀한 신체 부위를 보여 주거나, 반대로 다른 유아의 신체를 보려고 하며, 가족의 신체, 특히 같은 성을 가진 부모의 신체에 관심을 보인다. 유아가 이러한 행동을 하는 것을 발견했을 때 무조건 이러한 행동을 무시하거나 바꾸려고 할 것이 아니라, 보다 적극적으로 유아들이 왜 이러한 성적 행동을 하는지 정확하게 물어보고 왜 하지 말아야 하는지를 설명해주는 것이 필요하다. 유아의 성적 놀이나 실험은 해당 연령에서 매우 정상적이며 건강한 것이지만, 때때로 아동의 성적 행동이 불건전하거나 부적절한 행동이 성학대로 연결될 수도 있기 때문이다. 그렇기 때문에 교사나 부모들은 유아들이 하는 성적 행동에 민감해야 하며, 비정상적인 행동을 주시할 필요가 있다.

02 어린이의 성폭력 예방교육

어린이 성폭력 예방교육이란 어린이를 대상으로 교육이라는 수단을 통해 성폭력을 예방하기 위해 필요한 지식, 태도, 기술을 익히게 함으로써 잠재적으로 위험이 있는 상황에서 능동적으로 안전하게 대처하도록 하여 안전하고 건강한 생활을 영위할 수 있는 습관을 육성하도록 하는 것이다. 성폭력을 포함한 각종 어린이안전사고를 예방하기 위해 유니세프(국제아동기금) 및 관련 분야 전문가들은 '3E 정책'을 권유하고 있다. 3E란 '교육(Education)', '안전장치 (Engineering)', '단속(Enforcement)'의 약칭이다. '교육(Education)'은 성폭력 예방교육으로 어린이 성폭력사고를 예방하는 전략이고, '안전장치(Engineering)'는 성폭력 범죄자들에 대해 전자 팔찌를 착용하게 하는 것과 같은 물리적 장치를 통한 방지 전략이며, '단속(Enforcement)'은 성폭력 범죄자 처벌법에 따른 신상공개와 같은 가해자 단속 및 처벌 전략이다. 이 중에서 성폭력 가해자에게 조치가 취해지는 '안전장치'와 '단속'보다는 '교육'이 성폭력 범죄를 미연에 방지할 수 있는 가장 효과적인 방법이라고 할 수 있다. 어린이의 발달 단계에 맞추어 성폭력 예방교육 프로그램을 개발하여 가정과 유치원에서 어릴 때부터 충실히 교육하면 단순한 어린이 성폭력사고 예방 효과뿐만 아니라, 성폭력사고 발생에 따르는 의료비용과 이로 말미암은 사회적 손실비용의 절감 측면에서 막대한 비용 이익 효과를 얻을 수 있을 것이다.

어린이는 발달적 특성상 주변 사물이나 환경에 대한 호기심이 많고 탐구하려는 충동이 강하다. 반면에 신체기능은 미숙하여 신체균형 유지 능력이나 운동 기능이 충분하지 않으며, 판단 능력과 자기조절 및 상황에 대한 인식 능력이 부족하여 어느 시기보다 성폭력 피해의 위험이 높은 시기라 할 수 있다. 이러한 특성을 고려하여 모든 어린이는 나이, 성별, 인종, 민족, 사회계층, 종교적 배경 등에 관계없이 성폭력에 취약하므로 어린이를 성폭력으로부터 보호하기 위한 프로그램이 반드시 실시되어야 하며, 그 이유는 다음과 같다.

① 어린이는 힘이 없다.

어린이가 기본적인 욕구를 충족하기 위해서는 성인에게 의존할 수밖에 없다. 어린이 성폭력범은 자신의 성적 만족을 위해 약하고 무지한 어린이를 이용한다. 특히 어린이가 개인적인 안전과 성교육에 관한 지식이 없을 때 이러한 취약성은 더 커진다.

② 정보가 없는 어린이는 모든 성인을 믿는다.

특별한 교육을 받지 않은 8세 이하의 어린이는 친절하게 행동하는 모든 성인을 믿는다. 특히 아버지가 근친상간이나 가정폭력으로 감옥에 있다 할지라도 어린이는 아버지를 유일한 보호자라고 생각한다.

③ 어린이는 성인의 동기를 평가할 수 있는 능력이 부족하다.

어린이를 괴롭히는 사람들은 어린이에게 해서는 안 될 일을 강요하기 위해 강제, 속임수, 위협, 물질공세, 갈취 등 여러 가지 방법을 동원한다. 피아제의 도덕성 발달 이론에 의하면 7세 이하의 어린이는 다른 사람의 동기를 판단할 수 있는 능력이 없다. 따라서 어린이는 어떤 행동을 평가할 때 그 사람의 동기나 의도가 아니라 외모나 태도 또는 행동의 결과로 선악을 판단한다.

④ 어린이는 성인에게 복종하는 것이 좋은 것이라고 배운다.

일반적으로 어린이는 모든 성인에게 복종해야 한다고 배운다. 이러한 규칙은 성인이 하는 일이나 요구가 잘못된 것이라고 생각될 경우에도 마찬가지로 적용된다.

⑤ 어린이는 자신의 신체에 대해 호기심이 많으나 성에 관한 지식 및 개념은 부족하다.

남자아이들은 여자아이들보다 성에 대한 관심이 더 많아 일찍부터 자위행위를 하기도 하고, 성에 관계된 말을 배우기 시작한다. 특히 주변에서 TV나 영화를 통해 성에 관한 장면도 보게 된다. 그러나 이런 경험이 어린이로 하여금 성에 대한 올바른 지식을 갖게 하지는 못하므로 성인이 어린이에게 올바른 성교육을 시키지 않고 무관심하면 어린이는 성에 대한 무지 때문에 위험에 빠질 수도 있다.

⑥ 성안전에 대해 배우지 못한 어린이들은 성폭력이 잘못된 행동이라는 것을 모른다.

상식적으로 용납되는 행동과 그렇지 않은 행동을 구분하는 것을 배우지 못하면 성폭력에 해당하는 행동도 정상적인 행동으로 생각할 수 있다.

⑦ 일반적으로 어린이는 외모로 판단한다.

어린이들은 수상한 사람은 항상 남자로 험상궂은 인상을 하고, 가면을 쓰고, 심한 폭력을 행사한다고 생각한다. 어린이들은 비밀은 반드시 지켜야 한다고 생각한다. 어린이들은 자신이 당한 폭력을 다른 사람에게 이야기하면 벌을 받게 될 것이라고 생각한다. 자신을 가해한 사람이 비밀을 지키라고 강요했는데, 그 약속을 지키지 못하면 결국 자신이 나쁜 행동을 저지른 것이며, 부모도 자신보다 범행을 저지른 사람의 말을 더 믿을 것으로 생각한다.

위와 같이 어린이는 발달특성상 애정표현과 성폭력 행동을 구분할 수 있는 능력이 부족하며, 성폭력을 당한 경우에도 외부에 도움을 요청할 수 있는 능력이나 기회도 상대적으로 제한되어 있다. 따라서 어린이를 성적 학대의 가능성에서 보호하고, 성폭력 관련 사고를 예방하기 위해서는 어린이의 발달수준에 맞는 내용과 접근 방식을 고려한 성폭력 예방교육이 필요하다. 이때 어린이를 대상으로 하는 성폭력 예방교육은 단순한 지식 전달 수준에만 그쳐서는 안 되며, 성폭력에 대한 어린 이들의 올바른 태도 형성 및 실제 성폭력 상황에 적절히 대처할 수 있는 기능까지 습득할 수 있도록 해야 한다.

1) 어린이 성폭력 예방교육의 목표와 내용

우리나라 유아교육기관에서 이루어지고 있는 성교육 현황에 관한 연구에 따르면 현재 유아교육기관에서 다루고 있는 성교육 내용 중 가장 많이 실시하고 있는 내용은 '기본생활습관 훈련'으로 나타났다. 그 다음으로는 어린이 자신의 청결에 대한 교육 및 신체 보호, 유괴 및 성폭력 방지에 대한 교육, 아기의 기원, 남자와 여자의 신체 차이, 남자와 여자의 역할에 대한 고정관념 깨기, 아기의 출생과정 등의 내용이 다루어진다. 이렇듯 유아교육기관에서의 대부분 성교육 내용은 기본생활습관 훈련 수준에 그치고 있어 어린이들의 성적 행동과 관련한 호기심을 해소할 수 있는 교육적 지원이 미흡하다고 볼 수 있다.

거시적 측면에서 볼 때 성폭력 예방교육의 목적은 인간에 대한 이해와 인간가치의 중요성 인식을 바탕으로, 개인적으로는 건전하고 올바른 성 의식 및 자각을 길러 장차 사회에 대한 연대의식과 책임감을 가지는 건전한 사회인으로 양성하는 것이다. 그러나 일반적으로 성폭력 예방교육은 어린이로 하여금 성폭력에 대항하는 지식, 태도, 기술을 습득하게 하는 것을 목표로 하고 있다. 한편 효과적인 어린이 성폭력 예방교육은 그들의 성장발달단계를 고려하여 교육의 내용이 제공되어야 하는데, 프로이트(Freud)에 따르면 18개월~3세 유아는 아직 무성적인 존재여서 어린이가 궁금해 할 경우 성 기관에 대한 명칭을 알려주는 정도가 적당하다.

한편 3~5세의 경우, 자신의 몸에 있는 생식기관이 이성과는 다르다는 것을 발견하게 되고, 성 전반에 대해 관심을 표명하기 시작하므로 이 시기의 유아에게는 성 기관이 어느 부분인가를 가르쳐주어 궁금증을 해소해주는 것이 필요하다.

5~8세의 경우 자신이 어떻게 태어났는지 궁금해 하고, 남자와 여자의 차이점에 대한 의구심이 생겨나므로 기본적인 성지식과 타인의 접촉에 대해 구별할 수 있는 기술을 가르쳐주는 것이 필요하다. 실제로 많은 연구들이 안전교육을 받은 어린이가 그렇지 않은 어린이보다 성폭력의 피해를 당할 위험이 훨씬 적다고 보고하고 있다. 또한 많은 학자나 성폭력 문제에 관한 전문가들은 다양한 내용 및 방법을 통해 효과적인 안전교육이 실시되어야 함을 강조하면서 역할놀이나 인형극뿐만 아니라 실제로 안전을 유지하는 데 필요한 기술을 실천해볼 수 있는 기회를 제공해주는 것이 중요하다고 강조한다.

그러나 무엇보다 강조되어야 할 중요한 일은 어린이를 위한 교육과 함께 부모교육을 병행하는 것이다. 안전교육이 성공적으로 수행되기 위해서는 부모교육이 필수적인 요소들이므로 프로그램 전체 과정에 부모가 참여할 수 있게 함은 물론 유아교육기관에서 어린이가 학습한 내용을 매주 편지로 가정에 전달하여 부모도 어린이의 학습을 보조하고 강화할 수 있게 해야 한다.

2) 성폭력 예방을 위한 수칙

(1) 성폭력에 관한 지식을 획득하게 한다.

- 신체부위의 역할과 정확한 명칭 등 소중한 몸에 대한 성교육을 한다.
- 성학대, 성폭력이 무엇인지 알려준다.
- 어린이안전에 대한 수칙을 알려준다.
- 속옷 내부(수영복을 입었을 때 가려지는 부분)의 몸은 소중하니까 다른 사람에게 함부로 만지게 하거나 보여 주는 것이 아니라는 것을 알려준다.

(2) 접촉을 구별하도록 한다.

어린이에게 '좋은 느낌'과 '싫은 느낌'의 차이를 설명한다. 성인 또는 자기보다 큰 어린이에 의한 성행위는 나쁘다는 것을 인지시킨다.

(3) 자기주장훈련을 시킨다.

- 소중한 부위에 대해 누군가가 만지거나 보여 달라고 했을 때 정확하고 단호하게 "안돼요, 싫어요"라고 이야기하고 피하거나 도망하게 한다.
- 어린이에게 도움을 요청할 수 있는 '안전한 어른'에 대해 알려준다. 부모, 교사, 상담기관(1577-1391), 경찰서(112) 등 연락처 인지교육을 한다.
- 선의의 비밀과 나쁜 비밀의 차이를 알려준다.
  가해자는 어린이에게 가해행동에 대해 비밀로 할 것을 강압하는 경우가 많으므로, 어른이 자기에게 한 일이 기분 나쁘다고 느껴질 때 즉시 믿을 만한 어른에게 도움을 요청하도록 이해시켜야 한다.
- 이 모든 과정의 행동전략이나 판단을 스스로 주장할 수 있게 가르친다.

3) 성추행(성폭력)이 일어날 수 있는 상황에 따른 대처

(1) '위험한 사람' 식별법

대부분 어린이에게 접근하는 위험한 사람은 '친절하고 좋은 사람인 척' 행동해 어린이를 안심시킨다. 어린이는 노인이나 예쁜 사람처럼 연령이나 외모만 보고 좋은 사람으로 판단하는 경우가 많은데, 어린이에게 외적인 조건으로 사람을 판단하지 않도록 잘 설명해야 한다. 컴컴한 골목길이나 인적이 드문 장소 등 위험한 장소에서 만나게 되는 어른 역시 경계하라고 주의를 준다. 또한 "너희 엄마가 대신 데리러 오래", "아빠가 회사에서 쓰러져 입원했대" 등 부모의 이야기를 하며 접근하는 사람도 위험하다고 말해준다. 이때를 대비해 어린이에게 "엄마나 아빠에게 급한 일이 생겨도 절대로 모르는 사람한테 너를 대신 데려와 달라는 부탁을 하지 않을거야"라고 자주 이야기해두는 것이 좋다. 어린이가 낯선 사람으로부터 이와 같은 이야기를 듣는 즉시 부모에게 전화를 걸도록 당부하고, 평소 연락이 될 수 있는 가족의 전화번호를 항상 소지하도록 챙겨줘야 한다.

(2) 어린이 혼자 자동차 · 엘리베이터 등 밀폐된 공간을 이용할 때

어린이에게 차를 이용한 범죄의 심각성에 대해 이야기해준다. 차는 일단 타면 밀실로 변해 유괴, 성폭행 등이 이뤄지는 범죄현장이 될 수 있기 때문이다. 만약 아는 사람이 차를 태워준다고 해도 먼저 "엄마한테 물어볼게요"라고 말한 뒤 부모에게 전화해 허락받도록 가르쳐야 한다. 또한 같은 장소에서 오랫동안 서 있거나 차 안이 잘 보이지 않는 차도 위험하다고 말해주고, 이런 차를 보면 가드레일 안쪽으로 걸어 차문이 열려도 끌려가지 않도록 주지시켜야 한다.

엘리베이터 역시 밀폐된 공간으로, 성범죄 등이 일어날 수 있다. 어린이에게 모르는 사람과 단둘이 엘리베이터를 타지 않도록 주의시키도록 한다. 만약 낯선 사람과 함께 엘리베이터를 탔다면 엘리베이터 버튼 앞에 서되 절대로 상대에게 등이 보이지 않도록 하고, 평소 '비상호출 버튼' 위치를 숙지해 이상한 일을 당하면 곧바로 버튼을 누르도록 알려줘야 한다.

- 낯선 사람과 단둘이 타는 것을 피한다.
- 혹시 단둘이 탔을 때 낯선 사람이 몸을 만진다거나 이상한 행동을 하려 하면 엘리베이터 층 버튼을 다 누른 후 멈춰선 층에 무조건 내려서 계단을 이용해 뛰어서 경비실로 들어가거나 다른 어른에게 도움을 청한다.

(3) 혼자 집에 들어가야 할 때

요즘 맞벌이부부가 늘면서 혼자 집에 들어가는 어린이가 많다. 이런 경우 '어린이밖에 없다'는 사실이 노출되면 범죄의 대상이 되기 쉽다. 집에 사람이 없어도 어린이가 문을 열고 들어갈 때 가족이 있는 것처럼 큰소리로 "학교 다녀왔습니다"를 외치도록 가르쳐야 한다.

혼자 집에 있을 때는 초인종이 울려도 절대 문을 열어주지 않도록 하고, 먼저 현관문에 있는 렌즈나 인터폰으로 누가 왔는지 확인해야 한다. '택배'나 '우편배달'일 경우에는 어른이 계실 때 다시 찾아와달라고 가르쳐야 한다.

또한 주차장·빈터·공원·쇼핑센터처럼 출입하기 쉽고 사각지대가 많은 곳은 '위험한 장소'다. 현재 생활하는 지역에서 위험 장소가 어디 있는지 수시로 확인해 그쪽으로 어린이가 혼자 다니지 않도록 신경 써야 한다.

특히 외출할 때는 어린이에게 선명한 무늬가 있거나 눈에 띄는 색깔의 옷을 입혀 시야에서 멀어졌을 때 주변 사람들이 기억할 수 있도록 한다. 또한 사람이 많은 곳에서도 '사각지대'가 존재해 위험하기 때문에 어린이가 화장실에 가고 싶다고 할 때는 함께 다녀오도록 한다.

- 도어 키를 이용할 경우, 비밀번호가 주변에 노출되지 않도록 주변을 잘 살핀 후 아무도 없을 때 비밀번호를 누른다.

(4) 과자나 물건으로 어린이를 유혹할 경우

어떤 어린이든지 게임기나 과자를 준다는 순간적인 유혹을 거절하기 어렵다. 그렇기 때문에 '선물을 주는 사람은 나쁜 사람일 수 있다'는 경각심을 심어줘야 한다. 요즘은 각종 수단을 동원해 어린이들을 현혹하는 어른들이 많다. 어린이에게 어른이라고 해서 무조건 친절한 행동만 하지 않는다는 것을 이야기하고, '뭔가를 주는' 행위는 결코 순수하게 받아들여서는 안 된다고 가르친다.

(5) 어린이의 신체부위를 어른이 몰래 만질 때

어린이에게 가슴·성기·엉덩이 등의 부위를 '나만의 장소'라고 가르치고, 다른 사람은 절대 만지게 해서는 안 된다고 주의시켜야 한다. 만일 누군가 그 부위를 만지면 "싫어요! 그만 하세요"라고 말하고 도망치라고 알려줘야 한다.

어린이 성범죄자는 주변 사람인 경우가 많아 어린이가 누군지 말하기를 꺼려할 수 있다. 어린이에게 기분 나쁜 행동을 하는 사람은 '나쁜 사람'이라고 가르치고, 그 사람과 한 비밀약속은 '지킬 필요가 없는 약속'이라고 말해준다. 어린이를 통해 누가 그랬는지 확실히 알아낸 뒤에는 같은 일이 반복되지 않도록 한다. 또한 성범죄는 남녀 대상을 가리지 않고 발생하므로 남자어린이에게도 성범죄로부터 자신을 지킬 수 있는 법을 가르쳐야 한다.

4) 성폭력에 대한 대처법

언제, 어디서, 어떻게 터질지 모르는 성범죄, 어린이들을 대상으로 하는 끔찍한 성범죄는 어린이와 그 가족에게 씻을 수 없는 상처를 남긴다. 최근 들어 성범죄는 더욱 지능적으로, 계획적으로 벌어지고 있다. 그 누구도 어린이를 완벽하게 지켜줄 수 없다.

성범죄로부터 어린이를 지키기 위해서는 부모가 적극적으로 나서서 어린이들에게 성교육을 시켜야 한다. 성교육은 지속적이고 반복적으로 이뤄져야 하며, 상황에 따라 다양하게 진행돼야 한다. 어린이를 위한 성폭력 예방을 위해 지도할 수 있는 교육의 '예'는 다음과 같다(청주성교육센터, 이향숙).

(1) 어른은 어린이들에게 도움을 청하지 않아야 한다.

범죄자들은 어린이들에게 길을 물으면서 도움을 요청하거나 장난감을 주고 강아지를 보러 가자며 친근하게 접근하는 경우가 많다. 어려운 사람들을 도와줘야 한다고 생각하는 어린이들의 심리를 노리는 것이다. 또한 더운 여름, 아이스크림을 사 준다면서 접근하기도 하는데, 순진한 어린이들은 오직 아이스크림에만 눈이 팔려 따라가게 된다. 부모들은 어린이들이 이런 어른들을 접했을 때 어떻게 행동해야 하는지를 지속적이고 반복적으로 알려줘야 한다.

가장 중요한 것은 대부분의 어른은 어린이들에게 도움을 요청하지 않는다는 사실을 정확하게 알려주는 것이다. 다리가 아프니 물건을 들어 달라, 길을 알려 달라 등 도와달라는 어른에게는 "저는 어려서 도와드릴 수가 없어요. 다른 어른에게 부탁해보세요"라고 거절하라고 가르쳐야 한다. 또한 강아지를 보러 가자며 호의를 베푸는 어른에게는 "고맙지만 괜찮습니다"라고 거절하는 법을 알려줘야 한다. 아는 사람이든 낯선 사람이든 엄마, 아빠를 핑계로 같이 가자고 할 경우에는 "엄마에게 먼저 물어볼게요"라고 말할 수 있도록 해야 한다.

특히 어떤 상황을 거절한 뒤 그 자리를 떠날 때는 상대 어른이 들을 수 있도록 큰 소리로 "엄마!"를 외치도록 해야 한다. 이는 주변에 엄마가 있을 수 있다는 것을 상대 어른에게 인식시킬 수 있다. 이후 이 사실을 부모에게 빠짐없이 말할 수 있도록 어린이에게 가르쳐야 한다.

(2) 지키지 않아도 되는 비밀을 알려줘야 한다.

성범죄가 발생하고 성범죄자가 "우리 둘만의 비밀이니 엄마에게 말하지 마", "얘기하면 혼날줄 알아"라고 한다면 어린이들은 비밀을 지켜야 하는 줄 알고 말하지 않는다. 하지만 이는 절대 비밀이 아니라는 것을 어린이에게 제대로 알려줘야 한다.

특히 좋은 비밀과 나쁜 비밀을 잘 설명해줘야 한다. 비밀이 드러났을 때, 다른 사람에게 이야기할 때 기분이 좋아지는 것은 '좋은 비밀(surprise)'이며, 부모 등 가족에게 말하지 말아야 하거나 말하지 말라고 강요받은 비밀은 '나쁜 비밀(secret)'임을 구분해줘야 한다.

예를 들어, "오빠가 동생 생일인데, 깜짝 파티를 위해 파티를 비밀로 하자고 해요", "여자 친구가 어떤 남자친구를 좋아하는데 비밀로 해 달래요" 등은 좋은 비밀이라는 것, 하지만 "아저씨가 내 몸을 만지고 엄마에게는 비밀로 해야 한다고 해요", "친구가 장난을 치면서 내 가슴을 만지고는 선생님에게 말하지 말라고 해요" 등은 나쁜 비밀이라는 것을 말이다. 나쁜 비밀은 반드시 부모 등 어린이가 신뢰하는 사람에게 말해야 한다는 사실을 가르쳐야 한다.

(3) 무조건 "싫어요!"라고 가르치지 말아야 한다.

우리는 지금껏 범죄 상황에 놓였을 때 "싫어요!", "안돼요!", "하지 마세요!"라며 저항하도록 교육받았다. 하지만 이는 주위에 다른 사람이 있을 경우다. 범죄자와 어린이 단둘이 있는 상황에서는 오히려 상대방을 흥분시켜 어린이의 목숨까지 위협할 수 있다.

부모들은 어린이를 해치려는 사람과 어린이가 단둘이 있을 경우에는 상대방을 자극하지 않고 시키는대로 하도록 가르친다. 상대방의 눈을 똑바로 쳐다보지 않으며, 침착하게 대화를 시도하도록 해야 한다. 그 상황을 벗어났을 때는 꼭 부모에게 알려야 한다는 것을 기억하도록 하자.

(4) 매일 부모에게 이야기한다.

성폭력 예방을 위해 중요한 것은 어린이가 자신의 일상생활을 자연스럽게 많이 이야기하는 것이다. 유치원, 어린이집, 학원, 학교, 집에 오는 길 등에서 있었던 모든 일을 편안하게 부모에게 말할 수 있도록 가르쳐야 한다. 어린이가 부모에게 잘 말하기 위해서는 부모가 가장 신뢰할 수 있는 사람이라는 것을 보여 줘야 한다. 아이의 이야기에 화를 내지 않고 끝까지 잘 들어주는 부모의 모습에서 아이는 믿음을 갖고 솔직하게 자신의 이야기를 털어놓을 수 있다.

(5) 어린이의 자리를 확보해준다.

어떤 사람이 내 아이를 위험에 빠뜨릴지 모르기 때문에 늘 주의해야 한다. 어린이들이 귀엽다며 무릎 위에 안은 채 성추행이 일어나는 경우가 많은데, 이를 예방하기 위해서는 어린이의 자리에 어린이 혼자 앉게 하는 게 필요하다. 지속적으로 안아주겠다고 하는 경우에는 정중하게 거절하는 방법도 알려줘야 한다.

또한 다른 사람의 몸을 함부로 만지는 것은 안 된다는 것을 잘 알려줘야 한다. 할아버지, 할머니들이 손자가 귀엽다고 성기를 만지는 경우가 있는데, 어린이들은 불쾌할 수 있다. 이는 부모가 나서서 주의할 수 있도록 하며, 어린이들에게는 "싫어요, 만지지 마세요"라고 분명히 말하도록 교육시켜야 한다.

(6) 엄마 친구 연락처 등 비상연락망을 만들어준다.

어딜 가거나 누구를 만나는 등 모든 일을 할 때는 엄마에게 허락을 받도록 한다. 지금까지 성폭력 피해를 입은 어린이들은 단 20~30분 사이에 어디에 있는지 알 수 없는 경우가 많았다. 5분만 어디를 가도 엄마에게 반드시 허락을 받도록 교육시키야 한다.

아이가 위급한 순간, 부모가 바로 도움을 줄 수 없는 상황이 있을 수 있다. 이럴 때는 아이가 바로 도움을 받을 수 있도록 엄마 친구라든지 가까운 사람들의 연락처나 장소를 알려줘야 한다. 주변에 어린이안전지킴이집이 어딘지 같이 확인하는 것도 좋다. 인터폰 옆이나 가방 안쪽에 '비상연락망'을 만들어 위급할 때 바로 연락할 수 있도록 해주자.

(7) 자위행위는 혼내지 않는다.

부모들이 가장 많이 하는 걱정이 바로 아이들의 자위행위일 것이다. 어린이들은 바지에 손을 넣고 성기를 만지면서 좋은 기분을 느끼고 식은땀을 흘리기도 한다. 아이의 행동에 놀란 대부분의 부모들이 "하지 마!", "때찌!"하며 아이의 행동을 제지한다. 그러나 이 경우 아이들은 자신이 잘못했다고 생각해 부모 몰래 자위행위를 하게 되므로 절대 혼내서는 안 된다. 부모들은 어린이의 자위행위를 어린이가 성장하는 과정으로 여기고 현명하게 대처해야 한다.

아이의 자위행위를 막으려면 우선 성기 부분이 간지럽지 않도록 잘 씻겨줘야 한다. 처음에는 성기가 간지러워서 손을 댔다가 만지다 보니 기분이 좋아져서 계속 만지는 경우가 많다. 그렇기 때문에 처음부터 손을 갖다 대지 않도록 성기를 청결하게 해주는 것이다. 만약 그 후에도 아이가 자위행위를 지속한다면 인형이나 로봇 등 아이가 관심을 가질 수 있는 것들을 마련해준다. 어린이들은 무료할 때 자위행위를 하기 때문에 심심해하지 않도록 신경을 써줘야 한다.

(8) 좋은 접촉과 나쁜 접촉을 알려준다.

좋은 접촉은 기분이 좋아지는 접촉이다. 부모나 교사가 칭찬하면서 머리를 쓰다듬거나 안아주는 것, 친한 친구와 손을 잡고 어린이집에 갈 때는 좋은 접촉이다. 그러나 친구, 어른이 가슴이나 성기를 만지거나 벗은 몸의 사진을 보여 주는 것, 친구가 치마를 들어 올리며 장난치거나 똥침을 하는 것은 나쁜 접촉이다. 부모는 아이들이 좋은 접촉과 나쁜 접촉을 구분할 수 있도록 알려주고, 자신의 몸이 소중한 것처럼 다른 사람의 몸도 소중하다는 것을 알려주고, 다른 사람의 몸을 만지지 않도록 가르쳐야 한다.

(9) 아이가 물어보면 솔직하게 말해준다.

"엄마, 나는 어디서 태어났어?"라는 아이의 질문에 많은 부모들은 당황스러울 것이다. 그러면서 "크면 다 알게 돼"라고 말할지도 모른다. 이는 굉장히 잘못된 행동이다. 아이들이 궁금해 하는 것은 솔직하고 자세하게 설명해주는 게 좋다. 궁금증을 그 자리에서 풀어주지 않으면 아이들은 궁금한 내용을 계속해서 생각하게 된다.

부모는 아기가 어떻게 만들어지고, 어디서 태어나는지, 남자와 여자의 성기는 기능은 같지만 모양이 다르다는 것 등 구체적으로 자세하게 설명하면서 아이의 궁금증을 풀어줘야 한다. 예를 들어, "여자는 아기가 자라나는 자궁이 있어서 따뜻하게 해야 하기 때문에 안으로 들어가 있고, 남자는 엄마 배 속까지 안전하게 정자를 날라야 하기 때문에 성기가 길다"는 식으로 구체적으로 말하는 것이다. '음순', '음경', '클리토리스', '보지', '자지' 등 다양하게 불리는 성기 이름을 정확히 알려주는 게 좋다. 특히 부모는 성기 이야기를 할 때는 가장 진지한 얼굴로 말해야 한다.

(10) 보물이라고 강조하지 않는다.

많은 부모들이 성교육을 하면서 성기를 '보물'이라고 표현하거나 엄마, 아빠가 될 몸이라면서 소중한 부분임을 강조하는데, 이는 오히려 아이의 관심을 성기에 집중시킬 수 있어 주의해야 한다. 특히 성기를 정말 소중한 보물이라고 지나치게 강조하는 것은 머리나 가슴, 배꼽 등은 소중하지 않은 곳이라고 생각하게 할 수 있다. 그렇기 때문에 우리 모두의 몸은 다 소중하다고 가르치는 게 더욱 중요하다.

(11) 평상시 아이들의 의견을 인정해준다.

평상시에 아이의 기분을 알아주고 의견을 인정해주는 부모가 돼야 한다. 평상시 엄마, 아빠에게 인정받지 못하는 아이들은 자신의 의견을 정확하게 표현하지 못할 수 있다. 아이들이 싫고 좋은 것을 마음대로 표현할 수 있게 하고, 그 의견들이 잘 전해질 수 있도록 부모가 지지해주고 인정해주어야 한다.

사이버 성폭력 도우미 사이트
• 사이버인권침해방지지원센터(www.cyberhumanrights.or.kr)
• 한국성폭력상담소(www.sisters.or.gr)
• 성희롱예방캠페인(www.stopsh.pe.kr)
• 성희롱폭력추방 네트워크(www.womanplaza.or.kr)
• 한국여성민우회 사이버성폭력 온라인상담실(www.peacewomenlink.or.kr)
• 한국여성단체협의회 사이버폭력 상담센터(www.user.cholljan.net/~kncwcyber)

■ 어린이들이 흔히 하는 질문들

유아기에 흔히 하는 질문들
유아기 아동들이 궁금해하는 것을 모아 답변할 수 있게 정리했습니다.
Q. 나는 왜 고추가 없어요?
A. 너는 여자니까 아기를 낳을 수 있는 자궁이 있고 저 아이는 남자니까 음경이 있는 거야. 여자와 남자의 몸은 같은 점과 다른 점이 있단다. 가장 다른 것은 성기란다. 남자는 음경이 앞으로 나와 있어서 그곳으로 소변을 본단다. 여자는 소변 보는 길이 겉에서는 잘 드러나지 않고 아랫배 안에 자궁이라는 것이 있단다. 나중에 커서 임신을 하게 되면 아기가 자라는 곳이지. 또 세 살 정도의 여자아이가 서서 오줌을 누는 경우에는 다음과 같이 알려 줍니다. 남자는 음경이 앞으로 나와 있어서 서서 눠도 옷이 안 젖지만 여자는 앉아서 눠야 더 편하고 옷도 버리지 않는단다. 엄마도 앉아서 누지 않니? 너도 엄마와 같은 여자니까 엄마처럼 앉아서 누도록 하렴.

Q. 엄마, 뱃속에서 아기는 배고프지 않아요?

A. 괜찮아. 아기의 배꼽에 줄이 있는데 그 줄이 엄마와 연결되어 있어서 엄마가 먹은 영양분이 아기에게 전해진단다. 그래서 아기는 입으로 먹지 않아도 배가 안 고프단다.

Q. 엄마, 뱃속의 아기는 남자예요, 여자예요?

A. 그건 아직 모른단다. 난자라는 엄마의 아기 알이 정자라는 아빠의 아기 씨를 만날 때 여자가 될 아기 씨를 만나면 여자 아기가 태어나고 남자가 될 아기 씨를 만나면 남자 아기가 태어나는 거란다. 아빠와 엄마는 아기가 딸이든 아들이든 모두 소중하게 생각하고 기쁘게 기다린단다.

Q. 아기는 왜 젖을 먹어요?

A. 아기는 이가 하나도 없지? 그래서 아기는 밥을 먹을 수가 없어. 또 너무 어려서 엄마가 안고 먹여 줘야 한단다. 엄마가 아기를 낳고 나면 자연히 엄마 젖에서 아기에게 줄 젖이 나온단다. 아기도 이가 나게 되면 너처럼 밥도 조금씩 먹게 될 거야.

Q. 아빠, 젖꼭지도 빨면 젖이 나와요?

A. 나오지 않는단다. 아빠는 젖이 나오지 않기 때문에 아기에게 젖을 줄 수가 없지.

출처: 백경임(2007). 부모가 시작하는 내아이 성교육.

Chapter 10 어린이학대와 건강

우리나라 어린이의 25.3%가 학대를 경험하는데(보건복지부, 2011), 이를 토대로 우리나라 전체 어린이 중 학대받는 어린이는 45만여 명으로 추정된다. 그러나 어린이학대 신고는 한 해 2,000여 건 정도 이루어지고 있으며, 학대받는 어린이에 비해 사회적 개입은 턱없이 낮은 수준이다. 이에 국가는 아동복지법 개정과 아동보호전문기관의 확충, 인력의 확충 및 양성과 같은 노력을 기울여 왔으나 학대신고는 여전히 증가하고 있고, 학대 재발생률도 증가하고 있다. 특히 어린이학대 유형 중 정서학대는 아동의 정서에 손상을 입히는 행위로, 다른 학대 유형에 비해 외형적인 손상이 드러나지 않아 더욱 심각하다. 특히 2011년 우리나라에서 발생한 어린이학대 중 정서학대 발생이 36.2%로 가장 많은 것으로 보고되었다. 정서학대는 어린이에게 협박을 가하고, 언어적 공격을 일삼으며, 모욕감, 수치심을 유발시키거나 감금하는 등 적대적이고 거부적인 양육형태를 포함하고 있다.

학대를 경험한 어린이는 어린이의 현재 생활에만 어려움이 있는 것이 아니라 성장 후에도 부정적인 영향이 지속된다. 학대로 인해 어린이는 감정표현이 어렵고, 무질서한 내면세계로 인해 왜곡되고 부정적인 감정교류를 하게 되어 타인과의 관계에도 어려움을 겪는다. 그러므로 어린이학대에 대한 이해와 대처 및 예방방법을 알아두어야 할 필요가 있다.

01 어린이학대의 개념

'어린이학대'라 함은 "보호자를 포함한 성인에 의해 어린이의 건강복지를 해치거나 정상적 발달을 저해할 수 있는 신체적·정신적·성적 폭력 또는 가혹행위 및 어린이의 보호자에 의해 이루어지는 유기와 방임"을 말한다(아동복지법 제 2조 제4호). 따라서 어린이학대는 단순히 신체적 체벌 이외에도 아동에게 상처 주는 말 한 마디, 제때 음식을 제공하지 않는 행동 또한 포함될 수 있다.

어린이학대는 이미 오래전부터 사회복지학계에서 심각성을 지적했던 부분이다. 이는 과거의 유교적 전통 아래 생활했던 우리 문화 속에서 어린이에 대한 교육적인 체벌이나 훈육을 위한 폭언 등은 대체적으로 용납되고, 오히려 장려되는 입장에서부터 비롯되었다고 보인다.

어린이학대는 학대의 행위가 다분히 고의적이냐 그렇지 않으면 고의적이지 않느냐에 구별하는 것이 어린이학대의 첫 번째 딜레마로 떠오르고 있다. 그뿐만 아니라 실제로 손상을 가져왔는가 그렇지 않은가를 파악하는 데 있다. 어린이학대는 다음 과 같이 4가지로 정의 내리고 있다.

첫째, 신체적 학대이다. 보호자가 어린이에게 신체적 손상을 입히거나 신체적 손상을 입도록 허용한 우발적 사고를 제외한 모든 행위를 포함한다. 신체적 손상이란 구타나 폭력에 의한 멍이나 화상, 찢김, 골절, 장기파열, 기능의 손상 등을 말하며, 충격, 관통, 열, 화학물질이나 약물과 같은 다른 방법에 의해 발생된 손상을 포함한다.

둘째, 정서적 학대이다. 어린이에게 가해진 신체적 구속, 억제 또는 감금, 언어적 또는 정서적 위협, 기타 가학적 행위를 포함한다. 어린이의 인격, 존재, 감정이나 기분을 심하게 무시하거나 모욕하는 행위, 명백하게 어린이에게 가해진 잔혹하고 학대적인 부당한 대우를 포함하여 신체적 또는 성적 학대에 대한 위협이나 행위, 고의적 반복으로 어린이에게 의식주를 제공하지 않는 행위, 어린이에게 부당한 노동을 강요하거나 상업적으로 어린이를 이용하는 행위를 말한다.

셋째, 성학대이다. 성기나 기타의 신체적 접촉을 포함하여 강간, 성적 행위, 성기 노출, 자위행위, 성적 유희 등 성인의 성적 충족을 목적으로 어린이에게 가해진 신체적 접촉이나 상호작용을 말한다.

넷째, 방임이다. 보호자가 고의적 반복으로 어린이에 대한 양육 및 보호를 소홀히 함으로 인해 어린이의 건강이나 복지를 해치거나 정상적인 발달을 저해할 수 있는 모든 행위를 말한다. 방임에는 의료적 처치의 거부 등 신체적 방임, 유기, 장시간 어린이를 위험한 상태에 방치하는 등의 부적절한 감독, 교육적 방임, 정서적 방임 등이 있다.

02 어린이학대의 유형

1) 신체적 학대(Physical Abuse)

신체적으로 학대받는 어린이란 손들기, 치기, 타격을 가하기, 화상 또는 비슷한 행동으로 상처를 입은 아이를 말한다. 이러한 상황이 발생하면 신체적인 학대라고 의심해봐야 한다. 반복되거나 이유가 없는 상처들, 일반적인 타박상이나 활동적인 아이들이 넘어져서 생긴 타박상이 아닌 것들이다. 보호자를 포함한 성인이 어린이에게 우발적인 사고가 아닌 상황에서 신체적 손상을 입히거나 신체손상을 입도록 허용한 모든 행위, 특히 36개월 이하 영아에게 가해진 체벌은 어떠한 상황에서도 심각한 신체학대이다.

〈신체학대 유형과 징후〉

- 멍, 화상, 찢김, 골절, 장기파열, 기능 손상의 원인이 되는 행위
- 물건을 던지는 행위
- 떠밀고 움켜잡는 행위
- 뺨을 때리는 행위

- 물건을 사용하여 때리는 행위
- 발로 차거나 물어뜯고 주먹으로 치는 행위
- 두들겨 패는 행위
- 총, 칼 등의 흉기, 화학물질, 약물 등을 사용하여 신체에 상해를 입히는 행위
- 반복적으로 꼬집는 행위
- 전기충격
- 물에 빠뜨리는 행위
- 뾰족한 도구(바늘, 포크, 이쑤시개 등)를 이용하여 찌르는 행위
- 할퀴는 행위
- 몸을 거꾸로 매다는 행위

신체적 징후	행동적 징후
• 설명하기 어려운 상처 - 발생 및 회복에 시간차가 있는 상처 - 사용된 도구의 모양이 그대로 나타나는 상처 • 설명하기 어려운 화상 - 담뱃불 자국, 뜨거운 물에 잠겨 생긴 화상 자국 • 설명하기 어려운 골절 - 시간차가 있는 골절, 복합 및 나선형 골절 • 설명하기 어려운 절상 - 입, 입술, 치은, 눈, 외음부 상처 • 머리카락이 없어진 부분, 스트레스로 인한 원형 탈모 • Shaken Baby Syndrome • 두뇌손상 • 사망 등	• 어른과의 접촉회피 • 다른 아동이 울 때 공포를 나타냄 • 공격적이거나 위축된 극단적 행동 • 부모에 대한 두려움 • 집에 가는 것을 두려워함 • 위험에 대한 지속적인 경계

2) 정서적 학대(Emotional Abuse)

정서적으로나 정신적으로 학대받는 어린이들은 부모로부터 말로 학대를 받는 어린이를 말하거나 감정적·사회적·정신적 능력에 관해 과도하거나 부적당하게 요구를 받는 어린이를 말한다. 해마다 어린이학대 신고율과 재신고율은 증가하고 있고, 어린이학대 발생률 또한 심각한 수준이다. 이에 따른 사회적

개입이 절실히 필요하지만, 그보다 어린이학대 발생요인을 탐색함으로써 보다 근원적이고 예방적 차원의 접근이 필요한 실정이다. 특히, 정서학대는 후유증이 쉽게 드러나지 않고 오히려 그 영향력이 더 지속적이다.

정서학대가 어린이에게 단기적으로 심각한 영향을 미치는지는 파악할 수 없으나, 정서학대로 인한 어린이의 불안은 대인관계나 사회적응장애에까지 영향을 미칠 수 있다. 정서학대는 어린이의 우울과 절망, 철회, 자신의 감정통제, 위축 등으로 그 후유증이 나타나고, 타인과의 관계에 어려움이 나타나게 된다. 그뿐만 아니라 정서학대를 받지 않은 어린이에 비해 공격성과 비행의 정도가 더 높게 나타났다.

정서학대는 가족관계에서 채워져야 하는 정서적 욕구가 충분히 이루어지지 않는 것으로, 이로 인한 심리적 충격과 상처는 어린이에게 지속적으로 영향을 미친다. 따라서 정서학대는 지금까지 신체학대나 성학대보다 더 장기적으로 어린이에게 영향을 미칠 가능성이 제기되고 있다.

정서학대는 그 영향력이 지속적이어서 어린이에게 더 치명적이나, 정서학대에 대한 발생 원인에 대한 연구는 상대적으로 취약하다. 하지만 어린이학대가 가정 내에서 발생하는 비율이 가장 높고, 학대 가해자가 주로 부모인 점을 고려해보면 어린이학대가 발생하는 데 있어 가족과 부모의 상황을 우선적으로 고려하는 것이 필요하다.

〈정서학대 유형과 징후〉

- 원망적·거부적·적대적 또는 경멸적인 언어폭력 등
- 잠을 재우지 않는 것
- 벌거벗겨 내쫓는 행위
- 삭발을 시키거나 강제적으로 머리를 자르는 행위
- 형제나 친구 등과 비교하는 행위, 차별, 편애
- 가족 내에서 왕따 시키는 행위
- 어린이가 가정폭력을 목격하도록 하는 행위(어린이가 보는 앞에서 자주 부부싸움을 하거나 배우자를 폭행하는 행위 등)

- 어린이를 시설 등에 버리겠다고 반복적으로 위협하거나 짐을 싸서 내보내는 행위
- 미성년자 출입금지 업소에 지속적으로 어린이를 데리고 다니는 행위
- 돈을 벌어 오라고 위협하거나, 어린이의 나이에 적절하지 않은 과도한 일을 시키는 행위
- 보호자의 종교행위 강요
- 다른 어린이를 학대하도록 강요하는 행위 등

신체적 징후	행동적 징후
• 성장장애 • 신체발달 저하 • 언어장애	• 특정물건을 계속 빨고 있거나 물어뜯음 • 반사회적, 파괴적 행동장애 • 신경성 기질장애(수면장애, 놀이장애) • 정신신경성 반응(히스테리, 강박, 공포) • 극단행동, 과잉행동, 발달지연, 자살시도

3) 성학대(Sexual Abuse)

성적으로 학대받는 어린이란 가령 폭행이나 근친상간, 외음부의 집착, 노출, 관음증 같은 성적 만족을 위해 부당하게 이용되어 온 어린이를 말한다. 보호자를 포함한 성인이 자신의 성적 충족을 목적으로 18세 미만의 아동과 함께하는 모든 성적 행위를 일컫는다. 어린이 성학대는 두려움이나 힘을 이용하여 이루어지기도 하지만, 놀이를 통해 착각하게 하는 방법이 사용되기도 한다.

영유아가 성인에 비해 힘이 약하고 순수하여 어른을 잘 따르고 터무니없는 술책(성인의 속임수, 위협, 물질 공세, 갈취 등)에 잘 넘어가는 특징을 가지고 있기 때문에 어린이를 대상으로 하는 성폭행이 쉽게 이루어진다. 또한 어린이들은 자신의 신체에 관심이 많으나 성에 관한 지식이 상대적으로 부족하여 성에 대한 안전교육을 받지 않은 어린이들은 성폭력이 잘못된 행동인지 판단하지 못하는 경우가 있다.

성폭력은 전통적인 성역할에 대한 고정관념에 의해 사회적으로 잘못된 인식 속에서 시작되며, 성에 대한 정보를 음란비디오나 잡지, 영화, 만화, TV 등의

대중매체를 통해 얻고 있어 성에 대해 왜곡된 성지식을 갖게 됨에 따라 나타나기도 한다.

〈성학대 유형과 징후〉

- 성적 유희, 성기 및 자위행위 장면의 노출, 포르노비디오를 어린이에게 보여 주거나 포르노물을 판매하는 행위, 관음증 등의 행위
- 성기 삽입, 성적 접촉(성인이 어린이에게 자신의 성기나 신체를 만지도록 하거나 어린이의 성기를 만지는 행위, 어린이의 옷을 강제로 벗기거나 키스를 하는 행위, 항문성교, 애무 등), 강간 등과 같은 접촉 행위
- 어린이매춘이나 매매 등의 행위 보호자의 부부관계 및 자위행위 목격 등으로 어린이가 부적절하게 성에 노출되는 것 등
- 성매매 업소에 어린이를 데리고 가는 행위 등

신체적 징후	행동적 징후
• 신체적 지표 - 학령 전 아동의 성병감염 - 걷거나 앉는 데 어려움 • 생식기의 증거 - 아동의 질에 있는 정액 - 찢기거나 손실된 처녀막 - 질에 생긴 상처나 긁힌 자국 - 질의 홍진(紅疹) • 항문 증후 - 항문 괄약근의 손상 - 항문 주변의 멍이나 찰과상 - 항문 내장이 짧아지거나 뒤집힘 - 항문 입구에 생긴 열창 - 항문이 좁아짐 - 회음부의 동통과 가려움 • 구강 증후 - 입천장의 손상 - 인두(咽頭)임질(pharyngeal gonorrhea)	• 성적(性的) 지표 - 나이에 맞지 않는 성적 행동 - 해박하고 조숙한 성지식 - 명백하게 성적인 묘사를 한 그림 - 타인과의 성적인 상호관계 - 동물, 장난감 대상의 성적인 상호관계 • 비(非)성적인 행동지표 - 수면장애 - 유뇨증/유분증 - 위축, 환상, 유아적 행동(퇴행행동) - 자기 파괴적 또는 모험적인 행동 - 충동성, 산만함 및 주의집중장애 - 혼자 남아 있기를 거부 - 특정 유형의 사람들 또는 성에 대한 두려움 - 방화/동물에게 잔혹함(주로 남아의 특징) - 섭식장애(폭식증/거식증) - 비행, 가출 - 자기 파괴적 행동(자살시도) - 우울, 사회관계의 단절

4) 신체적·정서적 방임

정신적·지적 또는 보살핌을 부모에게서 받지 못하는 어린이를 말한다. 방임의 정도는 초기 상태에서부터 극도로 심한 부분에 이르기까지 다양하다. 보호자를 포함한 성인이 어린이에게 행하는 언어적 모욕, 정서적 위협, 감금이나 억제, 기타 보호자가 어린이에게 반복적으로 아동양육 및 보호를 소홀히 함으로써 어린이의 정상적인 발달을 저해할 수 있는 모든 행위를 말한다.

〈방임의 유형과 징후〉

- 물리적 방임: 어린이에게 기본적인 의식주를 제공하지 않거나 장시간 위험하고 비위생적인 환경(상한 음식 먹이기)에 방치하는 경우
- 교육적 방임: 보호자가 어린이를 학교(의무교육)에 보내지 않거나 아동의 무단결석을 허용하는 행위, 학교 준비물을 챙겨주지 않는 행위, 보육시설에 어린이들을 방치하며, 하루일과를 시간 때우기 식으로 진행하는 경우, 어린이들을 한 곳에 그냥 방치하고 교사가 함께하지 않는 경우
- 의료적 방임: 어린이에게 필요한 의료적 처치를 하지 않는 행위, 예방접종이 필요한 어린이에게 예방접종을 실시하지 않는 행위, 장애어린이에 대한 치료적 개입을 기부하는 경우

신체적 징후	행동적 징후
• 지속적인 배고픔, 열악한 위생상태 • 계절에 맞지 않는 부적절한 옷차림 • 의학적 치료와 치과치료의 불이행 • 지속적인 피로, 불안정감	• 수업 중 조는 태도 • 음식을 구걸하거나 훔침 • 비행 또는 도둑질 • 학교에 일찍 등교하고 집에 늦게 귀가함

5) 발육부진

발육부진은 어린 어린이들에게서 보이는 특별한 방임의 형태이다. 발육부진 상태에 있는 어린이들은 잘 자라지 못하고, 멍하게 행동하며, 허약해 보인다. 늦은 발육의 이유가 될 명백한 질병을 가지고 있지 않더라도 비슷한 어린이들

보다 어린아이의 1/3 이상의 아이들이 건전한 정신과 감정표현을 발달시키는데 실패하고 있다.

발육부진은 부모로부터의 영양 공급의 결핍보다는 정서적인 애정 결핍의 결과인 경우가 많으며, 특히 모성애의 부족은 어린이의 정서적 욕구를 충족시켜주지 못한 엄마의 무능과 출생 후 엄마와 아기 사이의 유대상실과 같은 요소의 조합에 기인할 수 있다.

03 어린이학대의 실태

어린이학대는 전국적으로 해마다 다양한 방법으로 학대하는 비율이 증가하고 있다. 그러나 어린이 본인이 자신의 문제와 위기상황을 외부에 알리고 도움을 요청하는 비율이 매우 낮으며, 학대 피해 어린이의 보호자도 우발적인 실수보다 지속적이고 반복적으로 학대하는 경향이 높아 어린이학대는 단순히 개인에게만 그치는 것이 아니라 사회문제를 일으킬 수 있다.

따라서 어린이학대에 대한 심각성을 살펴보기 위해 어린이학대 실태와 영향에 대해 살펴보면 다음과 같다.

1) 어린이학대의 유형

(1) 아동학대사례 유형-중복학대 별도 분류

중복학대를 별도로 분류하여 아동학대의 유형을 **표 10-1**과 같이 살펴보면, 중복학대가 10,875건(48.6%)으로 가장 높은 비율을 차지하였다. 다음으로 정서학대 4,728건(21.1%), 신체학대 3,285건(14.7%), 방임 2,787건(12.5%), 성학대 692건(3.1%) 순으로 나타났다. 실제 아동학대가 발생할 때 단일한 학대유형이 발생하는 것 만큼 두 가지 유형 이상의 학대가 복합적으로 발생하는 경우 또한 많았다. 중복학대 중 신체학대·정서학대가 8,757(39.2%)으로 가장 높은 비율을 보였다. 다음으로 정서학대·방임이 778건(3.5%), 신체학대·정서학대·방임이 734건(3.3%)으로 나타났고, 이외에 모든 학대 유형이 복합적으로 나타난 사례는 18건(0.1%)이었다. 중복학대가 발생한 경우 재학대가 월등히 높은 결과를 나타나는 것으로 보고되는 등 중복학대의 경우 학대후유증이 더 심각할 수 있어, 중복학대에 따른 피해아동의 후유증 및 예방을 위한 심층적 연구가 필요하다.

표 10-1 아동학대사례 유형(중복학대 별도 분류)

(단위: 건, %)

유형		건수(비율)	
신체학대		3,285	(14.7)
정서학대		4,728	(21.1)
성학대		692	(3.1)
방임		2,787	(12.5)
중복학대	신체학대·정서학대	8,757	(39.2)
	신체학대·성학대	35	(0.2)
	신체학대·방임	211	(0.9)
	정서학대·성학대	165	(0.7)
	정서학대·방임	778	(3.5)
	성학대·방임	11	(0.0)
	신체학대·저서학대·성학대	160	(0.7)
	신체학대·정서학대·방임	734	(3.3)
	신체학대·성학대·방임	0	(0.0)
	정서학대·성학대·방임	6	(0.0)
	신체학대·정서학대·성학대·방임	18	(0.1)
	소계	10,875	(48.6)
계		22,367	(100.)

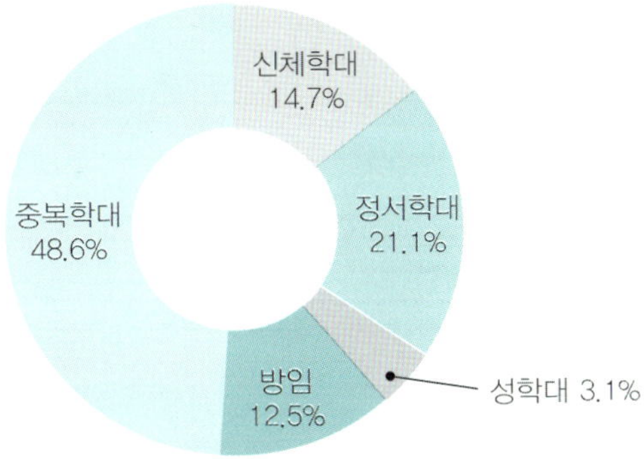

그림 10-1 아동학대사례 유형I(중복학대 별도 분류)

(2) 아동학대사례 유형-중복학대 미분류

중복학대를 별도로 분류하지 않고 아동이 중복해서 경험한 학대를 각각의 학대 유형에 포함하여 살펴본 결과, 총 빈도는 34,178건이다. 아동학대 사례유형 중 정서학대가 전체 44.9%에 해당하는 15,346건으로 가장 많았고, 다음으로 신체학대가 13,200건(38.6%), 방임이 4,545건(13.3%), 성학대는 1,087건(3.2%)으로 나타났다.

표 10-2를 토대로 살펴볼 때, 중복학대를 별도로 분류하였을 때의 신체학대와 정서학대가 차지하는 비율은 각각 14.7%, 21.1%로 중복학대를 별도로 분류하지 않았을 때보다 약 2배 이상 낮게 나타났다. 이는 신체학대와 정서학대가 다른 학대 유형과 함께 복합적으로 발생함을 의미한다. 방임은 수치가 상대적으로 크지 않지만 다른 학대 유형에 비해 발견이 어렵고, 방임의 후유증으로 발달문제가 가장 높게 나타난 연구결과에서 볼 수 있듯이 방임행위 역시 아동에게 심각한 후유증을 남길 수 있는 만큼 더 많은 정책적 관심이 필요하다.

표 10-2 아동학대사례 유형II(중복학대 미분류)

(단위: 건, %)

유형	건수(비율)	
신체학대	13,200	(38.6)
정서학대	15,346	(44.9)
성학대	1,087	(3.2)
방임	4,545	(13.3)
계	34,178	(100.0)

※ 중복포함

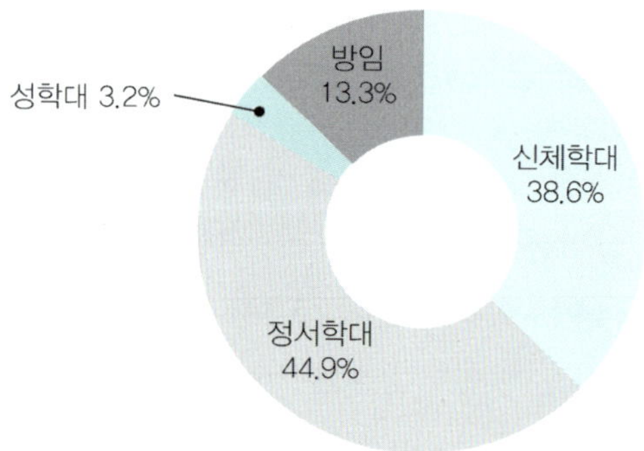

※ 중복포함

그림 10-2 아동학대사례 유형II(중복학대 미분류)

2) 피해어린이 연령 및 성별

(1) 아동학대사례 유형별 피해아동 성별

아동학대 유형별로 피해아동 성별을 표 10-3과 같이 살펴보면, 신체학대와 방임 사례에서 남아가 여아보다 각각 약 5%, 1.2% 높았다. 정서학대에서는 여아가 남아보다 약 2.2% 더 높게 나타났다. 성학대의 경우 여아가 86.9%로 압도적으로 높았으며, 남아에 비해 약 6.6배 높은 수치를 나타냈다.

표 10-3 아동학대사례 유형별 피해아동 성별

학대유형 / 성별	신체학대		정서학대		성학대		방임		계	
남	6,934	52.5	7,608	48.9	142	13.1	2,298	50.6	16,882	49.4
여	6,266	47.5	7,838	51.1	945	86.9	2,247	49.4	17,296	50.6
계	13,200	100.0	15,346	100.0	1,087	100.0	4,545	100.0	34,178	100.0

(단위: %)

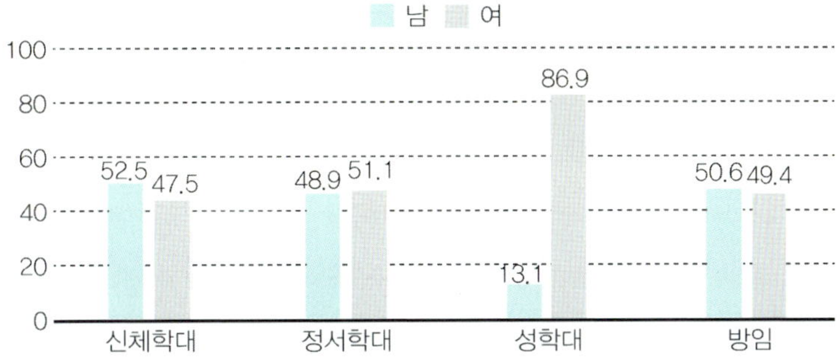

※ 중복포함

그림 10-3 아동학대사례 유형별 피해아동 성별

(2) 아동학대사례 유형별 피해아동 연령

각 아동학대 유형별로 나누어 피해아동의 연령 현황을 표 10-4와 같이 살펴본 결과, 신체학대와 정서학대의 연령 분포를 보면 전체 피해아동의 연령 현황과 다소 유사하게 도출되었다. 학령기인 만 7세~9세, 만 10세~12세, 만 13~15세 연령대에 피해아동이 집중되어 있는 것을 볼 수 있으며, 연령이 높아질수록 학대발견비율이 높아지며 만 13~15세에 정점을 이뤘다. 1세 미만을 제외한 전반적으로 모든 연령대에서 신체학대와 정서학대가 높게 나타나, 중복학대를 분류하지 않고 아동학대 사례유형을 살펴본 현황은 표 10-2와 유사했다. 1세 미만의 아동에게 발생한 총 599건의 아동학대사례 중 방임 사례가 290건으로 약 48.4%로 거의 과반수에 해당하는 것으로 나타났다.

표 10-4 아동학대사례 유형별 피해아동 연령

(단위: 건, %)

학대유형 / 연령(만)	신체학대		정서학대		성학대		방임		계	
1세 미만	130	1.0	179	1.2	0	0.0	290	6.4	599	1.8
1~3세	864	6.5	1,293	8.4	9	0.8	808	17.8	2,974	8.7
4~6세	1,406	10.7	1,976	12.9	49	4.4	896	19.7	4,326	12.7
7~9세	2,405	18.2	2,695	17.6	100	9.2	888	19.5	6,088	17.8
10~12세	2,935	22.2	3,299	21.5	235	21.6	815	17.9	7,284	21.3
13~15세	3,490	26.4	3,767	24.5	375	34.5	605	13.3	8,237	24.1
16~17세	1,970	14.9	2,137	13.9	320	29.4	243	5.3	4,670	13.7
계	13,200	100.0	15,346	100.0	1,087	100.0	4,545	100.0	34,178	100.0

※ 중복포함

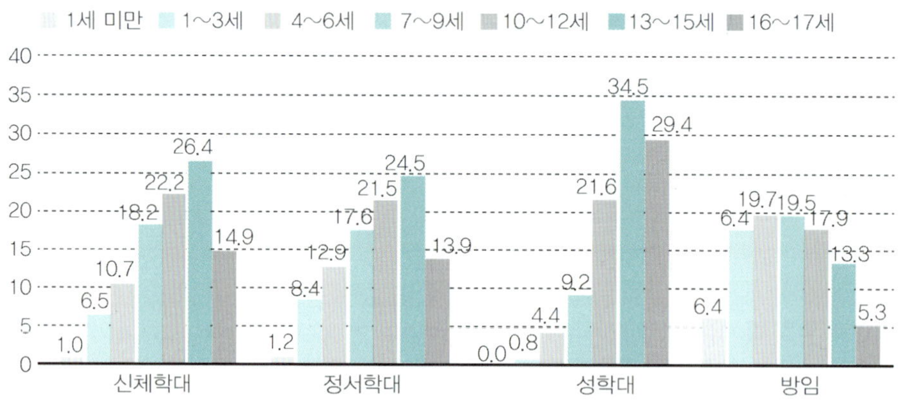

그림 10-4 아동학대사례 유형별 피해아동 연령

3) 피해어린이의 가족 유형

아동학대사례로 판단된 피해아동의 가족유형은 **표 10-5**와 같다. 친부모가족이 12,489건으로 전체의 55.8%로 가장 높은 수치를 보였고, 친부모가족 외 형태는 8,078건(36.1%), 대리양육형태와 기타는 각각 311건(1.4%), 137건(0.6%)으로 나타났다.

친부모 가정 내의 학대가 가장 많이 발견되었고, 친부모가족 외 형태는 작년 대비 5% 감소하였다. 친부모가족 외 형태 중 한부모가족 형태에 해당하는 부자

가정과 모자가정, 미혼부·모가정을 합하면 총 5,173건으로 전체 피해아동 가족의 36.1%를 차지한다.

대리양육형태의 경우, 시설보호에 해당하는 아동은 217건(1.0%)으로 가장 높은 수치를 보였고, 입양가정 56건(0.3%), 가정위탁 38건(0.2%) 순으로 나타났다.

표 10-5 피해아동 가족유형

(단위: 건, %)

친부모가족	친부모가족 외 형태								대리양육형태				기타	파악 안됨	계
	부자가정	모자가정	미혼부·모가정	재혼가정	친인척보호	동거(사실혼 포함)	소년소녀가정	소계	가정위탁	입양가정	시설보호	소계			
12,489	2,732	2,632	361	1,318	487	532	16	8,078	38	56	217	311	137	1352	22,367
55.8	12.2	11.8	1.6	5.9	2.2	2.4	0.1	36.1	0.2	0.3	1.0	1.4	0.6	6.0	100.0

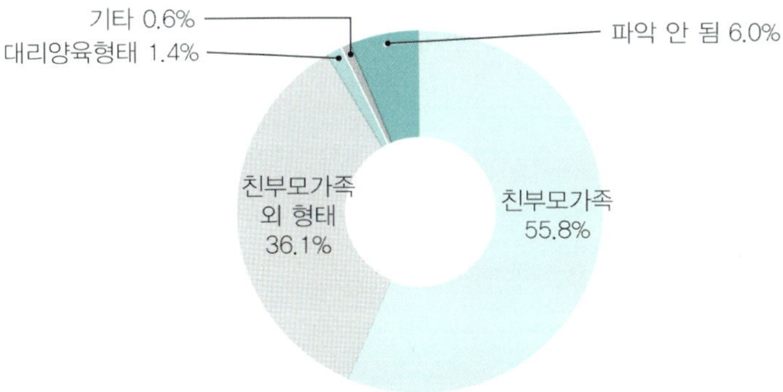

그림 10-5 피해아동 가족유형

4) 학대행위자와 피해어린이와의 관계

표 10-6을 통해 2017년에 아동학대로 판단된 22,367건을 대상으로 학대행위자와 피해아동과의 관계를 부모, 친인척, 대리양육자, 타인, 기타 및 파악 안 됨의 항목으로 나누어 살펴보았다.

부모에 의해 발생한 경우는 전체의 76.8%(17,177건)으로 가장 높았다. 아동학대 사례 10건 중 약 7건 정도가 부모에 의해 발생되었음을 알 수 있다. 부모에 의해 발생한 사례 중 친부에 의해 발생한 사례가 9,562건(42.8%), 친모는 6,824건(30.5%), 계부와 계모는 각각 401건(1.8%), 341건(1.5%) 순으로 높게 나타났다.

대리양육자는 3,343건(14.9%)으로 부모 다음으로 높은 비율을 차지했다. 대리양육자 중에서도 초·중·고교 직원은 1,345건(6.0%), 보육교직원은 840건(3.8%), 유치원 교직원 및 아동복지시설 종사자는 각각 1.3%로 나타냈다.

가정 다음으로 아동이 많은 시간을 보내는 어린이집, 유치원, 아동복지시설과 같은 보육 및 교육 기관에서의 아동학대의 경우 학대경험이 아동에게 미치는 후유증이 클 수 있다. 아동학대 인식을 높이기 위한 교육 강화뿐만 아니라 궁극적으로 종사자의 스트레스를 유발하는 근무환경 및 처우개선이 우선되어야 한다. 이외에 친인척은 1,067건(4.8%), 타인은 294건(1.3%), 기타 441건(2.0%), 파악 안 됨 45건(0.2%)으로 나타났다.

표 10-6 학대행위자와 피해아동과의 관계

(단위: 건 %)

관계		건수(비율)	
부모	친부	9,562	42.8
	친모	6,824	30.5
	계부	401	1.8
	계모	341	1.5
	양부	28	0.1
	양모	21	0.1
	소계	17,177	76.8
친인척	친조부	128	0.6
	친조모	237	1.1
	외조부	61	0.3
	외조모	127	0.6
	친인척	328	1.5
	형제, 자매	186	0.8
	소계	1,067	4.8
대리양육자	부, 모의 동거인	247	1.1
	유치원교직원	281	1.3
	초·중·고교 직원	1,345	6.0

	학원 및 교습소 종사자	217	1.0
	보육 교직원	840	3.8
	아동복지시설 종사자	285	1.3
	기타시설 종사자	60	0.3
	청소년관련시설 종사자	32	0.1
	위탁부	4	0.0
	위탁모	17	0.1
	베이비시터	15	0.1
	소계	3,343	14.9
타인	이웃	86	0.4
	낯선 사람	208	0.9
	소계	294	1.3
기타		441	2.0
파악 안 됨		45	0.2
계		22,367	100.0

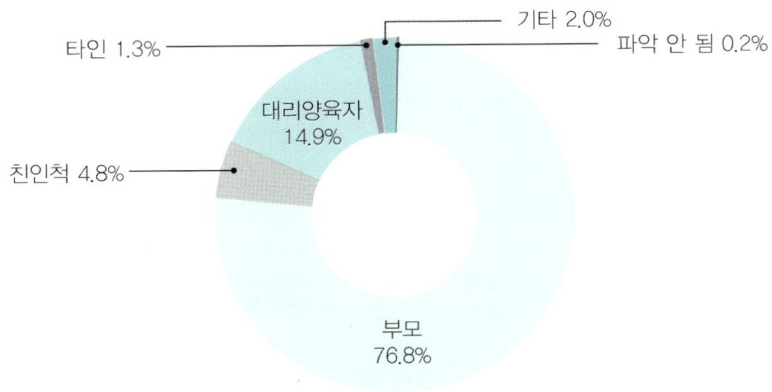

그림 10-6 학대행위자와 피해아동과의 관계

5) 어린이학대 발생빈도

아동학대 발생빈도의 경우, 거의 매일 발생한 사례가 4,195건(18.8%), 2~3일에 한 번인 경우가 2,610건(11.7%), 일주일에 한 번인 경우가 2,359건(10.5%)이었다. 즉, 일주일에 한 번 이상 빈번하게 학대를 경험한 아동은 약 41.0%로 전체 사례의 절반 정도를 차지한다고 볼 수 있다. 특히 가정 내에서 발생하는 학대의 경우

학대 발생 상황 이후에도 함께 거주하는 경우도 많기 때문에 상습적 학대가 장기간 지속되는 경우 피해아동에게 미치는 후유증과 악영향이 심각할 수 있다. 실제로 빈번한 학대발생은 아동의 사회성, 행동문제에 부정적인 영향을 줄 가능성이 높다. 일회성의 학대가 만성적인 학대로 이어지지 않도록 경미한 수준의 아동학대라도 사례 종결 이후 재학대 방지를 위한 체계적인 사후관리가 필요하다.

표 10-7 아동학대 발생빈도

(단위: 건, %)

발생빈도	건수(비율)	
거의 매일	4,95	18.8
2~3일에 한 번	2,610	11.7
일주일에 한 번	2,359	10.5
2주일에 한 번	1,379	6.2
1개월에 한 번	2,873	12.8
2~3개월에 한 번	2,209	9.9
6개월에 한 번	1,345	6.0
1년에 한 번	1,094	4.9
2년에 한 번	129	0.6
3년에 한 번	126	0.6
일회성	4,048	18.1
계	22,367	100.0

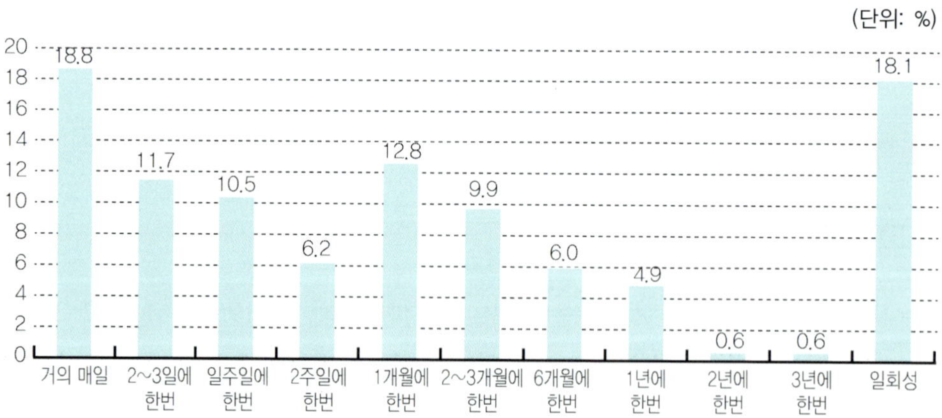

그림 10-7 아동학대 발생빈도

6) 어린이학대 발생 장소

표 10-8과 같이 아동학대 발생장소를 살펴본 결과 가정 내에서 발생한 사례가 전체 아동학대사례의 80.4%인 총 17,989건으로 가장 높게 나타났다. 이 중 아동의 가정 내에서 발생한 사례는 17,563건(78.5%)으로 10명 중 8명이 아동의 가정 내에서 학대가 발생하는 것으로 볼 수 있다.

어린이집, 유치원, 학교와 같이 아동을 돌보고 교육하는 기관에서 발생한 아동학대는 각각 843건(3.8%), 269건(1.2%), 1,344건(6.0%)으로 나타나, 전체 사례 중 11.0%에 해당하여 작년에 비해 약 68% 가까이 증가했다. 또한 복지시설의 경우, 아동복지시설이 254건(1.1%), 기타복지시설이 45건(0.2%)으로 전체 사례 중 1.3%에 해당한다.

표 10-8 아동학대 발생장소

(단위: 건, %)

발생장소		건수(비율)	
가정 내	아동 가정 내	17,563	78.5
	학대행위자 가정 내	426	1.9
소 계		17,989	80.4
집근처 또는 길가		405	1.8
친척집		129	0.6
이웃집		11	0.0
어린이집		843	3.8
유치원		269	1.2
학교		1,344	6.0
학원		197	0.9
병원		65	0.3
복지시설	아동복지시설	254	1.1
	기타복지시설	45	0.2
소계		299	1.3
숙박업소		71	0.3
종교시설		23	0.1

기타	688	3.1
파악 안 됨	34	0.2
계	22,367	100

7) 학대행위자의 직업 유형

표 10-9는 학대행위자의 직업유형을 살펴본 것이다. 무직인 학대행위자가 3,169건(14.2%)으로 가장 많았으며, 다음은 서비스 및 판매직이 1,839건(8.2%)이었다. 고용상태가 불안정하거나 무직인 경우 경제적으로 어려운 상황에 처할 수 있으며, 이러한 환경적 요인이 학대에 영향을 미치는 위험 요인으로 작용한다는 보고가 있다. 반면 상대적으로 고용상태가 안정되어 있다고 볼 수 있는 관리직, 전문직, 기술공 및 준 전문직, 사무직이 학대행위자인 경우는 전체의 약 15%를 차지하였다.

표 10-9 학대행위자 직업유형

(단위: 건, %)

직업유형	건수(비율)	
관리직	363	1.6
전문직	1,549	6.9
기술공 및 준전문직	884	4.0
사무직	557	2.5
서비스 및 판매직	1,839	8.2
농·어·축산업	215	1.0
기능직	1,69	0.8
기계장치조작원	308	1.4
단순노무직	1,750	7.8
군인	67	0.3
무직	3,169	14.2
기타	584	2.6
파악 안 됨	10,913	48.8
계	22,367	100.0

8) 학대행위자의 특성

학대행위자 특성은 표 10-10과 같이 학대 조사 수행 당시 관찰된 특성에 한해, 신체·정신적 장애, 장애의심, 양육태도 및 방법 부족, 중독 및 질환문제 등 총 20개 유형의 항목으로 구분하였다. 해당되는 경우에 중복적으로 응답하였으며 보고되지 않은 경우가 포함되었다.

학대행위자에게 가장 두드러지게 나타나는 특성은 양육태도 및 방법부족으로 8,388건(22.2%)을 차지하였다. 양육태도 및 방법 부족 특성 다음으로 사회·경제적으로 과다한 스트레스가 있거나 고립을 경험한 학대행위자는 4,933건(13.1%), 부부 및 가족 구성원 간의 갈등을 가지는 경우는 2,721건(7.2%)으로 나타났다. 학대행위자가 성격 및 기질 문제를 가지는 경우는 1,676건(4.4%), 중독문제를 가지고 있는 경우는 1,103건(2.9%)으로 나타났다. 이러한 학대행위자의 스트레스 및 고립, 부부갈등, 성격 및 기질, 알코올 및 약물남용 등의 학대행위자 특성은 아동학대의 주요 위험 요인으로 알려져 있다.

표 10-10 학대행위자의 특성

(단위: 건, %)

특성	건수(비율)	
신체적 장애	156	0.4
정신적 장애	154	0.4
장애의심	280	0.7
양육태도 및 방법 부족	8,388	22.2
중독문제	1,103	2.9
질환문제	325	0.9
성격 및 기질문제	1,676	4.4
위생문제	251	0.7
나태 및 무기력	291	0.8
난독해, 난작문	14	0.0
사회·경제적 스트레스 및 고립	4,933	13.1
어릴적 학대경험	372	1.0

폭력성	927	2.5
전과력	92	0.2
성문제	144	0.4
원치 않는 아동	136	0.4
부부 및 가족 갈등	2,721	7.2
종교문제	44	0.1
특성 없음	4,133	10.9
기타	5	0.0
파악 안 됨	11,646	30.8
계	37,791	100.0

04 어린이학대의 치료와 예방

1) 어린이학대의 치료

학대행위자는 알코올 남용, 정신질환 등의 문제를 가지고 있는 경우가 많다. 학대행위자에 대해서는 어린이학대를 유발하는 원인 발견 또는 스트레스를 완화시키고, 상처받은 어린이는 학대로 인한 상처와 후유증을 치유하기 위해 그리고 학대행위자가 아닌 부모에 대한 교육과 지원을 위해 상담 프로그램을 실시할 수 있다.

어린 나이에 결혼했거나 어린이를 늦게 출산한 부모들은 어린이의 발달상의 특징들을 이해하지 못하므로 학대하기 쉽다. 이러한 부모들에 대해서는 어린이양육의 기술 및 유아기의 특성 그리고 어린이심리를 가르쳐 어린이를 이해하고 학대하는 습관을 교정할 수 있도록 부모교육을 실시해야 한다. 또한 충동적인 부모에 대해서는 분노조절 능력을 키워주고, 학대어린이가 어릴수록 일반적인 면접상담보다는 모래상자 또는 인형을 통한 놀이치료, 미술치료 등의 기법을 사용하는 것이 효과적이다. 상담치료 과정에는 심리검사도 포함되며, 상담이 진행되면서 상담자는 어린이에게 무슨 일이 일어났는지 그리고 어린이 자신은 그 일에 전혀 잘못이 없다는 것을 인식하도록 돕는다. 어린이는 학대행위자에 대한 마음의 분노를 표출함으로써 심리적 상처를 치유 받게 되며, 부모나 양육자로부터 학대받은 어린이는 가장 소중하고 가까운 사람을 불신하게 되므로 사회성과 대인관계의 왜곡을 가져올 수 있어 신뢰감을 회복시켜 주는 작업이 필요하다.

특히 성학대를 경험한 어린이는 성의식과 가치관이 왜곡되기 쉽고, 자신의 몸이 이미 더럽혀졌다고 생각하여 함부로 행동할 수 있으므로, 상담 프로그램을 통해 그들이 가신 죄의식을 치유받을 수 있도록 도와야 한다. 학대 상황이 초기에 발견되면 짧은 횟수의 상담으로도 치료가 가능하다.

2) 어린이학대의 예방

어린이학대를 사전에 예방하기 위해서는 학대가 일어날 위험도가 높은 집단을 색출하여 집중적인 예방책을 실시하는 방법, 일반 부모교육을 실시하는 방법, 학대를 일으키는 원인적 요소를 제거해야 한다.

우선 어린이학대 위험성이 높은 집단을 색출하여 교육한다. 가정 내의 경제적인 여건을 증진시키고 가족 내의 스트레스가 될 만한 요인을 최소한으로 줄이는 것이 중요하며, 이들에 대해 어린이양육, 훈육방법, 어린이심리 등을 집중교육하고 사회 접촉을 어떻게 증진시키는가를 교육한다.

특히 젊은 부모와 결혼 전 예비부모의 교육이 필요하다. 청소년이나 곧 결혼하여 어머니가 된 여성들에 대해 임신, 분만 그리고 어린이발달, 부모의 역할, 부모로서의 양육기술, 특히 결혼관, 부모의 책임 등에 관한 교육을 실시함으로써 부모역할의 문제로 생기는 어린이학대를 예방하는 데 목적이 있다.

3) 학대예방 교육지침

- 학대란 무엇인지 알려준다.
- 보육시설에 혼자 또는 친구들끼리만 남아 있을 경우 선생님께 도움을 청하도록 한다.
- 영유아로 하여금 학대받은 것이 자신의 잘못이 아님을 확인시킨다.
- 누군가 매를 심하게 때리거나 소리를 지른다면 학대 거부 의사를 분명히 밝히도록 한다.
- 잘못을 하지 않았는데도 부당한 처벌을 받았을 경우에는 선생님이나 부모님께 알리도록 한다.

4) 학대예방 부모지침

- 어린이학대란 무엇이며, 어떤 행동들이 어린이학대인지 알도록 한다.
- 아이들의 행동 특성을 이해하지 못해 화가 났을 때 마음을 가라앉힌다.
- 화목한 가정을 만들 수 있도록 가족구성원 모두 노력한다.
- 자녀에 대한 지나친 기대보다는 내 아이의 현재 수준을 이해하려고 노력한다.
- 영유아를 양육하는 데 힘들 경우 가족 및 친척 주위 분들의 도움을 요청한다.
- 스스로 행동 전략이나 판단을 주장할 수 있도록 가르친다.
- 체벌은 육체적 고통만 수반할 뿐임을 인식한다.
- 체벌하기보다는 영유아에게 바라는 행동과 지침들을 명확하게 제시한다.
- 규칙을 세울 때에는 영유아가 지킬 수 있는 규칙을 제시한다.
- 지속적으로 공정하게 일관된 태도로 훈육을 한다.
- 조용하나 단호한 목소리로 표현한다.
- 영유아의 잘못된 행동에 대해서만 사실 그대로 말한다. 영유아의 인격이나 자존심을 공격하는 말은 하지 않도록 한다.
- "화가 났어"라는 표현보다는 "속이 상한다", "걱정된다", "피곤하다" 등 마음이 전달되는 표현을 한다.
- 왜 하면 안 되는지 구체적으로 말하고 이유를 설명한다.

5) 어린이학대예방을 위한 관리대책

(1) 종사자 지침

아동복지법 제 26조에 의하면 "누구든지 어린이학대를 알게 된 때에는 아동보호 전문기관 또는 수사기관에 신고할 수 있으며, 신고의무자들은 직무상 어린이학대를 알게 된 때에는 즉시 아동보호전문기관 또는 수사기관에 신고해야 한다"고 규정하고 있다. 또한 신고인 신분이 보호되어야 함을 명시하며, 비밀보장의 원칙을 기본으로 하고 있다. 보육시설 종사자는 어린이학대가 의심되는 경우, 부모면담 시 부모가 이상하고 비합리적인 행동을 보일 때는 어린이학대의 가능성을 파악하고 의심을 제기할 수 있어야 한다. 또한 어린이의 몸에 피멍이 있거나 상처가 있는 경우 세심히 관찰한다.

학대 받았다는 의심이 드는 경우는 어린이를 주의 깊게 관찰하고, 학대받았다는 의심이 확실할 경우 관련된 모든 정보를 기록한 후 즉시 전문기관(1577-1391)에 신고해야 한다.

(2) 지원서비스

실직으로 인한 빈곤, 약물 또는 알코올중독 및 정신질환을 가진 부모의 경우는 취업 알선이나 치료받을 수 있는 기관에 대한 정보를 제공하고 필요한 지역자원을 연계해준다. 편부모가정 또는 부모가 늦은 시간까지 맞벌이하는 가정의 어린이는 지역사회 복지관의 방과 후 교실 프로그램에 연계하거나 자원봉사자를 파견하여 가사서비스를 도와줄 수 있다.

(3) 평가, 종결 및 사후관리

상담 및 지원 프로그램의 종결을 위해 어린이의 안전성, 사례 개입의 목표 달성, 학대 위험성의 감소, 어린이와 그 가족의 욕구충족 여부 등을 평가하게 된다. 어린이가 일시 격리된 상태 또는 가정에 머물면서 아동 및 부모에 대한 상담과 교육 프로그램을 진행하다가 학대 상황이 더 이상 일어나지 않는다는 평가를 하게 되면 사례를 종결하고 격리된 어린이는 가정으로 복귀하게 된다.

어린이 및 부모상담이 진행되는 과정에도 학대가 지속되고 부모가 어린이를 양육할 능력이나 의지가 없다고 판단되면 어린이를 장기 격리할 수 있는 절차를 밟기도 한다. 이때 아동복지 담당 공무원의 도움을 받아 필요한 행정절차를 밟게 되며, 종결된 사례는 필요에 따라 한두 달에 1회 정도 전화접촉을 통한 사후관리를 한다.

표 10-11 어린이학대 신고 개입절차

신고 : 1577-1391,129,112,119

⬇

아동학대 예방센터(사례접수)

⬇

현장조사 및 사정

⬇

아동학대 여부판정

⬇

개입계획 수립

⬇

사례개입(상담, 치료 등)

⬇

종결

⬇

사후관리

출처: 보육사업 안내(2012).

참 | 고 | 문 | 헌

가톨릭의과대학 가정의학과(1993). **건강가족, 건강수칙 제 1권**. 서울: 도서출판 오픈아트.

강문희, 윤애희, 이경희, 정정옥(2007). **유치원 보육시설 운영관리**. 서울: 학지사.

강정원(2002). 치료놀이를 통한 부적응 행동 유아의 사회적 관계 증진. 중앙대학교 대학원 박사학위논문.

강혜원(2002). 소방교육프로그램이 유아의 화재안전의식에 미치는 영향. 광주대학교 대학원 석사학위논문.

강희숙(1994). 어린이 우발사고 요인 및 행위 관한 연구. 서울대학교 대학원 박사학위논문.

경기도교육청(2001). 2001년도 학교안전교육.

고석(2006). 어린이 안전교육의 효과성 검증에 관한 연구. 서울시립대학교 대학원 석사학위논문.

고승덕, 김은주(1999). **유아보건관리학**. 경기: 학문사.

곽노의, 김길영, 김상우, 김창규, 민응기, 차광열(1999). **첫아기 안심하세요**. 서울: 여성자신.

곽은복(2002). 효율적인 영유아 안전교육에 대한 이론적 모색, 영유아 안전의 체계화를 위한 방향 모색. **2002년 한국보육학회 춘계학술대회 자료집**, 47-61.

곽은복(2007). **아동안전관리**. 서울: 학지사.

교육과학기술부, 보건복지부(2012). 5세 누리과정 교사용 지침서.

________________________(2012). 5세 누리과정 해설서.

________________________(2013). 3~5세 연령별 누리과정 운영을 위한 교사연수 자료집.

교육부(2000). 유아를 위한 안전교육 지도자료.

______(2021). 개정누리과정 현장지원자료.

교육인적자원부(2001). 함께 풀어가는 성 이야기(유치원 3~6세)

_____________(2006). 유치원 시설안전관리 매뉴얼.

_____________(2007). 유치원 교육과정. 교육인적자원부 고시 제 2007-153호.

_____________(2008). 유치원교육과정 해설.

교육인적자원부, 한국교육개발원(2008). 교육통계연보.

구성애(1998). **구성애의 성교육**. 서울: 도서출판 석탑.

국회인권포럼 한국아동학대예방협회(1999). 아동학대와 사회안전망 구축.

굿네이버스(2007). 아동힘키우기 서비스(CES) 아동, 부모, 교사 교육자료집.

권재익(2002). 어린이 안전사고 실태와 안전제도 개선방안. 어린이 안전 환경조성을 위한 토론회 자료집, 1-77.

그레테 파거쉬트림(1999). 엄마가 아기를 가졌어요(이계욱 역). 서울: 현민시스템.

김경진(2002). 어린이소방안전교육 프로그램에 관한 연구. 호서대학교 대학원 석사학위논문.

김경희, 정미숙, 박성미, 박혜숙(1997). 영유아 영양관리 및 식생활 지도. 경기: 양서원.

김계숙, 김희숙(1994). 아동간호학. 서울: 신광출판사.

김계자(2004). 영유아를 위한 안전교육. 서울: 동문사.

김광웅, 방은령(1993). 아동발달. 경기: 형설출판사.

김명순(2001). 안전교육이론. 한국안전생활교육회 제 2기 아동 안전교육 전문가 연수 자료집, 25-35.

김성일 외(1998). 학생과 교사가 함께 보는 청소년 교통안전 도로교통안전협회.

김승옥(2008). 유아의 인터넷 안전의식 측정도구 개발. 덕성여자대학교 대학원 박사학위논문.

김영숙, 이경화(1998). 유아 아동을 위한 정신건강. 서울: 교육과학사.

김영심, 강영옥, 조남숙, 한국선, 이춘희, 이숙희, 김진아, 김현옥(2012). 영유아 건강교육. 서울: 창지사.

김일옥, 김경애, 김영애, 김종석, 김호년, 손현숙(2012). 아동건강교육. 경기: 양서원.

김재은(1998). 어린이 발달과 스트레스.

김정규(1987). 발달심리연구. 서울: 동문사.

김정원(2001). 부모교육 프로그램의 내용과 실시 방법에 관한 0-1세 영아 부모의 요구도 조사. 한국보육학회지, 1, 75-90.

김정희, 김현주, 정인숙(1997). 아동발달심리. 서울: 동문사.

김진호(2009). 유아정신건강. 서울: 동문사.

김혜리 외 11인(1993). 아동의 건강과 영양. 경기: 학문사.

김화중(1992). 학교보건과 간호. 경기: 수문사.

김희순, 강규숙, 이은숙(1999). 학령 전기 아동의 사고 실태. 아동간호학회지, 5(3), 349-357.

김희태, 남연정, 구미아, 김평례, 이은숙, 장호진(2017). 아동 안전관리. 경기: 양성원.

남혜경(2001). 보육시설의 영유아 사고 예방을 위한 안전진단과 프로그램 개발. 중앙대학교 대학원 박사학위논문.

대한소아치과학회(1990). 소아치과학. 서울: 이화출판사.

대한영양사회(1992). 가족건강을 위한 바른 식사.

대한적십자사(1995). 공동 심폐소생법.

문혁준, 권희경, 김명애, 김상희, 김정희, 김혜금, 김혜연, 안효진, 이경옥, 이윤경, 이희선(2013). 개정 아동건강교육. 서울: 창지사.

박경란(2003). 치료놀이 활동이 유아의 스트레스에 미치는 영향. 광주대학교 산업대학원 석사학위논문.

박길준, 박태섭, 박형섭(1996). 성장 단계별 신체의 발육발달론. 서울: 상조사.

박문일(2006). 태교는 과학이다. 서울: 한양대출판부.

박성순, 김창국(1997). 맨손체조의 원리와 구성. 대전: 도서출판 대경.

박성연(2006). 아동발달. 경기: 교문사.

박순우(2003). 우리나라 어린이 사고 현황. 한국모자보건학회 추계학술대회 연제집, 2003(2), 52-66.

박은영(1998). 저소득층 가정의 유아안전사고 실태 조사 연구. 숙명여자대학교 교육대학원 석사학위논문.

박인숙, 이은주, 노승옥, 류혜숙, 박혜숙, 이혜영, 조은미(2015). 아동 건강교육. 서울: JMK.

박인영(2000). 태교에 대상관계이론 적용연구 – 위니캇의 부모 – 유아관계 이론을 중심으로. 연세대학교 연합신학대학원 석사학위논문.

박진아(2003). 정서 및 행동장애 유아의 정신병리 유형에 따른 기질과 역기능적 정서조절: 어머니 양육행동의 중재효과. 한국심리학회지: 일반, 27(2), 523-545.

박혜숙(2006). 선진국 수준의 아동안전 구축방안 연구. 보건복지부.

배병철(2005). 다시 보는 태교신기. 서울: 성보사.

백경임(2007). 부모가 시작하는 내아이 성 교육. 서울: 샘터.

보건복지부(1996a). 보육시설 급식프로그램 2. 식단 및 요리집. 서울: 문영사.

_________(1996b). 보육시설 급식프로그램 3. 식생활지도. 서울: 문영사.

_________(1996c). 영아보육 프로그램 7. 영양식품 및 안전관리. 서울: 문영사.

_________(1998). 영유아안전 보육프로그램 1/2.

_________(2001). 영유아 보건생활 교육프로그램. 서울: 문영사.

_________(2012). 한국 영유아 정신건강 증진을 위한 실태조사 및 서비스 요구도 조사.

_________(2013). 영유아보육법령집.

_________(2013). 2013년 정신건강사업 안내. 보건복지부 건강정책국 정신건강정책과.

부산소방학교(2008). 119 시민안전체험장 운영메뉴얼.
사단법인 한국안전생활교육회(2013). 안전과 건강.
삼성복지재단(1992). 보육시설의 식단(4~6세).
서울특별시교육청(1999). 유치원 원아 안전생활지도자료. 서울특별시 교육청.
석현숙(2001). 아동학대와 자아존중감의 관계. 광주대학교 산업대학원 석사학위논문.
성영혜(2000). 아동치료의 새로운 접근 치료놀이(Ⅰ). 경기: 형설출판사.
소비자보호원(2007). 어린이 안전사고 유형별 실태조사.
송인자 외(1998). 영유아의 사고유형 실태조사와 안전교육 효과 분석. 한국보건간호학회지, 12(1), 55-74.
식품위생법(1999). 법률 제 5982호(일부개정 1999.5.24).
신민선(2003). 태아교육의 아동복지적 의미 연구. 국제신학대학원대학교 박사학위논문.
신수자(2005). 전통 태교문화와 현대 태교문화 비교. 충북대학교 교육대학원 석사학위논문.
신용분(2000). 임부의 태교인식과 태교실천에 관한 조사연구. 계명대학교 교육대학원 석사학위논문.
신의진(2009). 부모와 교사가 보고한 유아 문제행동의 경향과 특성: 서울지역을 중심으로. 한국 아동학회 2009년 춘계학술대회.
안전문화추진위원회(1998). 안전문화지도자연수. 한국산업안전공단.
안전문화추진위원회(2001). 안전한 사회 우리의 몫입니다.
안전생활실천시민연합. 어머니 교통안전 명예교사 교육 지침서.
양일선, 김온기(1997). 유아를 위한 영양교육. 서울: 다음세대.
영유아보육법 시행규칙(2008). 보건복지가족부령 제 1호.
영유아보육법 시행령(2008). 법률 제 8852호(일부개정 2008.2.28).
유아동산(1991a). 원생활 119 응급처치요령.
윤선화(2010). 영유아를 위한 안전교육과 안전교육프로그램. 서울: 한국생활안전연합.
윤선화(2012). 영유아기 어머니들의 안전지식, 안전인식과 안전실천과의 관계 연구. 육아지원연구 제 7권 1호, 115-134.
윤은자(2002). 영유아 건강과 안전 관리. 서울: 건국대학교출판부.
이경화(2010). 유아동기 정신건강의 이해. 서울: 동문사.
이기숙(2013). 유아교육과정. 경기: 교문사.
이기숙, 장영희, 정미라, 배소연, 박희숙(2013). 영유아를 위한 안전교육. 경기: 양서원.
이대균, 김경화, 송정원, 송경섭(2010). 보육과정. 경기: 양서원.

이미라, 최미혜, 고영인, 최진원(1997). 영유아 안전관리 및 응급처치. 경기: 양서원.

이상원(1988). 소아 가정의학 백과. 서울: 서문당.

이순형, 이성옥, 민하영, 이영미, 한유진, 장영은, 최나야, 김지현, 김진경, 정현심(2013). 영유아 건강교육. 서울: 학지사.

이연희(2010). 대학생의 태교 및 태교 교육에 관한 인식 조사. 충북대학교 교육대학원 석사학위논문.

이은화, 이경우, 문미옥, 유희정(2000). 유아를 위한 복지의 이론과 실제. 서울: 창지사.

이현숙, 조경자(1998). 유아건강교육. 서울: 학지사.

이현순, 심성경, 원영미(1998). 스트레스 받는 우리 아이들. 서울: 창지사.

이희순(2008). 구급 및 응급처치론. 서울: 정훈사.

임미혜, 채혜선(2011). 영유아 건강교육. 경기: 양서원.

임현진 외(2003). 한국사회의 위험과 안전. 서울: 서울대학교 출판부.

장순복(2005). 태교지도사 과정교재. 사단법인 대한조산협회, 서울특별시 조산사회.

장영일(1993). 어린이 치아관리. 서울: 주식회사 어문각.

장현갑(1990). 명상과 행동의학 : 스트레스 대처를 위한 자기조절 기법으로서의 명상. 영남대학교 학생생활연구소.

전시자 외(2000). 성인간호학. 서울: 계축문화사.

전염병예방법시행령(1997). 대통령령 제 15598호(일부개정 12.31).

정미라, 배소연, 이영미(2012). 영유아를 위한 건강 및 영양교육. 경기: 양서원

정아란(2007). 유아의 컴퓨터게임 과몰입 예방프로그램 개발 및 적용연구. 공주대학교 대학원 박사학위논문.

정연강(1997). 유아영양과 건강. 경기: 양서원.

정춘자(2005). 아동의 정신건강에 영향을 미치는 요인. 대전대 경영행정 · 사회복지대학원.

정충용(2001). 아동학대 현황과 대책. 평택대학교 학술논문.

조경자, 이현숙(2004). 유아건강교육. 서울: 학지사.

조은숙(2008). 아동의 정신건강 상태와 관련 요인. 부산대학교 교육대학원.

중앙보육정보센터(2008). 보육시설 안전매뉴얼 연구.

중앙아동보호전문기관(2010). 아동학대신고의무자가 꼭 알아야 할 아동학대예방사업.

중앙육아종합지원센터(2021). 어린이집 표준보육과정 해설서.

중앙정신보건사업지원단(2009). 2009 중앙정신보건사업지원단 사업보고서.

채경선(2008). 아동정신건강. 서울: 창지사.

최민수(2008). 재난에 대한 이해와 재난대비. 재난방지와 대비를 위한 계획과 운영. 열

린유아교육연구소 2008년 춘계학술세미나 자료집.
최민수, 정영희(2011). 아동건강교육. 서울: 학지사.
최선화(2006). 사회문제와 사회복지. 경기: 양서원.
최영순 외(2002). 유아를 위한 안전교육 활동 자료집. 한국어린이육영회.
최영일(1998). 초등학교 안전교육에 관한 연구. 한국교원대학교 대학원 석사학위논문.
최인철(2008). 태교음악이 태아에게 끼치는 영향에 대한 연구. 관동대학교 교육대학원 석사학위논문.
최지영(2008). 아동건강교육. 서울: 동문사.
통계청(2009). 사고에 의한 어린이 사망 OECD국가 비교. 통계청.
통계청(2011). 사망원인 통계연보.
하재청(1997). 성의 과학. 서울: 도서출판 아카데미서적.
한국산업안전공단(2002). 생활주제와 함께하는 안전교육.
한국생활안전연합(2009). 가정 내 어린이 안전사고 실태 및 부모안전교육 효과 조사. 한국생활안전연합.
한국소비자원(2010). 가정내 어린이 안전사고 유형별 실태조사.
한국아동학대예방협회(1989). 아동학대 한국의 현황과 치료 개입.
__________________(1990). 아동의 성폭행 실태와 과제.
__________________(1999). 아동학대 바로알기.
한국어린이육영회 활동자료집(2000). 기분이야기 하기.
한국유아교육학회(2001). 유아를 위한 안전교육. 2001년도 하계 워크숍 자료.
한국인간발달학회(1995). 유아의 심리. 서울: 중앙적성출판사.
한국청소년정책연구원(2011). 아동 청소년 정신건강 증진을 위한 지원방안 연구.
한성희, 홍길회(2019). 교과교재연구및지도법. 서울: 창지사.
헤믈리치(1992). 누구나 할 수 있는 응급처치(이일남 역). 서울: 태웅출판사.
홍길회, 한성희(2019). 영유아발달. 경기: 정민사.
홍길회, 한성희(2019). 교과교재 연구 및 지도법. 서울: 창지사.
홍순정(2013). 전생애 인성교육. 경기: 양서원.
홍은주(2003). 미술치료기법을 이용한 임신부 태교 프로그램 개발. 숙명여자대학교 대학원 박사학위논문.

구성애의 아우성 http://www.9sungae.com/
국가건강정보포털의학정보 http://health.cdc.go.kr/health/Main.do

굿네이버스 http://www.goodneighbors.kr/
네이버 블로그 http://section.blog.naver.com
대한소아과학회 http//ksbaby.doctor.co.kr/, http//my.dreamwiz.com/
대한심폐소생협회 http://www.kacpr.org/
보건복지부 www.mohw.go.kr
서울대학교병원 의학정보 http://www.snuh.org/
서울대학교 생활과학대학 식생활정보실 http://living.snu.ac.kr
서울특별시 보육정보센터 http://children.seoul.go.kr
서울특별시 육아종합지원센터 http://seoul.childcare.go.kr
성폭력예방-해바라기아동센터 http://www.child1375.or.kr/about/education.asp
세이프키즈코리아 http://www.safekids.or.kr/
소방방재청 http://www.nema.go.kr/
식품의약품안전처 www.mfds.go.kr
신문 백세시대 http://www.100ssd.co.kr/
연합뉴스 www.yna.co.kr/index
질병관리본부 www.cdc.go.kr
중앙119구조대 http://www.rescue.go.kr
중앙보육정보센터 http://www.educare.or.kr/
중앙아동보호전문기관 http://www.korea1391.org
청주 성 교육센터 www.cbsay.or.kr
하정훈소아과 홈페이지 http://www.babydoctor.co.kr
한국감염관리본부 http://www.kich.co.kr
한국보육진흥원 www.kcpi.or.kr
한국보육진흥원 평가인증국 www.kcac21.or.kr
한국소방방송 http://www.119fbn.fire.go.kr
한국아동예방협회 www.kapcan.com
한국여성개발원 www.kwdi.re.ke
한국영양학회, 한국인영양섭취기준개정판 www.kns.or.kr
헤럴드경제 http://biz.heraldcorp.com
"모유 먹은 아이가 더 똑똑하다", 조선일보, 2008.5.7.

Ainsworth, M. D. S.(1973). The development of infant-mother attachment. In B. M.

Caldwell & H. N.Ricciuti(Eds.). *Review of child development research(Vol. 3)*. Chicago: University of Chicago Press.

Barker, R. L.(2003). *The social work dictionary(5th ed)*. Washington D.C.: NASW Press.

Burts, D. C., Hart, C. H., Charles worth, R., & Kirk, L.(1990). A comparision of frequencies of stress bahaviors observed in kindergarten children in classrooms with developmentally inappropriate instructional practices. *Early childhood Research Quarterly*, 5, 407-423.

Cannon, W.(1934). The significance of emotional level. *Scientific Monthly*, 38, 101-110.

Cartwright, S., & Cooper, C. L.(1997). *Managing Workplace Stress. Thousand Oaks*. CA : Sage Publications.

CDC.(2005). Physical activity for everyone : Are there special recommendations for young people? http://www.cdc.gov

Chandler, L. A. (1987). Childhood stress: The teacher's role. Paper presented at the annual convention of the council for exceptional children. ERIC Document Reproduction Service NO. ED 285 369

Chiriboga, D. A., & Carton, L. S.(1991). *Divorce: Crisis, challenge. or relief?* N.Y. and London: New York University press.

Comacchia, Nickerson, & Olsen(1988). *Health in elementary schools(7th ed.)*. St Louis, Missouri: Times Mirror/Mosby College Publishing.

Cooper, C. L.(1983). *Problem Areas for future Stress Research-Cancer and Working Woman*. NY: John Wiley & Sons.

Crain, W.(1992). *Theories of development, Concepts and application*. New jersy: Englewood cliffs.

Dunn, J., Slomkowski, D., & Beardsall, L.(1994). Sibling relationships from the preschool period through middle childhood and early adolescence. *Developmental Psychology*, 30, 315-324.

Elkind, D.(1984). 스트레스 받는 우리 아이들(이현순, 심성경, 원영미 역). 서울: 창지사.

Fisher, Bell, & Baum(1997). *Environmental Psychology*(이진환, 홍기원, 정영숙 역). 서울: 학지사.

Girdano, D. A., & Everly, G. S.(1990). 스트레스: 그 원인과 대책*(Controlling stress and tension : A holistic approach)*. 서울: 중앙적성출판사.

Goleman, D.(1996). Emotional Intelligence. *Why it can matter more than IQ. learning*, 24, 6, 49-50.

Greenberg, J. S.(1996). *Comprehensive Stress Management(5th ed.)*. Brown & Renchmark.

Harris, O. J., & Hartman, S. J.(2002). *Organizational Behavior*. NY: Best Business Books.

Herr, J., & Morse, W.(1982). Food for though: Nutrition education for young children. *young children*, 38(1), 3-11.

Hetherington, E. M., & Blechman, E. A.(Eed.)(1996). 아동과 가족의 스트레스 대처 및 복원력(오승아 역, 2003). 서울: 민지사.

Honing, A. S.(1986). Stress and coping is children: II. interpersonal family relationships. *Young children*, 41(5), 47-59.

Hymel, S., Rubon, K. H., Rowden, L., & Lemare, L.(1990). Children's peer relationships: Longitudinal prediction of internalizing and externalizing problems from middle to late childhood. *Child development*, 61, 2004-2021.

Jon Kabat-Zinn(1998). 명상과 자기치유(장현갑, 김교헌 역). 서울: 학지사.

Lazarus, R. S.(2000). Toward better research on stress and coping. *American Psychologist*, 55(6), 665-673.

Lemper, J. D., & Clark-Lemper, D.(1990). Family economics stress, maternal and paternal support and adolescent distress. *Journal of adolescence*, 13, 217-229.

Marlow, D. R., & Redding, B. A.(1988). *Text book of pediatric nursing*. Philadelphia: W. B. Saunders Company.

Marotz, L. R., Cross, M. Z., & Rush, J. M.(2005). *Health, safety and nutrition for young child*. Albany, NY: Delmar.

NASPE.(2002). *Active Start: Physical activity for children birth to 5 years*. Reston, VA: National assocation for sport and physical education.

Pickle, Barbara(1989). Increasing safety awareness of preschool through a safety education program. Nova University.

Pipes, P. L., & Trhams, C. M.(1993). *Nutrition in infancy and childhood*. St. Louis, MI: Mosby.

Rutter, M.(1987). Psychosocial resilience and protective mechanisms. *American journal of orthopsychiatry*, 57, 316-331.

Selye, H.(1984). *The stress of life. revised edition*. N.Y.: McGraw-Hill, Inc.

Singer, M. G.(1992). *Human resource management*. Boston: PWS-Kent publishing Company.

Vygotsky(1962). *Thought and language*. Cambridge. MA: MIT press.

Wallen, J.(1993). Protecting the mental health of children in dangerous neighborhood. *children today*, 22(3), 1-24.

Wicklund, D., & Frost, F.(1984). Effect of maternal education, age, and parity in fatal infant accidents. *American journal of public health*, 4, 1150-1152.

Willian A. Check(1995). 아동학대연구: 학대받는 아동을 어떻게 도울 것인가?(이용교 역). 서울: 다울.

Zegens, L. S.(1982). *Stress and the development of somatic disorders. In L. Golverfer & S. Breznitz(Eds.)*. Handbook of stress: Theoretical and clinical aspects. NY : The free press.

찾 | 아 | 보 | 기

기타

저자약력

■ 홍길회
연세대학교 및 대학원 아동학과 졸업
G. Araneta University(아동교육) 박사
현 동남보건대학교 유아교육과 교수

■ 정미자
중앙대학교 대학원 아동복지과 박사수료
중앙대학교 대학원, 한국방송통신대학교, 동남보건대학교 유아교육과 등 강사

영유아 건강교육 제3판

초 판 1쇄 발행 / 2014년 9월 10일
초 판 3쇄 발행 / 2017년 8월 25일
제2판 1쇄 발행 / 2019년 7월 15일
제3판 1쇄 발행 / 2022년 2월 15일
제3판 2쇄 발행 / 2023년 8월 30일

공저자 / 홍길회 · 정미자
발행인 / 이 중 수
발행처 / 동 문 사

서울특별시 서대문구 홍제원 1길 12
(홍제동 137-8)
Tel : 02)736-3718(대), 736-3710, 3720
Fax : 02)736-3719
등록번호 : 1974.04.27. 제9-17호
가격 : 22,000원

ISBN : 979-11-6328-405-5(93370)
E-mail : dong736@naver.com
www.dongmunsa.com